KB275685

공관복음서의 예수

-마태 마가 누가가 전하는 예수 비교연구-

김창선

2012

비블리카 아카데미아

머리말

신약성서에는 네 권의 복음서가 담겨 있다. 그 중 요한복음을 제외하고 마태복음과 마가복음과 누가복음을 하나로 묶어 "공관복음"이라 부른다. 여기서 "공관(共觀)"이란 공통된 관점을 가리키는 말이고, 공관복음이란 세 복음서 저자, 마태·마가·누가가 서로 공유하는 관점에 따라 기록한 세 권의 복음서를 뜻한다. 다시 말하면 이 세 복음서는 예수님에 관한 이야기를 같은 방식으로 기록했고 따라서 이 셋을 함께 조망할 필요가 있다는 뜻에서 공관복음이라 부르게 된 것이다. 이 말은 요한복음은 공관복음과 다른 관점에 따라 기록된 복음서란 뜻을 담고 있다. 요한복음이 길이요 진리요 생명의 계시자로 세상에 오셔서 사망과 어두움을 정복한 예수 그리스도의 권세와 영광을 복음서 전체에 걸쳐 내세우는 신적인 예수상을 강조하고 있는 반면, 공관복음은 하나님 나라를 선포하며 고난의 길을 가신 나사렛 예수의 인간적인 모습을 부각시키고 있기 때문이다. 마태 마가 누가가 묘사하는 예수이야기는 저자의 신학적 관심에 따라 서로 간에 차이가 있다. 그러나 궁극적으로 예수 그리스도에 관한 복음을 자신들의 삶의 자리에서 선포하고 있다는 점에서 동일하다.

현재 시중에 "공관복음"이란 이름 아래 우리말로 읽을 수 있는 책이 적지 않다. 그러나 이들은 대체로 마태·마가·누가복음을 서로 분리시켜 개별적으로 다루고 있을 뿐 실제로 공관복음적 시각에서 세 복음서의 본문들을 서로 비교 분석하는 작업을 제시하는 단행본은 찾아보기 어려운 실정이다. 물론 특정 복음서의 제한된 본문과 관련하여 그러한 공관복음적 분석을 시도한 책이 없지 않으나, 공관복음에 담겨 있는 예수님 이야기 전체를 그와 같은 관점에서 비교 분석한 책은 아직 없는 것 같다. 본서는 이러한 문제점을 극복하려는 시도에서 나온 것이다.

공관복음적 관점에서 세 복음서를 비교 연구하는 작업은 각 복음서를 개별적으로 다루는 작업보다 더욱 까다롭다. 그럼에도 이와 같은 시도는 불가피하다. 세 복음서는 서로 무관한 책이 아니라 문학적으로 서로 긴밀하게 연결되어 있다는 사실이 분명하기 때문이다. 세 권의 복음서를 비교하게 되면 세 저자의 공유점과 차이점을 배울 수 있고, 이를 통해 저마다 강조하는 신학적 관점 혹은 메시지의 특성을 보다 잘 이해할 수 있게 된다. 그것은 곧 초창기 교회가 선포했던 메시지의 순수함과 풍성함에 접할 수 있음을 뜻한다. 복음에 대한 획일화된 교리적 이해가 오늘의 한국 목회 현장을 여전히 지배하고 있는 것 같다. 따라서 기독교 교리 수호에는 관심이 많으나 정작 교리의 뿌리가 되는 예수 그리스도의 복음선포에 대해서는 상대적으로 관심이 적은 것처럼 보인다. 이러한 상황을 극복하기 위해서라도 예수님의 삶과 죽음과 부활에 대해 이야기하는 복음서 저자들의 생생한 음성을 경청할 필요가 있다.

하나님 나라의 복된 소식을 선포한 나사렛 예수는 자신의 메시지를 일체 글로 남기지 않고 기원후 30년경 십자가에 돌아가셨다. 그로부터 사오십 년 정도 지나서 세 명의 복음서 저자들은 후대에 복음을 전할 목적으로 하나님의 아들로 고백하는 메시아 예수님에 관한 이야기를 저마다 집필했다. 이렇게 하여 마태·마가·누가복음이 탄생하게 된다. 이 세 복음서를 바르게 이해하기 위해서는 그것이 나사렛 예수 자신이 직접 남긴 글이 아니고, 그 분에 대해 복음서 저자들이 기록한 이야기이라는 사실을 깨닫는 것이 중요하다. 다시 말하면 마태·마가·누가복음은 복음서 저자 나름대로의 시각과 구상에 따라 자신들이 하나님의 아들로 고백하는 예수님의 이야기를 기록한 책이다. 따라서 각 복음서에는 저자 특유의 메시지와 신학이 반영되어 있다. 오늘날 복음서를 읽는 사람은 이 점은 결코 간과해서는 아니 된다.

본서를 올바로 이해하기 위해 독자가 반드시 알아야만 하는 사항이 있다. 그것은 공관복음 연구와 관련된 이른바 "두 자료설"(The Two-Document Hypothesis)이라는 가설이다. 두 자료설은 이미 19세기 말경에 서구에서 확고한 가설로 확립되기 시작하였고,1) 오늘날 공관복음을 연구하는 사람은 이 가설을 당연한 전제로 받아들인다. 본서 역시 바로 두 자료설에 근거하여 분석을 시도한다. 두 자료설이란, 서로 친분이 없던 마태와 누가는 복음서를 기록할 때 각자 책상머리에 예수님에 관한 두 개의 자료를 펼쳐놓고 이들을 모범으로 하여 각자의 복음서를 기록했다는 뜻이다. 두 자료 중 하나는 마가복음이다. "복음서"라는 새로운 문학 장르의 창조자로 통하는 마가는 자신의 복음서를 가장 먼저, 즉 기원후 70년경에 기록했다. 마태와 누가는 십여 년 뒤 80~90년대에 자신들의 복음서를 기록할 때 이미 세상에 나와 있었던 마가복음을 참조할 수 있었다. 이러한 참조를 통해 세 복음서 안에 여러 유사한 내용이 나올 뿐만 아니라, 전체 줄거리도 비슷한 결과가 초래되었다. 심지어 단어 하나하나에 이르기까지 같은 경우도 있고 단락이 전개되는 순서가 일치하는 현상이 나타나게 된다.

마태와 누가가 다 같이 이용한 다른 자료는 약자로 간단히 "큐"(Q)

---

1) 이 가설의 창시자는 빌케(Chr. G. Wilke, *Der Urevangelist*, 1838)와 바이세(Chr. H. Weiße, *Die evangelische Geschichte*, 1838)로 간주된다. 홀츠만(H. J. Holtzmann, *Die synoptische Evangelien. Ihr Ursprung und geschichtlicher Charakter*, 1863)과 베른레(P. Wernle, *Die synoptische Frage*, 1899)가 이를 확고한 가설로 확립하였다.

라 부르는 "예수어록"이라는 책이다. 이것은 예수님에 관한 이야기 형태의 책이 아니라 나사렛 예수의 삶과 선포에 관한 말씀만을 모아 놓은 책이다. "큐"(Q)라는 말은 "자료"라는 뜻을 가진 독일어 크벨레 (Quelle)의 첫 철자를 딴 것이다. 예수님의 말씀만을 담은 이 책의 본래 이름을 알 수 없어 임의의 자료라는 뜻으로 그와 같이 부르게 된 것이다. 예수어록은 전승과정을 거치면서 유대전쟁이 터지기 전 팔레스타인에서 대략 기원후 50~60년경 완성된 것으로 추정된다. 마가복음과 달리 예수어록은 중도에 안타깝게 소실되고 말았다. 그러나 수많은 학자들의 오랜 노력을 거쳐 현재 예수어록의 원형에 가깝다고 추정되는 본문이 복원되었다.[2] 이 예수어록을 가리켜 "큐 복음서"라고도 부른다.

마태와 누가가 사용했던 자료 문제와 관련하여 한 가지 보충할 사항이 있다. 이 두 복음서 저자는 마가복음과 예수어록 외에 각자 자신만 특별하게 사용한 또 다른 자료가 있었다. 마태 단독으로 사용한 이 자료를 가리켜 이른바 "마태 특수자료"라 부르고, 누가 단독으로 사용한 자료를 가리켜서는 "누가 특수자료"라 부른다. 이들 특수자료는 "큐" 자료와 같은 문서자료로 보기 어렵고 그것의 유래에 대해서도 확실하게 말하기 어렵다. 상당 부분 구전 전승을 통해 각 복음서 저자에게 전달된 자료라는 사실 정도만 말할 수 있을 뿐이다. 결국, 마태와 누가는 마가복음을 핵심 줄거리로 삼고 두 번째 자료인 "큐"에서 가져온 내용들을 마가복음 순서 사이사이에 삽입하였다. 그 위에 자기만의 특수자료를 이용하여 각자의 복음서를 만들었다

---

2) J. M. Robinson/P. Hoffmann/J. S. Kloppenborg, *The Critical Edition of Q: A Synopsis Including the Gospels of Matthew and Luke, Mark and Thomas with English, German and French Translation of Q and Thomas* (Leuven: Peeters Press; Minneapolis, 2000). 우리말 번역은 소기천,『예수말씀 복음서 Q 개론』(서울: 대한기독교서회, 2004), 338-387에 제시되어 있다.

는 점을 아는 것이 본서를 이해하는 데 중요하다.

본서는 예수님의 세례로부터 시작하여 부활 이야기에 이르기까지 예수님의 생애와 관련된 공관복음의 모든 주제를 주제별로 다루고 있다. 마태와 누가가 마가복음이나 예수어록(Q)을 대본으로 삼은 경우에는 평행하는 본문들을 서로 비교하는 가운데 각자의 특징을 드러내려고 노력하였고, 그렇지 않은 경우에는 각 복음서 저자 특유의 시각을 묘사하는 데 초점을 맞췄다. 본서의 내용을 온전히 이해하기 위해서는 마태·마가·누가복음을 나란히 펼쳐놓고 동시에 살펴보는 것이 가장 이상적이다. 그러한 목적으로 출판된 공관복음 대조서가 시중에 몇 종류 나와 있다.3) 하지만 그러한 종류의 책을 갖고 있지 않는 독자들을 고려하여 가능한 범위 안에서 서로 유사한 내용을 전하는 본문들, 이른바 "평행 본문"(par)을 함께 제시하려고 노력하였다. 본서가 제시하는 성서본문은『성경전서 개역 개정판』(대한성서공회, 1998)에서 빌려온 것이고 외경본문은 주로『공동번역 성서 개정판』(대한성서공회, 1999)에서 가져온 것임을 밝힌다.

본서가 세상에 모습을 드러내는 데 중요한 역할을 한 책을 언급하지 않을 수 없다. 그것은 독일의 저명한 신약학자 헬무트 메르클라인(Helmut Merklein, 1940~1999년)의 책 "Die Jesusgeschichte - synoptisch gelesen"(1994)이다. 이 책은 무엇보다 본서의 구조를 정할 때 큰 도움이 되었다. 독일 유학 시절 그 분을 뵙지 못한 것이 못내 아쉽기만 하다. 고인이 된 그 분에게 지면으로나마 감사의 마음을 전하고 싶다. 아무쪼록 본서를 통해 공관복음의 세 저자가 기록한 예수님 이야기

---

3) 성종현,『공관복음서 대조연구』, 장로회신학대학교출판부, 1998; 정훈택,『새로 번역한 공관복음 대조성경』, 민영사, 2008; A. T. 로버트슨,『복음서 대조서』, 요단, 2009. 또한 다음의 책들도 유익하다: 정양모·배은주·노혜정,『네 복음서 공관 I 마르코 복음서 편』, 분도출판사 1983; 정양모·배은주,『네 복음서 공관 II 루가 복음서 편』, 분도출판사 1986; 정양모·배은주,『네 복음서 공관 III 마태오 복음서 편』, 분도출판사 1990.

에 담긴 저마다 특징적인 메시지와 신학에 대한 이해의 넓이와 깊이
가 확장되기를 바란다. 그리하여 우리 삶이 예수 그리스도의 향기를
조금이나마 드러낼 수 있다면 더 이상 바랄 것이 없다.

　끝으로, 본서의 출판을 흔쾌히 허락해주신 비블리카 아카데미아
이영근 원장님, 미국 필라델피아에서 목회와 교수의 역할을 하면서
도 한국의 대학 후배에 대한 남다른 관심을 보여주시는 김정훈 박사
님, 그리고 본서를 준비하는 동안 여러 모로 격려해주신 장로회신학
대학교 동료 교수님들에게 이 기회를 빌어 진심으로 감사드린다.

2012년 6월 광나루 선지동산 연구실에서

김 창 선

목 차

제1장 세례 요한과 예수님의 세례

  신약성서의 네 복음서 저자가 묘사하는 예수님의 공적인 사역은 한결같이 세례 요한과 더불어 시작한다. 세례 요한은 고대 유대교의 묵시문학 전통에 속한 예언자였다. 그의 선포 중심에는 임박한 하나님의 진노의 심판을 알리고 죄 사함을 받게 하는 회개의 세례를 받으라는 외침이 자리 잡고 있다. 요한의 세례는 구약과 고대 유대교에서 관례적이었던 제의적 정결의식에서 유래한 것으로 볼 수 없다. 그것은 유대 역사상 전적으로 새로운 것이다. 요한의 세례는 죄 사함을 약속하는 종말론적 성례전적 차원을 갖고 있는 반면, 유대교의 정결예식은 단지 제의적 차원에 머물러 있기 때문이다. 초기 그리스도교 전승은 예수님이 메시아 사역으로 부르심을 받은 것을 세례와 연결 짓는다. 예수님이 세례 요한을 통해 받은 세례는 예수님의 생애에 일어난 사건 중 역사적 신빙성이 가장 큰 사건에 속한다. 이 사건은 예수님이 세례 요한의 메시지, 즉 임박한 하나님의 심판에 대한 믿음과 회개와 세례를 통한 죄 사함에 대한 믿음을 수용했음을 뜻한다. 그러나 예수님은 세례 요한의 무리에서 나와 독자적인 길을 가신다. 그와 더불어 예수님의 선포는 세례 요한의 선포와 차이를 드러낸다. 요한의 선포가 "임박한 진노"(마 3:7 // 눅 3:7)를 전면에 내세운 반면, 예수님은 "하나님 나라"(βασιλεία τοῦ θεοῦ)를 선포의 핵심으로 삼으면서 하나님의 사랑과 자비의 차원을 강조하였다. 공관복음 가운데 가장 먼저 기록된 마가복음의 이야기로 시작하자.

1. 마가의 묘사(막 1:1-13)

▶ 세례 요한(막 1:1-8):

> 1 하나님의 아들 예수 그리스도의 복음의 시작[이라] 2 선지자 이사야의 글에 보라 내가 내 사자를 네 앞에 보내노니 그가 네 길을 준비하리라 3 광야에 외치는 자의 소리가 있어 이르되 너희는 주의 길을 준비하라 그의 오실 길을 곧게 하라 기록된 것과 같이 4 세례 요한이 광야에 이르러 죄 사함을 받게 하는 회개의 세례를 전파하니 5 온 유대 지방과 예루살렘 사람이 다 나아가 자기 죄를 자복하고 요단 강에서 그에게 세례를 받더라 6 요한은 낙타털 옷을 입고 허리에 가죽 띠를 띠고 메뚜기와 석청을 먹더라 7 그가 전파하여 이르되 나보다 능력 많으신 이가 내 뒤에 오시나니 나는 굽혀 그의 신발끈을 풀기도 감당하지 못하겠노라 8 나는 너희에게 물로 세례를 베풀었거니와 그는 너희에게 성령으로 세례를 베푸시리라

마가4)는 70년경 자신의 복음서를 저술했다. 이 책을 가리키는 "마가복음"이란 제목은 후대의 산물이지, 마가가 자신의 복음서 명칭으로 처음 고안한 제목이 아니다. 오늘날 우리가 사복음서라고 말하는 네 종류의 예수 이야기들이 교회 안에서 사용되던 2세기 초반 이들을 서로 구분할 목적에서 붙여진 이름이다. 오히려 1절이 마가복음의 실제 제목에 해당한다.5) 그것은 동시에 마가가 자신의 복음서에

---

4) 초기교회 전승에 따르면(Papias in Eusebius, *Hist. eccl.*, III,39,15) 마가복음은 사도 베드로의 동역자이며 통역자인 마가 요한이 기록한 것이다(cf. 행 13:13; 15:37-39; 골 4:10; 벧전 5:13). 그러나 이러한 정보는 마가복음 자체에서는 확인할 수 없다. 오늘날 많은 학자들은 마가를 유대교에 식견을 갖고 있는 이방인 출신의 그리스도인으로 여긴다. 초기교회 전승에 따라 마가복음의 생성장소를 로마로 여기기도 하나(M. Hengel), 시리아(G. Theissen, L. Schenke, I. Broer) 혹은 소아시아(U. Schnelle)를 선호하기도 한다.

5) V. Taylor, *The Gospel According to St. Mark*, London 1955, 152; E. Lohmeyer, *Das Evangelium des Markus*, Göttingen [16]1963, 10; R. Pesch, *Das Markusevangelium I*, Freiburg/Basel/Wien 1984, 74; H. Merklein, *Die Jesusgeschichte - synoptisch gelesen*, Stuttgart 1994, 10; F. 한, 『신약성서신학 I』 (서울: 대한기독교서회, 2007), 559.

서 강조하려는 프로그램을 뜻한다. 우리말 성서는 이를 한 문장 형태로 번역했으나, 그리스어 원문에는 서술어 없이 "하나님의 아들 예수 그리스도의 복음의 시작"으로 되어있다.6) 여기서 "유앙겔리온"(εὐαγγέλιον), 즉 "복음"은 저자가 온 세상에 이야기하고 선포하려는 예수 그리스도에 관한 기쁜 소식을 뜻한다(막 13:10; 14:9). 또한 "시작"으로 번역한 그리스어 "아르케"(ἀρχή)는 "시작"이라는 시간적 의미로 혹은 "토대"라는 내용적 의미로 해석할 수 있다. 1절은 창세기 1:1을 염두에 둔 표현으로 간주된다.

"예수 그리스도의"가 주어적 속격 표현인지 아니면 목적어적 속격 표현인지 분명하지 않다. 전자의 경우라면 예수님은 복음의 선포자란 뜻이고(cf. 막 1:14 "하나님의 복음"), 후자의 경우라면 예수님 자신이 복음의 내용임을 말한다. 마가복음 안에 예수님과 복음이 나란히 사용되는 경우가 나타나기 때문에(막 8:35; 10:29) 목적어적 속격으로 보는 것이 더 적합해 보인다. 예수님이 복음의 내용이라는 말은 그 분의 삶과 죽음과 부활이 곧 복음이라는 뜻이다. 바울이 이해한 복음의 개념도 이를 뒷받침한다.7) 한마디로, 1절은 하나님의 아들이

---

6) 다음의 구절들 역시 책 제목에 해당한다: 마 1:1("다윗의 자손이며 아브라함의 자손인 예수 그리스도의 역사서"); 계 1:1("예수 그리스도의 계시"); 잠언 1:1("다윗의 아들 이스라엘 왕 솔로몬의 잠언")과 아가 1:1("솔로몬의 아가"[="솔로몬의 노래들 중의 노래"), 또한 전도서(=코헬렛) 1:1("다윗의 아들 예루살렘 왕 전도자의 말씀"). 또한 쿰란문서에 속하는 1QS 1:1("공동체 질서의 책").

7) 바울은 십자가에 죽었다가 부활하신 그리스도에 대한 선포를 복음의 핵심 내용으로 이해한다(고전 1:23-24, 30; 2:2). 150년경 순교한 유스티누스에게서 "복음"이란 단어가 한 권의 책을 가리키는 뜻으로 사용된다(Justinus, Apol. I,66,3). 신약성서의 복음 이해와 관련하여 다음을 참조하라: 김창선, "신약성서가 선포하는 복음", 『장신논단』 23 (2005), 73-97. 누가는 "복음"이란 개념을 대본인 마가복음에서 삭제하나(막 1:1, 14f; 8:35; 10:29; 13:10; 14:9), 동사 "εὐαγγελίζομαι"(복음을 전하다)는 즐겨 사용한다(눅 4:18, 43;

신 예수 그리스도가 구원소식의 시작과 토대임을 선언하는 표현이
다. "하나님의 아들"이라는 기독론적 칭호는 마가복음 전체 구조 안
에서 특히 중요하다. 이 칭호는 이야기 전체의 구조를 이루는데 기여
하고 있으며(막 1:1; 1:11; 3:11; 9:7; 12:6; 14:61; 15:39), 동시에 마가복
음을 관통하는 기독론적 핵심 질문인 "그가 누구인가"(막 1:27; 4:41;
6:2-3, 14-16; 8:27 이하; 9:7; 10:47-48; 14:61-62; 15:39)에 대한 답변도
되기 때문이다.[8]

　우리말 『개역(개정)성경』에는 "기록된 것과 같이"가 3절 끝에 나
오나,[9] 구약성서의 인용문을 알리는 "예언자 이사야의 글에 기록된
것과 같이"라는 표현이 그리스어 원문에 따르면 2절의 첫 머리에 나
온다. 이 표현이 앞의 1절과 관련된 것인지, 아니면 인용문 뒤에 나오
는 4절과 관련된 것인가 하는 문제를 둘러싼 논란이 있다. 마가는 이
두 구절을 이사야 인용문이라고 밝히나, 실상은 말라기와 이사야의
혼합인용문으로서 세례 요한의 활동 개시를 알린다. 1절이 마가복음
전체의 제목으로 간주되며, 또한 마가 자신의 언어 사용법을 고려할
때, 구약 인용문은 뒤에 이어지는 문장과 관련시키는 것이 보다 자연
스럽다. 마가는 구약 인용문을 앞에 배치시킴으로써 세례 요한의 등
장은 구약성서에 예비된 것이며 오로지 예수님 때문에 언급되고 있
다는 사실을 부각시키고 있다. 곧 복음은 구약성서에 뿌리를 두고 있
다는 사실을 강조한다.

　나사렛 예수 스스로 자신의 사역을 이사야서에 따라 이해했는지
확실히 밝히기 어려우나, 초기 교회는 의심의 여지없이 그와 같이 이

8:1; 16:16 등).

8) U. Schnelle, *Theologie des Neuen Testaments*, Göttingen 2007, 376.

9) 『성경전서 새번역』(대한성서공회)은 원문에 따라 2절 맨 앞에 나온다:
"예언자 이사야의 글에 기록하기를." Cf. 가톨릭 『성경』(2009): 막 1:2 "이사
야 예언자의 글에."

해했다. 2절에 나오는 "너보다 앞서" 또한 "네 길을"이란 표현과 달리 말라기 3:1에는 "나보다 앞서"와 "나의 길을"로 되어 있는데, 이는 문맥과 관련하여 생겨난 일이다. 말라기서에 따른 주의 길을 예비하는 자는 다름 아닌 엘리야이듯이, 예수님 당시 유대인들은 주님의 궁극적 도래에 앞서 엘리야가 다시 오기를 대망했다. 세례 요한이 자신을 광야에서 외치는 엘리야로 여겼는지 말하기 어렵다. 그러나 그리스도교의 문맥에서 볼 때, 주님의 도래는 예수님의 도래로 간주되었고, 결국 위의 구약성서를 인용한 목적은 세례 요한이 예수님 아래에 속한 자이며 예수님의 길을 예비하는 자라는 사실을 드러내는데 있다. 그렇다고 초기 그리스도교가 요한의 위상을 의도적으로 낮추고 있다고 볼 필요는 없다. 초기 그리스도교는 세례 요한을 가장 위대한 종말론적 예언자로 여겼기 때문이다.

4절의 "죄 사함을 받게 하는 회개의 세례"라는 표현은 그리스도교의 입장에서 보면 의아스러운 표현처럼 들린다. 요한의 세례가 죄 용서와 연관되어 있기 때문이다. 이와 관련된 마태복음의 평행구절과 비교해 보면 그 차이점이 잘 드러난다. 마태의 평행구절에는 그러한 "죄 용서"의 표현이 없고(cf. 마 3:4-6), 그 표현은 성만찬 제정의 말씀 가운데 나타난다(마 26:28 "이것은 죄 사함을 얻게 하려고 많은 사람을 위하여 흘리는 바 나의 피 곧 언약의 피니라"). 이러한 정황은 죄 용서는 오직 예수 그리스도의 대속의 죽음에 의해서만 가능한 것이라는 기독론적인 시각에서 볼 때 납득할 수 있다. 따라서 마가가 죄 용서를 요한의 세례와 연결시키고 있다는 것은 특이하다. 그것은 아마도 세례 요한의 실제 메시지로 간주된다. 또한 마태와 누가에 강한 어조로 나타나는 두려움과 공포를 자아내는 세례 요한의 심판 선포(마 3:7-12 // 눅 3:7-9)가 마가에는 나타나지 않는 것도 두드러진다. 결국, 마가는 심판 선포자로서의 역할보다는 죄 사함의 세례를 통해 예수님의 길을 예비하는 자로서의 요한의 역할을 강조하고 있다.

요한이 심판 모티브를 전면에 내세우고 있다고 하여 그의 선포에 구원의 측면이 없다고 말하기 어렵다. 오히려 심판 모티브에는 구원의 측면이 담겨 있다고 보는 것이 적절하다. 요한은 구원과 심판 사이의 양자택일을 제시한 사람으로 바라보는 것보다, 다가오는 하나님의 진노에 대한 인정과 거부 사이의 양자택일을 제시한 사람으로 이해하는 것이 보다 적절하다. 다시 말하면, 요한의 심판 선포는 "하나님의 심판에 자신을 맡기는 자는 새로워질 것이나, 그로부터 달아나는 자는 죽으리라"는 메시지를 담고 있다.10)

5절은 온 유대 지방과 예루살렘 사람이 다 세례 요한에게 나아가 죄를 자복하고 세례를 받았다고 말한다. 이러한 대대적인 반응은 머지않아 일어날 예수님의 적대자들이 꾸미는 살인음모(막 3:6)와 수많은 적대 행위를 생각하면 얼른 수긍이 가지 않는다. 여기에서 마가의 관심은 요한의 세례를 통해 온 유대 사람들이 예수님을 통한 구원을 메시지를 받을 전제조건인 죄 사함의 상태를 나타내는 데 있다. 6절(cf. 마 3:4)은 요한의 외모와 삶의 방식을 소개한다. 낙타털 옷을 입고 가죽 띠를 띠고 메뚜기와 석청을 먹는다는 진술은 요한의 금욕 상태를 뜻하지 않고, 그가 예언자라는 사실을 강조한다. 요한의 겉옷은 예언자 엘리야와 같고(왕하 1:8), 메뚜기와 야생 석청은 광야에 사는 베두인들의 식량이다. 이로써 요한은 광야에서 살아가는 예언자임을 마가는 강조한다. 광야는 다름 아닌 구원의 장소이다. 7-8절은 세례 요한과 예수님 사이의 관계를 분명히 밝히고 있다. 요한이 기독론적 관점에서 예수님의 능력 많으심과 자신의 열등함에 대해 말한 다음(7절), 구원론적 관점에서 자신의 물세례는 예수님이 베푸실 성

---

10) A. Weiser, *Theologie des Neuen Testaments II*, Stuttgart/Berlin/Köln 1993, 29.

령세례에 비교할 바가 못 된다고 말한다(8절).

▶ 예수님의 세례(막 1:9-11):

> 9 그 때에 예수께서 갈릴리 나사렛으로부터 와서 요단 강에서 요한에게 세례를 받으시고 10 곧 물에서 올라오실새 하늘이 갈라짐과 성령이 비둘기 같이 자기에게 내려오심을 보시더니 11 하늘로부터 소리가 나기를 너는 내 사랑하는 아들이라 내가 너를 기뻐하노라 하시니라

예수님이 세례 요한에게 세례 받으셨다는 것은 의심의 여지 없는 역사적 사실이다. 초기 교회가 그것을 지어낼 이유가 없다. 죄 사함을 받게 하는 회개(막 1:4)를 "죄를 알지도 못하신"(고후 5:21) 예수님이 죄 사함의 회개를 받기 위해 요한에게 나아갔다는 것은 초기 교회의 신앙에 오히려 걸림돌이 되기 때문이다. 이와 관련된 문제점이 훗날 『히브리인들의 복음』이라는 신약 외경에 나오는 다음과 같은 진술에서 잘 드러난다: "그때 주님의 어머니와 그의 형제들이 그에게 말했다. 세례 요한은 죄 사함의 세례를 주고 있다. 그러니 우리가 가서 그에게 세례를 받도록 하자. 그러나 그가 그들에게 말했다. 어찌 내가 죄를 지었는가. 내가 가서 그에게 세례를 받아야 한단 말인가?"[11]
　마가의 관심은 예수님이 세례 받았다는 사실에 있지 않고, 이 전승에 담겨 있는 다른 요소에 더 관심이 있다. 첫째, 예수님이 갈릴리 나사렛 출신이라는 점이다. 마가복음 앞머리에서뿐만 아니라, 마지막 부분(16:7)에서 천사가 제자들에게 다음과 같이 말한다: "예수께서 너희보다 먼저 갈릴리로 가시나니 전에 너희에게 말씀하신대로 너희가 거기서 뵈오리라." 이처럼 마가는 복음서의 처음 부분과 마감 부

---

11) Hieronymus, Contra Pelagium 3,2. 라틴어 본문은 다음의 책에서 확인할 수 있다: A. Resch(ed.), *Agrapha. Ausserkanonische Schriftfragmente*, Darmstadt 1974, 233.

분에서 갈릴리와 연관된 신학적 중요성을 강조하고 있다. 무덤에서 생을 마감했으나, 부활하신 주님으로서 제자들보다 앞서 갈릴리로 간 나사렛 예수님의 삶이 복음의 시작이며 토대인 것이다. 둘째, 예수님의 세례는 10절의 진술과 연결되었다는 점이다. 즉, 예수께서 세례 받으실 때 하늘이 갈라지고 성령이 비둘기 같이 내려왔다고 말한다. 이는 예수님이 성령 충만했음을 말한다. 그것은 곧 사람들이 고대하던 바로 그 메시아가 다름 아닌 예수님이라는 사실을 뜻한다. 성령수여는 구약성서가 말하는 메시아 직분과 직결되어 있다(사 42:1; cf. 사 11:2; 61:1).[12]

11절의 진술은 전승사적으로 보면, "하나님의 종"의 선택에 관한 본문인 이사야 42:1("내가 붙드는 나의 종, 내 마음에 기뻐하는 자 곧 내가 택한 사람을 보라 내가 나의 영을 그에게 주었은즉 그가 이방에 정의를 베풀리라")을 염두에 두었음이 분명하다. 즉 예수님은 이사야가 예언한 바로 그 하나님의 종이다. 그런데 이사야 42:1만으로는 전승사적 배경을 온전히 설명하기 어렵다. 마가의 인용문에는 "나의 종" 대신에 "내 사랑하는 아들"에 대해 말하기 때문이다. 따라서 이사야 42:1과 시편 2:7("여호와께서 내게 이르시되 너는 내 아들이라 오늘 내가 너를 낳았도다")이 하나로 조합된 것으로 보는 것이 보다 적절하다.[13] 결국, 하늘로부터 나는 소리는 예수님의 메시아 등극 선포

---

12) (사 42:1) "내가 붙드는 나의 종, 내 마음에 기뻐하는 자 곧 내가 택한 사람을 보라 내가 나의 영을 그에게 주었은즉 그가 이방에 정의를 베풀리라"; (사 11:2) "그의 위에 여호와의 영, 곧 지혜와 총명의 영이요 모략과 재능의 영이요 지식과 여호와를 경외하는 영이 강림하시리니"; (사 61:1) "주 여호와의 영이 내게 내리셨으니 이는 여호와께서 내게 기름을 부으사 가난한 자에게 아름다운 소식을 전하게 하려 하심이라 나를 보내사 마음이 상한 자를 고치며 포로된 자에게 자유를, 갇힌 자에게 놓임을 선포하며."

13) 『에비온 복음서』도 두 구절을 나란히 인용한다(Epiphanius, Adversus Haereses 30,13,7).

를 나타낸다. 우리의 구절(막 1:9-11)을 통해 마가는 예수님의 공사역 전체가 하나님의 영에 인도된 메시아적 사역이라는 점을 강조하고 있다. 마가는 자신의 복음서를 관통하는 핵심 기독론적 칭호로 하나님의 아들 개념을 사용한다. 즉, 이 칭호는 복음서 시작 부분에(막 1:1, 11), 복음서의 중간 부분인 변화산 장면에(막 9:7), 또한 복음서의 마지막 부분인 백부장의 신앙고백 가운데(막 15:39 "이 사람은 진실로 하나님의 아들이었도다") 나타난다.

▶ 예수님의 시험(막 1:12-13):

> 12 성령이 곧 예수를 광야로 몰아내신지라 13 광야에서 사십 일을 계시면서 사탄에게 시험을 받으시며 들짐승과 함께 게시니 천사들이 수종들더라

예수님이 사탄에게 시험 받는 이야기는 마태(4:1-11)와 누가(4:1-13)에 더욱 상세히 나타난다. 세 번에 걸쳐 마귀에게서 시험 받는 이야기는 이른바 예수어록(Q)에서 유래한 것이다. 간단하게 보도하는 마가는 예수님의 광야 체류가 성령으로 말미암았다는 점에 초점을 맞춘다. 바로 앞에서 성령이 예수께 내려왔다고 했는데, 예수님을 광야로 내 몬 것이 바로 성령수여의 첫 번째 결과이다. 이때 광야는 사탄의 활동영역으로 나타난다. 이는 1장 4절에서 옛것에서 탈출하여 새 출발의 시작을 상징하는 세례 요한의 광야와는 사뭇 다른 뜻으로 사용된 것이다. 사탄에게 시험을 받는 "40일"은 고전적인 상징수로서 구약에 나오는 이스라엘의 40년 동안의 광야시대 전승에 의거하여(출 16:35; 신 1:3; 2:7; 8:2, 4; 29:4; 암 2:10; 느 9:21) 시련의 숫자를 뜻하며 동시에 시련의 기간으로 이해할 수 있다.14)

---

14) R. Pesch, *Das Markusevangelium I*, 95.

마가의 이야기는 예수어록의 이야기와 차이가 크다. 예수님이 받은 시험의 내용을 언급하지도 않고 예수님이 금식했다는 보도도 없다. 그 대신 마가는 예수님이 들짐승과 함께 계시다고 말한다. 이것은 이사야(11:6-8)가 말하는 다시 도래할 낙원의 평화와 관련된 것이다. 『모세 묵시록』과 『아담과 이브의 삶』이라는 구약 외경에 나오는 전승에 따르면, 인간의 타락과 더불어 동물들이 인간의 원수가 되었다가 종말에 낙원의 평화가 다시 도래한다. 다시 말해, 거친 들짐승들이 순해지고 천사가 수종하는 평화의 시대가 다시 온다는 것이다. 여기서 예수님은 바로 그 종말론적인 인간으로 나타나시고, 그에게 성령이 수여된다. 성령 충만한 예수님이 나타나시자, 세상이 변하고 광야는 낙원이 된다.[15]

2. 마태의 작업(마 3:1-4:11)

▶ 세례 요한의 등장(마 3:1-6): 여기에서 마태[16]는 마가(1:1-6)를 대본

---

[15] 그닐카는 예수님이 사탄을 궁극적으로 정복하기에 앞서 선취적으로 무찌른 것으로 해석한다(J. Gnilka, *Das Evangelium nach Markus*, Neukirchen-Vluyn 1978, 58.

[16] 초기교회 전승에 따르면(Irenaeus, *Adv. haer.*, III,1,1) 마태복음은 12제자 그룹에 속했던 세리 마태가 히브리어로 기록한 최초의 복음서이다. 그러나 마태복음의 저자가 예수님의 직제자가 아닌 마가의 복음서를 이용했다는 사실을 고려하면 사도 마태를 저자로 간주하기 어렵다. 막 2:14 이하에는 예수님이 세리 레위를 제자로 부르시는 장면이 나오는데, 마 9:9에는 레위 대신 마태를 부르시는 것으로 바뀌고 마 10:10에 와서는 12사도에 속하는 제자 마태와 동일시된다. 이러한 변경은 오히려 마태가 복음서의 실제 저자가 아닐 가능성을 암시한다. 오늘날 대다수 학자들은 마태를 이스라엘의 성서를 다루는데 능숙한 제2세대 (혹은 제3세대?) 유대 그리스도인으로 여긴다. 유대그리스도교적 복음서인 마태복음은 가장 윤리적이며 교회적인 복음서

으로 삼았으나 마가의 평행구절과 달리 약간의 변화를 주고 있다. 무엇보다 이야기 순서를 바꾸고 있다.

마 3:1-6	막 1:1-6
1 그 때에 세례 요한이 이르러 유대 광야에서 전파하여 말하되 2 <u>회개하라 천국이 가까이 왔느니라</u> 하였으니 3 그는 선지자 이사야를 통하여 말씀하신 자라 일렀으되 광야에 외치는 자의 소리가 있어 이르되 너희는 주의 길을 준비하라 그가 오실 길을 곧게 하라 하였느니라 4 이 요한은 낙타털 옷을 입고 허리에 가죽 띠를 띠고 음식은 메뚜기와 석청이었더라 5 이 때에 예루살렘과 온 유대와 요단 강 사방에서 다 그에게 나아와 6 자기들의 죄를 자복하고 요단 강에서 그에게 세례를 받더니	1 하나님의 아들 예수 그리스도의 복음의 시작이라 2 선지자 이사야의 글에 보라 내가 내 사자를 네 앞에 보내노니 그가 네 길을 준비하리라 3 광야에 외치는 자의 소리가 있어 이르되 너희는 주의 길을 준비하라 그의 오실 길을 곧게 하라 기록된 것과 같이 4 세례 요한이 광야에 이르러 <u>죄 사함을 받게 하는 회개의 세례를 전파하니</u> 5 온 유대 지방과 예루살렘 사람이 다 나아가 자기 죄를 자복하고 요단 강에서 그에게 세례를 받더라 6 요한은 낙타털 옷을 입고 허리에 가죽 띠를 띠고 메뚜기와 석청을 먹더라

 마가복음의 제목에 해당하는 마가복음 1:1("하나님의 아들 예수 그리스도의 복음의 시작이라")이 마태복음의 본문에는 생략되어 있다. 마태는 세례 요한의 이야기에 앞서 예수님의 족보(마 1:2-17)와 유아시절 이야기(마 1:18-2:23)를 담은 이른바 예수님의 전(前)역사를 배치시켰기 때문이다. 또한 특이한 것은, 마태는 말라기 인용문을 예수어록을 통해 알고 있는데, 이를 세례 요한에 관한 대목이 나오는 마태복음 11:10에 포함시켰다. 마태복음 3장 1절과 3절을 마가의 본문과 비교하면, 순서가 다름을 알 수 있다. 마가는 인용문을 먼저 제

로 각광을 받아왔다.

시한 다음 세례 요한의 등장을 보도하나, 마태는 성서인용을 바로 앞에서 언급한 세례 요한의 등장에 대한 성서적 근거로서 뒤로 배치시켰다. 또한 마태복음 3:4-6에서도 마가의 순서를 바꾼다. 즉, 마태복음 3:4는 마가복음 1:6에 해당하고, 마태복음 3:5-6은 마가복음 1:5에 해당한다.

우리말 성서번역에는 그 의미가 분명히 드러나지 않는 "그 때에"('Ἐν ταῖς ἡμέραις ἐκείναις 마 3:1)[17]라는 표현에 주목할 필요가 있다. 이것은 앞선 이야기를 받고 있으나, 동시에 마가복음 1:9의 "그 때에"(ἐν ἐκείναις ταῖς ἡμέραις—예수님께서 갈릴리 나사렛에서 온 때)를 앞당긴 표현이다. 여기에서 중요한 신학적 변화를 발견할 수 있다. 마가는 1:9의 도입어로 세례 요한의 등장과 예수님의 등장 사이에 분명한 경계를 긋고 있다. 이와 달리 마태는 "그 때에" 일어난 의미심장한 사건이 세례 요한의 등장에서 이미 시작된 것으로 말한다.

마가복음 1:15에 나오는 예수 선포의 핵심 메시지 "때가 찼고 하나님의 나라가 가까이 왔으니 회개하고 복음을 믿으라"라는 진술이 마태에게서는 세례 요한의 입을 통해 선포되고 있다(마 3:2). 그리하여 요한과 예수님이 긴밀하게 서로 연결되어 있다는 사실이 드러난다. 그런데 요한이 "죄 사함을 받게 하는 회개의 세례"라는 마가의 표현이 마태에는 나타나지 않는다. 마태의 경우, 죄 사함의 표현은 완전히 다른 문맥, 즉 성만찬의 문맥 가운데(cf. 마 26:26-29) 나온다. 이렇게 함으로써 마태는 파생할 수 있는 구원론적 문제, 즉 구원은 예수님으로부터 오는 것이지, 세례 요한에게서 왔다고 봄으로써 생겨나는 문제를 비껴갈 수 있다. 죄 사함을 통한 구원은 요한의 세례가 아니라, 예수님의 대속의 죽음과 연결된 것이다.

---

17) 직역하면 "저 날들 가운데에"라는 복수형 표현은 마태가 즐겨 사용하는 어법은 아니나(cf. 마 13:1; 22:23 단수형), 이로써 마태는 세례 요한 전승을 앞선 내용과 연결시키면서 새로운 역사적 계시의 시작을 알린다.

마태에게 있어서 "회개하라 천국이 가까웠느니라"는 요한의 메시지(마 3:2)는 예수님의 메시지(마 4:17)와 완전히 일치한다. 이로써 예수님의 선포가 이미 마지막 예언자인 요한에 의해 준비되고 있다는 사실을 강조한다. 그렇다고 마태가 심판 선포자로서의 요한의 역할을 약화시킨 것은 아니냐고 오해할 필요는 없다. 마태는 심판과 구원을 서로 뗄 수 없는 것으로 생각한다. 구원은 진정한 회개를 전제하지 않고서는 주어질 수 없는 것이다. 따라서 마태는 마가복음 1:15처럼 "하나님의 나라가 가까웠으니 회개하라" 하지 않고, 순서를 바꿔 "회개하라 천국이 가까웠느니라"고 말한다.

▶ **세례 요한의 심판 선포(마 3:7-10):** 이 구절을 평행구절인 누가복음 3:7-9와 비교해보면, 세례 요한이 선포하는 심판의 내용이 서로 거의 완벽하게 일치하는 것을 확인할 수 있다.

마 3:7-10	눅 3:7-9
7 요한이 많은 <u>바리새인들과 사두개인들이</u> 세례 베푸는 데로 오는 것을 보고 이르되 독사의 자식들아 누가 너희를 가르쳐 임박한 진노를 피하라 하더냐 8 그러므로 <u>회개에 합당한 열매를 맺고</u> 9 속으로 아브라함이 우리 조상이라고 생각하지 말라 내가 너희에게 이르노니 하나님이 능히 이 돌들로도 아브라함의 자손이 되게 하시리라 10 이미 도끼가 나무 뿌리에 놓였으니 좋은 열매를 맺지 아니하는 나무마다 찍혀 불에 던져지리라	7 요한이 세례 받으러 나아오는 <u>무리에게</u> 이르되 독사의 자식들아 누가 너희에게 일러 장차 올 진노를 피하라 하더냐 8 그러므로 <u>회개에 합당한 열매를 맺고</u> 속으로 아브라함이 우리 조상이라 말하지 말라 내가 너희에게 이르노니 하나님이 능히 이 돌들로도 아브라함의 자손이 되게 하시리라 9 이미 도끼가 나무 뿌리에 놓였으니 좋은 열매 맺지 아니하는 나무마다 찍혀 불에 던져지리라

마태는 이 구절을 예수어록(Q)에서 취한다. 단지 7절 앞에서 바리새인과 사두개인을 수신자로 언급하는 것만 다를 뿐이다. 마태는 이 두 그룹을 여기에서 처음으로 함께 언급한다. 실상 이 두 그룹은 서로 다른 입장을 표방했으나, 마태는 이들을 유대 경건을 대표하는 사람들로 보았다. 세례 요한의 심판 선포는 본디 이스라엘 백성 전체를 향한 것이었으나, 마태는 바리새인과 사두개인을 예수님의 주적으로 내세운다. 이것은 마태가 속한 당시 신앙공동체의 상황이 반영된 것이다.

임박한 하나님의 심판에 직면하여 요한은 회개만으로는 부족하고 회개에 합당한 열매 맺을 것을 강조한다. 또한 아브라함의 육적 자손이라고 해서 구원이 보장된다는 사실을 거부한다. "열매"라는 개념이 마태복음에 모두 19번 나오는데18), 인간이 행함도 이루어야 한다는 사실을 강조하는 개념이다. 마태가 염두에 둔 회개의 개념은 누가의 것과 차이가 난다. 누가는 회개를 다가올 구원을 받기 위한 전제로 생각한다. 이방인 출신의 그리스도인인 누가에게 이방인이 구원받기 위해서는 불신앙의 길을 벗어나 신앙의 길로 돌아서야 한다는 것이 지극히 당연하다. 그러나 유대인은 태생적으로 신앙의 길에 속한 사람들이기 때문에 그와 같은 것을 필요로 하지 않는다. 유대 그리스도인인 마태에게 회개란 단순히 돌아섬을 의미하지 않고 '더 큰 의를 행하는 것'이다. 예수님을 따르는 제자들의 "의"는 서기관이나 바리새인의 "의"보다 '더 큰 의'여야 한다(마 5:20). 이런 뜻에서 마태가 가리키는 "의"란 단지 구원의 조건에 불과한 것이 아니라 이미 구원을 가리키는 한 표현이라고 말할 수 있다. 바리새인과 사두개인을 향한 경고의 말씀은 동시에 마태 공동체를 향한 경고이기도 하다. 제자들도 하나님의 심판을 대면해야 한다는 사실을 고려하여 의로운

---

18) Cf. 마 3:8, 10; 7:17-19; [13:26]; 21:43.

삶을 이루어가야 한다.

▶ **물세례와 성령과 불로 주는 세례(마 3:11-12):** 마태는 세례 요한의
심판 선포(마 3:7-10)에 이어서 더 강한 자의 심판과 관련된 진술을 연
결한다. 마태복음 3:11은 마가의 전승(막 1:7-8)과 예수어록(Q) 전승의
혼합물로 간주된다. 그러나 12절은 전적으로 예수어록(cf. 눅 3:17)에
서 온 것이다.

마 3:11-12	막 1:7-8
11 나는 너희로 회개하게 하기 위하여 물로 세례를 베풀거니와 내 뒤에 오시는 이는 <u>나보다 능력이 많으시니</u> 나는 그의 신을 들기도 감당하지 못하겠노라 그는 성령과 불로 너희에게 세례를 베푸실 것이요 12 손에 키를 들고 자기의 타작 마당을 정하게 하사 알곡은 모아 곳간에 들이고 쭉정이는 꺼지지 않는 불에 태우시리라	7 그가 전파하여 이르되 나보다 능력 많으신 이가 내 뒤에 오시나니 나는 굽혀 그의 신발끈을 풀기도 감당하지 못하겠노라 8 나는 너희에게 물로 세례를 베풀었거니와 그는 너희에게 성령으로 세례를 베푸시리라

　　메르클라인은 마가복음 1:7-8을 예수어록 전승이 더욱 발전된 형태
로 여기면서, 세례 요한의 본래 음성은 "나는 물로 세례를 베풀거니와
오실 이는 너희에게 불로 세례를 베푸시리라"로 추정한다. 또한 예수
어록을 편집하는 중에 "나보다 능력이 많으신"이란 표현이 첨가되었
을 것으로 여긴다.[19] 여기서 오실 이는 본래 "인자"이거나 하나님을
뜻했을 것이다. 이러한 요한의 진술을 수용한 초기 그리스도교 전승
은 오실 이를 예수님과 동일시했다. 이러한 과정 가운데 오실 이의

---

19) H. Merklein, *Jesusgeschichte*, 24.

세례를 나타내는 특징으로 성령이 첨가된다. 이때 성령은 구원을 나타내고, 불은 심판을 뜻한다. 마태에게 이 두 요소는 서로 대립된 것이 아니고, 동전의 양면처럼 긴밀하게 연결되어 있다. 예수님은 구원을 가져오는 분이시며, 동시에 회개하지 않는 자를 심판하는 분이시기도 하다. 예수어록에서 유래한, 키질하여 알곡은 모으고 쭉정이는 태워버리는 비유(12절)는 마태의 신학에 잘 부합한다.

▶ **예수님의 세례(마 3:13-17):** 마태는 예수님의 세례 장면을 마가로부터 수용했는데(막 1:9-11), 그 앞에 자신의 편집에서 나온 내용(마 3:13-15)을 첨가하여 이야기를 확장시킨다.

마 3:13-17	막 1:9-11
13 이 때에 예수께서 갈릴리로부터 요단 강에 이르러 요한에게 세례를 받으려 하시니 14 요한이 말려 이르되 내가 당신에게서 세례를 받아야 할 터인데 당신이 내게로 오시나이까 15 예수께서 대답하여 이르시되 이제 허락하라 우리가 이와 같이 하여 <u>모든 의를 이루는 것</u>이 합당하니라 하시니 이에 요한이 허락하는지라 16 예수께서 세례를 받으시고 곧 물에서 올라오실새 하늘이 열리고 하나님의 성령이 비둘기 같이 내려 자기 위에 임하심을 보시더니 17 하늘로부터 소리가 있어 말씀하시되 <u>이는 내 사랑하는 아들이요</u> 내 기뻐하는 자라 하시니라	9 그 때에 예수께서 갈릴리 나사렛으로부터 와서 요단 강에서 요한에게 세례를 받으시고 10 곧 물에서 올라오실새 하늘이 갈라짐과 성령이 비둘기 같이 자기에게 내려오심을 보시더니 11 하늘로부터 소리가 나기를 <u>너는 내 사랑하는 아들이라</u> 내가 너를 기뻐하노라 하시니라

15절은 명백히 마태의 편집에서 비롯된 것이다. 여기에 마태 특유의 개념인 "의"가 나온다. 예수님은 "모든 의를 이루기 위해" 오신 분이다. 여기서 "모든 의"란 하나님에 의해 마련되고 예수님에 의해 온전히 드러난 윤리적 질서를 뜻한다. 그것은 곧 산상설교 가운데 드러난 것과 같으며, 궁극적으로 죄 사함이 일어나는 예수님의 죽음을 지향한다. 예수님은 요한에게 세례를 받으심으로 그러한 죽음을 상징적으로 선취했다. "그런 의미에서 '죄 사함을 위한'이란 마가복음 1:4의 표현이 마태복음 26:28로 옮겨간 것은, 예수님이 수용한 요한의 세례에 대한 수미일관된 기독론적 해석이다."20) 17절과 관련하여, 하늘의 소리가 마가에는 2인칭으로 나오나(막 1:11 "너는 내 사랑하는 아들이라 내가 너를 기뻐하노라"), 여기서는 3인칭으로 바뀐다("이는 [οὗτός = 이 사람은] 내 사랑하는 아들이요 내 기뻐하는 자라"). 이를 통해 마태는, 예수님이 메시아이며 하나님의 아들이시라는 사실을 공개적으로 선포하려 한다.

▶ **예수님의 시험(마 4:1-11):** 마태는 예수어록(Q)을 참조하는 가운데, 마귀가 세 번에 걸쳐 예수님을 시험하는 이야기 형태로 마가보다 훨씬 상세하게 보도한다.

(마 4:1-11) 1 그 때에 예수께서 성령에게 이끌리어 마귀에게 시험을 받으러 광야로 가사 2 사십 일을 밤낮으로 금식하신 후에 주리신지라 3 시험하는 자가 예수께 나아와서 이르되 네가 만일 하나님의 아들이어든 명하여 이 돌들로 떡덩이가 되게 하라 4 예수께서 대답하여 이르시되 기록되었으되 사람이 떡으로만 살 것이 아니요 하나님의 입으로부터 나오는 모든 말씀으로 살 것이라 하였느니라 하시니 5 이에 마귀가 예수를 거룩한 성으로 데려다가 성전 꼭대기에 세우고 6 이르되 네가 만일 하나님의 아들이어든 뛰어내리라 기록되었으되 그가 너를 위하여

---

20) 같은 곳, 25.

> 그의 사자들을 명하시리니 그들이 손으로 너를 받들어 발이 돌에 부딪치지 않게 하리로다 하였느니라 7 예수께서 이르시되 또 기록되었으되 주 너의 하나님을 시험하지 말라 하였느니라 하시니 8 마귀가 또 그를 데리고 지극히 높은 산으로 가서 천하 만국과 그 영광을 보여 9 이르되 만일 내게 엎드려 경배하면 이 모든 것을 네게 주리라 10 이에 예수께서 말씀하시되 사탄아 물러가라 기록되었으되 ㄹ)주 너의 하나님께 경배하고 다만 그를 섬기라 하였느니라 11 이에 마귀는 예수를 떠나고 천사들이 나아와서 수종드니라

이 이야기의 초점은 예수님이 진정 하나님의 아들인가 하는 질문으로 향한다. 예수님이 하나님의 아들이라는 사실은, 그가 놀라움을 자아내는 기적을 행함에 있지 않고 하나님의 말씀에 순종하였다는 사실에 놓여 있다. 바로 이 점을 마태가 강조하려 한다. 모든 의를 이루는 예수님은 하나님의 말씀에 순종한 자라는 사실이다. 다시 말해 예수님은 기적을 통해 사람들의 이목과 관심을 끌고 자신의 영화를 추구하는 자가 아니라 오직 하나님의 말씀에 순종하는 분임을 강조한다. 이 이야기를 역사적 사실로 파악하려고 한다면, 이야기 속에 담긴 심오한 차원의 의미를 간과하게 된다. 여기서 문제의 핵심은, 이 세상은 누가 지배하며 그것이 어떻게 일어나는가 하는 데 있다. 세상을 통치하는 예수님의 권세는 물질의 풍요와 기적에서 나오지 않고 하나님의 말씀에 순종함에 있다는 것이다. 즉, 진정한 권세는 세상의 영광에 근거하지 않고 오직 하나님에 대한 순종에서 비롯된다는 사실을 증거한다. 사탄은 자신에게 복종하면 권세를 준다고 미혹한다. 세상적 권세와 물질적 풍요를 약속하는 사탄에 대한 복종은 인간에게 참 자유를 가져다주지 못하고 인간을 사탄의 노예로 전락시킨다.

이 이야기를 통해 마태는 하나님의 말씀에 대한 순종이 얼마나 귀하고 중요한가를 오늘 우리에게도 가르친다. 마가는 자기 십자가를

지고 예수님의 길을 따르는 것을 참된 신앙의 길로 보았으나(막 8:35; 10:38-40), 마태는 하나님에 대한 순종, 즉 하나님이 세우신 삶의 질서를 이루는 것이 참된 신앙의 길이라고 강조한다.

3. 누가의 작업(눅 3:1-4:13)

▶ **세례 요한의 등장(눅 3:1-6):** 누가[21]도 마태와 마찬가지로 성서 인용에 앞서 요한의 등장을 배치시킴으로 마가의 순서를 뒤바꾼다. 즉, 누가복음 3:3(요한의 등장)은 마가복음 1:4에 해당하고, 누가복음 3:4-5는 마가복음 1:2-3에 해당한다. 누가는 마가복음 1:5를 다음 장면의 도입부로 삼았으나(눅 3:7a), 마가복음 1:6은 건너뛴다. 그 대신 누가는 3:1-3에서 누가 특유의 도입부를 만든다. 여기에 누가는 당시 시대사적 자리매김을 상세히 한다.

---

21) 초기 교회의 전승은(Eusebius, *His. eccl.*, III,4; V,8,3) 누가복음과 사도행전의 저자 누가를 빌레몬서 24절("나의 동역자인 … 누가도 문안합니다")과 골로새서 4:14("사랑하는 의사 누가와 데마도 여러분에게 문안합니다") 또한 디모데후서 4:11("누가만 나와 함께 있습니다")에 언급된 바울의 동역자와 동일시했다. 그러나 오늘날 이러한 시각은 누가의 두 작품과 바울 친서 사이에 나타나는 여러 심각한 차이점들로 인해 강한 도전을 받고 있다. 예컨대, 바울은 자신이 사도라는 사실을 강조하고 이를 부인하는 적대자들을 신랄하게 비판했음에도 불구하고 누가는 사도행전에서 바울을 결코 사도라 부르지 않으며, 또한 바울은 예수님의 죽음을 *대속의 죽음*이라 강조하나, 누가에게는 그와 같은 것이 거의 나타나지 않는다. 그 밖에도 바울의 삶에 대한 개별 사건 등과 관련하여 양자 사이에 커다란 차이가 있다. 이런 이유 등을 고려할 때 누가는 사도 이후 시대 바울 선교지 도시 환경에서 살았던 태생적 그리스인으로서 일찍이 유대교에 관심을 가진 "하나님 경외자" 출신의 그리스도인으로 간주된다. 누가복음은 2세기 초 바울서신집이 만들어지기 전 단계인 80-90년 무렵에 기록된 것으로 추정된다.

눅 3:1-6	막 1:2-6
1 디베료 황제가 통치한 지 열다섯 해 곧 본디오 빌라도가 유대의 총독으로, 헤롯이 갈릴리의 분봉 왕으로, 그 동생 빌립이 이두래와 드라고닛 지방의 분봉 왕으로, 루사니아가 아빌레네의 분봉 왕으로, 2 안나스와 가야바가 대제사장으로 있을 때에 하나님의 말씀이 빈 들에서 사가랴의 아들 요한에게 임한지라 3 요한이 요단 강 부근 각처에 와서 <u>죄 사함을 받게 하는 회개의 세례를 전파하니</u> 4 선지자 이사야의 책에 쓴 바 광야에서 외치는 자의 소리가 있어 이르되 너희는 주의 길을 준비하라 그의 오실 길을 곧게 하라 5 모든 골짜기가 메워지고 모든 산과 작은 산이 낮아지고 굽은 것이 곧아지고 험한 길이 평탄하여질 것이요 6 모든 육체가 하나님의 구원하심을 보리라 함과 같으니라	2 선지자 이사야의 글에 보라 내가 내 사자를 네 앞에 보내노니 그가 네 길을 준비하리라 3 광야에 외치는 자의 소리가 있어 이르되 너희는 주의 길을 준비하라 그의 오실 길을 곧게 하라 기록된 것과 같이 4 세례 요한이 광야에 이르러 <u>죄 사함을 받게 하는 회개의 세례를 전파하니</u> 5 온 유대 지방과 예루살렘 사람이 다 나아가 자기 죄를 자복하고 요단 강에서 그에게 세례를 받더라 6 요한은 낙타털 옷을 입고 허리에 가죽 띠를 띠고 메뚜기와 석청을 먹더라

디베료(Tiberius) 황제 통치 15년째란 기원후 27/28년 혹은 28/29년에 해당한다. 빌라도는 당시 로마 총독이다. 그 외에도 여러 분봉왕들이 언급된다. 여기서 헤롯은 헤롯 대왕이 아니라, 갈릴리 지방의 영주인 그의 아들 헤롯 안티파스를 가리킨다.[22] 두 명의 대제사장이 언급된다. 안나스는 기원후 6-15년 사이의 대제사장이었고, 그의 사

---

22) 신약성서의 시대사적 배경에 대해서 나의 졸저 『유대교와 헬레니즘』 (서울: 한국성서학연구소, 2011), 제1장을 참조하라.

위 가야바는 기원후 18-36년 사이에 그 직위에 있었다(요 18:13, 24; 행 4:6). 안나스가 대제사장 직무에서 물러났음에도 그의 영향력은 여전하여서 가야바 말고도 그의 이름도 여기에 언급된 것으로 보인다. 이와 같은 시대사적 정보만 고려하여도 누가가 역사적 관심을 갖고 있었다는 점은 확실하다. 그러나 누가의 본래 관심은 단순한 역사적 정보 나열에 있지 않고 그 안에 나타나는 구원의 역사, 즉 구원사(Heils-geschichte)에 있다.[23] 예수님의 역사는 세계사와 맞물려 있으며, 유대 땅 한 작은 마을에서 일어난 일은 세계사적인 의미를 지닌다는 사실을 강조하고 있는 것이다.

마태와 달리 누가는 "죄를 사하는 회개의 세례"라는 표현을 수용한다(3절). 그러나 죄의 용서를 세례와 결부시킨 것으로 보기 어렵다. 요한의 세례에 구원론적 의미를 부여하는 것은 누가의 신학에 어울리지 않기 때문이다. 요한의 사역 목적은 도래할 구원을 준비하는 것이다. 이사야 인용문의 확장(5-6절)도 이런 의미로 이해해야 한다. 세례 요한의 아버지 사가랴의 예언 중에 나오는 구절(눅 1:76-78)도 요한을 예언자이고 예비하는 자로 묘사한다.

6절의 표현 "하나님의 구원"은 곧 예수님을 통해 드러나는 구원을 가리킨다. 누가는 마가나 마태보다 세례 요한과 예수님 사이를 분명하게 구분한다. 마태가 요한과 예수님을 더욱 긴밀하게 연결시키는 것과 달리, 누가는 요한의 시간을 약속의 시간으로 여기고 예수님의 시간을 성취의 시간으로 구분한다. 요한은 마지막 예언자이고 예수님과 더불어 구원의 시대가 열린다. 예수님을 예비하는 자로서 세례 요한은 회개의 선포자이나, 예수님은 구원을 가져오시는 분이다.

---

23) 초기 그리스도교 역사에 정통한 M. 헹엘은 누가를 가리켜 "그리스도교 최초의 신학적 역사가"라 불렀다(*Zur urchristlichen Geschichtsschreibung*, Stuttgart [2]1984, 61).

▶ 세례 요한의 회개 설교(눅 3:7-9):

7 요한이 세례 받으러 나아오는 무리에게 이르되 독사의 자식들아 누가 너희에게 일러 장차 올 진노를 피하라 하더냐 8 그러므로 회개에 합당한 열매들을 맺고 속으로 아브라함이 우리 조상이라 말하지 말라 내가 너희에게 이르노니 하나님이 능히 이 돌들로도 아브라함의 자손이 되게 하시리라 9 이미 도끼가 나무 뿌리에 놓였으니 좋은 열매 맺지 아니하는 나무마다 찍혀 불에 던져지리라

예수어록(Q)에서 유래한 이 부분은 누가의 구상에 잘 어울린다. 마태에게 심판은 구원의 이면으로서 동전의 양면처럼 서로 긴밀하게 연결된 것과 달리, 누가에게 회개란 죄 사함과 구원의 전제로서 죄로부터 돌아서는 것을 뜻한다(행 2:38; 3:19; 26:20; cf. 눅 17:4). 이런 의미에서 누가의 회개 개념은 윤리적 성격을 강하게 드러낸다. 따라서 예수어록 가운데 나오는 단수형 "(회개의) 열매"(cf. 마 3:8)를 복수형 "열매들"로 바꾼다.[24]

▶ 세례 요한의 설교(눅 3:10-14):

10 무리가 물어 이르되 그러면 우리가 무엇을 하리이까 11 대답하여 이르되 옷 두 벌 있는 자는 옷 없는 자에게 나눠 줄 것이요 먹을 것이 있는 자도 그렇게 할 것이니라 하고 12 세리들도 세례를 받고자 하여 와서 이르되 선생이여 우리는 무엇을 하리이까 하매 13 이르되 부과된 것 외에는 거두지 말라 하고 14 군인들도 물어 이르되 우리는 무엇을 하리이까 하매 이르되 사람에게서 강탈하지 말며 거짓으로 고발하지 말고 받는 급료를 족한 줄로 알라 하니라

이 부분이 누가의 편집에서 나온 것인지, 아니면 전승에서 유래한

---

24) 그리스어 원문에는 복수형으로 나온다.

것인지 확실히 말하기 어렵다. 이 부분 역시 회개의 윤리적 성격을 부각시킨다. 수신자로서 먼저 "무리"(ὄχλοι)가 나오나(10절), 이어서 "세리들과 군인들"이 언급된다. 이들은 멸시받던 직업군에 속한다. 훗날 예수님이 다가가는 세리들과 죄인들을 연상시킨다. 사랑의 계명의 중요성을 부정적으로 묘사한 이 장면은 이른바 "평지설교"(눅 6:20-49)를 준비한다.

▶ 물세례와 영과 불로 주는 세례(눅 3:15-18):

15 백성들이 바라고 기다리므로 모든 사람들이 요한을 혹 그리스도신가 심중에 생각하니 16 요한이 모든 사람에게 대답하여 이르되 나는 물로 너희에게 세례를 베풀거니와 나보다 능력이 많으신 이가 오시나니 나는 그의 신발끈을 풀기도 감당하지 못하겠노라 그는 성령과 불로 너희에게 세례를 베푸실 것이요 17 손에 키를 들고 자기의 타작 마당을 정하게 하사 알곡은 모아 곳간에 들이고 쭉정이는 꺼지지 않는 불에 태우시리라 18 또 그밖에 여러 가지로 권하여 백성에게 좋은 소식을 전하였으나

15절에서 세례 요한이 바로 그 메시아인가 묻는 백성의 질문에 요한은 아니라고 답한다. 여기서 백성들이 "기다리다"는 표현이 나오는데, 이 기다림은 신학적으로 볼 때 중요하다. 메시아를 통한 구원은 기다림 가운데 주어지는 하나님의 선물임을 알 수 있다. 백성을 뜻하는 그리스어 개념으로 "오클로스(ὄχλος)" 대신 "라오스(λαός)"란 단어가 여기에 사용되었다. 오클로스가 회개를 필요로 하는 무리를 가리킨다면, 라오스는 기다리고 있는 이스라엘 백성을 가리킨다.25) 곧 라오스는 교회론적 전망을 담고 있는 용어이다.

---

25) F. Bovon, *Das Evangelium nach Lukas (Lk 1,1-9,50)*, EKK III/1, 1989, 175.

▶ **세례 요한의 체포**(눅 3:19-20):

19 분봉 왕 헤롯은 그의 동생의 아내 헤로디아의 일과 또 자기가 행한 모든 악한 일로 말미암아 요한에게 책망을 받고 20 그 위에 한 가지 악을 더하여 요한을 옥에 가두니라

마가는 요한의 체포를 마가복음 6:17-18에 가서야 보도하는데, 누가는 이 보도를 앞으로 가져온다. 누가는 요한의 예언자 역할을 더욱 강화시킨다. 따라서 헤로디아와의 결혼을 질타하는 것에 그치지 않고, 헤롯 안티파스가 범한 "모든 악한 일"을 책망한다. 요한이 체포되고 나서야 비로소 예수님의 사역이 시작된다(cf. 막 1:14). 이러한 순서는 누가의 구원사적 구상과 잘 어울린다. 즉 요한이 약속의 시대에 속한 사람이라면 예수님은 구원의 시대를 여신 분이다.

▶ **예수님의 세례**(눅 3:21-22): 여기에서 누가는 다시 마가의 순서로 돌아온다.

눅 3:21-22	막 1:9-11	마 3:13-17
21 백성이 다 세례를 받을새 예수도 세례를 받으시고 <u>기도하실 때에</u> 하늘이 열리며 22 성령이 비둘기 같은 형체로 그의 위에 강림하시더니 하늘로	9 그 때에 예수께서 갈릴리 나사렛으로부터 와서 요단 강에서 요한에게 세례를 받으시고 10 곧 물에서 올라오실새 하늘이 갈라짐과 성령이 비둘기 같이 자기에게 내려오심을 보시더니	13 이 때에 예수께서 갈릴리로부터 요단 강에 이르러 요한에게 세례를 받으려 하시니 14 요한이 말려 이르되 내가 당신에게서 세례를 받아야 할 터인데 당신이 내게로 오시나이까 15 예수께서 대답하여 이르시되 이제 허락하라 우리가 이와 같이 하여 모든 의를 이루는 것이 합당하니라 하시니 이에 요한이 허락하는지라 16 예수께서 세례를 받으시고 곧 물에서 올라오

부터 소리가 나기를 너는 내 사랑하는 아들이라 내가 너를 기뻐하노라 하시니니라	11 하늘로부터 소리가 나기를 너는 내 사랑하는 아들이라 내가 너를 기뻐하노라 하시니라	실새 하늘이 열리고 하나님의 성령이 비둘기 같이 내려 자기 위에 임하심을 보시더니 17 하늘로부터 소리가 있어 말씀하시되 이는 내 사랑하는 아들이요 내 기뻐하는 자라 하시니라

누가는 예수님의 세례를 돌아보듯이 말하고 있으나 요한의 이름을 명시적으로 언급하지는 않는다. 예수님이 물속에서 올라오실 때 기도하셨다는 사실을 강조한다(21절). 그런 다음 하나님의 아들의 즉위와 성령수여에 초점을 맞추지 않고, 예수님이 그의 사역 처음부터 성령의 인도함을 받은 분이라는 사실을 부각시킨다(cf. 눅 1:35). 마태의 경우처럼 예수님이 하나님의 아들이라는 사실을 공적으로 선언함에 초점을 두지 않고, 누가는 하나님의 아들의 위엄을 드러내는 것에 초점을 맞춘다. 따라서 성령이 "비둘기 같은 형체로" 예수께 내려온다. 누가는, 예수님이 공적 사역의 시작부터 성령의 인도를 받은 하나님의 아들이라는 사실을 강조하고 있다.[26]

▶ **예수님의 족보(눅 3:23-38):** 누가는 세례 보도 다음에 독자들에게 예수님의 생애에 관한 전기(傳記)적인 정보를 주기 위해 예수님의 족보 단락을 첨가시킨다.

---

26) 성령의 중요성을 강조하는 누가의 관점과 관련하여 나의 졸고 "누가의 성령 이해," 김창선, 『21세기 신약성서 신학』(서울: 예영커뮤니케이션, 2004), 312-326면을 참조하라.

(눅 3:23-38) 23 예수께서 가르치심을 시작할 때에 <u>삼십 세쯤</u> 되시니라 사람들이 아는 대로는 요셉의 아들이니 요셉의 위는 헬리요 24 그 위는 맛닷이요 그 위는 레위요 그 위는 멜기요 그 위는 얀나요 그 위는 요셉이요 25 그 위는 맛다디아요 그 위는 아모스요 그 위는 나훔이요 그 위는 에슬리요 그 위는 낙개요 26 그 위는 마앗이요 그 위는 맛다디아요 그 위는 서머인이요 그 위는 요섹이요 그 위는 요다요 27 그 위는 요아난이요 그 위는 레사요 그 위는 스룹바벨이요 그 위는 스알디엘이요 그 위는 네리요 28 그 위는 멜기요 그 위는 앗디요 그 위는 고삼이요 그 위는 엘마담이요 그 위는 에르요 29 그 위는 예수요 그 위는 엘리에서요 그 위는 요림이요 그 위는 맛닷이요 그 위는 레위요 30 그 위는 시므온이요 그 위는 유다요 그 위는 요셉이요 그 위는 요남이요 그 위는 엘리아김이요 31 그 위는 멜레아요 그 위는 멘나요 그 위는 맛다다요 그 위는 나단이요 그 위는 다윗이요 32 그 위는 이새요 그 위는 오벳이요 그 위는 보아스요 그 위는 살몬이요 그 위는 나손이요 33 그 위는 아미나답이요 그 위는 아니요 그 위는 헤스론이요 그 위는 베레스요 그 위는 유다요 34 그 위는 야곱이요 그 위는 이삭이요 그 위는 아브라함이요 그 위는 데라요 그 위는 나홀이요 35 그 위는 스룩이요 그 위는 르우요 그 위는 벨렉이요 그 위는 헤버요 그 이상은 살라요 36 그 위는 가이난이요 그 위는 아박삿이요 그 위는 셈이요 그 위는 노아요 그 위는 레멕이요 37 그 위는 므두셀라요 그 위는 에녹이요 그 위는 야렛이요 그 위는 마할랄렐이요 그 위는 가이난이요 38 그 위는 에노스요 그 위는 셋이요 그 위는 아담이요 그 위는 하나님이시니라

이 족보는 마태복음 1:1-17에 나오는 족보와 비교할 만하다. 오늘날 우리에게 무미건조하게 보이는 두 족보는 예수님의 유래에 관해 초기 교회가 가졌던 관심을 드러낸다. 그것들은 공통된 전승에서 유래한 것이 아니고 역사적인 면에서 서로 일치하지도 않는다. 누가의 족보는 마태의 족보와 달리 거꾸로 나열되고 있다. 마태는 이스라엘의 관점에서 아브라함에게서 시작하나, 누가는 아담에게까지 거슬러 올라감으로써 전체 인류의 기원에 이른다. 마태가 아브라함의 자손

이 갖고 있는 특권을 지향하고 있는 것과 달리, 누가는 보편사적 경향을 드러낸다. 양자의 공통점은 기능에 있다. 즉, 이야기의 연속성과 방향성을 강조하려는 신학적 진술로 이해해야 한다.

누가는 모두 77명의 이름을 어떠한 구분도 하지 않고 나열한다. 그 중 36명의 이름은 구약성서에 나오지 않는다. 또한 다윗의 아들로서 솔로몬이 아니라 알려지지 않은 나단을 언급한다(31절). 이 족보는 일곱 세대씩 짝을 지어 나눌 수 있다. 먼저 요셉부터(23절) 스알디엘까지(27절), 즉 바벨론 포로 때까지 거꾸로 일곱 세대씩 3번 이어지고 있고, 그 다음에는 네리부터(27절) 다윗까지(31절) 일곱 세대씩 3번 이어진다. 그런 다음 아브라함까지 일곱 세대씩 2번, 끝으로 아담까지(38절) 일곱 세대씩 3번 이어진다. 이로써 강조하려는 누가의 의도가 분명히 드러난다. 곧 예수님은 다윗의 후손이라는 사실이다. 누가는 이러한 구분을 구조적으로 강조하지는 않았다. 이 족보의 끝이 하나님에게까지 올라가는 것은 신학적으로 볼 때 문제가 될 수 있으나, 그러한 문제점을 누가는 염두에 두지 않았다. 중요한 것은 예수님이 족보상 적법한 아들임을 강조하는 것이다. 누가에게 족보의 중요성은 본질적으로 구원사의 기능에 있다. 예수님의 등장은 한마디로 하나님의 계획에 따른 것이고, 예수님은 모든 인간(아담)을 위한 구세주라는 사실이다. 마지막으로 예수님이 "삼십 세쯤" 등장했다고 말하는데(23절), 이것은 다윗이 왕위에 오른 때가 삼십 세(삼하 5:4)라는 사실을 염두에 두었거나 아니면 책임을 지기에 가장 적합한 이상적인 나이를 말한 것으로 볼 수 있다.27) 공적 사역의 시작과 관련된 예수님의 나이에 관한 정보는 전기적 보도에 관심을 갖고 있던 누가에게서 비롯된 것으로 보인다.

---

27) Cf. 삼하 5:4("다윗이 나이가 삼십 세에 왕위에 올라"); 창 41:46("요셉이 애굽 왕 바로 앞에 설 때에 삼십 세라").

▶ **예수님의 시험(눅 4:1-13):** 누가는 다시 마가의 순서를 따른다. 그러나 묘사는 마태의 경우처럼 예수어록(Q)을 주로 따른다.

눅 4:1-13	마 4:1-11
1 예수께서 성령의 충만함을 입어 요단 강에서 돌아오사 광야에서 사십 일 동안 성령에게 이끌리시며 2 마귀에게 시험을 받으시더라 이 모든 날에 아무 것도 잡수시지 아니하시니 날 수가 다하매 주리신지라 3 마귀가 이르되 네가 만일 하나님의 아들이어든 이 돌들에게 명하여 떡이 되게 하라 4 예수께서 대답하시되 기록된 바 <u>사람이 떡으로만 살 것이 아니라</u> 하였느니라	1 그 때에 예수께서 성령에게 이끌리어 마귀에게 시험을 받으러 광야로 가사 2 사십 일을 밤낮으로 금식하신 후에 주리신지라 3 시험하는 자가 예수께 나아와서 이르되 네가 만일 하나님의 아들이어든 명하여 이 돌들로 떡덩이가 되게 하라 4 예수께서 대답하여 이르시되 기록되었으되 <u>사람이 떡으로만 살 것이 아니요 하나님의 입으로부터 나오는 모든 말씀으로 살 것이라</u> 하였느니라 하시니
5 마귀가 또 예수를 이끌고 올라가서 순식간에 천하 만국을 보이며 6 이르되 이 모든 권위와 그 영광을 내가 네게 주리라 이것은 내게 넘겨 준 것이므로 내가 원하는 자에게 주노라 7 그러므로 네가 만일 내게 절하면 다 네 것이 되리라 8 예수께서 대답하여 이르시되 기록된 바 주 <u>너의 하나님께 경배하고 다만 그를 섬기라</u> 하였느니라	5 이에 마귀가 예수를 거룩한 성으로 데려다가 성전 꼭대기에 세우고 6 이르되 네가 만일 하나님의 아들이어든 뛰어내리라 기록되었으되 그가 너를 위하여 그의 사자들을 명하시리니 그들이 손으로 너를 받들어 발이 돌에 부딪치지 않게 하리로다 하였느니라 7 예수께서 이르시되 또 기록되었으되 주 <u>너의 하나님을 시험하지 말라</u> 하였느니라 하시니
9 또 이끌고 예루살렘으로 가서 성전 꼭대기에 세우고 이르되 네가 만일 하나님의 아들이어든 여기서 뛰어내리라 10 기록되었으되 하나님이 너를 위하여 그 사자들을 명	8 마귀가 또 그를 데리고 지극히 높은 산으로 가서 천하 만국과 그 영광을 보여 9 이르되 만일 내게 엎드려 경배하면 이 모든 것을 네

<table>
<tr>
<td>하사 너를 지키게 하시리라 하였고 11 또한 그들이 손으로 너를 받들어 네 발이 돌에 부딪치지 않게 하시리라 하였느니라 12 예수께서 대답하여 이르시되 주 <u>너의 하나님을 시험하지 말라</u> 하였느니라 13 마귀가 모든 <u>시험을 다 한 후에 얼마 동안 떠나니라</u></td>
<td>게 주리라 10 이에 예수께서 말씀하시되 사탄아 물러가라 기록되었으되 <u>주 너의 하나님께 경배하고 다만 그를 섬기라</u> 하였느니라 11 이에 마귀는 예수를 떠나고 천사들이 나아와서 수종드니라</td>
</tr>
</table>

예수어록은 대화 형태로 세 가지 시험에 대해 이야기 한다. 마태와 비교하면 두 번째 시험과 세 번째 시험의 순서가 누가에게는 뒤바뀌어 나타난다. 마태와 누가 중 누구의 순서가 본래적인가에 대해 논란이 있다. 마태가 본래의 순서를 보존했고 누가는 순서를 바꾼 것으로 보인다. 그리하여 마지막 시험이 성전에서 일어나도록 했고, 또한 누가에게 불편한 주제인 정치적 권세에 대한 문제가 가장 중요한 마지막 위치에 오지 않도록 했다.28) 마태의 이야기는 신화적 특징이 강한 반면, 누가의 이야기는 기독론적이고 구원사적인 전망을 강조한다. 논쟁 대화 형태는 유대교와의 논쟁이라는 삶의 자리와 관련된다.

광야에서 예수님이 마귀에게 시험받는다는 간단한 언급에 이어서 세 번에 걸쳐 마귀와 벌이는 논쟁이 나온다. 세 번에 걸친 시험은 유대적 표상과 관련이 있다. 한 행위를 세 번 행하거나 한 사건을 세 번 반복함은 그것이 궁극적으로 완결되었음을 뜻한다. "얼마 동안"(눅 4:13) 마귀가 예수님을 떠났다고 하는데, 마귀가 예수님을 배반한 유다에게 들어간다고 보도하는 누가복음 22:3에서 다시 나타난다. 혹은

---

28) F. Bovon, *Das Evangelium nach Lukas*, EKK III/1, 193. 그러나 쉬어만은 마태가 예수어록의 순서를 변경하였고, 누가는 보존한 것으로 여긴다(H. Schürmann, *Das Lukasevangelium I*, 1984, 218-219).

예수님 체포 시, "이제는 너희 때요 어둠의 권세로다"(눅 22:53)라고 말할 때 다시 암시된다. 이런 시각에서 누가는 예루살렘에서의 세 번째 시험을 예수님의 예루살렘 죽음을 예시한 것으로 해석한다.

마귀가 성서 말씀을 인용하며 예수님을 시험한다(눅 4:10-11, 시 91:11-12). 성서 말씀의 진리는 하나님을 시험할 때 드러나는 것이 아니라, 예수께서 "아버지 내 영혼을 아버지 손에 부탁하나이다"(눅 23:46, 시 31:6)라고 간구하면서 자신을 전적으로 하나님의 손에 맡길 때 드러난다. "하나님의 아들"에 대한 왜곡된 기대와 싸우는 가운데 예수님은 하나님 아버지에게 전적으로 순종하는 하나님의 아들임이 입증된다.

제2장 예수님의 유아시절 이야기

마가가 예수 이야기를 세례에서 시작하는 것과 달리, 마태와 누가는 세례 이야기 앞에 예수님의 유아시절 이야기를 배치하였다. 마태복음 1-2장과 누가복음 1-2장의 내용이 유사해 보이나, 두 본문은 전승사적으로 서로 아무 관련이 없을 뿐만 아니라 공통의 자료에서 유래한 것도 아니다. 또한 독자들이 궁금해 할 수 있는 유아시절 이야기를 보충함으로써 예수님의 사역을 심리학적으로 설득력 있게 제시하려고 한 것도 아니다. 두 본문은 예수님의 전체 사역을 집약한 일종의 서곡에 해당한다.

1. 마태의 유아시절 이야기(마 1-2장)

마태는 예수님의 유아시절에 관한 이야기를 공동체의 구전을 통해 취했을 것이다. 제목에 해당하는 마태복음 1:1을 제하면, 마태의 본문은 두 단락으로 나눌 수 있다. 하나는 예수님의 족보(마 1:2-17)이다. 다른 하나는 아기 예수의 탄생을 알리고, 이어서 박해와 구조에 관한 단락(마 1:18-25)이다. 후자는 마태 이전의 전승에서 유래한 개별 전승들을 마태가 하나로 연결시킨 것으로 추정된다.

▶ **복음서의 제목(마 1:1):** 마태의 첫 번째 절("아브라함과 다윗의 자손 예수 그리스도의 족보[=역사서]라")은 마태복음 전체의 제목으로 간주된다.1) "족보" 혹은 "계보"로 번역함으로써 첫 번째 단락(마 1:2-

---

1) 이와 같이 F. 한, 『신약성서신학 I』, 590; P. Pokorny/U. Heckel, *Einleitung in das Neue Testament*, Tübingen 2007, 440. 그러나 마 1:1을 1장의 표제로만

17)에만 관련된 표제로 보이나, 마가복음을 참조한 마태는 막 1:1과 같은 방식으로 마 1:1을 자신의 복음서 전체의 제목으로 삼은 것이다. "족보" 혹은 "계보"로 번역한 표현의 그리스어 원문은 "비블로스 게네세오스(Βίβλος γενέσεως)"이다. 여기서 "게네시스"는 "출생"이란 뜻 외에도 "기원" 혹은 "역사"로 번역할 수 있다. 따라서 "비블로스 게네세오스"는 "기원의 책" 혹은 "역사의 책", 즉 "역사서"로 번역이 가능하다(cf. 창 2:4; 5:1).[2] 첫머리에 나오는 "비블로스"가 책 전체를 가리키는 용법은 그리스어 구약성서에 해당하는 이른바 "칠십인경"(Septuaginta)[3]에서도 확인할 수 있다(토빗 1:1; 나훔 1:1; 바룩 1:1). 결국, "비블로스 게네세오스"란 예수 그리스도의 "기원과 역사에 관한 책"이란 뜻을 나타낸다.

마태복음 1:18("예수 그리스도의 나심은 이러하니라")에 다시 "게네시스"가 나온다. 물론 여기서 이 단어가 명확히 예수 그리스도의 탄생을 가리키나, 구원사적인 의미에서 바라본 예수 그리스도의 기원을 뜻한다고 해석할 수 있다. 마태복음 1장 전체는 예수님의 기원을 두 가지 차원에서 묘사한다. 즉, 예수님은 육적으로는 다윗과 아브라함의 뿌리에서 나오신 분이며(마 1:2-17), 동시에 영적으로는 성령의 인도함을 따라 나신 분이라는 것이다(마 1:18-25). 성령의 인도함을 받는 분이기에 예수 그리스도는 언약의 성취자가 되시고, 인간사의 의미와 방향을 제시할 수 있다.

여기는 학자도 있다(E. Lohmeyer; U. Luz; H. Merklein).

2) 이미 찬(Th. Zahn)이 이와 같이 해석했다(*Das Evangelium des Matthäus*, [4]1922).

3) 칠십인경(LXX)에 대해 다음을 참조하라: 김창선, 『유대교와 헬레니즘』, 87-104; 캐런 좁스/모세 실바, 『70인역 성경으로의 초대』, 김구원 역 (서울: 기독교문서선교회, 2007); 김정훈, 『칠십인역 입문』 (서울: 바오로딸, 2009).

▶ 예수님의 족보(마 1:2-17):

> 2 아브라함이 이삭을 낳고 이삭은 야곱을 낳고 야곱은 유다와 그의 형
> 제들을 낳고 3 유다는 다말에게서 베레스와 세라를 낳고 베레스는 헤스
> 론을 낳고 헤스론은 람을 낳고 4 람은 아미나답을 낳고 아미나답은 나
> 손을 낳고 나손은 살몬을 낳고 5 살몬은 라합에게서 보아스를 낳고 보
> 아스는 룻에게서 오벳을 낳고 오벳은 이새를 낳고 6 이새는 다윗 왕을
> 낳으니라 다윗은 우리야의 아내에게서 솔로몬을 낳고 7 솔로몬은 르호
> 보암을 낳고 르호보암은 아비야를 낳고 아비야는 아사를 낳고 8 아사는
> 여호사밧을 낳고 여호사밧은 요람을 낳고 요람은 웃시야를 낳고 9 웃시
> 야는 요담을 낳고 요담은 아하스를 낳고 아하스는 히스기야를 낳고 10
> 히스기야는 므낫세를 낳고 므낫세는 아몬을 낳고 아몬은 요시야를 낳
> 고 11 바벨론으로 사로잡혀 갈 때에 요시야는 여고냐와 그의 형제들을
> 낳으니라 12 바벨론으로 사로잡혀 간 후에 여고냐는 스알디엘을 낳고
> 스알디엘은 스룹바벨을 낳고 13 스룹바벨은 아비훗을 낳고 아비훗은
> 엘리아김을 낳고 엘리아김은 아소르를 낳고 14 아소르는 사독을 낳고
> 사독은 아킴를 낳고 아킴은 엘리웃을 낳고 15 엘리웃은 엘르아살을 낳
> 고 엘르아살은 맛단을 낳고 맛단은 야곱을 낳고 16 야곱은 마리아의 남
> 편 요셉을 낳았으니 마리아에게서 그리스도라 칭하는 예수가 나시니라
> 17 그런즉 모든 대 수가 아브라함부터 다윗까지 열네 대요 다윗부터 바
> 벨론으로 사로잡혀 갈 때까지 열네 대요 바벨론으로 사로잡혀 간 후부
> 터 그리스도까지 열네 대러라

예수님의 족보는 마태가 지어낸 것이 아니고 마태 이전의 전승에
서 유래한 것으로 보인다. 마태는 아브라함부터 예수님까지 이스라
엘의 역사를 14대씩 세 그룹으로 나누어 언급한다. 즉 아브라함에서
다윗까지 14대, 다윗에서 포로기까지 14대, 포로기에서 예수님까지
14대로 나눈다. 이를 통해 예수님과 더불어 역사의 결정적인 전환을
가져오는 새로운 시대가 열리고 있음을 말한다. 족보를 결론짓는 17
절에서 알 수 있듯이, 이러한 규칙성은 마태의 편집에서 나온 것이

다. 이러한 구분에 어떤 의미가 담겨 있는지 명확하지 않다. 이를 통해 마태는, 예수님의 족보는 우연한 역사의 과정이 아니라 하나님의 섭리에 따른 것이며, 예수님은 평범한 다윗의 자손이 아니라, 이스라엘에게 구원을 가져올 바로 그 메시아라는 사실을 강조하려 한다. 또한 믿음의 조상 아브라함의 자손이라는 것은, 예수님은 동시에 이방인을 위한 구세주라는 사실도 증거한다. 유대 전승에 따르면, 아브라함은 이방인에서 유대인으로 개종한 사람(proselyte)의 아버지로 통하기 때문이다.4) 이와 같은 사실은 마태복음의 마지막 부분(마 28:19-20)에서 부활하신 그리스도가 세상 모든 백성을 향한 선교 명령을 하시는 것을 고려하면 더욱 분명해진다. 결국, 마태는 이방인 선교를 유대적 시각에서 바라본다는 사실을 알 수 있다. 즉, 선교를 통해 이방인이 아브라함의 자손이 된다는 사실을 전망한다.

이방인에게 구원의 길이 열렸다는 것은 예수님의 족보 가운데 나오는 네 명의 여인들을 통해서도 드러난다. 다말(3절)과 룻(5절), 라합(5절)과 우리야의 아내(6절)가 그들이다. 이들은 모두 이방 여인들이다.5) 다말은 구약 외경에 속하는『희년서』(Jub 41:1)와『유다의 유언』(Test Jud 10:1)에 따르면 아람 여인으로 간주된다. 룻은 모압 여인이고, 라합은 가나안 지방 여리고 출신이다. 그리고 바세바에 대해서는 아는 바가 없다. 따라서 단지 헷 사람 우리야의 아내로 소개된다(삼하 11:3). 족보 가운데 사라나 리브가 혹은 라헬과 같은 이스라엘

---

4) H. L. Strack/P. Billerbeck, *Kommentar zum Neuen Testament aus Talmud und Midrasch III*, 195를 참조하라.

5) H. Stegemann, "Die des Uria", *Tradition und Glaube* (FS K. G. Kuhn), ed. G. Jeremias et al. Göttingen 1971, 246-276. 네 여인의 공통점을 "죄인"이라는 점에서 찾는 해석도 있으나 설득력이 적다. 구약과 유대 전승에 따르면, 룻은 흠 없는 여인으로 통하고, 라합도 유대인으로 개종한 이방 여인의 전형으로서 성령의 도구로 칭찬 받는다. 필로는 다말을 덕을 상징하는 인물로 본다.

백성의 위대한 여인들이 빠져 있다는 것이 의외이다. 이로써 이방인 구원을 염두에 둔 마태의 의도가 더욱 분명해진다. 마태복음의 마지막 장면(28:19-20)이 이방인 구원을 강조하고 있으나, 이미 예수님의 족보 가운데 그 토대가 마련되어 있음을 알 수 있다. 인간의 역사를 주관하시는 하나님의 활동하심이 무미건조하게 나열된 이름들을 통해 드러난다.

▶ **예수님의 탄생**(마 1:18-25):

18 예수 그리스도의 나심은 이러하니라 그의 어머니 마리아가 요셉과 약혼하고 동거하기 전에 성령으로 잉태된 것이 나타났더니 19 그의 남편 요셉은 의로운 사람이라 그를 드러내지 아니하고 가만히 끊고자 하여 20 이 일을 생각할 때에 주의 사자가 현몽하여 이르되 다윗의 자손 요셉아 네 아내 마리아 데려오기를 무서워하지 말라 그에게 잉태된 자는 성령으로 된 것이라 21 아들을 낳으리니 이름을 예수라 하라 이는 그가 자기 백성을 그들의 죄에서 구원할 자이심이라 하니라 22 이 모든 일이 된 것은 주께서 선지자로 하신 말씀을 이루려 하심이니 이르시되 23 보라 처녀가 잉태하여 아들을 낳을 것이요 그의 이름은 임마누엘이라 하리라 하셨으니 이를 번역한즉 하나님이 우리와 함께 계시다 함이라 24 요셉이 잠에서 깨어 일어나 주의 사자의 분부대로 행하여 그의 아내를 데려왔으나 25 아들을 낳기까지 동침하지 아니하더니 낳으매 이름을 예수라 하니라

이 이야기의 초점은 예수님의 동정녀 탄생이나 혹은 마리아 숭배에 있지 않고 예수님의 탄생의 의미가 무엇이고 그가 어떤 분인가를 보여주는 데 있다. 예수님 탄생의 중요성은 무엇보다 그 이름에 잘 드러난다. 예수님의 이름을 히브리어로 발음하면 "예호슈아"(יהושע)인데, 이는 '하나님은 도움이시다'라는 뜻을 갖고 있다. 21절은 "자기 백성을 그들의 죄에서 구원할 자이심이라"고 해석한다. 이는 칠십인

경(LXX) 시편 129:8을 연상시킨다("그가 이스라엘을 그의 모든 죄에서 구원할 것이기 때문이라"). 즉, '하나님은 도움이시다'를 죄에서 구원함으로 해석한 것이다. 또한 23절은 칠십인경 이사야 7:14를 인용하고 있는데, 여기서 핵심어는 "임마누엘"이다. 이것은 '하나님이 우리와 함께 계시다'를 뜻한다. 결국, '하나님은 도움이시다'라는 예수님의 이름을 두 가지 방식으로 해석한 것을 알 수 있다. 즉, 하나님의 도움은 '죄로부터의 구원'을 뜻한다는 부정적인 해석과, '하나님이 함께 계시다'는 긍정적인 해석이다. 마태는 예수님을 통해 이루어지는 하나님과의 연합을 매우 중요하게 여긴다. 그래서 자신의 복음서를 "내가 세상 끝날까지 너희와 항상 함께 있으리라"(마 28:20)는 말로 마친다.

동정녀 탄생의 진술은 이 이야기가 강조하는 기독론적인 의미를 드러내는 데 기여한다. 이때 이사야 7:14 인용이 동정녀 탄생의 의미를 갖고 있다는 해석은 헬레니즘적 유대 그리스도교 전승과 관련되어 있다. 팔레스타인 본토를 떠나 디아스포라에 살던 유대인들은 히브리어 성서 대신에 그리스어 성서인 칠십인경(LXX)을 사용했는데, 이사야 7:14의 히브리어 "알마"(עלמה)를 "파르테노스(παρθένος)", 즉 결혼하지 아니한 "처녀"로 번역하였다. 그런데 히브리어 "알마"는 결혼의 유무와 상관없이 "젊은 여인"을 뜻한다. 이러한 종교사적 배경과 무관하게 마태는, 동정녀 탄생의 진술은 예수님의 생물학적 출생을 밝히려는 것이 아니라, 그와 반대로 예수님의 기원은 생물학적 가능성 너머에 있다는 점을 강조한다. 곧 예수님은 성령의 인도로 전적으로 새롭게 태어난 분임을 강조한다. 동정녀 탄생으로 나신 예수님은 인간을 죄에서 해방시키시는 분이며 임마누엘이시지, 인간의 생식활동의 결과로 인해 태어나신 분이 아니라는 사실을 뜻한다. 예수님의 기원은 궁극적으로 신학적 질문의 대상이지 생물학적 질문의 대상이 아니다. 우리의 본문(마 1:18-25)은 족보(마 1:2-17)로 인해 예수님의 기원을 생물학적으로 해석하려는 위험성과 가능성을 차단한다. 나사렛 예수님의 삶과 실존 전체가 애초부터 인간을 구원하시려는 하나님의 섭리이다. 바로 이점을 드러내기 위해 마태는 22절의 구약성서 말씀을 인용한 것이다.6)

누가의 예수 탄생 이야기에는 마리아가 중심인물로 나오나, 마태의 이야기에는 요셉이 중심인물로 나온다는 사실이 눈에 띈다. 요셉을 가리켜 의로운 사람이라 말한다. 임신한 마리아를 간음 죄목으로 법정에 세우지 않고 이혼증서를 통해 비밀리에 그녀와 헤어지려 했기 때문이다. 유대인들은 23절에 나오는 이사야 7:14의 말씀이 메시아 탄생을 예언하는 성서말씀이 아니라고 말할 것이다. 그러나 이 구절을 예수 그리스도에 관한 말씀으로 해석할 때, 이 구절은 비로소 메시아 탄생을 예언하는 성서말씀이 된다. 바로 이 점에서 유대교와 기독교의 차이가 드러난다.

▶ **동방박사들의 경배(마 2:1-12):** "예수"라는 이름을 통해 앞 단락과 연결되고 있는 이 이야기는 본래 마태 이전 전승에서 유래한 것이다.7) 마태는 헤롯 대왕(기원전 37~기원후 4년)과 동방박사의 대립 이야기

---

6) 마태복음에는 πληρωθῆναι라는 단순과거 수동태 동사로 시작되는 특정 양식(πληρωθῇ τὸ ῥηθὲν διὰ τοῦ προφήτου λέγοντος = 예언자를 통해 말씀된 것이 이루어졌다)을 가진 구약성서 인용문이 자주 나타난다. 이로써 마태는 예수님의 생애와 사역이 구약성서 예언의 성취라는 사실을 특별히 강조한다. 이러한 구약성서 "성취 인용문"(Erfüllungszitate)이 마태복음에 모두 10번 나타난다(마 1:22-23; 2:15; 2:17-18; 2:23; 4:14-16; 8:17; 12:17-21; 13:35; 21:4-5; 27:9-10). 성취 인용문을 "성찰 인용문" (Reflexionszitate)이라 부르기도 한다.

7) 예를 들면, 마 2:1-12는 앞 단락(마 1:18-25)이 중요하게 다룬 요셉의 존재에 대해 침묵하고 있다.

를 틀로 삼고 이를 자신의 신학적 관심에 따라 해석하고 있다. 베들레헴에서 예수님이 탄생했다는 사실을 지나가듯이 언급하고 있는 마태는 4절 후반의 질문과 구약성서 말씀의 성취를 알리는 6절의 인용문을 통해 그가 갖고 있는 기독론적인 관심을 드러낸다.

(마 2:1-12) 1 헤롯 왕 때에 예수께서 유대 베들레헴에서 나시매 동방으로부터 박사들이 예루살렘에 이르러 말하되 2 유대인의 왕으로 나신 이가 어디 계시냐 우리가 동방에서 그의 별을 보고 그에게 경배하러 왔노라 하니 3 헤롯 왕과 온 예루살렘이 듣고 소동한지라 4 왕이 모든 대제사장과 백성의 서기관들을 모아 <u>그리스도가 어디서 나겠느냐</u> 물으니 5 이르되 유대 베들레헴이오니 이는 선지자로 이렇게 기록된 바 6 <u>또 유대 땅 베들레헴아 너는 유대 고을 중에서 가장 작지 아니하도다 네게서 한 다스리는 자가 나와서 내 백성 이스라엘의 목자가 되리라</u> 하였음이니이다 7 이에 헤롯이 가만히 박사들을 불러 별이 나타난 때를 자세히 묻고 8 베들레헴으로 보내며 이르되 가서 아기에 대하여 자세히 알아보고 찾거든 내게 고하여 나도 가서 그에게 경배하게 하라 9 박사들이 왕의 말을 듣고 갈새 동방에서 보던 그 별이 문득 앞서 인도하여 가다가 아기 있는 곳 위에 머물러 서 있는지라 10 그들이 별을 보고 매우 크게 기뻐하고 기뻐하더라 11 집에 들어가 아기와 그의 어머니 마리아가 함께 있는 것을 보고 엎드려 아기께 경배하고 보배합을 열어 황금과 유향과 몰약을 예물로 드리니라 12 그들은 꿈에 헤롯에게로 돌아가지 말라 지시하심을 받아 다른 길로 고국에 돌아가니라

종교사적으로 보면, 왕의 아들이 위험에 처했다가 구조되는 모티브는 고대 세계에 널리 알려진 것이다. 출애굽기 1-2장에 나오는 모세 이야기도 그 중 하나이다. 바로에게 모세의 탄생을 예언하는 박사들이 유대 전승 가운데 나타난다.[8] 또한 중요한 인물이 태어날 때 별과 빛이 나타나듯이 하늘에 움직임이 일어나는 것도 새로운 모티브

---

8) 출 1:15를 해석한 예루살렘 타르굼(TgJ zu Ex 1:15); 출 1:22를 해석한 유대 주석 엑소더스 라바(ExR 1:18 zu Ex 1:22).

가 아니다. 민수기 24:17에 "한 별이 야곱에게서 나온다"는 이방인 발람의 예언이 있다. 고대 유대인들은 이 별이 도래할 메시아를 가리키는 것으로 해석했다. 그와 같은 사실이 20세기 중엽에 발견된 쿰란 문서를 통해 드러났다(1QM 11:6; CD 7:19; 4QTest 11-13). 마태 공동체도 이 구절을 그와 같이 이해했을 것이다. 교회의 전승은 발람을 해몽가, 즉 점성가로 여긴다.

마태의 이야기를 이해하는데 간과해서 아니 되는 점이 있다. 그것은 두 사람 혹은 두 그룹, 즉 동방으로 온 박사들[9]과 헤롯이 서로 대비되고 있다는 점이다. 양자 모두 새로 태어나는 유대인의 왕을 경배하려 한다. 그러나 헤롯은 속마음과 달리 겉으로만 그럴 뿐이다. 동방박사와 헤롯의 대립구도는 유대인의 참 왕과 거짓 왕의 대립구도와 맞물려 있다. 그 가운데 예수님의 운명과 구원사의 흐름이 예시되어 있다. 마태는 이사야 60:6("허다한 낙타, 미디안과 에바의 어린 낙타가 네 가운데에 가득할 것이며 스바 사람들은 다 금과 유향을 가지고 와서 여호와의 찬송을 전파할 것이며"; cf. 시 72:10-11)의 예언이 성취된 것으로 믿었음을 알 수 있다. 동방박사들이 드리는 헌물(11절)은 바로 이러한 구약의 이방인 순례 모티브와 관련지어 이해할 수 있다. 황금과 유황은 동방에서 통용되는 더없이 값진 물건들이다. 몰약은 아가 3:6("몰약과 유향과 상인의 여러 가지 향품으로 향내 풍기며 연기 기둥처럼 거친 들에서 오는 자가 누구인가")과 관련된 것으로 성유(거룩한 기름)로 사용된다. 동방 박사 이야기를 통해 마태는 이방인들 역시 메시아를 소망하고 있다는 사실을 보여주고 있다(마 12:21=사 42:4).[10]

---

9) 우리말 "박사"로 번역한 그리스어는 마고스($\mu\acute{\alpha}\gamma o \varsigma$)이다. 마고스는 페르시아 사제 계급에 속한 사람을 가리켰으나, 헬레니즘 시대 이후 동방의 신학과 철학 혹은 자연과학의 대표자를 가리킨다. 소포클레스와 유리피데스 이래 마술사 및 사기꾼과 같은 부정적인 의미로 사용되었으나, 마태복음의 문맥에서는 그렇지 않다.

6절의 구약성서 인용은 칠십인경 미가 5:1을 상당히 변화시킨 말씀에다가 칠십인경 사무엘하 5:2를 합쳐 만든 말씀이다.11) 이로써 마태는 요셉과 마리아의 아기인 예수님이 동시에 메시아라는 사실을 강조하려 한다. 이는 다윗의 이야기를 반영하고 있다. 동방박사 이야기 전체는 다윗에게 준 언약에 대한 메시아적 성취를 보여준다. 마태에게 "내 백성 이스라엘"(6절)은 더 이상 육에 속한 이스라엘이 아니라 유대인과 이방인으로 구성된 예수 그리스도 신앙 공동체를 가리키는 종말론적인 새로운 이스라엘을 뜻한다.

기독론적 관심이 이 이야기의 흐름을 지배하나, 동시에 그 안에 포함되어 있는 구원사적 전망도 간과할 수 없다. 유대인 지도자들은 애초부터 메시아이신 예수님을 거절하나 동방 박사들로 대표되는 이방인들은 그를 인정하여 경배한다는 구원사적 구도는 마태복음 전체 의 흐름과 맥을 같이한다. 예수님은 이스라엘에게 구원의 소식을 선포했으나(마 10:5-6), "하나님의 나라를 너희는 빼앗기고 그 나라의 열매 맺는 백성이 받으리라"(마 21:43)고 사악한 농부 비유와 관련하여 예수님이 선언하신다. 또한 복음서를 마감하는 대목에서도 부활하신 예수 그리스도는 "가서 모든 민족을 제자로 삼으라"(마 28:19

---

10) G. 타이센, 『복음서의 교회정치학』, 류호성/김학철 역 (서울: 대한기독교서회, 2011), 83; M. Hengel/H. Merkel, "Die Magier aus dem Osten und die Flucht nach Ägypten (Mt. 2) im Rahmen der Antiken Religionsgeschichte und der Theologie des Matthäus," in *Orientierung an Jesus*, FS. J. Schmid, Freiburg 1973, 139-169.

11) (LXX 미가 5:1) "그리고 베들레헴 에브라다의 집아 너는 유다의 수천명 가운데 가장 작다. 너에게서 이스라엘을 다스릴 자가 나올 것이다."; (LXX 삼하 5:2) "이미 어제와 그제 사울이 우리의 왕이 되었을 때에도 이스라엘을 거느려 출입하게 하신 분은 당신이시었고 주님이 당신에게 말씀하시기를 네가 내 백성 이스라엘의 목자가 되며 네가 이스라엘의 주권자가 되리라 하셨나이다 하니라." 루츠는 마 2:6의 인용문이 마태의 편집에서 유래했을 것으로 여긴다(U. Luz, *Das Evangelium nach Matthäus*, EKK I/1, 1985, 113).

-20)는 선교명령을 주신다. 마태복음의 이와 같은 전체 문맥을 고려하면, "마태복음 2:1-12는 기독론의 구원사적 결과이며 또한 궁극적으로는 마태 교회론의 서곡"에 해당한다.12)

▶ 애굽으로 피신, 아기들 살해, 애굽에서 귀향(마 2:13-23):

13 그들이 떠난 후에 주의 사자가 요셉에게 현몽하여 이르되 헤롯이 아기를 찾아 죽이려 하니 일어나 아기와 그의 어머니를 데리고 애굽으로 피하여 내가 네게 이르기까지 거기 있으라 하시니 14 요셉이 일어나서 밤에 아기와 그의 어머니를 데리고 애굽으로 떠나가 15 헤롯이 죽기까지 거기 있었으니 이는 주께서 선지자를 통하여 말씀하신 바 애굽으로부터 내 아들을 불렀다 함을 이루려 하심이라 16 이에 헤롯이 박사들에게 속은 줄 알고 심히 노하여 사람을 보내어 베들레헴과 그 모든 지경 안에 있는 사내아이를 박사들에게 자세히 알아본 그 때를 기준하여 두 살부터 그 아래로 다 죽이니 17 이에 선지자 예레미야를 통하여 말씀하신 바 18 라마에서 슬퍼하며 크게 통곡하는 소리가 들리니 라헬이 그 자식을 위하여 애곡하는 것이라 그가 자식이 없으므로 위로 받기를 거절하였도다 함이 이루어졌느니라 19 헤롯이 죽은 후에 주의 사자가 애굽에서 요셉에게 현몽하여 이르되 20 일어나 아기와 그 어머니를 데리고 이스라엘 땅으로 가라 아기의 목숨을 찾던 자들이 죽었느니라 하시니 21 요셉이 일어나 아기와 그 어머니를 데리고 이스라엘 땅으로 들어가니라 22 그러나 아켈라오가 그의 아버지 헤롯을 이어 유대의 임금 됨을 듣고 거기로 가기를 무서워하더니 꿈에 지시하심을 받아 갈릴리 지방으로 떠나가 23 나사렛이란 동네에 가서 사니 이는 선지자로 하신 말씀에 나사렛 사람(Ναζωραῖος)이라 칭하리라 하심을 이루려 함이러라

이 부분은 세 단락으로 나눌 수 있다. 첫 번째 단락(13-15절)은 아기 예수를 죽이려는 헤롯을 피해 애굽으로 피신하는 내용이다. 여기에

---

12) H. Merklein, *Jesusgeschichte*, 39.

는 박해 가운데 있는 모세의 형상이 투영되어 있다. 모세 역시 달아나야 했다. 바로가 "모세를 죽이고자 하여 찾듯이"(출 2:15), 헤롯왕도 "아기를 찾아 죽이려" 한다. 두 번째 단락(16-18절)은 애굽에 있는 예수님의 이야기를 중단하고 다시 베들레헴에 대해 말한다. 베들레헴과 그 일대의 두 살 이하의 사내아이를 살해하는 헤롯왕의 잔인함은 그 옛날 바로가 저지른 대학살을 연상시킨다(출 1-2장). 그리하여 모세와 예수님 사이의 평행성을 확대시킨다. 이어서 세 번째 단락(19-23절)은 헤롯이 죽자 다시 이스라엘과 나사렛으로 귀향하는 내용을 다룬다. 여기서도 모세의 이야기와 평행하고 있음이 잘 드러난다(출 4:19-20 "19 여호와께서 미디안에서 모세에 이르시되 애굽으로 돌아가라 목숨을 노리던 자가 다 죽었느니라 20 모세가 그의 아내와 아들들을 나귀에 태우고 애굽으로 돌아가는데").

각 단락은 성서 인용문으로 끝난다. 그런데 이 인용문들의 출처가 확실하지 않다. 특히 세 번째 인용은 구약성서말씀이 성취되었음을 알리는 도입부를 갖고 있다: "이는 선지자로 하신 말씀에 나사렛 사람이라 칭하리라 하심을 이루려 함이러라"(23절). 그런데 이 인용문은 구약성서에 나타나지 않는다. 마태는 "나사렛 사람"을 연상시키는 단어를 성서에서 찾으려 했으나, "나실인"(נזיר nasir)을 떠올린다. 나실인은 삼손처럼 어릴 때부터 하나님께 봉헌된 자를 뜻하기도 하고(삿[=판관] 13:5-7), 신앙 때문에 박해를 받은 사람을 가리킨다(아모스 2:11-12). 칠십인경(LXX)은 나실인을 "나지라이오스"(Ναζιραîος)로 번역한다. 마태는 "나지라이오스"를 "나조라이오스"(Ναζωραîος), 즉 "나사렛 사람"을 가리키는 것으로 해석한 것으로 보인다.13) 또한 1세기 세례자들을 가리켜 준수자를 뜻하는 "나조라이오스"라 불렀

---

13) 주석가가 본문의 모음을 약간 변화시켜 행하는 랍비 해석을 가리켜 "알티크리"('Al-Tiqrij) 해석이라 부른다.

다. 일반인들의 눈에는 초기 그리스도인들이 세례자들과 구분되지 않았기 때문에 그리스도인들을 "나조라이오스"라 부르며 조롱했던 것이다(행 24:5). 마태에게 아기 예수는 하나님께 온전히 봉헌된 "나실인"이다. 또한 예수님은 세례를 통해 자신의 사명을 부여받았기 때문에(마 3장) 세례자란 뜻을 지닌 "나조라이오스"라 불릴 수 있다. 이는 예수님이 그리스도인과 연결된 강한 연대성을 드러낸다. 훗날 그리스도인은 "나조라이오스"로 불리기 때문이다.14) 결국 "나조라이오스"는 교회론적인 어감을 담고 있는 단어이다. 예수님이 이방인의 갈릴리 지역에 있는 나사렛으로 가시는 동안 예수님은 나조라이오스, 즉 그리스도인이 되시면서 모든 믿는 자들의 전형이 되신다.

두 번째 인용문에 나타나는 마태의 언어사용은 특이하다. 마태는 보통 구약성서의 말씀이 성취되었음을 나타내기 위해 사용하는 도입부로 "이는 … 함을 이루려 하심이니라"는 표현을 사용하나, 유독 여기서는 "이에 선지자 예레미야로 말씀하신바 … 함이 이루어졌느니라"는 표현을 사용했다. 생각만 해도 끔찍하고 잔인한 아기 살해의 책임이 하나님께 돌아갈 수 있다는 생각을 어떻게든 피하고 싶은 마음에 그처럼 달리 표현한 것으로 보인다. 마태는 위의 이야기를 통해 하나님이 어떻게 당신의 아들을 지키시고 그와 함께 길을 가시는지를 독자들에게 보여준다. 모든 일이 하나님의 계획과 섭리에 따른 것이기 때문에 헤롯왕의 음흉한 방해공작도 결국 수포로 돌아가게 마련이다. 또한 이스라엘의 메시아가 신앙공동체를 향해 오심은 이스라엘의 성서가 성취되었음을 드러낸다.

---

14) C. 타셍, 『마태오 복음서』, 백운철/김남철 역 (서울: 성서와함께), 2001, 58.

2. 누가의 유아시절 이야기(눅 1-2장)

▶ **서문(눅 1:1-4):** 누가는 다른 복음서들과 달리 자신의 복음서를 신학적 프로그램을 담고 있는 문학적인 서문으로 시작한다.

> 1 우리 중에 이루어진 사실에 대하여 2 처음부터 목격자와 말씀의 일꾼된 자들이 전하여 준 그대로 내력을 저술하려고 붓을 든 사람이 많은지라 3 그 모든 일을 근원부터 자세히 미루어 살핀 나도 데오빌로 각하에게 차례대로 써 보내는 것이 좋은 줄 알았노니 4 이는 각하가 알고 있는 바를 더 확실하게 하려 함이로라

이 네 절을 가리켜 저명한 고전어학자이며 종교사학자인 에두아르트 노르덴(Eduard Norden, 1868-1941)은 "내용과 형태에 있어서 헬레니즘적으로 사고한 문장"이라고 말하며, 고대 헬레니즘 세계에서 유래한 그리스어 문장 가운데 가장 빼어난 문장 가운데 하나라고 극찬했다.15) 이 서문에서 누가는 자신이 복음서를 기록하게 된 동기와 의도와 작업 과정에 대해 밝힌다. 이것은 헬레니즘 시대의 문학적 관행을 따른 것이다. 이러한 서문을 통해 누가는 복음서 저자 가운데 유일하게 자신의 집필 작업이 공적인 문학적 산물이라는 사실을 드러낸다.16) 그것은 동시에 누가의 작품이 겨냥하는 독자층은 그리스도인들에게만 국한되지 않고 헬레니즘 세계의 일반 대중을 포함한다는 사실도 나타낸다.

또한 이 서문은 역사서술가로서의 누가의 자의식을 보여준다. 그와 같은 사실은 고대 역사서술 가운데 사용되는 전문 용어들이 나타

---

15) E. Norden, *Die antike Kunstprosa vom VI. Jahrhundert v. Chr. bis in die Zeit der Renaissance*, 2 Vols. in 1 Vol., 1898(Darmstadt ⁵1958); 같은 저자, *Agnostos Theos*, Leipzig 1913, 316, n. 1.

16) F. Bovon, *Das Evangelium nach Lukas*, EKK III/1, 30.

나고 있는 점에서 드러난다. 예를 들면, 이야기 혹은 역사보도의 뜻을 갖고 있는 "디에게시스(διήγησις 내력)"라는 개념, 또한 연설과 달리 직접 체험과 세밀한 연구에서 일어난 사건의 정확성을 강조하는 "프라그마타(πράγματα 사실)"라는 개념이 그것이다. 이런 의미에서 누가는 일어난 사건을 정확히 보도하려는 역사적 관심의 소유자가 틀림없다.17) 물론 누가는 역사적 관심과 더불어 예수 이야기(누가복음)와 초대교회의 역사(사도행전)에 담겨 있는 구원사(Heilsgeschichte)의 중요성을 강조하고 있기 때문에 단순히 역사가라기보다 "그리스도교의 첫 번째 신학적 역사가"18)라고 부르는 것이 보다 적절하다.

이 서문은 누가보다 먼저 "우리 중에 이루어진 사실", 즉 예수 사건에 대하여 기록했던 "많은" 선임자들에 대한 우회적인 비판을 담고 있다. 예컨대, 마가복음이나 예수어록(Q) 문서와 같은 것이다. 마가복음과 예수어록에는 다 같이 예수 유아 시절 이야기가 없는 것과 달리, 누가는 "그 모든 일을 근원부터"(3절) 다루겠다는 포부를 밝히고 있다. 또한 마가가 예수님의 행적 묘사만 다루고 있는 것과 달리, 누가는 사도들의 행적도 전하려 한다. 따라서 누가는 복음서와 연결하여 사도행전을 기술했다.19) 또한 누가는 자신의 작품을 "자세히" 미

---

17) 고대사 연구가로 저명한 E. 마이어는 『기독교의 기원과 시작』이라는 유명한 저서(1921-1923)에서 누가의 작품에 나타나는 역사서술의 특징을 강조했다(E. Meyer, *Ursprung und Anfänge des Christentums*, Vol. 1, Teil 1, 46). H. 마샬 역시 역사가로서의 누가의 중요성을 강조한다(『누가행전』, 서울: 엠마오, 1997, 79-99).

18) M. 헹겔, 『고대의 역사기술과 사도행전』, 전경연 역, 대한기독교서회, 1993, 83.

19) 오늘날 성서에는 누가복음과 사도행전이 떨어져 마치 서로 무관한 두 권의 책으로 보이나, 실상 저자 누가는 애초부터 예수 이야기와 사도들의 이야기를 두 책으로 이루어진 한 작품으로 구상했다. 이와 같은 사실은 사

루어 살폈고, "차례대로" 기록했다고 말한다(3절). 물론 이러한 누가의 구상이 얼마나 사실에 부합하는지 따져볼 수 있다. 아무튼 누가는 자신의 구상을 선임자들의 구상과 차별화 하고 있음이 분명하다.

누가의 구상과 선임자인 마가의 구상을 잠시 비교해보자. 마가는 하나님의 아들 예수 그리스도에 관한 복음의 토대(막 1:1)를 숙고하는 문서를 작성하려 했고, 그래서 바로 그 문서 자체(마가복음)가 예수 그리스도에 관한 선포에 기여한다. 한마디로 마가는 케리그마, 즉 복음선포에 초점을 맞춘다. 그렇다고 마가가 역사적 측면을 완전히 무시했다고는 말할 수 없다. 하지만 역사는 케리그마를 드러내는데 기여할 뿐이다. 이러한 마가의 구상과 달리, 누가는 무엇보다 역사에 초점을 맞춘다. 물론 복음선포의 목적을 배제하지는 않는다. 다만 누가의 우선적 관심은 예수님의 이야기에 있다. 이런 의미에서 예수님의 역사는 케리그마의 시작이며 토대가 된다. 누가는 예수 그리스도에 관한 케리그마를 역사적으로 묘사함으로써 예수님과 관련된 역사는 결국 구원의 역사, 즉 구원사가 된다.

이러한 구원사적 차원은 1절의 "우리 중에 이루어진 사실"이란 표현에 잘 나타난다. 이때 "이루어진"이란 동사는 구약성서의 약속이 이미 성취된 것을 상기시키기보다는, "우리 중에"라는 표현과 더불어 그 사건이 여전히 현재 진행형임을 강조한다. 그것을 완료형 시제 ($\pi\epsilon\pi\lambda\eta\rho\omicron\phi\omicron\rho\eta\mu\acute{\epsilon}\nu\omega\nu$ 수동태 분사 완료형)가 뒷받침한다. 여기에 누가가 갖고 있는 교회사 이해가 드러난다. 즉, 누가에게 있어 교회의 시간은 예수님 사건이 지속적으로 성취되는 시간이다. 또한 4절에서 누가는 역사를 통해 그리스도의 가르침을 "확실하게" 하려 한다. 누가에 따르면 복음은 예수님의 역사와 교회의 역사 가운데 구체적으

도행전 1:1-2에 드러난다. 초기 그리스도교의 역사를 자신의 두 책 가운데 통합시킨 것이야말로 누가의 가장 위대한 업적이라고 타이센(G. Theissen)은 평한다(『복음서의 교회정치학』, 127).

로 드러나는 과정이다. 이런 의미에서 누가는 구원사적 교회사의 창시자라고 말할 수 있다.[20]

　로마의 공직자 "데오빌로"(3-4절)는 누가의 작품 출판을 후원한 사람일 수 있다. 그는 그리스도교 신앙에 관해 이미 어느 정도 알고 있는 사람이다. 누가는 데오빌로에게 자신의 작품을 헌정함으로써 자신의 증언이 공적인 성격을 띠고 있다는 사실을 선언하고 있다.[21] 누가가 전하는 복음은 몇몇 특별한 사람들을 위한 어떤 비밀스런 가르침이 아니라 헬레니즘 세계의 모든 사람을 위한 것이다.

▶ **누가복음 1:5-2:52의 구조:** 누가는 서문에 이어서 세례 요한과 예수님의 탄생에 관한 이야기를 전개한다. 아래 도표에 잘 드러나듯이, 요한의 이야기와 예수님의 이야기는 서로 정확히 평행되는 구조 안에 놓여 있다.

	세례 요한	예수
탄생 예고	1:5-25	1:26-38
마리아와 엘리사벳의 만남	1:39-56 마리아 찬가(Magnificat)	
탄생	1:57-67a	2:1-21
탄생 찬송	1:67b-80 사가랴의 예언 (Benedictus)	2:22-40 시몬의 찬송 (Nunc dimittis)
성전 안 예수		2:41-52

---

20) 콘첼만(H. Conzelmann, *Die Mitte der Zeit: Studien zur Theologie des Lukas*, Tübingen ⁵1964)은 누가의 구원사를 세 단계로 구분했다(I. 이스라엘의 시대, II. 예수의 시대, III. 교회의 시대). Cf. 김창선, "누가의 구원사",『21세기 신약성서 신학』, 327-344.

21) P. Pokorny, *Theologie der lukanischen Schriften*, Göttingen 1998, 14.

▶ 세례 요한의 출생 예고(눅 1:5-25):

5 유대 왕 헤롯 때에 아비야 반열에 제사장 한 사람이 있었으니 이름은 사가랴요 그 아내는 아론의 자손이니 이름은 엘리사벳이라 6 이 두 사람이 하나님 앞에 의인이니 주의 모든 계명과 규례대로 흠이 없이 행하더라 7 엘리사벳이 잉태를 못하므로 그들에게 자식이 없고 두 사람의 나이가 많더라 8 마침 사가랴가 그 반열의 차례대로 하나님 앞에서 제사장의 직무를 행할새 9 제사장의 전례를 따라 제비를 뽑아 주의 성전에 들어가 분향하고 10 모든 백성은 그 분향하는 시간에 밖에서 기도하더니 11 주의 사자가 그에게 나타나 향단 우편에 선지라 12 사가랴가 보고 놀라며 무서워하니 13 천사가 그에게 이르되 사가랴여 무서워하지 말라 너의 간구함이 들린지라 네 아내 엘리사벳이 네게 아들을 낳아 주리니 그 이름을 요한이라 하라 14 너도 기뻐하고 즐거워할 것이요 많은 사람도 그의 태어남을 기뻐하리니 15 이는 그가 주 앞에 큰 자가 되며 포도주나 독한 술을 마시지 아니하며 모태로부터 성령의 충만함을 받아 16 이스라엘 자손을 주 곧 그들의 하나님께로 많이 돌아오게 하겠음이라 17 그가 또 엘리야의 심령과 능력으로 주 앞에 먼저 와서 아버지의 마음을 자식에게, 거스르는 자를 의인의 슬기에 돌아오게 하고 주를 위하여 세운 백성을 예비하리라 18 사가랴가 천사에게 이르되 내가 이것을 어떻게 알리요 내가 늙고 아내도 나이가 많으니이다 19 천사가 대답하여 이르되 나는 하나님 앞에 서 있는 가브리엘이라 이 좋은 소식을 전하여 네게 말하라고 보내심을 받았노라 20 보라 이 일이 되는 날까지 네가 말 못하는 자가 되어 능히 말을 못하리니 이는 네가 내 말을 믿지 아니함이거니와 때가 이르면 내 말이 이루어지리라 하더라 21 백성들이 사가랴를 기다리며 그가 성전 안에서 지체함을 이상히 여기더라 22 그가 나와서 그들에게 말을 못하니 백성들이 그가 성전 안에서 환상을 본 줄 알았더라 그가 몸짓으로 뜻을 표시하며 그냥 말 못하는대로 있더니 23 그 직무의 날이 다 되매 집으로 돌아가니라 24 이후에 그의 아내 엘리사벳이 잉태하고 다섯 달 동안 숨어 있으며 이르되 25 주께서 나를 돌보시는 날에 사람들 앞에서 내 부끄러움을 없게 하시려고 이렇게 행하심이라 하더라

전설 형식의 이 이야기22)는 구약성서의 여러 말씀을 연상시킨다. 세례 요한의 탄생과 하나님의 종말론적 사역은 구약에서 드러난 하나님 사역과 평행하는 사건임을 알 수 있다. 자손이 없던 이스라엘의 조상들에게(아브라함과 사라, 삼손의 어머니[사사기 13장], 사무엘의 어머니 한나[사무엘상 1장]) 하나님이 역사하셨듯이, 이제 세례 요한의 출생에도 하나님이 주도권을 갖고 역사하신다. 마치 인간의 힘으로는 더 이상 어찌할 수 없을 때까지 하나님이 기다리셨다가 활동하시는 것처럼 보인다. 하나님은 모태에서부터 성령으로 충만한 그의 종말론적 예언자 요한을 일깨우신다. 그는 "주 앞에 큰 자"(15절)며 엘리야의 심령과 능력으로 "주 앞에 먼저 온 자"(17절)로서 이스라엘 자손을 하나님께 돌아오게 하는 과제를 안고 있다(16-17절). 이렇게 보면, "주"(Κύριος)는 본디 하나님을 가리키고, 요한은 하나님의 도래에 앞선 마지막 예언자가 된다. 그러나 의심의 여지없이 누가는 16-17절을 예수님을 전망하고 있는 진술로 이해한다.

▶ 예수님의 출생 예고(눅 1:26-38):

26 여섯째 달에 천사 가브리엘이 하나님의 보내심을 받아 갈릴리 나사렛이란 동네에 가서 27 다윗의 자손 요셉이라 하는 사람과 약혼한 처녀에게 이르니 그 처녀의 이름은 마리아라 28 그에게 들어가 이르되 은혜를 받은 자여 평안할지어다 주께서 너와 함께 하시도다 하니 29 처녀가 그 말을 듣고 놀라 이런 인사가 어찌함인고 생각하매 30 천사가 이르되 마리아여 무서워하지 말라 네가 하나님께 은혜를 입었느니라 31 보라 네가 잉태하여 아들을 낳으리니 그 이름을 예수라 하라 32 그가 큰 자가 되고 지극히 높은신 이의 아들이라 일컬어질 것이요 주 하나님께서 그

---

22) 양식비평가로 유명한 디벨리우스는 눅 1:5-25와 눅 1:57-80은 서로 긴밀히 연관된 것으로 "진정한 개인 전설"(eine echte Pesonallegende)을 이룬다고 말한다(M. Dibelius, *Die Formgeschichte des Evangeliums*, Tübingen [3]1959, 3).

조상 다윗의 왕위를 그에게 주시리니 33 영원히 야곱의 집을 왕으로 다
스리실 것이며 그 나라가 무궁하리라 34 마리아가 천사에게 말하되 나
는 남자를 알지 못하니 어찌 이 일이 있으리이까 35 천사가 대답하여 이
르되 성령이 네게 임하시고 지극히 높으신 이의 능력이 너를 덮으시리
니 이러므로 나실 바 거룩한 이는 하나님의 아들이라 일컬어지리라 36
보라 네 친족 엘리사벳도 늙어서 아들을 배었느니라 본래 임신하지 못
한다고 알려진 이가 이미 여섯 달이 되었나니 37 대저 하나님의 모든 말
씀은 능하지 못하심이 없느니라 38 마리아가 이르되 주의 여종이오니
말씀대로 내게 이루어지이다 하매 천사가 떠나가니라

이 이야기는 메시아적 기독론을 잘 나타낸다. 특히 32-33절이 그러
하다. 하나님이 다윗을 자기 아들로 선언하시고, 다윗 왕조가 영원하
리라 약속하신 것은 이른바 나단의 예언(삼하 7:12-16; cf. 시 89:27-28;
시 2:7)과 다르지 않다. 34절에 나오는 마리아의 질문은 이성적인 이
해를 반영한다. 35절의 천사의 진술은 성적 어감을 전혀 담고 있지
않다. 그 진술로써 하나님의 창조적인 사역을 부각시킨다. 이 이야기
의 지향점은 예수님의 생물학적 출생을 보도하는 데 있지 않고, 종말
론적 메시아로서의 예수님의 의미를 드러내는 데 있다.

1장과 2장은 이중 구조 가운데 요한과 예수님을 대비시킨다. 즉, 요
한은 모태로부터 성령의 충만함을 받은 자(1:15)이나, 예수님은 하나
님의 영이 그의 전 실존에 역사하신 분이다. 기독론을 정점으로 삼고
있는 예수 출생 고지 이야기는 동시에 구원론적인 전망도 담고 있다.
구원과 공의와 평강을 가져오는 종말론적 통치자이신 예수 그리스
도는 "야곱의 집"(33절)을 위해 오신 분이시며 또한 만백성을 위해
(눅 2:31) 오신 분이시다.

▶ **마리아의 엘리사벳 방문(눅 1:39-56):**

39 이 때에 마리아가 일어나 빨리 산골로 가서 유대 한 동네에 이르러
40 사가랴의 집에 들어가 엘리사벳에게 문안하니 41 엘리사벳이 마리
아의 문안함을 들으매 아이가 복중에서 뛰노는지라 엘리사벳이 성령의
충만함을 받아 42 큰 소리로 불러 이르되 여자 중에 네가 복이 있으며
네 태중의 아이도 복이 있도다 43 내 주의 어머니가 내게 나아오니 이
어찌 된 일인가 44 보라 네 문안하는 소리가 내 귀에 들릴 때에 아이가
내 복중에서 기쁨으로 뛰놀았도다 45 주께서 하신 말씀이 반드시 이루
어지리라고 믿은 그 여자에게 복이 있도다 46 마리아가 이르되 내 영혼
이 주를 찬양하며 47 내 마음이 하나님 내 구주를 기뻐하였음은 48 그의
여종의 비천함을 돌보셨음이라 보라 이제 후로는 만세에 나를 복이 있
다 일컬으리로다 49 능하신 이가 큰 일을 내게 행하셨으니 그 이름이 거
룩하시며 50 긍휼하심이 두려워하는 자에게 대대로 이르는도다 51 그
의 팔로 힘을 보이사 마음의 생각이 교만한 자들을 흩으셨고 52 권세있
는 자를 그 위에서 내리치셨으며 비천한 자를 높이셨고 53 주리는 자를
좋은 것으로 배불리셨으며 부자는 빈 손으로 보내셨도다 54 그 종 이스
라엘을 도우사 긍휼히 여기시고 기억하시되 55 우리 조상에게 말씀하
신 것과 같이 아브라함과 및 그 자손에게 영원히 하시리로다 하니라 56
마리아가 석 달쯤 함께 있다가 집으로 돌아가니라

이 이야기는 앞의 출생 이야기와 연결되어 있다. 마리아 찬가의 언어 자체는 기적적인 수태와 관련이 없다. 46-49절은 마리아에게 행하신 하나님의 사역을 돌아본다. 반면 51-55절은 지금 시작하여 미래에 완성될 사건으로 해석된다. 50절을 통해 그러한 구분이 분명해진다. 50절은 하나님의 놀라운 역사가 임한 마리아의 체험을 돌아보고, 다른 한편 이런 체험에서 그녀처럼 하나님의 놀라운 역사를 소망하는 모든 사람들을 위한 전망을 보여준다. 이러한 구조와 어울리게, 46-50절에서는 여인이 말하고 있는 반면 51-55절에서는 주어가 하나님을 가리키는 3인칭으로 바뀐다.

마리아 찬가에는 대립구도가 있다. 한편에 "교만한 자들", "권세 있

는 자", "부자"가 있다면, 다른 편에는 "두려워하는 자", "비천한 자", "주리는 자"가 있다. 이러한 대립을 영적으로 파악하기보다는 실제적으로 이해하는 것이 누가복음의 전체 문맥에 합당하다. 이 노래가 강조하는 것은, 하나님은 사회적으로 궁핍한 자들을 돌아보시고 정치적으로 억눌린 자들을 해방시키시는 분이라는 것이다. 마리아 찬가를 통해 누가복음 전체는 사회적 해방의 중요성을 강조하는 복음서가 된다.23) 특별히 가난한 자들을 향하고 있는 누가의 예수님 상은 바로 이러한 시각과 일맥상통한다.

▶ **세례 요한의 출생(눅 1:57-80):** 누가는 예수님의 출생 예고 이야기에 이어서 다시 요한 전승으로 돌아온다. 요한의 출생 이야기는 두 단락으로 나눌 수 있다. 요한의 이름 짓기(57-66절)와 사가랴의 찬송(67-79절). 앞에서 천사 가브리엘이 성전에서 사가랴에게 예언한 것이 성취된다. "하나님은 긍휼하시다"(58절)라는 뜻을 갖고 있는 "요한"이란 이름과 관련된 이야기 형식으로 되어 있다. 이 이야기는 사가랴의 찬양, 곧 "베네딕투스"(68-79절)로 끝난다.

> (눅 1:68-79) 68 찬송하리로다 주 이스라엘의 하나님이여 그 백성을 돌아보사 속량하시며 69 우리를 위하여 구원의 뿔을 그 종 다윗의 집에 일으키셨으니 70 이것은 주께서 예로부터 거룩한 선지자의 입으로 말씀하신 바와 같이 71 우리 원수에게서와 우리를 미워하는 모든 자의 손에서 구원하시는 일이라 72 우리 조상을 긍휼히 여기시며 그 거룩한 언약을 기억하셨으니 73 곧 우리 조상 아브라함에게 하신 맹세라 74 우리가 원수의 손에서 건지심을 입고 75 종신토록 주의 앞에서 성결과 의로 두려움이 없이 섬기게 하리라 하셨도다 76 이 아이여 네가 지극히 높으신

---

23) 이와 관련하여 R.E.O. 화이트,『누가신학연구』, 김경진 역 (서울: 한국로고스연구원, 1995), 135-154를 참조하라.

> 이의 선지자라 일컬음을 받고 주 앞에 앞서 가서 그 길을 준비하여 77
> 주의 백성에게 그 죄 사함으로 말미암는 구원을 알게 하리니 78 이는 우
> 리 하나님의 긍휼로 인함이라 이로써 돋는 해가 위로부터 우리에게 임
> 하여 79 어둠과 죽음의 그늘에 앉은 자에게 비치고 우리 발을 평강의 길
> 로 인도하시리로다 하니라

베네딕투스는 아브라함 언약과 관련하여 이스라엘을 향하신 하나님
의 구원 사역을 찬양하는 노래이다. 하나님의 구원 사역은 메시아를
통해 드러난다: "우리를 위하여 구원의 뜻을 그 종 다윗의 집에 일으
키셨으니"(69절). 여기서 다윗의 집에서 나온 메시아는 다름 아닌 예
수님을 가리키고 있다는 사실이 76절에서 잘 드러난다. 요한은 예수
님을 예비하는 자라는 사실이 강조하는 76절은 예수님과 요한의 관
계를 그리스도교적 관점에서 분명하게 하기 위한 첨가로 보인다. 누
가복음 3:2-3을 볼 때, 80절은 누가의 편집에서 비롯되었음이 분명하
다.

▶ **예수님의 출생(눅 2:1-21):** 이 단락은 전승사적으로 볼 때 천사 가브
리엘이 마리아에게 잉태를 예고하는 누가복음 1:26-38과 무관하다.
특히 누가복음 2:8-20은 출생 이야기라기보다 계시 이야기에 해당한
다. 그러나 현재의 문맥 가운데 두 단락이 출생 모티브로 연결되어
있다. 누가복음 2:1-21의 핵심은 예수님의 출생에 대한 천사들의 해
석에 있다. 먼저 1-7절을 살펴보자.

> 1 그 때에 가이사 아구스도가 영을 내려 천하로 다 호적하라 하였으니 2
> 이 호적은 구레뇨가 수리아 총독 되었을 때에 처음 한 것이라 3 모든 사
> 람이 호적하러 각각 고향으로 돌아가매 4 요셉도 다윗의 집 족속이므로
> 갈릴리 나사렛 동네에서 유대를 향하여 베들레헴이라 하는 다윗의 동

> 네로 5 그 약혼한 마리아와 함께 호적하러 올라가니 마리아가 이미 잉
> 태하였더라 6 거기 있을 그 때에 해산할 날이 차서 7 첫아들을 낳아 강
> 보로 싸서 구유에 뉘었으니 이는 여관에 있을 곳이 없음이러라

여기에서 누가는 예수님의 탄생과 역사가 세계사와 밀접하게 관련
되어 있음을 강조한다. 한마디로, 누가는 복음을 세계사적 차원에서
묘사하려 한다. 가이사 아우구스도는 로마 황제 아우구스투스를 가
리킨다. 누가는 예수 출생 이야기를 통해 무력으로 '팍스 로마나'(Pax
Romana 로마의 평화)를 이룩한 아우구스투스와 완전히 상반되는 통
치자 상을 묘사하고 있다. 베들레헴에서 나오는 통치자의 권세는 무
력과는 무관한 아기로부터 나오는 권세이다. 이에 대한 해석이 눅
2:8-20에 전개된다.

> 8 그 지역에 목자들이 밤에 밖에서 자기 양 떼를 지키더니 9 주의 사자
> 가 곁에 서고 주의 영광이 그들을 두루 비추매 크게 무서워 하는지라 10
> 천사가 이르되 무서워하지 말라 보라 내가 온 백성에게 미칠 큰 기쁨의
> 좋은 소식을 너희에게 전하노라 11 오늘 다윗의 동네에 너희를 위하여
> 구주가 나셨으니 곧 그리스도 주시니라 12 너희가 가서 강보에 싸여 구
> 유에 뉘어 있는 아기를 보리니 이것이 너희에게 표적이니라 하더니 13
> 홀연히 수많은 천군이 그 천사들과 함께 하나님을 찬송하여 이르되 14
> 지극히 높은 곳에서는 하나님께 영광이요 땅에서는 하나님이 기뻐하신
> 사람들 중에 평화로다 하니라 15 천사들이 떠나 하늘로 올라가니 목자
> 가 서로 말하되 이제 베들레헴으로 가서 주께서 우리에게 알리신 바 이
> 이루어진 일을 보자 하고 16 빨리 가서 마리아와 요셉과 구유에 누인 아
> 기를 찾아서 17 보고 천사가 자기들에게 이 아기에 대하여 말한 것을 전
> 하니 18 듣는 자가 다 목자들이 그들에게 말하는 것들을 놀랍게 여기되
> 19 마리아는 이 모든 말을 마음에 새기어 생각하니라 20 목자들은 자기
> 들에게 이르던 바와 같이 듣고 본 그 모든 것으로 인하여 하나님께 영광
> 을 돌리고 찬송하며 돌아가니라

여기에 목자가 등장하는데, 이는 누가가 제시하는 해석의 의도에 잘 어울린다. 목동이었다가 이스라엘의 왕으로 기름부음 받은 이스라엘의 위대한 목자 다윗은 베들레헴 출신이다(삼상 16:1-13). 이런 시각에서 8-28절은 메시아 본문이다. 이 단락의 핵심은 예수님이 메시아라는 사실을 입증하는 데 있지 않고, 구세주이신 예수님의 출생과 그의 구원론적 사역에 있다(11절). 세상적 구주는 사람들을 자신에게 복종시킴으로써 평화를 이루나, 이 단락이 언급하는 평화는 신뢰의 마음으로 다가가서 '주님에 의해 알려진 이루어진 일'을 볼 것을 요청한다(15절). 이 평화는 팍스 로마나와 같은 종류의 객관적인 평화가 아니라, 하나님이 기뻐하는 선민에게 선사된 하늘로부터 오는 평화이다(14절). 특히 가난한 자들을 염두에 둔 예수님의 구원 사역은 무력과는 무관한 십자가에 돌아가신 구세주 자신에 의해 이루어진 것이다. 바로 이 점을 누가는 자신의 복음서 전체에 걸쳐 강조하려 한다. 이런 의미에서 누가복음 1-2장은 단순히 예수님의 유아 시절 이야기를 넘어서 복음서 전체의 서곡에 해당한다고 말할 수 있다.

▶ **두 예언자 시몬과 안나의 증언(눅 2:22-40):** 이 이야기는 본래 독자적인 전승이었으나, 현재의 문맥에서는 사가랴 이야기와 평행구조를 이루고 있다. 예루살렘 성전에서 시몬이 아기 예수 탄생에 대해 하나님을 찬송하는 노래가 이야기의 중심에 있다. 사가랴가 아기 요한을 영접하듯이(67b-80절, Benedictus), 시몬은 아기 예수를 영접한다(28-32절, Nunc dimittis).

> 28 시므온이 아기를 안고 하나님을 찬송하여 이르되 29 주재여 이제는 말씀하신 대로 종을 평안히 놓아 주시는도다 30 내 눈이 주의 구원을 보았사오니 31 이는 만민 앞에 예비하신 것이요 32 이방을 비추는 빛이요 주의 백성 이스라엘의 영광이니이다 하니

모세의 법대로 아기 예수를 위한 정결예식이 거행된다. 그러나 누가가 제시하는 묘사에는 본래 아무 상관이 없는 두 율법 규정이 섞여서 나타난다. 하나는 레위기 12장에 따른 아이 낳은 어머니의 정결과 관련된 것이고, 다른 하나는 출애굽기 13장에 따른 것으로 첫 아기를 하나님께 바치는 것과 관련된 것이다. 전자의 경우는 아기의 정결예식과 관련이 없고, 후자의 경우는 성전과 관련이 없는 일이다. 그러나 이 두 이야기가 그리스도교 전승자에 의해 하나의 새로운 상황으로 만들어져 새로 태어난 아기를 주님께 바치는 의식이 된다(22절).

성전은 이스라엘의 위로를 기다리기에 합당한 장소이다(25절). 따라서 성전과 예수님을 서로 연관시켜 대망과 성취의 관계처럼 이해할 수 있다. "주의 메시아를 본다는 것"(26절)은 "주의 구원을 보는 것"(30절)과 동일하다. 사가랴의 찬양에서 요한의 역할이 전적으로 이스라엘을 향한 것과 달리, 여기서는 이스라엘을 위한 구원이 "이방을 비추는 빛"으로 확장된다. 이제 아기 예수가 맡은 미래 역할에 대한 예언이 나온다. 아기의 등장으로 인해 오는 구원은 고통을 수반하는 양자택일의 결단을 요구한다. 그리하여 아기의 등장은 '이스라엘 중 많은 사람을 패하거나 흥하게 하는 비방을 받는 표적'이 된다. 36절에 사무엘의 모친을 연상시키는 "안나"라는 이름이 나온다. 여기에서 안나는 시몬과 대비되고 있다. 안나는 여성 예언자로서 시몬 및 요한과 더불어 나란히 등장하고 있다. 구원의 여명에 관한 우리 이야기는 전체 예언의 능력을 아기 예수를 향해 집결시키고 있는 것처럼 보인다.

▶ **열두 살 시절의 예수님**(눅 2:41-52): 누가는 열두 살 때의 예수 이야기로 자신의 복음서 도입부를 마친다. 여기에서 누가는 두 가지를 강조한다. 하나는, 어린 예수님이 당대의 신학자들과 논쟁을 벌일 정도

의 지혜를 가졌다는 것이다. 다른 하나는, 예수님에게 지상적 부자 관계는 비본질적이라는 사실이다. 49절이 말하듯 어린 예수님은 그의 아버지 하나님께 속한다는 것이다. 이로써 누가는, 앞으로 전개될 예수님의 전체 사역은 하나님 아버지의 뜻에 전적으로 순종한 삶이라는 사실을 복음서 도입부에서부터 암시하고 있다. 52절("예수는 지혜와 키가 자라가며 하나님과 사람에게 더욱 사랑스러워 가시더라")은 40절("아기가 자라며 강하여지고 지혜가 충만하며 하나님의 은혜가 그의 위에 있더라")과 유사한 마감어를 이루고 있다는 점에서 우리의 본문(눅 2:41-52)은 누가가 전해 받은 전승 이야기에서 유래한 것이 아니라, 전체 이야기를 마감하기 위해 누가가 첨가한 것으로 본래 독립된 에피소드라는 사실을 알 수 있다.

제3장 갈릴리에서의 예수님의 첫 사역

1. 마가의 묘사(막 1:14-39)

▶ 예수님의 선포(막 1:14-15):

> 14 요한이 잡힌 후 예수께서 갈릴리에 오셔서 하나님의 복음을 전파하여 15 이르시되 때가 찼고 하나님의 나라가 가까이 왔으니 회개하고 복음을 믿으라 하시더라

    마가는 예수님의 선포를 간결하게 종합하는 요약문으로 예수님 이야기의 본론을 시작한다. 이 진술은 예수님이 선포하신 "복음의 총 요약이고, 인류에게 전하고 싶은 말씀의 핵심"이라고 말할 수 있다.[1] 세례 요한이 잡힌 후 예수님의 갈릴리 사역이 시작되었다고 말하나, 요한이 잡힌 이유에 대해서는 언급하지 않는다. 그 이유는 나중에 6장에 가서 보도한다. 예수님은 임박한 "하나님 나라"에 관한 "하나님의 복음"을 선포한다(14절). 마가복음 15:43을 제외하면, 마가복음에 나타나는 "하나님 나라"라는 단어는 오직 예수님의 말씀 가운데만 나온다.[2] 예수님은 하나님의 복음을 선포하는 일을 자신의 가장 중

---

1) 슈낙켄부르크,『복음서의 예수 그리스도』, 김병학 역 (왜관: 분도출판사, 2009), 49.

2) 막 1:15외에 막 4:10-12, 26-29, 30-32; 9:1, 47; 10:14, 23, 24, 25; 12:34; 14:25. 예수님의 하나님 나라 선포에 관해서는 고전이 된 큄멜(W.G.Kümmel)의 저서 "Verheißung und Erfüllung"(Zürich ^{3}1956)이 여전히 유용하다(=『약속과 성취』, 김명용 역, 한국장로교출판사, 1993). 또한 N. 페린,『예수의 가르침 속에 나타난 하나님의 나라』, 이훈영/조호연 역 (서울: 솔로몬, 1999); F.한,『신약성서신학 II』, 김문경/김희영 역 (대한기독교서회, 2010), 213-237.

요한 사명으로 여기셨다. "복음"에 해당하는 그리스어 명사 "유앙겔리온"($\epsilon\dot{\upsilon}\alpha\gamma\gamma\dot{\epsilon}\lambda\iota o\nu$)과 동사 "유앙겔리제스타이" ($\epsilon\dot{\upsilon}\alpha\gamma\gamma\epsilon\lambda\dot{\iota}\zeta\epsilon\sigma\theta\alpha\iota$)는 구약의 예언자 전통에서 유래한 것으로 하나님이 자신의 백성을 통치하고 해방시킬 것을 선포한다. 예를 들면, 이사야 52:7에 기쁜 소식과 하나님의 통치가 하나임이 드러나고, 또한 이사야 61:1-3에서도 역시 기쁨의 사자가 나온다. "하나님의 복음"이란 하나님이 세상 사람들을 위해 마련하신 궁극적인 종말론적 구원선포를 뜻한다.

　"복음"을 당시 로마 황제 제의에서 나온 개념과 관련하여 이해할 수도 있다.3) 황제 제의에서 알려진 복음이란 황제의 탄생이나 등극을 알리고 황제로부터 나오는 구원의 중요성을 선포하는 개념이다. 이는 언제나 반복되는 구원선포이기 때문에 복수 형태 "유앙겔리아($\epsilon\dot{\upsilon}\alpha\gamma\gamma\epsilon\lambda\dot{\iota}\alpha$)"로 불린다(cf. Priene 비문)4). "복음"이란 개념이 이처럼 당시 황제 제의를 연상시킬 수 있다. 마가복음 첫머리(막 1:1)에 의도적으로 "복음"이란 개념을 강조하며 소개하고 있는 마가는 자신의 복음서를 로마 황제에 의해 마련되는 복음에 대한 일종의 안티 복음서(Anti-Gospel)로서 이해한 것으로 보인다.5) 마가가 사용하는 복음의 개념은 바울이 사용하는 개념과 차이가 난다. 바울에게 복음이란 구원사건으로서의 예수님의 죽음과 부활을 가리킨다면, 마가는 메시아이며 하나님의 아들로서 예수님이 행하시는 선포와 삶 전체를 복음으로 이해한다.6)

---

3) G. Strecker, "Das Evangelium Jesu Christi," in *Jesus Christus in Historie und Theologie* (FS H. Conzelmann), 1975, 503-548.

4) 이 비문은 1892년 소아시아의 프리네 지방에서 발견되었다(OGIS 458). 여기에 다음과 같이 기록되어 있다: "그 신의 탄생일이 세상에게는 그로 말미암은 <u>기쁜 소식들</u>($\epsilon\dot{\upsilon}\alpha\gamma\gamma\epsilon\lambda\dot{\iota}\alpha$)의 시작이었다." 여기서 "그 신"은 로마 황제 아우구스투스(Augustus, BC 63-AD 14년)를 가리킨다.

5) 타이센, 『복음서의 교회정치학』, 37.

갈라디아서 4:4를 상기시키는 15절의 "때가 찼다(πεπλήρωται ὁ καιρὸς)"는 진술은 종말론적 진술이다. 다시 말해, 이 세상의 역사와 시간이 끝나고, 이와 전적으로 구분되는 새로운 것이 현재 도래하고 있음을 선언하는 말이다. 하나님 스스로 자신의 구원을 관철시키신다. 이제껏 역사 가운데 드러나지 않았던 하나님의 통치가 드러나게 된다. 그것은 이 세상에 대한 하나님의 통치를 뜻한다. 하나님 나라의 현재성은 예수님의 선포 가운데 중심 역할을 했다는 사실이 누가복음 11:20에 나오는 로기온에 분명히 드러난다("내가 만일 하나님의 손을 힘입어 귀신을 쫓아낸다면 하나님의 나라가 이미 <u>너희에게 임하였느니라</u> [ἔφθασεν ἐφ ὑμᾶς]"; cf. 눅 17:20b-21). 마가는 하나님 나라가 예수님의 등장과 함께 시작되었다고 믿었다. 예수님의 등장과 더불어 세상의 역사는 끝나고 하나님 나라의 구원이 "가까이 왔다"는 것이다(ἤγγικεν ἡ βασιλεία τοῦ θεοῦ).[7] 하나님 나라는 예수님과

---

6) 김창선, "신약성서가 선포하는 '복음'," in『장신논단』23, 2005, 73-97을 참조하라.

7) 하나님 나라가 "가까이 왔다"는 것을 두고 학계에 논란이 있다. 막센(W. Marxsen)은 "가까우나 아직 일어나지 않은 사건"으로서 마가의 시각에는 "파루시아", 즉 주님의 재림을 염두에 둔 것으로 해석한다(*Der Evangeluist Masrkus. Studien zur Redaktionsgeschichte des Evangeliums*, Göttingen [2]1959, 89). 그와 달리 헨헨(E. Haenchen)은 때가 찼다는 진술에 합당하게 하나님 나라는 단지 근접해 있는 것이 아니라 현재적이라고 설명한다. 즉 하나님 나라는 천사가 내려오고 하늘 나팔이 울리며 무덤이 열리는 우주적 사건으로서 드러나는 것이 아니라, 오직 신앙의 눈으로써만 감지할 수 있는 숨겨진 시작으로 드러난다고 설명한다(*Der Weg Jesu*, 1966, 73, n. 1a). J. D. 크로산은, 예수님은 하나님의 대대적인 세계 정화로 하나님 나라가 이미 현존한다는 사실을 예수가 강조했다고 말한다(『하나님과 제국』, 이종욱 역, 서울: 포이에마, 2009, 199). M.보그(『기독교의 심장』, 김준우 역, 한국기독교연구소, 2010, 207)는 예수님이 언급한 하나님 나라에 함의된 정치적 의미를 다음과 같이 요약한다("하나님 나라는 이 세상의 지배체제와 왕국들의 체제적 불의와 대조되는 하나님의 정의에 관한 것이다.")

더불어 현재 이루어지고 있으나 동시에 하나님 나라의 궁극적인 완성은 여전히 미래에 놓여 있다.

하나님 나라의 도래는 인간의 적극적인 반응을 요구한다. 그것이 곧 회개이다. "회개하라"(15절)는 예수님의 말씀은 세례 요한의 말과 일치한다. 그러나 예수님의 회개 요청은 요한의 것과 차이가 난다. 요한에게 회개란 일차적으로 죄로부터 돌아서는 것을 뜻하고, 동시에 하나님의 심판이 공의롭다는 사실을 인정하는 것이다. 물론 이러한 측면이 예수님에게도 여전히 타당하다고 말할 수 있다. 요한의 심판선포가 전제하고 있는 이스라엘 백성이 처해 있는 죄 상황을 예수님도 공유하기 때문이다. 그러나 이제 예수님은 요한과 달리 심판만을 선포하지 않고, 그 심판의 한 복판에 하나님의 구원이 도래했음을 선포한다. 하나님이 이스라엘을 심판의 상황에서 해방시켰음을 선언한다. 따라서 회개란 죄 상태를 인정하고 죄에서 벗어나는 것을 뜻한다기보다 오히려 하나님이 베푸신 구원을 무엇보다도 먼저 긍정적으로 받아들이는 것이다. 다시 말해, 회개란 예수님이 선포하고 예수님 안에 이미 드러나기 시작한 하나님의 구원에 대한 인간의 응답이라고 말할 수 있다.

하나님의 구원활동이 이미 이 세상 가운데 일어나고 있다는 진술은 우리의 직접 경험을 통해 입증되지 않는다. 인간의 역사는 예나 지금이나 별 차이가 없어 보인다. 우리의 현실을 바라보면 오히려 악의 세력이 득세하는 것처럼 보이기 때문에 우리의 신앙은 수시로 나락에 떨어지곤 한다. 이러한 상황에서 마가는 우리에게 중요한 해석의 열쇠를 제공한다. 구원의 선포자 예수님은 "나의 하나님 나의 하나님 어찌하여 나를 버리셨나이까"(막 15:34) 하는 절규와 함께 십자가에 달려 돌아가심으로 실패자로 생을 마감하신 것처럼 보인다. 그러나 십자가의 죽음으로써 모든 것이 끝장난 것이 아니라는 사실을 마가는 확신했다. 하나님은 예수님을 죽음에 내버려두지 않으시고, 그를 부활시켰다고 마가는 믿었기 때문이다. 바로 이런 이유에서 오늘의 우리도 예수님의 구원 선포를 받아들일 수 있다. 죽은 자를 살리시고 없는 것을 있는 것으로 부르시는 하나님에 대한 신앙을 통해서만 예수님이 선포하신 하나님의 종말론적 구원이 오늘 우리에게도 일어나고 있다는 사실을 여전히 확신할 수 있다.

▶ **첫 제자들을 부르심(막 1:16-20):** 복음의 시작을 알리는 예수님의 선포(막 1:14-15)에 이어서 마가는 예수님에 관한 본래 이야기를 시작한다.

> 16 갈릴리 해변으로 지나가시다가 시몬과 그 형제 안드레가 바다에 그물 던지는 것을 보시니 그들은 어부라 17 예수께서 이르시되 나를 따라오라 내가 너희로 사람을 낚는 어부가 되게 하리라 하시니 18 곧 그물을 버려 두고 따르니라 19 조금 더 가시다가 세베대의 아들 야고보와 그 형제 요한을 보시니 그들도 배에 있어 그물을 깁는데 20 곧 부르시니 그 아버지 세베대를 품꾼들과 함께 배에 버려 두고 예수를 따라가니라

여기에는 마가가 전승에서 물려받은 것으로 보이는 두 개의 소명 이야기가 나온다. 하나는 예수님이 시몬과 그 형제 안드레를 제자로 부르시는 장면이고(16-18절), 다른 하나는 세베대의 두 아들 야고보와 요한을 부르시는 이야기이다(19-20절). 두 장면은 같은 구조로 이루어져 있다. 이러한 이야기 구조는 생업을 버리고 엘리야를 따르는 엘리사 이야기(예컨대, 왕상 19:19-21)와 같은 구약의 예언자 소명을 토대로 한 것이다.8) 먼저 상황 묘사가 있고, 이어서 말이나 행위로 일어나는 소명이 나오고, 마지막으로 따라감이 보도된다.

---

8) LXX 왕상 19:20 (καὶ ἀκολουθήσω ὀπίσω σου).

갈릴리 해변을 지나가시던 예수님은 이들을 그들의 그물로부터 불러내신다. 그것은 곧 그들의 생업과 사회적 관계망에서 떼어내는 것이다. 제자됨의 목적은 물고기를 낚는 어부에서 사람 낚는 어부가 되는 것이다. 곧 예수님의 선포 사역에 동참하는 것이다. 이들은 아무 거리낌 없이 어떤 조건도 내세우지 않고 이내 예수님을 따른다. 여기에 극단적인 예수 운동의 단면이 드러난다. 예수님과 함께 팔레스타인을 두루 여행했던 제자들은 부활 이후에도 선교사와 사도와 예언자로서 방랑의 생활방식을 유지했던 초기 그리스도교의 지도자 계열에 속한다.9)

▶ **가버나움과 갈릴리 사역(막 1:21-39):** 마가는 주어진 자료를 다시 사용한다. 가버나움 회당에서 귀신들린 사람을 치유하는 이야기(막 1:21b-28)와 베드로의 장모 치유 이야기(막 1:29-31)는 이미 마가 이전 전승 과정 중에 서로 연결되어서 확장된 예수님의 사역에 대해 요약하는 단락(막 1:35-39)으로 결론을 맺었을 것으로 보인다. 이어지는 또 하나의 요약하는 단락(막 1:35-39)은 마가 자신의 산물로 보인다.

• **가버나움 회당에서의 귀신 축출 이야기(막 1:21-28):**

> 21 그들이 가버나움에 들어가니라 예수께서 곧 안식일에 회당에 들어가 가르치시매 22 뭇 사람이 그의 교훈에 놀라니 이는 그가 가르치시는 것이 권위 있는 자와 같고 서기관들과 같지 아니함일러라 23 마침 그들의 회당에 더러운 귀신 들린 사람이 있어 소리 질러 이르되 24 나사렛

---

9) 무주택, 무소유, 무방비, 무가족의 에토스를 강조하는 공관복음 전승은 '방랑하는 카리스마적 지도자들'이 처한 원시그리스도교 상황에서 나온 표현이라고 타이센(G. Theissen)은 설명한다(『예수 운동의 사회학』, 종로서적, 1991, 13-23면; 같은 저자, 『복음서의 교회정치학』, 55-63).

> 예수여 우리가 당신과 무슨 상관이 있나이까 우리를 멸하러 왔나이까 나는 당신이 누구인줄 아노니 하나님의 거룩한 자니이다 25 예수께서 꾸짖어 이르시되 잠잠하고 그 사람에게서 나오라 하시니 26 더러운 귀신이 그 사람에게 경련을 일으키고 큰 소리를 지르며 나오는지라 27 다 놀라 서로 물어 이르되 이는 어찜이냐 권위 있는 새 교훈이로다 더러운 귀신들에게 명한즉 순종하는도다 하더라 28 예수의 소문이 곧 온 갈릴리 사방에 퍼지더라

예수께서 가버나움에 들어가서 안식일에 회당에서 사람들을 가르치시자(21절), 사람들이 그의 가르침에 놀란다. 예수님의 가르침은 서기관들과 달리 권세가 있었기 때문이다(22절). 22절과 27절에 나타나는 사람들의 반응은 마가의 편집에서 유래한 것으로 보인다. 그 외의 묘사는 귀신들린 사람에게서 귀신을 내쫓는 귀신축출(Exorcism) 이야기의 전형적인 형태를 따른다.[10] 다음과 같이 세분하여 나눌 수 있다.

1. 귀신을 쫓아내는 자와 귀신의 만남(21b절, 23a절)
2. 귀신의 방어(23b-24절)
3. 귀신 쫓아내는 자가 위협함(25a절)
4. 침묵 명령(25b절 전반)
5. 나가라는 명령(25b절 후반)
6. 귀신이 나감(26절)
7. 사람들의 놀람(27a절)
8. 결론적 진술(27b절)
9. 소문의 전파(28절)

이런 종류의 귀신축출 이야기는 유대교나 이방 세계에서도 나타난

---

10) R. Pesch, *Das Markusevangelium I*, Freiburg/Basel/Wien 1984, 119.

다. 그런데 마가의 경우 두 가지 특징이 있다. 먼저 이 이야기는 예수님의 놀라운 권세를 강조한다. 예수님의 권세는 서기관들처럼 공허한 말에 불과하지 않고 "권위 있는 새 교훈"(27절)이다. 귀신축출 가운데 하나님의 통치가 가까이 왔음이 드러난다. 다른 하나는, 이 이야기는 한 더러운 귀신에 관한 것이다. 그런데 24절에서 이 더러운 귀신이 복수 형태로 말한다: "나사렛 예수여 우리가 당신과 무슨 상관이 있나이까 우리를 멸하러 왔나이까." 여기서 귀신은 자기들 무리를 대변하는 것으로 나타난다. 결국 이 이야기는 하나의 특정 사건에만 관련된 것이 아니라, 예수님과 더불어 일어난 귀신축출 사건 전체를 종합하는 성격을 갖고 있음을 알 수 있다. 즉, 예수님이 나타나는 곳에는 귀신들이 물러가고 악의 시대가 끝나고 하나님 나라의 구원이 시작됨을 보여준다.11) 따라서 마가는 이 이야기를 가버나움에 있었던 한 과거의 일로서가 아니라 예수님과 더불어 동튼 구원의 역사가 현재 진행 중인 것으로 이해한다. 귀신축출에 관한 기적 이야기는 예수님과 더불어 시작된, 도래하고 있는 종말론적 세계의 역사이다.

•베드로의 장모 치유(막 1:29-31):

<blockquote>
29 회당에서 나와 곧 야고보와 요한과 함께 시몬과 안드레의 집에 들어가시니 30 시몬의 장모가 열병으로 누워 있는지라 사람들이 곧 그 여자에 대하여 예수께 여짜온대 31 나아가사 그 손을 잡아 일으키시니 열병이 떠나고 여자가 그들에게 수종드니라
</blockquote>

마가는 이 이야기를 권세 있는 예수님의 가르침에 대한 또 다른 예

---

11) 타이쎈/메르츠는, "역사적 예수의 귀신축출 행위가 실재했을 뿐 아니라, 그것이 예수의 자기이해에 중요한 의미를 띠고 있었다"고 말한다(『역사적 예수』, 손성현 역, 다산글방, 2002, 426).

로 간주한다. 이 이야기에서 예수님은 사람들의 사소한 곤란과 아픔
도 열려했다는 사실을 알 수 있다. 하나님 나라의 구원을 실현하는 일
은 거창한 프로그램을 통해서만이 아니라 사소한 일상사에서도 일어
난다.

•예수님 사역의 확장(막 1:32-34, 35-39):

> 32 저물어 해 질 때에 <u>모든 병자와 귀신 들린 자를</u> 예수께 데려오니 33
> <u>온 동네가 그 문</u> 앞에 모였더라 34 예수께서 각종 병든 <u>많은 사람을 고</u>
> <u>치시며 많은 귀신을 내쫓으시되</u> 귀신이 자기를 알므로 그 말하는 것을
> 허락하지 아니하시니라 35 새벽 아직도 밝기 전에 예수께서 일어나 나
> 가 한적한 곳으로 가사 거기서 기도하시더니 36 시몬과 및 그와 함께 있
> 는 자들이 예수의 뒤를 따라가 37 만나서 이르되 모든 사람이 주를 찾나
> 이다 38 이르시되 우리가 다른 가까운 마을들로 가자 거기서도 <u>전도하</u>
> <u>리니</u> 내가 이를 위하여 왔노라 하시고 39 이에 온 갈릴리에 다니시며 그
> 들의 여러 회당에서 <u>전도하시고</u> 또 귀신들을 내쫓으시더라

32-34절은 요약문으로서 앞서 언급한 두 기적 이야기를 종합하면
서 일반화시킨다: "모든 병자와 귀신 들린 자"를 예수께 데려왔고,
"온 동네"가 모인 상태에서 예수님은 "많은 사람을 고치시며 많은 귀
신을 내쫓으셨다." 34절 후반에 예수님이 누구인지 귀신들이 알리는
것을 막는다는 진술이 나온다. 예수님은 자신이 메시아라는 사실이
공개되는 것을 원하지 않으신다. 이것이 이른바 "메시아 비밀론"의
한 부분에 속한다(cf. 막 8:30).[12] 두 번째 요약문(35-38절)은 마가의

---

12) "메시아 비밀론"이란 마가의 신학적 도그마에서 유래한 한 이론을 가리
킨다. 즉, 십자가에 처형됨으로 생을 마감한 비메시아적인 역사적 예수의
삶과, 다른 한편 부활을 체험한 신앙공동체가 예수님을 하나님의 아들로 고
백한 것 사이에 놓인 긴장관계를 해소할 목적에서 비롯된 마가의 신학적 구
상을 뜻한다. 이에 관해, 김창선, "마가복음과 메시아 비밀", in 『21세기 신
약성서 신학』, 275-295를 참조하라. Cf. W. Wrede, *Das Messiasgeheimnis in*

편집에서 비롯된 것으로 보인다. 여기에도 예수님이 물러가는 모티브가 나온다. 그런데 이것은 선교 사역을 위한 것이다. 38절과 39절에 "선포한다"(="전도하다")라는 동사가 두 번에 걸쳐 강조된다. 선포와 귀신축출 사역이 하나임을 알 수 있다. 예수님의 가르침을 능력 있는 말씀으로 묘사하려는 마가의 의도가 엿보인다.

2. 마태의 작업(마 4:12-25)

► 가버나움 거주(마 4:12-17):

마 4:12-17	막 1:14-15
12 예수께서 요한이 잡혔음을 들으시고 갈릴리로 물러가셨다가 13 나사렛을 떠나 스불론과 납달리 지경 해변에 있는 가버나움에 가서 사시니 14 이는 선지자 이사야를 통하여 하신 말씀을 이루려 하심이라 일렀으되 15 스불론 땅과 납달리 땅과 요단 강 저편 해변 길과 이방의 갈릴리여 16 흑암에 앉은 백성이 큰 빛을 보았고 사망의 땅과 그늘에 앉은 자들에게 빛이 비치었도다 하였느니라 17 이 때부터 예수께서 비로소 전파하여 이르시되 회개하라 천국이 가까이 왔느니라 하시더라	14 요한이 잡힌 후 예수께서 갈릴리에 오셔서 하나님의 복음을 전파하여 15 이르시되 때가 찼고 하나님의 나라가 가까이 왔으니 회개하고 복음을 믿으라 하시더라

이 장면은 마가복음 1:14-15에 해당한다. 마태는 마가복음 1:14a와 마가복음 1:14b 사이에 마태복음 4:13-16을 삽입시킨다. 예수님의 복음 선포에 관한 마가의 핵심 구절인 마가복음 1:14-15를 구약성서 인용을 통해 더욱 확실히 하려고 한다. 15-16절의 성서 인용은 도입부(13-14절)를 갖고 있다. 14절은 성서말씀이 성취되었음을 말한다. 이

den Evangelien, Göttingen 1901.

성서말씀은 이사야 8:23과 이사야 9:1에서 온 것이다. 그런데 이 성서 인용은 마태의 문맥에 잘 어울리지 않는다. 이사야 말씀을 이루기 위해, 예수님은 나사렛을 떠나 스불론으로 갔다고 말하고 있는데, 나사렛은 스불론 지역에 속해 있기 때문이다. 이런 시각에서 보면, 이 인용문은 이미 마태 이전에 예수님의 갈릴리 사역에 대한 성서적 설명을 제시할 목적에 사용되었을 것으로 보인다. 마태는 무엇보다도 "이방의 갈릴리"란 표현에 관심이 끌렸다. 물론 갈릴리는 이방 지역에 속하지 않으나, 마태는 이 인용을 통해 예수님의 선포가 널리 이방지역까지 확산되고 있음을 말하려 한다. 마태의 경우, 예수님의 파송은 오직 이스라엘만 향한 것이다. 부활 이후에야 비로소 예수 그리스도께서 모든 이방 백성들을 제자로 삼으라는 선교 명령을 주신다 (마 28:16-20). 이방 선교의 출발지가 바로 갈릴리인 것이다. 이방 선교의 토대가 이미 예수님의 선포 가운데 자리 잡고 있음을 마태는 이사야 인용(15-16절)으로써 드러내보이고자 한다.

마태는 마가복음 1:15를 새로운 시각으로 수용한 것이 눈에 띈다. 마가가 "하나님의 나라가 가까이 왔으니 회개하고 복음을 믿으라" (막 1:15)고 전하나, 마태는 순서를 바꿔서 "회개하라 천국이 가까이 왔느니라"고 전한다. 이러한 순서변경 외에도 하나님 나라의 현재성을 강조하는 "때가 찼다"는 마가의 중심 표현을 삭제한다. 그리하여 마태는 천국의 미래상을 강조하려 한다. 마태의 경우, 천국의 현재상은 보다 큰 의를 행하는 데서 드러난다. 보다 큰 의를 행함이 곧 하나님의 뜻을 이루는 일이다. 이에 걸맞게 마태의 주기도문에는 하나님 나라의 도래에 대한 기도와 나란히 하나님의 뜻이 땅에서 이루어지리라는 기도가 나온다(마 6:10). 마태에게 예수님이 선포하는 "천국 복음"(마 4:23)이란 그리스도인들이 더 큰 의를 실천하는 삶 가운데 드러나는 것이다. 이런 시각에서 마태는 "복음을 믿으라"(막 1:15)는 마가의 표현을 불필요한 것으로 간주하여 삭제한다. 따라서 천국선포에 앞서 회개를 먼저 강조하는 마태의 순서변경은 행함의 중요성을 강조하는 마태의 관점에서 기인한 것이다. 천국의 도래는 이처럼 행함 가운데 실현되기 때문이다.

▶ 첫 제자들을 부르심(마 4:18-22):

마 4:18-22	막 1:16-20
18 갈릴리 해변에 다니시다가 두 형제 곧 베드로라 하는 시몬과 그의 형제 안드레가 바다에 그물 던지는 것을 보시니 그들은 어부라 19 말씀하시되 나를 따라오라 내가 너희를 사람을 낚는 어부가 되게 하리라 하시니 20 그들이 곧 그물을 버려 두고 예수를 따르니라 21 거기서 더 가시다가 다른 두 형제 곧 세베대의 아들 야고보와 그의 형제 요한이 그의 아버지 세베대와 함께 배에서 그물 깁는 것을 보시고 부르시니 22 그들이 곧 배와 아버지를 버려 두고 예수를 따르니라	16 갈릴리 해변으로 지나가시다가 시몬과 그 형제 안드레가 바다에 그물 던지는 것을 보시니 그들은 어부라 17 예수께서 이르시되 나를 따라오라 내가 너희로 사람을 낚는 어부가 되게 하리라 하시니 18 곧 그물을 버려 두고 따르니라 19 조금 더 가시다가 세베대의 아들 야고보와 그 형제 요한을 보시니 그들도 배에 있어 그물을 깁는데 20 곧 부르시니 그 아버지 세베대를 품꾼들과 함께 배에 버려 두고 예수를 따라가니라

이 장면은 대체로 마가복음 1:16-20을 수용한 것이다. 따라서 마가와 신학적으로도 별 차이가 없다. 단지 제자 이해와 관련하여, 마태는 제자들을 공동체의 표상으로 이해하는 면이 마가보다 강하다고 말할 수 있다. 마가의 경우와 달리 마태에게서는 시몬이 신앙공동체에 잘 알려진 베드로란 이름으로 소개된다(마 4:18). 공관복음에 따르면 베드로는 요한복음 1:40-42와 달리 첫 번째 사도로 부름받은 자이다(마

10:2). 마태는 20절처럼 부름 받은 자들이 철저히 예수께 순종하는 모습을 강조하기 위해 의도적으로 "곧"이란 단어의 위치를 바꾸고 "품꾼들"(막 1:60)을 삭제한다. 그리하여 20절과 22절이 두 에피소드의 결론으로 완벽한 평행이 이루어진다. 천국에 대한 예수님의 복음이 선포되고 인간의 전적인 순종이 뒤따름으로 신앙공동체가 탄생한다. 제자를 부르시는 일은 신앙공동체 탄생의 본보기이다.

예수의 권세 있는 교훈에 관한 말이 나오는 마가복음 1:21-22("그들이 가버나움에 들어가니라 예수께서 곧 안식일에 회당에 들어가 가르치시매 뭇 사람이 그의 교훈에 놀라니 이는 그가 가르치시는 것이 권위 있는 자와 같고 서기관들과 같지 아니함일러라")에 해당하는 마태의 본문은 산상설교 마지막에 나온다(마 7:28-29 "예수께서 이 말씀을 마치시매 무리들이 그 가르치심에 놀라니 이는 그 가르치시는 것이 권위 있는 자와 같고 그들의 서기관들과 같지 아니함일러라"). 마가가 예수의 권세 있는 교훈을 귀신 들린 사람을 고치는 실천행위로 해석했다면(막 1:23-28), 마태는 예수의 교훈에 초점을 맞춘다. 마태는 기적을 마가처럼 교훈으로 여기지 않고 메시아 예수님의 이적 행위로 간주하기 때문에, 5-7장(산상설교)의 교훈에 이어서 8-9장에 기적을 모은다. 마태는 더러운 귀신 들린 사람 이야기(막 1:23-28)를 건너뛰고, 그 대신 마가복음 5:1-20을 마태복음 8:28-34에 위치시킨다. 또한 마태는 마가복음 1:29-39에 속한 나머지 이야기들 가운데 베드로의 장모 치유(막 1:29-31)와 결론짓는 요약문(막 1:32-34)을 메시아 이적을 묘사하는 8장으로 가져간다. 게다가 마가복음 1:35-39 장면에서는 단지 마지막 39절만 수용하여 이를 확장시킨다(마 4:23-25).

▶ **예수님의 광대한 사역(마 4:23-25):** 마태는 4:17에서 예수님의 메시지가 시작되었음을 알렸다. 이제 여기에서 마태는 같은 주제(천국 복

음 선포)를 보다 상세한 종합어의 형태로 다시 언급하면서 예수님의 사역활동의 내용을 첨부한다.

마 4:23-25	막 1:39; 3:7-8
23 예수께서 온 갈릴리에 두루 다니사 그들의 회당에서 가르치시며 천국 복음을 전파하시며 백성 중의 모든 병과 모든 약한 것을 고치시니 24 그의 소문이 온 수리아에 퍼진지라 사람들이 모든 앓는 자 곧 각종 병에 걸려서 고통 당하는 자, 귀신 들린 자, 간질하는 자, 중풍병자들을 데려오니 그들을 고치시더라 25 갈릴리와 데가볼리와 예루살렘과 유대와 요단 강 건너편에서 수많은 무리가 따르니라	(막 1:39) 이에 온 갈릴리에 다니시며 그들의 여러 회당에서 전도하시고 또 귀신들을 내쫓으시더라 (막 3:7-8) 7 예수께서 제자들과 함께 바다로 물러가시니 갈릴리에서 큰 무리가 따르며 8 유대와 예루살렘과 이두매와 요단 강 건너편과 또 두로와 시돈 근처에서 많은 무리가 그가 하신 큰 일을 듣고 나아오는지라

마가의 요약문(막 1:39)을 변형시킨 이 부분(마 4:23-25)은 앞으로 전개될 예수님의 교훈 부분(산상설교, 마 5-7장)과 치유 행위 부분(마 8-9장)의 도입부 역할을 한다. 광범위한 지역에 걸쳐 이루어지는 온갖 종류의 치유 사역을 마태는 강조하고 있다. 그와 같은 강조는 마태의 편집에서 유래한 "그들을 고치시더라"(24절)는 진술에서 두드러진다. 23절은 거의 유사한 형태로 마태복음 9:35에서 다시 반복된다("예수께서 모든 도시와 마을에 두루 다니사 그들의 회당에서 가르치시며 천국 복음을 전파하시며 모든 병과 모든 약한 것을 고치시니라").

"복음"(τὸ εὐαγγέλιον)이란 개념이 마태복음에 4번 나타나는데, 수식어 없는 절대적 용법으로 사용되지 않고 지시대명사를 취하거나(24:14 "이 천국복음"; 26:13 "이 복음") 아니면 내용을 규정하는 속격의 단어와 함께 사용된다(4:23; 9:35 "천국[=나라]의 복음"; 24:14 "이 천국복음"). 이를 통해 이 단어의 개념 정의가 열려있음을 알 수 있다. 마태가 마가의 영향을 받았으나 마가보다 더욱 강조하여 복음이란 개념을 동사 "선포하다"(κηρύσσειν)와 연결시킨다. 마태에게 복음이란 구원을 중개하는 선포이면서 동시에 실천사항이다(마 4:23; 9:35 "천국 복음을 전파하시며 백성 중의 모든 병과 모든 약한 것을 고치시니라").

예수님이 "그들의 회당에서13) 가르친다"는 것은 예수님의 사역이 이스라엘을 향하고 있고 이스라엘의 교사로서 회당에서 가르친다는 것을 뜻한다. 그의 치유 행위도 마찬가지로 선민 이스라엘 백성에게 향한다. 25절에 나오는 여러 지역과 그곳에 사는 "수많은 무리"는 예수님이 향하고자 하는 미래 사역의 대상자들이다. 여기서 마태는 23절의 "라오스"(λαός), 즉 "백성"과 달리 의도적으로 "오클로이"(ὄχλοι), 즉 "무리"에 관해 말한다. "라오스"가 하나님의 백성 이스라엘을 뜻한다면 "오클로스"는 그런 뜻을 담고 있지 않다.14) "온 수리아[=시리아]"(24절)는, 예수님의 사역이 흩어져 있는 사람들을 포함한 모든 유대인을 향하고 있다는 마태의 시각을 또 다시 반영한다.

마태는 대본인 마가복음 3:7-8 가운데 나오는 이두매와 두로와 시돈을 제외시킨다. 이들 지역은 이스라엘 지역에 속하지 않기 때문이다. 예수님의 사역을 이스라엘에 국한시키고 있는 마태가 그 지역들을 삭제한 것이다. 데가볼리와 요단강 건너편이 문제가 될 수도 있으나, 이곳은 상당수의 유대인들이 거주하는 지역이고 부분적이나마

---

13) 이 표현에 부정적인 어감이 담겨있다고 볼 필요는 없다. 마태의 교회가 유대교에서 완전히 분리된 상태를 암시한다.

14) U. Luz, *Das Evangelium nach Matthäus*, EKK I/1, 180.

성서의 영토에 속하기 때문에 마태가 언급한 것으로 보인다. 이스라엘에서 일어나는 예수님의 사역과 그 성과에 대해 말하려는 것이 마태의 의도이다.

3. 누가의 작업(눅 4:14-5:11)

▶ 갈릴리에 처음으로 등장하신 예수님(눅 4:14-15):

눅 4:14-15	막 1:14-15
14 예수께서 성령의 능력으로 갈릴리에 돌아가시니 그 소문이 사방에 퍼졌고 15 친히 그 여러 회당에서 가르치시매 뭇 사람에게 칭송을 받으시더라	14 요한이 잡힌 후 예수께서 갈릴리에 오셔서 하나님의 복음을 전파하여 15 이르시되 때가 찼고 하나님의 나라가 가까이 왔으니 회개하고 복음을 믿으라 하시더라

누가는 마가복음 1:14를 약간 변형시켜 수용한다. 누가는 예수님의 귀환을 두 단계로 묘사한다. 첫 번째 단계에서 예수님은 요단강에서 광야로 그리고 예루살렘으로 갔고(눅 4:1, 9), 다음 단계에선 고향 갈릴리로 돌아가신다(눅 4:14; cf. 2:39). 성령을 강조하는 누가의 시각("성령의 능력으로")이 본문에 드러난다. 마가복음 1:14b-15가 복음 선포의 핵심을 전하는 것과 달리, 누가는 일반화 하는 간결한 보도를 하고 있다. 누가가 마가의 핵심진술 마가복음 1:15를 건너뛰고 있는 것이 실로 의외이다. 아마도 "하나님의 나라가 가까이 왔다"는 마가의 진술만으로는 만족하지 못했던 것 같다. 누가는 구원을 예수님과 더불어 이미 도래한 것으로 여겼기 때문이다. 누가는 여기에서 예수님의 가르침의 내용을 밝히지 않는다. 이어서 나오는 예수님의 나사

렛 회당 설교 내용을 미리 언급함으로써 그 영향력을 감소시키지 않기 위해서이다.

▶ **예수님의 나사렛 회당 설교(눅 4:16-30):** 여기에서 누가는 마가의 순서를 따르지 않는다. 마가의 보도에 따르면 예수님의 나사렛 설교는 마가복음 6:1-6a에 나오는 것으로 예수님이 갈릴리 사역 말기 고향 나사렛 소재 회당에서 일어난 장면이다.15) 그러나 누가는 이를 현 위치로 옮기면서 예수님의 처음 사역으로 소개한다. 그와 동시에 나사렛 설교를 예수님의 핵심 진술로 확대한다. 이러한 차이는 예수 이야기를 질서정연한 역사적 순서에 따라 보도하려는 누가의 관심에 기인한 것으로 보인다. 이로써 누가는 예수님이 선포하는 복음이 고향에서조차 반대에 직면했음을 묘사하려 한다.

누가복음 전체를 함축하고 있는 이 단락은 향후 전개될 모든 이야기에 관한 "프로그램을 담은 서문"16)이라 부를 수 있다. 여기에는 누가가 중요하게 여기는 네 가지 핵심 주제가 담겨있기 때문이다(성령의 사역[4:18]; 구약의 약속 성취[4:21]; 말씀이 먼저 회당에서 선포되나 거부되자 이방인에게 전해짐[4:16; cf. 행 13:46]; 예루살렘을 향해 중단 없이 나아가시는 예수님[4:30]). 나사렛 출신의 예수님이 요단강에서 세례를 받은 다음 광야에서 사십일 동안 마귀에게 시험을 받았고, 이제 고향 갈릴리 나사렛으로 돌아와 자신의 공적 사역을 시작하신다.

---

15) 안식일과 회당예배와 관련하여 다음을 참조하라: 김창선,『유대교와 헬레니즘』, 137-155.

16) 마크 포웰,『누가복음 신학』, 배용덕 역, 기독교문서선교회, 2002. 35. 비펠(W. Wiefel)은 예수님의 나사렛 등장을 가리켜 "그의 공사역의 원형이며 열쇠"라고 말한다(*Das Evangelium nach Lukas*, ThHNT 3, Berlin 1988, 104).

눅 4:16-30	막 6:1-6a
16 예수께서 그 자라나신 곳 나사렛에 이르사 안식일에 늘 하시던 대로 회당에 들어가사 성경을 읽으려고 서시매 17 선지자 이사야의 글을 드리거늘 책을 펴서 이렇게 기록된 데를 찾으시니 곧 18 <u>주의 성령이 내게 임하셨으니 이는 가난한 자에게 복음을 전하게 하시려고 내게 기름을 부으시고 나를 보내사 포로 된 자에게 자유를, 눈 먼 자에게 다시 보게 함을 전파하며 눌린 자를 자유롭게 하고 19 주의 은혜의 해를 전파하게 하려 하심이라</u> 하였더라 20 책을 덮어 그 맡은 자에게 주시고 앉으시니 회당에 있는 자들이 다 주목하여 보더라 21 이에 예수께서 그들에게 말씀하시되 <u>이 글이 오늘 너희 귀에 응하였느니라</u> 하시니 22 그들이 다 그를 증언하고 그 입으로 나오는 바 은혜로운 말을 놀랍게 여겨 이르되 이 사람이 요셉의 아들이 아니냐 23 예수께서 그들에게 이르시되 너희가 반드시 의사야 너 자신을 고치라 하는 속담을 인용하여 내게 말하기를 우리가 들은 바 가버나움에서 행한 일을 네 고향 여기서도 행하라 하리라 24 또 이르시되 내가 진실로 너희에게 이르노니 선지자가 고향에서는 환영을 받는 자가 없느니라 25 내가 참으로 너희에게 이르노니 엘리야 시대에 하늘이 삼 년 육 개월간 닫히어 온 땅에 큰 흉년이 들었을 때에 이스라엘에 많은 과부가 있었으되 26 엘리야가 그 중 한 사람에게도 보내심을 받지 않고 오직 시돈 땅에 있는 사렙다	1 예수께서 거기를 떠나사 고향으로 가시니 제자들도 따르니라 2 안식일이 되어 회당에서 가르치시니 많은 사람이 듣고 놀라 이르되 이 사람이 어디서 이런 것을 얻었느냐 이 사람이 받은 지혜와 그 손으로 이루어지는 이런 권능이 어찌 됨이냐 3 이 사람이 마리아의 아들 목수가 아니냐 야고보와 요셉과 유다와 시몬의 형제가 아니냐 그 누이들이 우리와 함께 여기 있지 아니하냐 하고 예수를 배척한지라 4 예수께서 그들에게 이르시되 선지자가 자기 고향과 자기 친척과 자기집 외에서는 존경을 받지 못함이 없느니라 하시며 5 거기서는 아무 권능도 행하실 수 없어 다만 소수의 병자에게 안수하여 고치실 뿐이었고 6 그들이 믿지 않음을 이상히 여기셨더라

> 의 한 과부에게 뿐이었으며 27 또 선지자
> 엘리사 때에 이스라엘에 많은 나병환자가
> 있었으되 그 중의 한 사람도 깨끗함을 얻
> 지 못하고 오직 수리아 사람 나아만뿐이었
> 느니라 28 회당에 있는 자들이 이것을 듣고
> 다 크게 화가 나서 29 일어나 동네 밖으로
> 쫓아내어 그 동네가 건설된 산 낭떠러지까
> 지 끌고 가서 밀쳐 떨어뜨리고자 하되

누가는 예수님을 안식일마다 규칙적으로 유대 회당을 방문하는 경건한 유대인으로 묘사한다(16절). 이스라엘 남성에게 주어진 권리에 따라 예수님은 예언서 말씀을 봉독하신다. 예언서 봉독(Haphthare)은 토라 봉독(Parashe) 다음에 이루어진다.17) 이사야 두루마리가 전달되자 예수님은 이를 펼치신 다음 성령의 인도에 따라 이사야 61:1-2를 읽으시고는 그에 대해 설교하신다. 이사야 인용문이 18-19절에 나오는데, 이사야 61:1에 들어있는 "마음이 상한 자를 고치며"라는 표현 대신에 이사야 58:6의 "눌린 자를 자유롭게 하고"(="압제 당하는 자를 자유하게 하며")라는 표현을 누가가 제시하고 있는 점이 흥미롭다. 누가는 무엇보다도 해방의 차원을 부각시키려 한다. 질병과 가난과 또한 인간의 실존을 위협하는 모든 것으로부터의 해방을, 한마디로 사탄의 권세로부터의 해방을 강조하고 있다.

이러한 문맥에서 볼 때 이사야 인용문에 대한 해석에 해당하는 21절이 중요하다: "이 글이 오늘 너희 귀에 응하였느니라." 마가복음 1:15의 "때가 찼느니라"를 누가는 성령의 성취로 해석한 것이다. 바로 "오늘" 구원의 시대가 열렸다고 말한다. 그러나 이를 놀랍게 여긴 사람들

---

17) 유대 회당 예배에 관련하여 나의 졸저 『유대교와 헬레니즘』, 144면 이하를 참조하라.

은 "그가 요셉의 아들이 아니냐고" 의심한다(22절). 이러한 의혹에 맞서며 예수님은 구약성서의 이야기를 제시하신다. 즉, 사렙다(=사르밧)의 이방 과부를 도와준 엘리야(왕상 17:8 이하)와 수리아 사람 나아만을 치유한 엘리사(cf. 왕하 5장)를 지적한다(25-27절). 누가가 볼 때, 이러한 지적에는 구원사적 의미가 담겨 있다. 예수님의 구원 선포는 이스라엘만이 아니라 이방인을 향한 것이었기 때문에 거부당했다는 것이다. 예수님의 이와 같은 진술은 유대 지도자들과 갈등에 빠질 수밖에 없다(28-29절). 그러나 아직 수난의 시간이 오지 않았기 때문에 예수님은 "그들 가운데로 지나서" 가신다(30절).

이 장면을 통해서 누가는, 하나님의 구원이 예수님과 함께 "오늘" 도래하였음을 강조한다. 여전히 악과 불의가 지배하는 것처럼 보이는 우리의 역사 한 가운데 하나님의 구원이 도래하였다는 사실을 누가는 우리에게 가르친다. 오늘을 살아가는 우리 신앙인에게 이러한 누가의 메시지는 실로 커다란 소망과 위안이 아닐 수 없다.

▶ **예수님의 가버나움 사역(눅 4:31-44):** 누가는 4:31부터 다시 마가의 보도(막 1:21 이하)를 따른다. 누가는 마가복음 1:16-20에 나오는 예수님이 첫 제자들을 부르시는 장면을 일단 건너뛰고, 나중에 그에 상응하는 이야기를 누가복음 5:1-11에서 보도한다. 가버나움 사역을 보도하는 누가복음 4:31-44는 대체로 마가복음 1:21-39를 수용한 것이다.

(눅 4:31-44) 31 갈릴리의 가버나움 동네에 내려오사 안식일에 가르치시매 32 그들이 그 가르치심에 놀라니 이는 그 말씀이 권위가 있음이러라 33 회당에 더러운 귀신 들린 사람이 있어 크게 소리 질러 이르되 34 아 나사렛 예수여 우리가 당신과 무슨 상관이 있나이까 우리를 멸하러 왔나이까 나는 당신이 누구인 줄 아노니 하나님의 거룩한 자니이다 35 예수께서 꾸짖어 이르시되 잠잠하고 그 사람에게서 나오라 하시니 귀신

이 그 사람을 무리 중에 넘어뜨리고 나오되 그 사람은 상하지 아니한지라 36 다 놀라 서로 말하여 이르되 이 어떠한 말씀인고 권위와 능력으로 더러운 귀신을 명하매 나가는도다 하더라 37 이에 예수의 소문이 그 근처 사방에 퍼지니라 38 예수께서 일어나 회당에서 나가사 시몬의 집에 들어가시니 시몬의 장모가 중한 열병을 앓고 있는지라 사람들이 그를 위하여 예수께 구하니 39 예수께서 가까이 서서 열병을 꾸짖으신대 병이 떠나고 여자가 곧 일어나 그들에게 수종드니라 40 해 질 무렵에 사람들이 온갖 병자들을 데리고 나아오매 예수께서 일일이 그 위에 손을 얹으사 고치시니 41 여러 사람에게서 귀신들이 나가며 소리 질러 이르되 당신은 하나님의 아들이니이다 예수께서 꾸짖으사 그들이 말함을 허락하지 아니하시니 이는 자기를 그리스도인 줄 앎이러라 42 날이 밝으매 예수께서 나오사 한적한 곳에 가시니 무리가 찾다가 만나서 자기들에게서 떠나시지 못하게 만류하려 하매 43 예수께서 이르시되 내가 <u>다른 동네들에서도</u> 하나님의 나라 복음을 전하여야 하리니 나는 이 일을 위해 보내심을 받았노라 하시고 44 갈릴리 여러 회당에서 전도하시더라

39절의 "열병을 꾸짖으신대"라는 표현은 평행구절인 마가복음 1:31의 열병이 "떠나고"라는 표현과 다르다. 마가의 이야기가 질병 치유 이야기인 것과 달리, 누가는 치유 이야기를 귀신축출 이야기처럼 묘사한다(cf. 막 1:25). 또한 43절에 따르면 예수님은 "다른 도시들에게도"(ταῖς ἑτέραις πόλεσιν)[18] 복음을 전하고자 하나, 마가의 평행구절(막 1:39)에는 도시들이 아니라 "마을들"로 되어 있다. 여기서 "도시들"은 예루살렘을 제외하고는 주로 이방 도시들을 가리킨다. 누가 시대에 들어와 복음은 팔레스타인 마을 넘어 이방 도시들 가운데로 전해진 사실이 반영된 것으로 보인다. 또한 43절의 "하나님 나라 복음을 전한다"(εὐαγγελίζεσθαι τὴν βασιλείαν τοῦ θεοῦ)는 표현은 누가 특유의 표현이다.[19] 이 표현은 누가복음 8:1과 16:16에서 다시 반복

---

18) 『개역(개정)성경』은 "동네"로, 가톨릭 『성경』은 "고을"로 번역했다.

19) Cf. J. Jeremias, *Die Sprache des Lukasevangeliums*, Göttingen 1980, 176; A.

된다(cf. 행 8:12). 누가는 하나님 나라가 가까이 왔다는 사실보다 하나님 나라가 선포되고 있다는 사실을 특히 강조한다.

▶ **첫 제자들을 부르심(눅 5:1-11):** 이 장면은 마가복음 1:16-20에 해당한다. 누가는 이 장면의 위치를 바꿔 제시하면서, 요한복음 21:1-11과 평행하는 다른 자료를 사용한다.

눅 5:1-11	막 1:16-20
1 무리가 몰려와서 하나님의 말씀을 들을새 예수는 게네사렛 호숫가에 서서 2 호숫가에 배 두 척이 있는 것을 보시니 어부들은 배에서 나와서 그물을 씻는지라 3 예수께서 한 배에 오르시니 그 배는 시몬의 배라 육지에서 조금 떼기를 청하시고 앉으사 배에서 무리를 가르치시더니 4 말씀을 마치시고 시몬에게 이르시되 깊은 데로 가서 그물을 내려 고기를 잡으라 5 시몬이 대답하여 이르되 선생님 우리들이 밤이 새도록 수고하였으되 잡은 것이 없지마는 말씀에 의지하여 내가 그물을 내리리이다 하고 6 그렇게 하니 고기를 잡은 것이 심히 많아 그물이 찢어지는지라 7 이에 다른 배에 있는 동무들에게 손짓하여 와서 도와 달라 하니 그들이 와서 두 배에 채우매 잠기게 되었더라 8 시몬 베드로가 이를 보고 예수의 무릎 아래에 엎드려 이르되 주여 나를 떠나소서 나는 죄인이로소이다 하니 9 이는 자기 및 자기와 함께 있는 모든 사람이 고	16 갈릴리 해변으로 지나가시다가 시몬과 그 형제 안드레가 바다에 그물 던지는 것을 보시니 그들은 어부라 17 예수께서 이르시되 <u>나를 따라오라</u> 내가 너희로 사람을 낚는 어부가 되게 하리라 하시니 18 곧 그물을 버려 두고 따르니라 19 조금 더 가시다가 세베대의 아들 야고보와 그 형제 요한을 보시니 그들도 배에 있어 그물을 깁는데 20 곧 부르시니 그 아버지 세베대를 품꾼들과 함께 배에 버려 두고 예수를 따라가니라

Prieur, *Die Verkündigung der Gottesherrschaft: Exegetische Studien zum lukanischen Verständnis von* βασιλεία τοῦ θεοῦ, Tübingen 1996.

> 기 잡힌 것으로 말미암아 놀라고 10 세베대
> 의 아들로서 시몬의 동업자인 야고보와 요한
> 도 놀랐음이라 예수께서 시몬에게 이르시되
> 무서워하지 말라 이제 후로는 네가 사람을
> 취하리라 하시니 11 그들이 배들을 육지에
> 대고 모든 것을 버려 두고 예수를 따르니라

  예수님이 제자들을 직접 부르시는 마가의 장면(막 1:17 "나를 따라
오라")이 누가에는 없다. 단지 장면 끝에 "예수를 따르니라"(눅 5:11)
고만 되어 있다. 여기서 보다 중요한 것은 사람들을 취하는 모습(10
절)과 연결된 고기 잡는 모티브다. 이러한 본문 형태는 선교 혹은 말
씀 사역에 대한 하나의 비유가 된다. 예수님의 말씀(5절)과 하나님의
말씀(1절)이 핵심어를 이룬다. 낮에 물고기를 잡겠다는 어리석고 절
망적인 시도가 예수님의 말씀을 통해 놀라운 결과를 초래한다. 예수
님의 구원의 말씀은 완전히 새로운 실재를 창조한다는 사실을 누가
의 이야기는 강조한다. 또한 그러한 새로운 실재가 드러나기 위해서
는, 우리의 체험에 역행할지라도 말씀에 대한 전적인 신뢰와 믿음이
불가피하다는 사실을 일깨운다.

제4장 갈릴리에서 지속되는 예수님의 사역(막 1:40-3:6)

마가는 갈릴리에서 행하시는 예수님의 사역을 요약하여 보도한 다음(막 1:32-39), 계속하여 갈릴리 지방 가버나움을 배경으로 하는 이른바 나병환자, 즉 한센병 환자 치유 이야기를 전한다. 이 이야기는 열병을 앓고 있던 시몬의 장모를 고쳐준 이야기(막 1:29-31) 다음에 나오는 두 번째 치병 이야기다.

▶ **나병환자의 치유(막 1:40-45):** 나병환자는 예나 지금이나 사회로부터 격리되어 고립 상태에서 살아가는 경우가 많다. 예수님 당시 나병환자는 제의적으로 부정하다고 간주되어 그들과 접촉하는 것을 금했다. 따라서 이들은 사람들의 주거지 안에 머물 수 없었고 예루살렘 안으로도 들어갈 수도 없었다. 한마디로 이들이 겪어야 했던 고통과 소외는 참으로 컸다. 이러한 고난 가운데 처한 나병환자에게 어느 날 예수님이 다가가신다.

(막 1:40-45) 40 한 나병환자가 예수께 와서 꿇어 엎드려 간구하여 이르되 원하시면 저를 깨끗하게 하실 수 있나이다 41 예수께서 불쌍히 여기사 손을 내밀어 그에게 대시며 이르시되 내가 원하노니 깨끗함을 받으라 하시니 42 곧 나병이 그 사람에게서 떠나가고 깨끗하여진지라 43 곧 보내시며 엄히 경고하사 44 이르시되 삼가 아무에게 아무 말도 하지 말고 가서 네 몸을 제사장에게 보이고 네가 깨끗하게 되었으니 모세가 명한 것을 드려 그들에게 입증하라 하셨더라 45 그러나 그 사람이 나가서 이 일을 많이 전파하여 널리 퍼지게 하니 그러므로 예수께서 다시는 드러나게 동네에 들어가지 못하시고 오직 바깥 한적한 곳에 계셨으나 사방에서 사람들이 그에게로 나아오더라

41절에 "불쌍히 여기사"라는 표현이 나온다. 나병환자를 향한 예수님의 측은지심의 마음상태를 나타낸다. 예수님은 자신에게 찾아와 간구하는 자를 전혀 경계하지 않고, 오히려 그에게 손을 내밀며 다가가 "깨끗함을 받으라"고 말씀하신다. 만져서는 안 되는 자를 만진 것이다. 그러자 놀라운 치유의 역사가 일어난다. 이 일을 비밀로 하라는 예수님의 명령을 어기고 이를 널리 전한다(45절). 예수님의 침묵명령이 지켜지지 않았다는 45절의 진술은 마가의 편집에서 나온 것이다. 이를 통해 마가는 예수님이 행하신 치유의 기적은 너무도 놀라운 일이라 도무지 숨길 수가 없고 사방으로 뻗어나갈 수밖에 없다는 점을 부각시킨다. 예수님의 기적은 모든 경계선과 장벽을 허문다. 구원이 도래하는 곳에는 침묵이 있을 수 없다. 이런 의미에서 우리의 본문은 예수님의 위엄을 대중에게 비밀로 하라는 이른바 침묵명령(cf. 막 1:34)과 달리, 예수님이 행하신 놀라운 기적 사건을 공개적으로 강조한다.[1]

▶ **이른바 갈릴리 논쟁사화(막 2:1-3:6):** 마가는 전승에서 물려받은 자료를 사용하여 이 부분을 구성한 것으로 보인다. 물려받은 전승의 범위를 둘러싸고 학자들 사이에 논란이 많다.[2]

---

[1] 페쉬는 예수님의 치병 행위에 대한 소문을 듣고 무리가 몰려오는 것을 묘사하는 마가의 보도는 "말씀" 대신 "행위"를 통한 일종의 "환호"(Akklamation)로 해석한다(R.Pesch, *Das Markusevangelium I*, Freiburg/ Basel/Wien 1984, 146).

[2] 2:1-3:6(E.Klostermann), 2:15-3:6(R.Pesch, J.Ernst), 2:(13)15-3:5(E.Schweizer), 2:1-28(H.-W. Kuhn, *Ältere Sammlungen im Markusevangelium*, Göttinen 1971), 2:15-28(J. Gnilka), 2:16-28(E. Stegemann, *Das Markusevangelium als Ruf in die Nachfolge*, Diss. Heidelberg 1974). 그러한 자료의 존재를 근본적으로 부인하는 학자도 있다(J. Dewey, *Markan Public Debate*, 1980; J. Kiilunen, *Die Vollmacht im Widerstreit*, 1985).

▶ 중풍병자의 치유(막 2:1-12):

1 수 일 후에 예수께서 다시 가버나움에 들어가시니 집에 계시다는 소문이 들린지라 2 많은 사람이 모여서 문 앞까지도 들어설 자리가 없게 되었는데 예수께서 그들에게 도를 말씀하시더니 3 사람들이 한 중풍병자를 네 사람에게 메워 가지고 예수께로 올새 4 무리를 때문에 예수께 데려갈 수 없으므로 그 계신 곳의 지붕을 뜯어 구멍을 내고 중풍병자의 누운 상을 달아 내리니 5 예수께서 그들의 믿음을 보시고 중풍병자에게 이르시되 작은 자야 네 죄 사함을 받았느니라 하시니 6 어떤 서기관들이 거기 앉아서 마음에 생각하기를 7 이 사람이 어찌 이렇게 말하는가 신성 모독이로다 오직 하나님 한 분 외에는 누가 능히 죄를 사하겠느냐 8 그들이 속으로 이렇게 의논하는 줄을 예수께서 곧 중심에 아시고 이르시되 어찌하여 이것을 마음에 생각하느냐 9 중풍병자에게 네 죄 사함을 받았느니라 하는 말과 일어나 네 상을 가지고 걸어가라 하는 말 중에서 어느 것이 쉽겠느냐 10 그러나 인자가 땅에서 죄를 사하는 권세가 있는 줄을 너희로 알게 하려 하노라 하시고 중풍병자에게 말씀하시되 11 내가 네게 이르노니 일어나 네 상을 가지고 집으로 가라 하시니 12 그가 일어나 곧 상을 가지고 모든 사람 앞에서 나가거늘 그들이 다 놀라 하나님께 영광을 돌리며 이르되 우리가 이런 일을 도무지 보지 못하였다 하더라

이 이야기는 본래 병고침의 기적 이야기였는데(1-5a절 + 11-12절), 서기관들과의 논쟁(5b-10절)이 첨가되면서 확대된 것이다. 그리하여 이 이야기는 논쟁대화의 성격을 띠게 되면서 일종의 규범 기적 이야기로 바뀐다. 규범 기적 이야기란 기적을 이용하여 특정한 종교 규범을 정당화시키려 하는 이야기를 뜻한다. 여기에서는 죄를 용서하는 권세가 문제시되고 있다. 이 이야기는 예수님이 행하신 과거의 일에 대한 역사적 보도를 넘어서 오늘의 신앙공동체가 실천하고 있는 행위의 정당성과 관련된다. 하나님이 이스라엘의 죄를 용서하셨다는 전제 아래에서 예수님은 이스라엘을 위한 종말론적 구원의 메시지를 선

포하셨다. 신앙공동체는 그러한 예수님의 사역을 지속하면서 개인들의 죄가 사면되었음을 선언했다. 10절에 예수님이 "인자"로 나타나는데, 이 칭호는 이야기의 문맥과 잘 어울린다. 인자 예수님은 종말론적 심판자이시기 때문이다.[3] 인자에 대한 고백여하에 따라 종말론적 심판과 구원의 운명이 결정된다. 한 중풍병자의 신체적 마비에 관한 치유 이야기는 인간의 삶을 방해하는 모든 것에 대한 제거의 상징으로 이해할 수 있다. 외적인 부자유뿐만 아니라 불안과 공포와 같은 내적인 부자유도 인간을 마비시킬 수 있다. 예수님의 등장과 더불어 시작된 구원의 세계는 단지 추상적인 환상에 불과한 것이 아니라 이 세상에서 실제로 체험해야 한다. 그리스도인은 그러한 새로운 미래를 단지 선포하는 데 안주하지 않고 실천에 옮길 수 있어야 마땅하다. 신앙공동체인 교회는 온갖 종류의 마비를 제거하고, 죄를 용서하는 소명을 안고 있다.

▶ 세리들과의 식탁교제(막 2:13-17):

> 13 예수께서 다시 바닷가에 나가시매 큰 무리가 나왔거늘 예수께서 그들을 가르치시니라 14 또 지나가시다가 알패오의 아들 레위가 세관에 앉아 있는 것을 보시고 그에게 이르시되 나를 따르라 하시니 일어나 따르니라 15 그의 집에 앉아 잡수실 때에 많은 세리와 죄인들이 예수와 그의 제자들과 함께 앉았으니 이는 그러한 사람들이 많이 있어서 예수를 따름이러라 16 바리새인의 서기관들이 예수께서 죄인 및 세리들과 함

---

3) 복음서가 예수님을 가리켜 인자(= "사람의 아들")로 부를 때, 이는 하나님의 아들과 대비되는 겸손의 칭호가 아니라 종말론적 구세주를 뜻하는 높임의 칭호이다. "인자"에 해당하는 그리스어 "호 휘오스 투 테우"(ὁ υἱὸς τοῦ ἀνθρώπου)는 아람어 "바르 나샤"(בר־נשא)의 번역이다. 이에 관해 타이쎈/메르츠,『역사적 예수』, 766-782; V. Hampel, *Menschensohn und historischer Jesus*, Neukirchen-Vluyn 1990; 제임스 던,『예수와 기독교의 기원 (하)』, 차정식 역, 서울: 새물결플러스, 2012, 319-367을 참조하라.

> 께 잡수시는 것을 보고 그의 제자들에게 이르되 어찌하여 세리 및 죄인들과 함께 먹는가 17 예수께서 들으시고 그들에게 이르시되 건강한 자에게는 의사가 쓸 데 없고 병든 자에게라야 쓸 데 있느니라 나는 의인을 부르러 온 것이 아니요 죄인을 부르러 왔노라 하시니라

예수님이 세리 레위를 부르시는 첫 두 절(13-14절)은 마가의 편집으로 간주된다. 세리들과의 식탁교제에 관한 본 이야기는 15-17절에 나온다. 가장 오래된 형태의 이야기에는 단지 세리들만 언급하였으리라 추측된다. 전승의 역사가 흘러 일반화 되면서 세리들과 죄인들이 함께 나타나게 된 것으로 보인다. 당시 세리 직업은 명예스럽지도 못하고 비윤리적이라는 이유에서 사람들로부터 천대 받던 직업에 속했다.4) 따라서 살인자나 강도와 나란히 언급되는 경우가 많았다. 세리는 수시로 이방인인 로마인들과 접촉하기에 경건한 사람들은 그들을 부정하다고 여겼다. 동시에 이스라엘을 점령한 로마인들의 협력자라고 손가락질을 받았다. 예수님은 이런 세리에게 다가가 의도적으로 접촉하신다.

예수님이 세리와 죄인들과 함께 식탁교제를 나누었으며 한 세리를 제자로 불렀다는 사실이 당시 사회에서 얼마나 파격적인 행동이었는가를 쉽게 상상할 수 있다. 천대받는 자들과 함께 한다는 단순한 연대감을 넘어서, 그들과의 식탁교제는 종말론적 표적 행위이다. 이러한 자극적인 방식으로 예수님은 자신의 의도를 명확히 보여주시고 있다. 즉, 하나님은 죄인들을 향하시고 그들에게 긍휼과 용서를 베푸신다는 것이다. 그러나 "바리새인의 서기관들"(16절)은 그러한 예수님의 태도를 못마땅해 한다. 그들은 종말론적 구원의 시대가 도래 했다는 예수님의 선포를 믿지 않기 때문이다. 예수님이 죄인들에

---

4) 김창선, 『유대교와 헬레니즘』, 184-186을 참조하라.

게 다가가신다는 것은, 그들이 먼저 회개했기 때문이 아니다. 예수님의 자비와 용서가 역으로 회개를 유발시킨다. 죄인들에게 먼저 다가가시는 예수님의 행위는 죄인들의 회개에서가 아니라 하나님의 구원의지에서 비롯된 것이다.

▶ **금식 논쟁(막 2:18-22):** 유대교에서 금식은 "장로들의 전통"(cf. 막 7:3-4)에 속하는 주제이지 기록된 율법이 요구하는 주제는 아니다. 세례 요한의 제자들과 바리새인들의 금식 실천이 이 말의 시대사적 배경을 이룬다.

> 18 요한의 제자들과 바리새인들이 금식하고 있는지라 사람들이 예수께 와서 말하되 요한의 제자들과 바리새인의 제자들은 금식하는데 어찌하여 당신의 제자들은 금식하지 아니하나이까 19 예수께서 그들에게 이르시되 혼인 집 손님들이 신랑과 함께 있을 때에 금식할 수 있느냐 신랑과 함께 있을 동안에는 금식할 수 없느니라 20 그러나 신랑을 빼앗길 날들이 이르리니 그 날에는 금식할 것이니라 21 생베 조각을 낡은 옷에 붙이는 자가 없나니 만일 그렇게 하면 기운 새 것이 낡은 그것을 당기어 해어짐이 더하게 되느니라 22 새 포도주를 낡은 가죽 부대에 넣는 자가 없나니 만일 그렇게 하면 새 포도주가 부대를 터뜨려 포도주와 부대를 버리게 되리라 오직 새 포도주는 새 부대에 넣느니라 하시니라

19절 전반절의 밑바탕에는 지금은 구원의 시간이니, 결혼잔치에서처럼 금식할 수 없다는 생각이 깔려 있다. 이 말씀은 예수님 당시의 실제 분위기를 반영한다. 이러한 예수님의 말씀을 전한 교회는 여기에 담긴 종말론적 에토스를 끝까지 유지할 수 없었다. 그리하여 금식하지 아니함은 예수님의 시대에만 국한되고(19b), 예수님이 떠나가신 미래의 시간에, 곧 예수님이 돌아가신 후 제자들은 다시 금식하게 된다(20절). 여기서 "신랑을 빼앗길 날"은 예수님의 죽음을 암시한

다. 복수형 "날들"이 단수형 "그 날에"로 바뀐 것이 눈에 띄는데, "그 날에"는 변화된 상황을 드러낸다. 21-22절은 예수님의 대답을 보편적인 체험에 적용하면서 논리적으로 뒷받침한다. 정확한 날짜를 의도적으로 감추고 있는 예수님의 예언자적인 말씀이 교회가 실천하는 금식의 토대를 이룬다. 종말론적 지금에 대한 우리의 신앙은 늘 위협을 받고 있기 때문에 금식의 필요성이 나온다.

▶ 안식일에 밀 이삭을 잘라 먹음(막 2:23-28):

> 23 안식일에 예수께서 밀밭 사이로 지나가실새 그의 제자들이 길을 열며 이삭을 자르니 24 바리새인들이 예수께 말하되 보시오 저들이 어찌하여 안식일에 하지 못할 일을 하나이까 25 예수께서 이르시되 다윗이 자기와 및 함께 한 자들이 먹을 것이 없어 시장할 때에 한 일을 읽지 못하였느냐 26 그가 아비아달 대제사장 때에 하나님의 전에 들어가서 제사장 외에는 먹어서는 안 되는 진설병을 먹고 함께 한 자들에게도 주지 아니하였느냐 27 또 이르시되 안식일이 사람을 위하여 있는 것이요 사람이 안식일을 위하여 있는 것이 아니니 28 이러므로 인자는 안식일에도 주인이니라

이 이야기의 초점은 안식일 폐기에 있지 않고, 올바른 안식일 할라카(종교법)를 둘러싼 논쟁에 있다. 안식일과 관련된 종교법 논쟁이 고대 유대교에는 많이 있었다. 예수님은 이 이야기에서 자기 고유의 입장을 대변한다. 예수님의 안식일 태도는 제의적 관점에서가 아니라 지혜의 관점에서 접근한다. 여기서 예수님은 서기관들의 궤변적인 율법 해석에 반대한다. 예수님의 랍비들의 그러한 주석 논쟁에 참여하고 싶은 생각이 없다. 하나님의 뜻은 자명하다. 인간이 규범이라는 것이다. 하나님이 무조건적으로 인간에게 손을 내미시는 곳에는 하나님의 자비와 은혜가 넘쳐나고, 그런 다음에 비로소 인간은 해야

할 일을 깨닫게 된다. 27절에 나오는 예수님의 말씀이 이 단락의 핵심어를 이룬다.5) 그러나 마태는 이 구절을 삭제하고 호세아 6:6을 인용하면서 무죄한 자를 정죄하지 말라고 경고하며(마 12:7) "인자가 안식일의 주인이니라"(마 12:8)고 말함으로써 안식일 논쟁 이야기를 기독론을 드러내는 단락(마 12:1-8)으로 만든다.

▶ 안식일에 손 마른 사람 치유(막 3:1-6):

1 예수께서 다시 회당에 들어가시니 한쪽 손 마른 사람이 거기 있는지라 2 사람들이 예수를 고발하려 하여 안식일에 그 사람을 고치시는가 주시하고 있거늘 3 예수께서 손 마른 사람에게 이르시되 한 가운데에 일어서라 하시고 4 그들에게 이르시되 안식일에 선을 행하는 것과 악을 행하는 것, 생명을 구하는 것과 죽이는 것, 어느 것이 옳으냐 하시니 그들이 잠잠하거늘 5 그들의 마음이 완악함을 탄식하사 노하심으로 그들을 둘러 보시고 그 사람에게 이르시되 네 손을 내밀라 하시니 내밀매 그 손이 회복되었더라 6 바리새인들이 나가서 곧 헤롯당과 함께 어떻게 하여 예수를 죽일까 의논하니라

또 다시 안식일 문제를 다룬다. 이번에는 안식일은 창조 질서의 보증자라는 유대교의 기본 강령의 차원에서6) 예수님은 안식일 문제에 접근한다. 예수님은 인간의 안녕을 위한 모든 행위는 안식일에 합당하다고 선언하는(4절) 과격한 할라카를 대변한다. 여기서 손 마른 사람 치유는 종말론적 새 창조의 표식으로 나타난다. 이 장면의 마지막 6절에 마가의 편집의도가 담겨 있다. 이로써 마가는 복음서의 첫 번

---

5) 불트만은 마 12:23-28을 가리켜 "아포프테그마"(Apophthegma)라 불렀다. 간결한 틀에 담긴 예수말씀이 핵심을 이루는 전승단위를 가리킨다(『공관복음서전승사』, 대한기독교서회, 1977, 9-80).

6) 예를 들면, 『희년서』와 『에녹1서』에 그와 같은 표상이 나타난다. 창세기 1장을 참조하라.

째 본론부분을 마감한다.

예수님의 교훈은 서기관들과 달리 권세 있는 교훈이라는(막 1:22) 중심 주제가 그의 행위 가운데서도 드러난다. 예수님의 교훈은 빈 말이 아니라, 귀신축출과 치유사역과 죄 용서의 행위와 종교법적 실천 속에서도 관철되고 있음을 보여준다. 본론의 첫 번째 부분에서 이야기된 거의 모든 것에 관해 바리새인들과 서기관들의 논쟁과 저항이 일어났고, 마침내 이들은 예수님을 살해할 음모를 꾸미게 된다(막 3:6). 이로써 마가는 예수님 이야기 전체가 십자가의 표시 아래에 놓여 있음을 복음서 처음부터 보여주고 있다. 다시 말해, 마가복음 3:6은 예수님의 십자가 죽음이 일어나기 훨씬 전에 그것을 암시하는 일종의 복선에 해당한다. 여기서 우리는, 구원은 십자가에 돌아가신 분에 대한 믿음과 직결되어 있다는 사실을 간과해서는 아니 된다. 이 이야기를 통해 마가가 증언하고자 하는 것은, 하나님의 아들이신 예수 그리스도는 우연히 십자가에 달려 죽으신 것이 아니라, 그 십자가는 권세 있는 예수님의 사역으로 인한 결과라는 사실이다.

누가는 대체로 마가의 본문을 그대로 따르고 있기 때문에(눅 5:12-6:11), 여기서 다루지 않으려 한다. 그리고 마태는 마가의 순서를 바꾸고 있는 까닭에 나중에 다루려 한다. 마태는 마가의 순서에 예수어록(Q)에서 유래한 여러 자료를 삽입하였다. 그 첫 번째 삽입 부분에 산상설교가 담겨 있기 때문에, 일단 마가의 흐름을 따라 계속해서 마가복음 3:19까지 다루도록 하자.

제5장 유대와 이방 대중 앞에서 시작된 예수님의 사역
(막 3:7-19 // 눅 6:12-19)

　마가복음 3:7-12는 예수님의 사역을 요약하는 보도이다.1) 이로써 예수님의 사역이 갈릴리를 넘어서 주변지역에 이르렀고 남으로는 예루살렘까지 그리고 북으로는 두로와 시돈까지 확장되었음을 보여준다.

막 3:7-19	눅 6:12-19
7 예수께서 제자들과 함께 바다로 물러가시니 갈릴리에서 큰 무리가 따르며 8 유대와 예루살렘과 이두매와 요단 강 건너편과 또 두로와 시돈 근처에서 많은 무리가 그가 하신 큰 일을 듣고 나아오는지라 9 예수께서 무리가 에워싸 미는 것을 피하기 위하여 작은 배를 대기하도록 제자들에게 명하셨으니 10 이는 <u>많은 사람을 고치셨으므로</u> 병으로 고생하는 자들이 예수를 만지고자 하여 몰려왔음이더라 11 더러운 귀신들도 어느 때든지 예수를 보면 그	12 이 때에 예수께서 <u>기도하시러</u> 산으로 가사 밤이 새도록 하나님께 기도하시고 13 밝으매 그 제자들을 부르사 그 중에서 <u>열 둘을 택하여 사도라 칭하셨으니</u> 14 곧 베드로라고도 이름을 주신 시몬과 그의 동생 안드레와 야고보와 요한과 빌립과 바돌로매와 15 마태와 도마와 알패오의 아들 야고보와 셀롯이라는 시몬과 16 야고보의 아들 유다와 예수를 파는 자 될 가룟 유다라 17 예수께서 그들과 함께 <u>내려오사 평지에 서시니</u> 그 제자의 많은 무

---

1) 이 단락(막 3:7-12)이 전적으로 전승에서 유래한 것인지 아니면 마가가 작업한 것인지 결정하기 어렵다. 학자들 사이에 의견이 갈린다. 그닐카(J. Gnilka)는 마가의 편집으로 여기고, 슈미탈스(W. Schmithals)는 전승에서 비롯된 것으로 여긴다. 그러나 에거(W. Egger)는 전승 모티브를 가지고 마가가 예수님의 사역을 종합하는 보도로 만든 것으로 간주한다(*Frohbotschaft und Lehre. Die Sammelberichte des Wirkens Jesu im Markusevangelium*, Frankfurt 1976, 85-111).

앞에 엎드려 부르짖어 이르되 당신은 하나님의 아들이니이다 하니 12 예수께서 자기를 나타내지 말라고 많이 경고하시니라

13 또 산에 오르사 자기가 원하는 자들을 부르시니 나아온지라 14 이에 열둘을 세우셨으니 이는 자기와 함께 있게 하시고 또 보내사 전도도 하며 15 귀신을 내쫓는 권능도 가지게 하려 하심이러라 16 이 열둘을 세우셨으니 시몬에게는 베드로란 이름을 더하셨고 17 또 세베대의 아들 야고보와 야고보의 형제 요한이니 이 둘에게는 보아너게 곧 우뢰의 아들이란 이름을 더하셨으며 18 또 안드레와 빌립과 바돌로매와 마태와 도마와 알패오의 아들 야고보와 및 다대오와 가나안인 시몬이며 19 또 가룟 유다니 이는 예수를 판 자더라

리와 예수의 말씀도 듣고 병 고침을 받으려고 유대 사방과 예루살렘과 두로와 시돈의 해안으로부터 온 많은 백성도 있더라 18 더러운 귀신에게 고난 받는 자들도 고침을 받은지라 19 온 무리가 예수를 만지려고 힘쓰니 이는 능력이 예수께로부터 나와서 모든 사람을 낫게 함이러라

마가는 특히 "많은 사람을 고치셨다"(10절)는 예수님의 치유 행위를 강조한다. 11-12절에는 예수님이 하나님의 아들이라는 사실을 드러내지 말라고 귀신들에게 침묵명령을 내리신다(cf. 막 1:34). 이러한 침묵명령은 귀신들에게만 내리는 것이 아니라, 심지어 "주는 그리스도시니이다"(막 8:30)라고 고백하는 베드로에게도 내리신다. 예수님이 능력 있는 하나님의 아들됨은 사람들에게 오해를 불러일으킬 소지가 있기 때문이다. 예수님이 진정 하나님의 아들이심을 드러내는 온전한 모습은 마가에 따르면 그의 십자가 죽음에 놓여 있기 때문이다.

12제자의 선택은 예수님의 실제 행위로 간주된다.[2] 그것은 새로운 이스라엘의 회복과 관련된 종말론적 표시행위이다. 이러한 예수님의 본래 의도를 마가가 얼마나 깨달았는지 알 수 없으나, 마가에게 12제자란 일차적으로 교회를 가리킨다. 12제자의 역할이 14-15절에 나온다. 즉, 이들은 예수님과 함께 있는 자로서 복음을 선포하고 귀신을 내쫓는 역할을 한다. 이러한 제자들의 모습은 귀신들린 자를 치유함으로써 드러나는 예수님의 권세 있는 교훈(막 1:27)에 일치한다. 선포(전도)와 행위(귀신축출)가 또 다시 강조되고 있다. 예수님과 함께 있는 12제자는 예수님의 특별한 신뢰를 받는 자들이다. 그러하기에 8-10장에서 12제자는 예수님이 주시는 특별한 권면의 대상자이다.

18절에 "가나안인 시몬"이 언급된다. "가나나"란 단어는 아람어 "케나나"(qenana)에 대한 그리스식 표현이다. 이는 열심당, 젤롯과 같은 뜻을 갖고 있다. 이로써 이 시몬은 당시 과격한 유대 종파로 통하던 열심당, 제롯당 회원이었다는 사실을 알 수 있다. 혹자는 가룟 유다도 열심당과 관련지으려고 한다. 가룟(Iskariot)을 시카리어(Sikarier)에서 유래한 것으로 추측하기 때문이다. 그러나 이는 확실하지 않다.

마가복음 7-19의 평행단락 누가복음 6:12-19에서 누가는 마가의 두 장면의 순서를 바꾼다. 그리하여 12제자 선택(눅 6:12-16)이 먼저 나오고, 그런 다음 누가의 요약문, 즉 예수님의 말씀을 듣고자 많은 무리가 몰려든다는 내용의 요약문이 나온다(눅 6:17-19). 누가복음 6:12에서 누가 특유의 표현이 나타난다. 그것은 12제자 선택이 예수님의

---

2) 12제자단이 부활 체험 이후에 생긴 것으로 여기는 사람도 있으나(R. Bultmann, *Theologie*; H. W. Kuhn, *Nachfolge*; G. Klein, *Die zwölf Apostel*), 복음서들은 부활 체험 이전 시기에 예수님이 12제자단을 세웠음을 전제한다. 훗날 예수님을 배반한 유다도 포함된 12제자단을 나중에 초대교회가 지어낼 이유가 없다. 12제자단에 대한 가장 오래된 신약 전승은 고전 15:5이다.

기도와 직결되어 있다는 것이다. 누가가 순서를 바꾼 것은, 앞으로 전개할 누가의 이른바 "평지설교"(눅 6:20-49)와 관련이 있다. 또한 마태 역시 마가복음 3:7-12를 산상설교의 도입부로 활용한다. 누가와 마태는, 예수님의 말씀을 듣기 위해 많은 무리가 몰리고 있는 마가의 장면을 대면하면서, 이제 예수님이 뭔가 중요한 말씀을 전해야만 한다는 신호를 감지했다. 그 결과, 누가는 이른바 "평지설교"를 보도하고, 마태는 "산상설교"를 보도한다.

제6장 누가의 평지설교와 마태의 산상설교

누가의 평지설교와 마태의 산상설교를 비교하면 다음과 같은 사실이 드러난다. 누가의 평지설교에 나타나는 거의 모든 것이 마태에게도 나타난다는 사실과, 이 공통의 자료는 두 사람에게서 같은 순서로 나타난다는 사실이다. 여기에서 다음과 같은 결론이 나온다. 누가는 사고의 흐름이 보다 매끄러우며 더욱 단순한 기본 형태를 지닌 전승을 전해주고 있는 반면, 마태는 그와 같은 전승에 자신만의 특수자료 외에도 누가와 다른 곳에서 공유하고 있는 자료들을 사용하여 비교적 긴 산상설교로 확장시켰다.

1. 누가의 평지설교(눅 6:20-49)

누가복음의 예수님은 지금까지 간단한 진술의 형태로 언급했다(2:49; 4:4, 8, 12, 21 등). 나사렛에서의 설교 장면(4:16-30)도 대화 형태로 나온다. 예수님이 제자들을 부르시고(5:1-11, 27-28) 12제자를 사도로 택하신 지금, 독자들은 예수님의 긴 설교말씀을 기대하게 된다.

예수어록(Q)의 내용을 제시하고 있는 누가의 평지설교 본론에 들어가기 전에 그것의 도입부(눅 6:17-19)에 대해 잠시 언급하려 한다.

눅 6:17-19	막 3:7-8
17 예수께서 그들과 함께 내려오사 평지에 서시니 그 제자의 많은 무리와 예수의 말씀도 듣고 병 고침을 받으려고 유대 사방과 예루살렘과 두로와 시돈의 해안으로부터 온 많	7 예수께서 제자들과 함께 바다로 물러가시니 갈릴리에서 큰 무리가 따르며 8 유대와 예루살렘과 이두매와 요단 강 건너편과 또 두로와 시돈 근처에서 많은 무리가 그가

<table>
<tr><td>은 백성도 있더라 18 더러운 귀신에게 고난 받는 자들도 고침을 받은지라 19 온무리가 예수를 만지려고 힘쓰니 이는 능력이 예수께로부터 나와 모든 사람을 낫게 함이러라</td><td>하신 큰 일을 듣고 나아오는지라</td></tr>
</table>

예수님의 말씀도 듣고 병 고침을 받으려고 몰리는 무리에 관한 진술을 담고 있는 누가복음 6:17은 마가복음 3:7-8에서 유래한 것이다. 누가는 마가에 나오는 "갈릴리"와 "이두매와 요단강 건너편"을 삭제하고, 단지 "유대 사방과 예루살렘과 두로와 시돈"(16절)에서 온 무리에 대해서만 말한다. 이들 지역은 유대인과 이방인이 공존하는 대표적인 지역이다. 누가에게 예수님의 복음선포는 바로 이들을 향한 것이다. 훗날 전개될 선교가 이미 예수님에 의해 선취되고 있음이 드러난다. 누가복음 6:18은 아주 간결하게 누가가 생각하고 있는 예수님의 모습을 묘사한다. 즉, 누가는 특히 예언자이며 치유자로서의 예수님 상을 강조하려 한다. 그래서 누가는 예수님의 병 고침 사역을 부각시킨다. 바로 거기에 예수님의 말씀의 권세가 나타나기 때문이다. 누가의 평지설교 전후(눅 6:18b-19; 눅 7:1-10)에 다름 아닌 예수님의 치유 사역이 나오는 것은 결코 우연이 아니라, 누가의 섬세한 구성 의도에 따른 것이다.

▶ **복 선포와 화 선포(눅 6:20-26):** 마태가 산 위에서 말씀을 전하는 예수님의 모습에 대해 보도하는 것과 달리, 누가는 제자들과 함께 산에서 내려와 평지에서 말씀을 전하는 예수님의 모습에 대해 보도한다. 따라서 누가에 나오는 예수님의 설교를 가리켜 이른바 "평지설교"라 부르는데, 여기에는 복을 선포하는 내용뿐만 아니라 화를 선포하는 내용도 담겨 있다.

눅 6:20-26	마 5:3-12
20 예수께서 눈을 들어 제자들을 보시고 이르시되 너희 가난한 자는 복이 있나니 하나님의 나라가 너희 것임이요 21 지금 주린 자는 복이 있나니 너희가 배부름을 얻을 것임이요 지금 우는 자는 복이 있나니 너희가 웃을 것임이요 22 인자로 말미암아 사람들이 너희를 미워하며 멀리하고 욕하고 너희 이름을 악하다 하여 버릴 때에는 너희에게 복이 있도다 23 그 날에 기뻐하고 뛰놀라 하늘에서 너희 상이 큼이라 그들의 조상들이 선지자들에게 이와 같이 하였느니라 24 그러나 화 있을진저 너희 부요한 자여 너희는 너희의 위로를 이미 받았도다 25 화 있을진저 너희 지금 배부른 자여 너희는 주리리로다 화 있을진저 너희 지금 웃는 자여 너희가 애통하며 울리로다 26 모든 사람이 너희를 칭찬하면 화가 있도다 그들의 조상들이 거짓 선지자들에게 이와 같이 하였느니라	3 심령이 가난한 자는 복이 있나니 천국이 그들의 것임이요 4 애통하는 자는 복이 있나니 그들이 위로를 받을 것임이요 5 온유한 자는 복이 있나니 그들이 땅을 기업으로 받을 것임이요 6 의에 주리고 목마른 자는 복이 있나니 그들이 배부를 것임이요 7 긍휼히 여기는 자는 복이 있나니 그들이 긍휼히 여김을 받을 것임이요 8 마음이 청결한 자는 복이 있나니 그들이 하나님을 볼 것임이요 9 화평하게 하는 자는 복이 있나니 그들이 하나님의 아들이라 일컬음을 받을 것임이요 10 의를 위하여 박해를 받은 자는 복이 있나니 천국이 그들의 것임이라 11 나로 말미암아 너희를 욕하고 박해하고 거짓으로 너희를 거슬러 모든 악한 말을 할 때에는 너희에게 복이 있나니 12 기뻐하고 즐거워하라 하늘에서 너희의 상이 큼이라 너희 전에 있던 선지자들도 이같이 박해하였느니라

마태가 9개의 복 선포를 전하는 것과 달리 누가는 단지 4개의 복 선포만을 전하고 있다.[1] 이들은 본래 2인칭 화법이 아니라 3인칭 화법의 선언이었다. 즉, "가난한 자들은 복이 있나니 하나님의 나라가 그

들의 것임이요. 굶주린 자들은 복이 있나니 그들이 배부름을 얻을 것임이요. 우는 자들은 복이 있나니 그들이 웃을 것임이요." 여기에서 "가난한 자들"($\pi\tau\omega\chi o\iota$ 눅 6:20)은 글자 그대로 물질적으로 궁핍한 사람들을 가리킨다. 즉 "부요한 자"(눅 6:24)와 달리 찢어지게 가난하고 배고파 주리고 애통하여 우는 사람들이다. 그러나 마태의 복 선포에 나오는 "심령이 가난한 자"(마 5:3)는 종교적 차원을 나타낸다. 자신을 온전히 하나님께 맡기고 하나님에게만 모든 소망을 두고 사는 경건한 사람을 뜻한다.

가난을 현세적 물질적 빈곤으로 여기는 누가는 가난을 종말론적 사고와 연결시킨다. 현재 가난하고 굶주리고 우는 사람들에게 복 선포가 주어진다. 이것은 역설이다. 가난한 자들이 행복할 수 있는 이유는 하나님 나라가 그들에게 주어지기 때문이다. 가난의 상태 그 자체는 결코 복의 근원이 될 수 없다. 하나님이 이루시는 공의로운 언약의 상태가 복의 근원이다. 하나님께서 이루어 주실 구원의 시대가 오면 그들의 운명이 바뀌어 하나님과 함께 복된 삶을 살 것을 선포하고 있는 것이다. 누가는 가난한 사람을 향한 구원 선포를 이미 4:18에서 "포로 된 자에게 자유를, 눈 먼 자에게 다시 보게 함을, 눌린 자들이 자유롭게 된다"는 말씀과 연결하여 제시한 바 있다. 이 선포는 세례 요한의 물음에 대한 답변 가운데 반복되고(눅 7:22), 또한 마리아 찬가 가운데 암시되어 있다(눅 1:53 "주리는 자를 좋은 것으로 배불리셨으며 부자는 빈 손으로 보내셨도다"). 누가는 복 선포를 하나님이 이루어 주실 종말론적 대전환에 초점을 맞추고 있다.

예수어록(Q) 가운데 이미 4번째 복 선포(눅 6:22)가 추가된 것으로

---

1) 도마복음과 (EvTh 54; 68-69; cf. 58) 바울행전(ActPaul 5-6)에도 유사한 복 선포가 나타난다. 모르겐탈러는 누가의 평지설교 구조에 4가지 원리가 지배적임을 언급하였다(R. Morgenthaler, *Die lukanische Geschichtsschreibung als Zeugnis, Gehalt und Gestalt der Kunst des Lukas*, I, Zürich 1948, 81ff).

보인다. 이 복 선포는 형태와 내용의 측면에서 볼 때 앞선 세 개의 복 선포와 차이가 난다. 여기에는 당시 신앙공동체가 처한 시대상황이 반영되어 있다. 예수님의 제자들이 예수님에 대한 신앙고백으로 인해 당시 받았던 수모와 박해가 신명기사가적[2] 예언자 운명에 비추어 조명된다(23절).누가는 이 4개의 복 선포를 예수어록에서 취한다. 그는 이 복 선포를 2인칭으로 바꾸어 더 이상 선포의 말씀이 아니라 약속을 담아 상대방에게 건네는 말로 만든다. 게다가 역시 예수어록에서 유래한 것으로 보이는 3개의 화 선포와 연결시킨다.

  누가복음 6:20에 따르면 복 선포의 수신자는 제자들이다. 복 선포는 지금 이들을 향하고 있다. 이들이 처한 고난 때문이 아니라, 이들이 예수님의 제자가 되었기 때문이다. 반면 복 선포에 이어서 나오는 화 선포는 제자 그룹 밖에 머무는 사람들에게 해당된다. 세 가지 화 선포는 내용적으로 긴밀히 연결되어 있다. 부자와 배부른 자와 웃는 자에 대한 심판을 선언한다(눅 6:24-26). 그들은 하나님을 의지하지 않고 자기 자신을 의지하고 있기 때문이다. 종말론적 대역전의 시기에 그들은 굶주리고 한탄할 것임을 선언한다. 가난한 자에게 복을 선포하고 부자를 향해서는 화를 선포하시는 예수님의 말씀은 제자들에게 하신 말씀이나(눅 6:20), 동시에 예수님의 말씀을 듣고 있던 모든 사람에게 주신 말씀이기도 하다(cf. 눅 6:27). 26절은 22-23절에 상응하는 진술이다. 누가복음에 나오는 화 선포는 물질적 부와 세상적 명성이 지배하는 시대에 살고 있는 오늘의 그리스도인을 향한 강력한 경고의 말씀이기도 하다.

---

2) "신명기사가"(DtrG)는 신명기부터 열왕기하에 이르는 역사서를 신명기 정신에 따라 일관되게 기록한 사람들로 간주된다. 신명기사가의 신학이란, 이스라엘 백성이 하나님의 율법을 준수하고 그 법도를 행할 때 축복을 받고 땅에서 장수할 것이나 그렇지 않을 경우 하나님의 심판을 피할 수 없다는 시각을 뜻한다. Cf. 폰 라트,『구약성서신학』, 제2권, 허혁 역, 분도출판사, 1976, 334-347; E. 쳉어,『구약성경 개론』, 분도출판사, 2012, 326-349.

▶ **긍정적인 요구 – 원수를 사랑하라(눅 6:27-36):** 이 단락은 앞의 화 선 포와 명확히 구분되며(27절) 원수사랑의 메시지를 강조한다. 화 선포 (눅 6:24-26)의 수신자가 박해를 하는 사람이라면 이제 예수님은 박해 를 받는 제자들을 향해 발씀하신다.

> (눅 6:27-36) 27 그러나 너희 듣는 자에게 내가 이르노니 너희 원수를 사랑하며 너희를 미워하는 자를 선대하며 28 너희를 저주하는 자를 위 하여 축복하며 너희를 모욕하는 자를 위하여 기도하라 29 너의 이 뺨을 치는 자에게 저 뺨도 돌려대며 네 겉옷을 빼앗는 자에게 속옷도 거절하 지 말라 30 네게 구하는 자에게 주며 네 것을 가져가는 자에게 다시 달 라 하지 말며 31 남에게 대접을 받고자 하는 대로 너희도 남을 대접하라 32 너희가 만일 너희를 사랑하는 자만을 사랑하면 칭찬 받을 것이 무엇 이냐 죄인들도 사랑하는 자는 사랑하느니라 33 너희가 만일 선대하는 자만을 선대하면 칭찬 받을 것이 무엇이냐 죄인들도 이렇게 하느니라 34 너희가 받기를 바라고 사람들에게 꾸어 주면 칭찬 받을 것이 무엇이 냐 죄인들도 그만큼 받고자 하여 죄인에게 꾸어 주느니라 35 오직 너희 는 원수를 사랑하고 선대하며 아무 것도 바라지 말고 꾸어 주라 그리하 면 너희 상이 클 것이요 또 지극히 높으신 이의 아들이 되리니 그는 은 혜를 모르는 자와 악한 자에게도 인자하시니라 36 너희 아버지의 자비 로우심 같이 너희도 자비로운 자가 되라

이 단락은 다음과 같이 세분하여 나눌 수 있다.

27-28절	원수사랑
29-30절	앙갚음의 극복
31절	황금률
32-34절	상호이익을 바라는 죄인들의 태도
35-36절	하나님의 본을 따른 원수사랑

여기에 나오는 각각의 말씀들은 마태복음에도 나타난다(cf. 마 5:39-

48; 7:12). 따라서 이들 말씀은 예수어록(Q)에서 유래한 것임을 알 수 있다. 그런데 누가는 자신의 관심을 분명히 드러내기 위해 예수어록의 순서를 약간 바꾼 것으로 보인다. 제일 먼저 원수를 사랑하라는 윤리적 권면의 말씀이 나온다(27-28절). 물론 이 말씀은 역사적 예수에게서 비롯된 것이다. 원수사랑에 관한 말씀은 구약성서(레 19:18 "원수를 갚지 말며 동포를 원망하지 말며 네 이웃 사랑하기를 네 자신과 같이 사랑하라")에도 있으나, 이 경우 유대인 내부에서만 통용되는 강령으로 나타난다. 그러나 예수님은 원수사랑을 어느 특정한 무리의 사람에게만 국한시키지 않고 언제 어디서나 누구에게나 적용되는 근본적인 행동 자세로 제시하며 요구하신다.3) 그러한 원수사랑의 동기가 누가복음 6:35에 나타난다. 즉, 원수사랑은 큰 상을 받게 되고 하나님의 아들이 되리라는 약속과 연결되어 있다. 36절에 나오는 "아버지"라는 개념에서 이스라엘을 당신의 자녀로 선택하신 하나님의 자비로운 구원 활동을 읽어낼 수 있다. 원수사랑의 계명은 예수님의 뜻에 근거할 뿐만 아니라, 궁극적으로는 선하시고 자비로우신 하나님의 본질에 뿌리내리고 있다. 죄인들을 용납하고 그들에게 다가가시는 예수님의 모습은 바로 그러한 하나님의 자비를 보여준다.

마태가 원수사랑을 바리새적인 율법해석에 반대하는 그리스도교적인 특징으로 이해하는 것과 달리, 누가는 원수사랑의 계명을 호혜

---

3) 루츠는 예수님의 원수사랑 계명에 관한 해석을 3가지 모델로 정리한다 (U. Luz, *Das Evangelium nach Lukas*, EKK I/1, 318-320): 1. "실존론적 모델"에 따르면(R. Bultmann), 원수사랑의 계명은 나와 너의 관계에 관한 것으로 실존론적이며 개인적인 자세로서 온 인류에게까지 확장될 수 있는 이웃사랑에서 구체화된다. 2. "사회적 모델"에 따르면(L. Schottroff), 구체적인 사회 정치적 상황에서 중요성을 갖는 원수사랑은 제자들로 하여금 원수 세력을 대할 때 비폭력적으로 싸울 것을 지시한다. 3. "시스템 모델"에 따르면, 사랑과 증오의 메카니즘은 개인들 사이에 뿐만 아니라 사회들과 나라들 사이에도 작동하기 때문에 원수사랑은 강압과 폭력이 지배하는 시스템에 대항하는 실천 가능한 대안으로서 가깝고 먼 관계를 통합하도록 돕는다.

성의 원칙에 근거하는 이방 세계의 태도와 구분되는 그리스도교를 특징짓는 태도로 강조한다. 그런데 31절의 이른바 "황금률"은 앞서 언급한 것에 모순되는 것처럼 보인다. 그러나 여기서 황금률은 원수 사랑의 문맥에 속해있다는 사실을 고려해야 한다. 즉, 원수사랑을 쌍방 간의 태도를 결정짓는 기본으로 삼아야 함을 뜻한다. 이방 적대 세계 속에서 살아가는 그리스도교 공동체는 원수사랑을 새로운 호혜의 모델로 삼을 것을 요청하고 있다. 32-34절은 세상에서 통용되는 이기적인 호혜의 원칙이 얼마나 형편없는 윤리인가를 보여준다. 원수사랑이 하나님의 상급을 약속한다는 35절의 진술도 호혜의 원칙에 따른 진술이 아니냐고 반문할 수 있다. 그러나 이는 완전히 다른 차원의 말이다. 하나님과 인간 사이에 일어나는, 사욕을 생각하지 않는 호혜성이 인간 행동의 근거가 되어야 한다는 말로 이해하는 것이 타당하다. 따라서 호혜성이란 표현보다 자비의 유비라는 표현이 더 잘 어울린다. 36절은 이 단락을 마감하면서 동시에 다음 단락을 준비한다. 누가는 하나님의 자비를 본받아 자비로운 사람이 되라고 말한다. 반면 마태는 "온전하라"(마 5:48)고 말한다.

▶ 부정적인 요구 - 비판하지 말라(눅 6:37-42): 이 단락은 사랑의 계명의 중요성에 대해 부정적으로 언급한다.

> 37 비판하지 말라 그리하면 너희가 비판을 받지 않을 것이요 정죄하지 말라 그리하면 너희가 정죄를 받지 않을 것이요 용서하라 그리하면 너희가 용서를 받을 것이요 38 주라 그리하면 너희에게 줄 것이니 곧 후히 되어 누르고 흔들어 넘치도록 하여 너희에게 안겨 주리라 너희가 헤아리는 그 헤아림으로 너희도 헤아림을 도로 받을 것이니라 39 또 비유로 말씀하시되 맹인이 맹인을 인도할 수 있느냐 둘이 다 구덩이에 빠지지 아니하겠느냐 40 제자가 그 선생보다 높지 못하나 무릇 온전하게 된 자는 그 선생과 같으리라 41 어찌하여 형제의 눈 속에 있는 티는 보고 네 눈 속에 있는 들보는 깨닫지 못하느냐 42 너는 네 눈 속에 있는 들보를

> 보지 못하면서 어찌하여 형제에게 말하기를 형제여 나로 네 눈 속에 있
> 는 티를 빼게 하라 할 수 있느냐 외식하는 자여 먼저 네 눈 속에서 들보
> 를 빼라 그 후에야 네가 밝히 보고 형제의 눈 속에 있는 티를 빼리라

"비판하지 말라"로 옮겨진 그리스어 원문을 살펴보면 "판단하지 말라"(μὴ κρίνετε)의 뜻이다. 이는 "정죄하지 말라"는 뜻도 담고 있다. 이것은 법정 행위와 관련된 말이 아니라, 형제(자매) 비판과 관련된 말이다. 38절은 사랑의 계명을 다른 형태로, 즉 제자들이 사랑의 계명을 어떻게 실천해야 할지에 대해 말한다. 답은 분명하다. 죄를 용서해주고 넉넉히 베풀라고 말한다.

　누가가 삽입한 것으로 보이는 39-40절의 진술은 이해하기가 쉽지 않다. 소경의 비유는 선생과 제자에 관한 진술과, 또한 눈에 관한 진술과 연결되어 있다. 눈멀지 않고 "보는" 공동체 지도자의 중요성을 강조하는 말로 이해할 수 있다. 40절에 나오는 제자와 선생의 관계는 누가의 문맥에서 보면 예수님과 제자들의 관계를 뜻한다. 사랑의 계명은 예수님이 귀히 여긴 계명이다. 형제간의 권면이나 신앙공동체 안에서 이루어지는 모든 권면은 바로 이 사랑의 계명을 따라야 한다. 형제 상호 간의 권면에서 예수님의 제자는 자신이 결코 온전한 사람이 아니라는 점을 잊어서는 아니 된다. 자신의 실수를 극복한 자라야 형제에게 권면을 시도할 수 있다. 형제를 비나하는 자는 외식하는 자이다. 누가는 남을 가르치려고 하고, 자신의 윤리적 태도가 다른 이보다 우월하다고 주장하며, 그리하여 공동체를 비판하고 스스로 선생이 되려는 그리스도인을 염두에 둔 말로 이해한다.

▶ **행위의 규범(눅 6:43-49):** 평지설교의 마지막 부분에 해당한다. 나무와 그 열매에 관한 단락(43-46절)은 건축에 관한 비유(47-49절)를 준비한다.

> 43 못된 열매 맺는 좋은 나무가 없고 또 좋은 열매 맺는 못된 나무가 없
> 느니라 44 나무는 각각 그 열매로 아나니 가시나무에서 무화과를, 또는
> 찔레에서 포도를 따지 못하느니라 45 선한 사람은 마음에 쌓은 선에서
> 선을 내고 악한 자는 그 쌓은 악에서 악을 내나니 이는 마음에 가득한
> 것을 입으로 말함이니라 46 너희는 나를 불러 주여 주여 하면서도 어찌
> 하여 내가 말하는 것을 행하지 아니하느냐 47 내게 나아와 내 말을 듣고
> <u>행하는</u> 자마다 누구와 같은 것을 너희에게 보이리라 48 집을 짓되 깊이
> 파고 주추를 반석 위에 놓은 사람과 같으니 큰 물이 나서 탁류가 그 집
> 에 부딪치되 잘 지었기 때문에 능히 요동하지 못하게 하였거니와 49 듣
> 고 행하지 아니하는 자는 주추 없이 흙 위에 집 지은 사람과 같으니 탁
> 류가 부딪치매 집이 곧 무너져 파괴됨이 심하니라 하시니라

이 부분은 시작 부분과 잘 어울린다. 평지설교의 앞부분에서 복 선포
와 화 선포(눅 6:20-26)를 통해 복음선포의 중요성을 제자들에게 소
개하였다면, 여기서는 이러한 중요성에 합당한 행함을 강조한다. 문
제의 핵심은 행함에 있지 신앙고백이 아니다. 마음에서 우러나온 행
함이 결여된 채 입술로만 외우는 신앙고백은 아무 소용이 없음을 말
한다. 47절에 나오는 "듣고 행함"이란 표현이 핵심주제를 잘 드러낸
다. 예수님의 가르침은 우리의 구체적인 삶 가운데 실천으로 드러나
야 한다. 그때 비로소 예수님의 말씀은 인생길의 반석이 되고 구원하
는 능력의 말씀이 된다. 중요한 것은 이론이 아니라 원수사랑도 마다
하지 않는 사랑의 실천이다.

2. 마태의 산상설교(마 5-7장)

마태는 교사로서의 예수님의 특징을 다른 복음서 저자보다 더욱
강조한다(마 23:8; 7:28).[4] 이에 걸맞게 자신의 복음서 마지막 장면을

부활하신 예수님이 주시는 이른바 대위임령, 즉 예수께서 분부하신 모든 것을 만백성에게 가르쳐 지키게 하라면서 제자들을 파송하는 장면으로 끝낸다(마 28:20). 이처럼 마태는 전승에서 물려받은 자료를 나름대로 편집하여 모두 5편의 긴 설교말씀을 통해 가르치시는 예수님의 모습을 자신의 복음서에 분명하게 각인시켰다.5) 이와 같은 구조는 2세기 초에 기록된 공동체 규범서인 "디다케"(Didache)의 구조에 나타나는 것과 같은 생활교리문답 구조의 영향을 받은 것으로 볼 수 있다.6) 산상설교는 그 중 첫 번째 말씀에 해당한다.7) 마태는 산상설교와 관련된 전승 자료를 주로 예수어록(Q)에서 가져와 자신만의 특수 자료를 추가하여 구성한다(cf. 눅 6:20-49). 산상설교는 다음과 같이 나눌 수 있다.

---

4) R. Riesner, *Jesus als Lehrer*, Tübingen ³1988; S. Byrskog, *Jesus the Only Teacher*, Stockholm 1994를 참조하라.

5) 1. 산상설교(마 5:1-7:29), 2. 파송의 말씀(마 9:35-11:1), 3. 비유 말씀(마 13:1-52), 4. 공동체(=교회)를 향한 말씀(마 18:1-35), 5. 종말에 관한 말씀(마 24:1-26:2). 유대교에서 숫자 "5"는 모세 오경을 연상시킨다. 마태를 개종한 랍비 혹은 그리스도교 율법주의자로 여긴 베이컨은 마태가 모세 오경을 본으로 삼아 예수의 설교말씀을 5권으로 엮고 이에 서론적인 설화와 결론적인 후렴문구를 첨가하여 마태복음을 만든 것으로 추측했다. B. W. Bacon, "The 'Five Books' of Matthew against the Jews," in *The Expositer*, 8th ser., 15 (1918), 56-66.

6) "열두 사도의 가르침"으로도 불리는 디다케는 5부분으로 구성되어 있다: 윤리적 규범(1-6장), 예전의 규범(7-10장), 떠돌이 예언자들과 유랑 그리스도인들과의 관계(11-13장), 공동체 생활(14-15장), 종말론(16장).

7) 산상설교에 관한 연구는 무수히 많다. 예컨대, G. 슈트레커,『산상설교』, 전경연/강한표 역, 대한기독교서회, 1992; H.D.Betz, *The Semon on the Mount, including the sermon on the Plain (Matthew 5:3-7:27 and Luke 6:20-49)*, Minneapolis: Fortress Press, 1995; 오덕호,『산상설교를 읽읍니다』, 한국신학연구소, 2002; 장흥길,『산상설교』, 장로회신학대학교출판부, 2010.

1. 서언(마 5:3-16)	마 5:3-12: 복 선포 마 5:13-16: 소금과 빛에 관한 말씀
2. 첫 번째 본론 - 더 큰 의(마 5:17-48)	마 5:17-20: 기본 강령 마 5:21-48: 구체적인 사례(6개의 반대명제)
3. 두 번째 본론 - 하나님 앞의 의(마 6:1-7:12)	마 6:1-18: 의의 수신자이신 하나님 마 6:19-34: 의의 규범인 하늘나라 마 7:1-12: 심판하지 않는 형제애와 간구에 대한 가르침
4. 마감어(마 7:13-27) - 의의 규범으로서의 행함	

▶ **산상설교의 도입부(마 4:23-5:2):** 마태복음 5:1-2("예수께서 무리를 보시고 산에 올라가 앉으시니 제자들이 나아온지라 그 입을 열어 가르쳐 이르시되")를 산상설교의 사실상 도입어로 간주할 수 있다.[8) 이 진술과 대조되는 마태복음 7:28-29에 나오는 산상설교의 마감 진술을 고려하면 더욱 그렇다("28 예수께서 이 말씀을 마치시매 무리들이 그의 가르침에 놀라니 29 이는 그 가르치시는 것이 권위 있는 자와 같고 그들의 서기관들과 같지 아니함이러라"). 그러나 마태복음 5:1-2는 바로 앞 단락 4:23-25와 긴밀하게 연결되어 있다. 누가의 평행구절 (눅 6:17-19)처럼 마태복음 4:23-25에는 예수님의 말씀과 행위가 하나로 연결되어 있다.

마 4:23-25	눅 6:17-19
23 예수께서 온 갈릴리에 두루 다니사 그들의 회당에서 <u>가르치시며</u> 천국 복음을 전파하시며 백성 중	17 예수께서 그들과 함께 내려오사 평지에 서시니 그 제자의 많은 무리와 예수의 말씀도 듣고 병 고

---

8) 예수께서 산에 오르시고 내려가시는(마 5:1; 8:1) 행동에서 마태는 출애굽기 19장과 34장을 염두에 두었다.

<table>
<tr><td>

의 모든 병과 모든 약한 것을 <u>고치</u>
<u>시니</u> 24 그의 소문이 온 수리아에
퍼진지라 사람들이 모든 앓는 자
곧 각종 병에 걸려서 고통 당하는
자, 귀신 들린 자, 간질하는 자, 중
풍병자들을 데려오니 그들을 고치
시더라 25 갈릴리와 데가볼리와
예루살렘과 유대와 요단 강 건너
편에서 수많은 무리가 따르니라

</td><td>

침을 받으려고 유대 사방과 예루
살렘과 두로와 시돈의 해안으로부
터 온 많은 백성도 있더라 18 더러
운 귀신에게 고난 받는 자들도 고
침을 받은지라 19 온 무리가 예수
를 만지려고 힘쓰니 이는 능력이
예수께로부터 나와서 모든 사람을
낫게 함이러라

</td></tr>
</table>

마태는 말씀과 행위를 메시아이신 예수님의 두 가지 구분되는 사역으로 이해하였다. 그래서 향후 이어지는 본문 가운데 두 가지를 나누어 계획적으로 묘사한다. 즉, 마태복음 5-7장은 메시아의 말씀사역인 "산상설교"를 묘사하고, 계속해서 8-9장은 메시아의 행위사역인 치유기적 이야기를 묘사한다. 이렇게 보면, 마태복음 4:23은 5-7장에 나오는 산상설교 전체의 서곡을 알리는 절로 간주할 수 있다.

또한 마태복음 4:23에 나오는 마태 특유의 표현인 "천국 복음"은 곧 산상설교와 동일시 할 수 있다. 산상설교가 행함을 강조하는 일종의 "명령법"(imperative)에 해당한다면, 천국복음 선포는 구원을 선포하는 "직설법"(indicative)으로 이해할 수 있다. 그렇다면 마태의 경우, 바울서신에서 잘 드러나는 구원의 직설법과 행함의 명령법 도식과 달리 직설법과 명령법을 구분하기 어렵고, 이 둘이 서로 하나로 얽혀있다.9) 다시 말해, 복음과 요청(명령)이 마태의 경우 동일하다고 말할 수 있다. 산상설교의 명령법은 천국을 전망하고 있는 터라 동시에 구원의 약속이며 하나님의 은혜이다. 그것은 마치 시내산 토라가 이스

---

9) 장흥길은 마태복음에 나타나는 직설법과 명령법의 관계를 "명령법에 강세를 가진 직설법의 통합적인 관계"로 설명한다(『신약성경윤리』, 장로회신학대학교출판부, 2002, 187).

라엘 백성에게 짐과 부담으로서가 아니라 하나님의 은혜로 주어진 것이라는 유대 전통적 사고방식에 상응한다. 이 점에서 마태는 전적으로 유대 전통적인 사고를 하는 사람임이 드러난다.

마태복음 4:25에 산상설교의 청중이 소개되고 있는데, 마태는 누가(6:17)의 경우와 유사하게 대체로 마가복음 3:7-8을 수용하고 있다. 그러나 마태는 누가와 완전히 상반된 청중을 마가의 본문에서 취사선택한다. 마태는 "갈릴리와 데가볼리와 예루살렘과 유대와 요단 강 건너편"에서 온 무리가 청중이라고 말한다. 마가에 나오는 것으로 누가가 중시 여겨 선택한 두 중심 도시, 즉 "두로와 시돈"이 마태의 본문에는 빠져 있다. 한마디로, 마태는 이스라엘에 속한 청중에 국한하고 있다. 물론 마태가 헬레니즘화 된 12도시를 가리키는 "데가볼리"도 언급하나, 이 지역은 유대 하스몬 왕가의 영토 확장 정책 이후 꾸준히 많은 유대인들이 이주해 살았고, 또한 일정 부분 성서의 땅에 속했기 때문에 마태가 언급하고 있다. 결국, 마태는 산상설교가 하나님의 백성 이스라엘 전체를 향한 것임을 드러내고자 한다.

그런데 마태복음 5:1에 산상설교의 청중으로 "제자들"이 나타난다. 이로써 마태는 백성의 무리와 구분되는 어떤 이질적인 특정 그룹을 언급하는 것이 아니라, 집결되어야 할 종말론적인 하나님의 백성을 대표하는 사람들로서 제자들을 언급하고 있다. 마태가 생각하는 산상설교의 청중은 "이 순간 아직도 하나님 백성으로서 자신의 소명에 대하여 올바르게 처신할지 말지를 결단해야 할 그런 이스라엘"[10]이라고 말할 수 있다. 그러나 궁극적으로 산상설교의 가르침은 이스라엘에게만 국한된 것이 아니라 모든 이방 백성들을 향한 것이기도 하다(마 28:16-20).

---

10) G. 로핑크, 『산상 설교는 누구에게?』, 분도출판사, 1998, 50.

▶ 산상설교의 서언 — 복 선포와 소금과 빛에 관한 말씀(마 5:3-16): 먼저 복 선포와 관련하여 살펴보자. 마태는 예수어록(Q)에서 나온 자료를 확대시킨다. 4개의 복 선포만을 제시하는 누가와 달리, 마태는 모두 9개의 복 선포(마 5:3-12)를 제시한다.

> (마 5:3-12) 3 심령이 가난한 자는 복이 있나니 천국이 그들의 것임이요 4 애통하는 자는 복이 있나니 그들이 위로를 받을 것임이요 5 온유한 자는 복이 있나니 그들이 땅을 기업으로 받을 것임이요 6 의에 주리고 목마른 자는 복이 있나니 그들이 배부를 것임이요 7 긍휼히 여기는 자는 복이 있나니 그들이 긍휼히 여김을 받을 것임이요 8 마음이 청결한 자는 복이 있나니 그들이 하나님을 볼 것임이요 9 화평하게 하는 자는 복이 있나니 그들이 하나님의 아들이라 일컬음을 받을 것임이요 10 의를 위하여 박해를 받은 자는 복이 있나니 천국이 그들의 것임이라 11 나로 말미암아 너희를 욕하고 박해하고 거짓으로 너희를 거슬러 모든 악한 말을 할 때에는 너희에게 복이 있나니 12 기뻐하고 즐거워하라 하늘에서 너희의 상이 큼이라 너희 전에 있던 선지자들도 이같이 박해하였느니라

마태는 산상설교의 윤리적 성향을 부각시키려 한다.[11] 그래서 누가복음 6:20의 "가난한 자는 복이 있나니"라는 표현과 달리, 마태복음 5:3은 "심령이 가난한 자는 복이 있나니"라고 말한다. 그 배후에는 이사야 66:2에 나타나는 이른바 "가난의 경건"이 자리 잡고 있다.[12] 즉, 하나님 앞에서의 경건한 자세를 강조한다. 그리하여 예수님 당시 "가난한 자"는 다름 아닌 "의인"을 가리키는 명예의 이름이 되면서[13] 양자

---

11) 장흥길은 산상설교를 가리켜 "마태복음에서, 아니 전체 신약성경에서 가장 의미 있는 윤리적인 본문"이라 말한다(『신약성경윤리』, 196).

12) (사 66:2) "나 여호와가 말하노라 내 손이 이 모든 것을 지었으므로 그들이 생겼느니라 무릇 마음이 가난하고 심령에 통회하며 내 말을 듣고 떠는 자 그 사람은 내가 돌보려니와." 가난한 자의 경건과 관련하여 N.Lohfink, *Lobgesänge der Armen*, Stuttgart 1990을 참조하라.

가 거의 동의어처럼 사용되었다. 윤리화의 경향성은 마태복음 5:6("의에 주리고 목마른 자는 복이 있나니 그들이 배부를 것임이요")에 명백히 드러난다. 누가의 "주린 자"(눅 6:21) 대신에 마태는 "의에 주리고 목마른 자"로 바꾼다.

 윤리적 성향과 더불어 내면적 성향도 드러난다. "심령이 가난한 자", "온유한 자", "마음이 청결한 자"에게 복 선포가 주어진다. 그렇다고 해서 마태가 전적으로 내면화에 빠져 있다고 말할 수 없다. 예수님의 제자가 된다는 것은 천국복음에 합당한 의로운 행위를 통해 살아가는 구체적인 삶이라는 점을 마태는 결코 의심하지 않았기 때문이다. 마태복음 5:7의 "긍휼" 혹은 "자비"는 마음 자세로서만이 아니라 구체적인 행위로 드러나야 한다. 또한 마태복음 5:9의 "화평하게 하는 자"는 본디 "평화의 행위자"(εἰρηνοποιοί)를 뜻한다.

 마태의 복 선포는 일차적으로 제자로서 합당하게 살아가는 인생길을 제시하는 직설법(indicative)이라고 말할 수 있다. 그러나 그것은 동시에 은혜를 동반하는 명령법(imperative)이다. 그러기에 요구 사항만을 제시하지 않고, "복이 있으라"는 약속의 말씀을 담고 있다. 의를 사모하고 그것을 자신의 삶 가운데 실천하는 사람은 천국에 이르는 의로운 인생길에 있는 사람이다. 이런 의미에서 산상설교는 멸망으로 치닫는 세상길에서 제자들을 지켜주는 은혜의 말씀이다.

 이어서 나오는 소금과 빛의 비유(마 5:13-16) 역시 복 선포처럼 행위의 복음을 입증한다.

> (마 5:13-16) 13 너희는 세상의 소금이니 소금이 만일 그 맛을 잃으면 무엇으로 짜게 하리요 후에는 아무 쓸 데 없어 다만 밖에 버려져 사람에게 밟힐 뿐이니라 14 너희는 세상의 빛이라 산 위에 있는 동네가 숨겨지지 못할 것이요 15 사람이 등불을 켜서 말 아래에 두지 아니하고 등경 위에

---

13) 솔로몬의 시편 5:2, 11; 10:6; 15:1; 18:2.

> 두나니 이러므로 집 안 모든 사람에게 비치느니라 16 이같이 너희 빛이
> 사람 앞에 비치게 하여 그들로 너희 착한 행실을 보고 하늘에 계신 너희
> 아버지께 영광을 돌리게 하라

구원은 말로만 선포되는 것이 아니라, 우리의 삶 가운데 실천되어야
함을 강조한다. "너희는 세상의 소금이라" 또한 "너희는 세상의 빛이
라"(마 5:13-14)는 직설법적인 약속은 우리를 향하신 하나님의 선택
을 보여준다. 우리가 세상 가운데서 의로운 행실을 실천할 때 그 선택
의 진정한 의미가 드러나게 된다.

▶ 첫 번째 본론 – 더 큰 의(마 5:17-48): 이 단락은 두 부분으로 나눌 수
있다. 17-20절은 기본 강령에 해당하고, 21-48절은 이른바 반대명제
(Antithese)이다. 예수님은 토라를 폐기하거나 그것에 반대하지 않았
다는 사실이 반대명제를 다루기에 앞서 나온 기본 강령(17-20절)에
분명히 드러난다.

> (마 5:17-20) 17 내가 율법이나 선지자를 폐하러 온 줄로 생각하지 말라
> 폐하러 온 것이 아니요 완전하게 하려 함이라 18 진실로 너희에게 이르
> 노니 천지가 없어지기 전에는 율법의 일점 일획도 결코 없어지지 아니
> 하고 다 이루리라 19 그러므로 누구든지 이 계명 중의 지극히 작은 것
> 하나라도 버리고 또 그같이 사람을 가르치는 자는 천국에서 지극히 작
> 다 일컬음을 받을 것이요 누구든지 이를 행하며 가르치는 자는 천국에
> 서 크다 일컬음을 받으리라 20 내가 너희에게 이르노니 너희 의가 서기
> 관과 바리새인보다 더 낫지 못하면 결코 천국에 들어가지 못하리라

17절에 나오는 두 가지 동사 "폐하다"와 "완전하게 하다"가 서로 대
립되어 있다. 이때 "완전하게 하다"라는 개념은, 예수님이 자신의 행
함으로 율법의 구체적인 요구사항을 온전히 이룬다는 뜻이 아니라,

율법이 지향하는 가장 본질적인 의도를 이루는 뜻으로 이해해야 옳다. 예수님의 경우 내가 하나님의 뜻을 어떻게 알 수 있는가 하는 해석학적 질문이 핵심이라면, 마태의 관심은 예수님에 의해 주어진 가르침이 토라와 어떤 관계에 있는가 하는 질문에 놓여 있다. 마태에게 예수님의 말씀은 토라의 본래 의도를 밝혀내는 해석학적 열쇠에 해당한다.

"율법이나 선지자"(17절)라는 이중표현은 마태에게 상당히 중요하다.14) 이 표현은 서로 다른 두 가지를 나타내는 것이 아니라 이스라엘의 성서에 계시된 하나님의 뜻 전체를 가리킨다. 토라와 예언서에 계시된 하나님의 뜻은 그리스도 사건에 직면에서도 또한 그리스도교 신앙공동체 안에서도 여전히 유효하다는 점을 마태는 확신했다. 따라서 마태가 강조하는 예수님은, 바로 그 계시를 폐기하기 위해서가 아니라 완성하러 오신 분이며 그것을 지키고 행함을 통해 실현하려 오신 분이다.

"율법" 외에 "선지자"가 나타나는 것으로 미루어, 마태는 예수님의 해석학을 구원사적인 문맥에서 바라보았다는 사실도 드러난다. 이런 시각에서 마태는 예수님을 종말론적 모세처럼 여겼다고 말할 수 있다. 모세가 하나님의 뜻을 받아 이스라엘 백성에게 선포하기 위해 시내 산에 올라갔듯이, 이제 예수님은 산 위에서 종말론적인 토라 해석학을 선포하신다(마 5:1-2).15) 토라 해석자로서의 마태의 예수님은

---

14) 이 이중 표현은 신약성서 중 마태에게 가장 자주 나타난다. 마 5:17; 7:12; 22:40에 나오는 이 표현은 마태가 편집 가운데 첨가한 것이다.

15) 예수님을 "새로운 모세"로 바라보는 해석은 빈디쉬(H. Windisch, *Der Sinn der Bergpredigt*, Leipzig 1929, 10f) 이후 널리 수용되었다. 그러나 첼러(D.Zeller)는 산상설교의 예수를 헬레니즘적 율법 수여자 모델로 해석할 것을 제안한다: "Jesus als vollmächtiger Lehrer (Mt 5-7) und der hellenistische Gesetzgeber," in *Studien zum Matthäusevangelium*, ed., L. Schenke (Stuttgart 1988), 301-317.

서기관들과 분명히 구분된다. 그러기에 마태는 산상설교의 마감부에서(마7:28-29) 예수님의 가르침은 서기관과 달리 권세 있는 가르침이라는 사실을 힘주어 강조한다.

마태복음 5:18("율법의 일점일획도 결코 없어지지 아니하고 다 이루리라")은 율법 전체의 유효성을 강조한다. 이를 예컨대 토라의 온갖 제의 계명을 마태 공동체가 빠짐없이 지켰다는 뜻으로 받아들일 필요는 없다. "율법 전체"를 어떻게 해석하느냐가 관건이다. 19절은 일종의 양보적 진술로 이해할 수 있다. "천국에서 지극히 작은 자"는 천국에서 배제됨을 뜻하는 수사적 표현으로 간주된다. 아무튼 서기관과 바리새인의 의보다 "더 큰 의"가 천국에 들어가기 위한 필수조건으로 강조된다(20절). "더 큰 의"는 마태가 강조하는 핵심 개념이다.16)

그것이 무엇을 뜻하는지에 대해 이어서 나오는 반대명제(마 5:21-48) 가운데 분명히 드러난다. 여기서 간과할 수 없는 것은, 반대명제에 나오는 더 큰 의는 예외 없이 대인관계의 차원과 관련되어 있다는 사실이다(노하지 말라, 간음하지 말라, 맹세하지 말라, 악한 자를 대적하지 말라, 원수를 사랑하라). 따라서 마태복음 22:40은 하나님 사랑과 이웃 사랑의 이중 계명에 이어서 다음과 같이 말한다: "이 두 계명이 온 율법과 선지자의 강령이니라." 또한 마태복음 7:12는 "무엇이든지 남에게 대접을 받고자 하는 대로 너희도 남을 대접하라"는 황금률이, 곧 "율법이요 선지자"라고 말한다. 반대명제가 노하지 말라는 계명으로 시작해서(마 5:21 이하) 원수사랑의 계명으로 마치는(마 5:43 이하) 것은 우연이 아니다. 사랑의 계명은 그 어떤 상황에서도 지켜져야 하는 제자 공동체의 특징이다. 물론 마태에게 있어서 사랑은 단지

---

16) 이와 같은 사실을 슈트렉커가 잘 밝혔다(G. Strecker, *Der Weg der Gerechtigkeit: Untersuchung zur Theologie des Matthäus*, Göttingen ³1971, 149 이하). G. 스탠턴, 『복음서와 예수』, 김동건 역, 대한기독교서회, 87-90도 참조하라.

형식 원리가 아니라 구체적인 실천 사항이다. 반대명제의 사례가 다름 아닌 구체적인 사랑의 사례이다. 선한 의도만으로 불충분하고 "의"(δικαιοσύνη)는 실천을 동반 해야만 한다(cf. 마 3:15). 그것이 마태가 의미하는 "의"의 개념이며 마태 신학의 특성을 나타내는 개념이다.17)

"의"에 대한 마태의 이해는 바울의 이해와 다르다. 바울은 이 개념을 구원론적인 용어로 사용한다. 그리하여 의란 인간이 창조주 하나님과 올바른 관계에 서도록 하는 하나님의 은혜이며 구원의 선물이라고 생각한다(롬 3:21-26; 고전 6:11). 하지만 마태가 강조하는 의는 하나님이 제자들에게 요구하시는 의로운 행위를 뜻한다. 이때 의를 개인적 차원의 개념으로서 뿐만 아니라, 신앙공동체, 즉 교회의 의와 관련해서 이해할 필요가 있다. "의"는 하나님의 백성이 나아갈 길이기 때문이다.

▶ 두 번째 본론 — 하나님 앞에서의 의(마 6:1-7:12): 산상설교의 두 번째 본론은 세 가지 주제, 즉 구제와 기도와 금식을 다룬다. 이 세 가지는 유대교가 특별히 중요하게 여기는 경건의 실천 덕목이다. 이 세 가지 행위가 외식하는 자의 행위와 대립되어 있는 터라, 당시 유대 종교인들에 대항하는 논쟁의 기미를 짐작할 수 있다. 그러나 그 이면에는 보다 깊은 차원의 의도가 놓여 있다. 그것은 "더 큰 의"는 사람 앞에서 과시하기 위해서가 아니라 하나님 앞에서 이루어져야 한다는 것이다. 그러한 진정한 행함이라야 하나님께 상달될 수 있다는 것을 마태는 강조한다. 따라서 산상설교의 한가운데에서 종교적 행위의 실천 문제가 거론되고 있고, 그 종교적 행위의 중심에 주기도문(마 6:9-14)이 나타나고 있는 것은 결코 우연이 아니다. 앞 단락에 나

---

17) "의"라는 명사가 마가복음에는 전혀 나타나지 않고 누가복음의 경우 단 한 번 나오나(눅 1:75), 마태복음에는 7번 나타난다(마 3:15; 5:6, 10, 20; 6:1, 33; 21:32).

오는 반대명제(마 5:21-48)가, 내가 무엇을 해야 하는가에 관한 외적인 의의 문제를 다루었다면, 이번 단락(마 6:1-7:12)은 내적 종교적 차원의 의에 대해 다룬다. 이로써 '의를 행함'이 기도로 연결되고 있다. 그리하여 행함의 명령법은 결국 하나님 아버지와의 만남으로 나아간다. 마태에게는 명령법이 곧 은혜라는 사실이 또 다시 드러난다.

마태의 주기도문(마 6:9-13): 마태가 제시하는 주기도문의 형태는 예수어록 속에 나타나는 주기도문의 형태(Q눅 11:2-4)와 달리 확대되어 있다. 그러한 확대가 마태의 편집에서 비롯된 부분도 있으나, 오히려 그러한 형태의 주기도문은 마태 공동체 안에서 사용되던 것이었고 그것을 마태가 수용한 것으로 보인다.[18]

마 6:9–13	눅 11;2–4
9 그러므로 너희는 이렇게 기도하라 하늘에 계신 우리 아버지여 이름이 거룩히 여김을 받으시오며 10 나라가 임하시오며 뜻이 하늘에서 이루어진 것 같이 땅에서도 이루어지이다 11 오늘 우리에게 일용할 양식을 주시옵고 12 우리가 우리에게 빚진 자들을 사하여 준 것 같이 우리 빚들을 사하여 주시옵고 13 우리를 시험에 들게 하지 마시옵고 다만 악에서 구하시옵소서 (나라와 권세와 영광이 아버지께 영원히 있사옵나이다 아멘)	2 예수께서 이르시되 너희는 기도할 때에 이렇게 하라 아버지여 이름이 거룩히 여김을 받으시오며 나라가 임하시오며 3 우리에게 날마다 일용할 양식을 주시옵고 4 우리가 우리에게 빚진 모든 사람을 용서하오니 우리 죄들도 사하여 주시옵고 우리를 시험에 들게 하지 마시옵소서 하라

마태 본문과 누가 본문 사이에 나타나는 중요한 차이는 다음과 같

---

18) U. Luz, *Das Evangelium nach Matthäus*, EKK I/1, 335.

다. 누가는 이야기를 이끄는 도입어로 시작하나(1절), 마태는 단순한 명령으로 시작한다(마 6:9a). 누가의 경우 하나님을 단순히 "아버지여"(2절)라고 부른다. 이는 예수님의 언어인 아람어 원형 "아바"에 상응한다(cf. 갈 4:6; 롬 8:15). 반면 마태는 랍비적 언어용법에 따라 "하늘에 계신 우리 아버지여" 하고 말한다(9절). 먼저 나오는 두 가지 기도, 즉 하나님 이름의 성화와 하나님 나라의 도래가 서로 밀접하게 연결되어 있음이 마태와 누가 모두에게 드러난다. 둘 다 궁극적으로는 하나님의 사역에 속한다. 그런데 마태는 세 번째 기도('하나님의 뜻을 이룸' 6:10b)를 통해 하나님 이름의 성화와 하나님 나라의 도래가 다름 아닌 하나님의 뜻을 행하는 데서 일어난다고 해석하나, 누가는 그에 대해 침묵한다. "오늘"(11절) 일용할 양식을 주시기를 간구하는 마태의 경우와 달리, 누가는 "날마다"(3절) 주시기를 간구한다. 누가의 표현은 인간의 역사가 지속되리라는 것을 반영한 표현으로 이차적이다. 다섯 번째 기도인 용서에 대한 기도와 관련하여 마태의 표현 "빚들"(ὀφειλήματα 12절)이 누가의 표현 "죄들"(ἁμαρτίας 4절)보다 더 원형에 가깝다. 그리스어에는 "빚"이란 단어는 신률을 범하는 것을 연상시키지 않기 때문에 누가는 "잘못들", 즉 "죄들"이란 표현을 선호한다. 누가의 경우 이 단어가 현재형 동사와 연결되면서 용서하는 행위의 지속성을 강조한다. 시험에 관한 기도가 누가의 경우 간단한 형태로 나오나(4절), 마태의 경우 두 배로 길어지면서 누가에는 없는 "다만 악에서 구하시옵소서"가 나타난다(13절).

이러한 차이는 편집자의 특별한 관심에서 비롯된 부분도 있고, 다른 한편 서로 상이한 예배의식이나 경건 실천에서 나온 부분도 있을 것이다. 마태가 개별 단어 사용의 경우 보다 옛 형태를 보존했을이지라도 전체적으로 보면, 마태의 긴 본문 형태보다 누가의 단순한 형태가 원형에 더 가깝다. 누가의 형태는 본질적인 것에 집중하고 있고 마태의 형태에 모두 나타나고 있기 때문이다. 마태의 본문은 유대 환경

에서 살았던 마태 공동체의 삶의 성찰에서 비롯된 것으로 보인다.19)

용서의 행위를 간구하는 기도에 드러나듯이, 주기도는 "행동하는 인간의 기도"(U. Luz)이다. 그러나 여기에 오해의 소지가 있다. 이러한 시각을 절대화 시킨 나머지, 마치 하나님 나라의 도래가 인간의 행위에 전적으로 달려 있다고 여겨서는 아니 될 것이다. 마태에게 행함의 명령법은 은혜와 직결되어 있기 때문이다.

두 번째 단락(마 6:19-7:12)은, "의"의 규범과 목표는 세상의 보물이 아니라 바로 천국이라는 주제를 다룬다. 이 단락의 핵심 진술은 "그런즉 너희는 먼저 그의 나라와 그의 의를 구하라 그리하면 이 모든 것을 너희에게 더하시리라"(마 6:33)이다. 이것은 마태가 예수어록(Q)에 나오는 "오직 그의 나라를 구하라"(눅 5:31)는 표현을 확대시킨 것이다. 이때 하나님 나라와 의가 서로 분리된 것이 아니다. 마태에게 의란 도래하고 있는 하나님 나라의 질서이며, 동시에 이 땅에서 의의 행함 가운데 드러나는 하나님의 질서를 뜻하기 때문이다. 하나님 나라와 그의 의를 구하는 자는, 즉 그 의를 행하는 자는 오늘과 내일의 일상적인 온갖 근심걱정에서 자유롭게 된다(마 6:25-34). 이러한 의를 행하는 자는 하나님을 만나게 된다. 인간이 구하기 전에 그가 무엇을 필요로 하는가를 이미 아시는 하나님을 만나게 된다(마 6:8). 하늘에 계시는 아버지로서 하나님은 그의 자녀들에게 언제나 좋은 것만 주시는 분이시다(마 7:7-11).

---

19) 마태의 주기도문과 유사한 형태의 주기도문이 디다케 8:2-3에도 나온다. 2세기 초에 살았던 이 문서의 저자는 마태 교회와 가까운 관계에 있었을 것이라고 추측된다. 마태 본문 마지막에 나오는 영광송("나라와 권세와 영광이 아버지께 영원히 있사옵나이다 아멘")은 가장 오래된 필사본들 가운데는 없는 것으로 훗날 확대된 것인데, 디다케의 주기도문 마지막에도 나온다("권세과 영광이 아버지께 영원히 있사옵니이다"). 이 영광송은 역대상 29:11-13에서 비롯된 것이다("여호와여 위대하심과 권능과 영광과 승리와 위엄이 다 주께 속하였사오니 천지에 있는 것이 다 주의 것이로소이다 ...").

▶ **결론부 – 의의 규범으로서의 행함(마 7:13-27):** 산상설교는 심판에 관해 전망하면서 마친다. 먼저, 멸망으로 인도하는 문과 생명으로 인도하는 문에 관한 상당히 인상적인 비유가 나온다(13-14절).

마 7:13-14	눅 13:23-24
13 좁은 문으로 들어가라 멸망으로 인도하는 문은 크고 그 길이 넓어 그리로 들어가는 자가 많고 14 생명으로 인도하는 문은 좁고 길이 협착하여 찾는 이가 적음이라	23 어떤 사람이 여짜오되 주여 구원을 받는 자가 적으니이까 그들에게 이르시되 24 좁은 문으로 들어가기를 힘쓰라 내가 너희에게 이르노니 들어가기를 구하여도 못하는 자가 많으리라

마태는 이 말씀을 예수어록(cf. Q눅 13:23-24)에서 가져왔다. 두 가지 변화를 준다. 더 이상 종말론적 만찬이 거행되는 집으로 들어가는 문, "튀라"($\theta \acute{u} \rho \alpha$)가 아니라, 시내 길로 인도하는 "퓔레"($\pi \acute{u} \lambda \eta$), 즉 도시 관문에 대하여 말한다. 또한 마태는 하나의 좁은 문에 관한 진술이 아니라 두 가지 평행하는 길에 관한 진술로 만든다.[20] 좁은 문을 통해 생명으로 인도하는 고난의 길로 가려는 사람은 소수이고, 대다수는 멸망으로 인도하는 넓은 길로 간다(13절). 이러한 두 관문과 길의 비유는 구원과 심판을 가리킨다. 마태에게는 구원과 심판은 동전의 양면처럼 맞물려 있다. 구원을 선포하는 것은 곧 심판의 가능성이 있음을 말한다. 그런데 구원은 결단을 요구한다. 산상설교의 가르침에 따른 실천을 향한 결단을 요구한다. 다시 말해 나의 인생길에서 산상설교의 가르침을 실천할 것인가 아니면 회피할 것인가에 대한 결단이다.

---

20) 디다케 1:1-5:2에 두 가지 길에 관한 가르침이 더욱 확대된 형태로 나타난다. Cf. 신 30:15-20; 렘 21:8; 시 1:6; 잠 28:6; 제4에스라 7:6-14; 1QS 3:17-18.

마태복음 7:19에 나오는 예수님의 심판말씀은 마태복음 3:10에 나오는 세례 요한의 심판선포를 연상시킨다.

마 7:19	cf. 마 3:10
아름다운 열매를 맺지 아니하는 나무마다 찍혀 불에 던져지느니라	이미 도끼가 나무뿌리에 놓였으니 좋은 열매를 맺지 아니하는 나무마다 찍혀 불에 던져지리라

여기에서 마태가 예수님과 세례 요한의 심판 선포를 동일한 선에서 바라보고 있음이 드러난다. 여기서 중요한 것은, 행함과 관련된 심판이다. 나무에 대한 심판 여부는 그 열매에 따라 내려질 뿐이다(마 7:20). 다름 아닌 의를 행함 여부가 규범이다. 마태복음 7:21-22에 드러나듯이, 그것은 동시에 거짓 예언자에게도 해당한다. 아마 그러한 거짓 예언자들이 마태 공동체 안에 있었던 모양이다.

마태복음 7:21의 진술은 마태 특유의 진술이다. 여기에서 마태는 누가(6:46)와 달리 행함을 천국에 들어가는 조건으로 변형시킨다.

마 7:21	눅 6:46
나더러 주여 주여 하는 자마다 다 천국에 들어갈 것이 아니요 다만 하늘에 계신 내 아버지의 뜻대로 <u>행하는</u> 자라야 들어가리라	너희는 나를 불러 주여 주여 하면서도 어찌하여 내가 말하는 것을 <u>행하지 아니하느냐</u>

누가의 경우 그리스도인 일반을 향해 비난의 논조로 말하는 것과 달리, 마태의 예수님은 제자들에게 말씀하신다. 입술로만 외우는 기독론적 신앙고백이 아니라, 하나님의 뜻을 행함이 결정적으로 중요하다. 하나님의 뜻을 행함이 곧 의의 길이다. 심지어 귀신축출과 기적적 권능도 예외 없이 이러한 행함의 규범에 예속되어 있다(마 7:22-23).

제7장 마태의 기적 이야기(마 8-9장)

　마태는 마가의 순서를 마가복음 1:39에서 이탈했었는데 산상설교(마 5-7장)를 다룬 후에 다시 마가의 순서로 돌아온다. 나병환자 치유에 관한 이야기(마 8:1-4)는 마가복음 1:40-45에 해당한다. 또한 마태는 이어지는 마가의 본문(막 2:1-12, 13-17, 18-22)도 수용한다(마 9:1-8, 9-13, 14-17). 그러나 중간 중간에 마가의 다른 부분에서 유래한 내용을 단락별로 삽입시킨다. 우선 마가복음 1:29-31, 32-34를 수용하고(마 8:14f, 16f), 이어서 마가의 기적 이야기에서 나온 부분인 마가복음 4:35-41(=마 8:23-27)과 마가복음 5:1-20(=마 8:28-34)을 끼워 넣는다.

　이제 마태는 다시 마가복음 2장으로 돌아온 후, 마가복음 5:21-43(=마 9:18-26)을 첨가한다. 이렇게 보면 마태는 마가의 순서를 잠시 떠나기는 하나 대체로 마가의 순서를 따르고 있다는 사실이 여기에서 이미 드러난다. 게다가 마태는 예수어록에서 나온 두 본문도 이용한다(Q눅 7:1-10 = 마 8:5-13; Q눅 9:57-60 = 마 8:18-22). 그런 다음 마태는 마가복음을 다시 이용한다(막 10:46-52; 3:22). 이와 같은 구조를 도표로 만들면 다음과 같다.

나병환자 치유 (마 8:1-4)	막 1:40-45	
가버나움의 로마 장교 하인 치유(마 8:5-13)		Q눅 7:1-10
베드로의 장모 치유 (마 8:14-15)	막 1:29-31	
병자 치유와 귀신축출 (마 8:16-17)	막 1:32-34	
예수를 따르고자 하는 자 (마 8:18-22)		Q눅 9:57-60
풍랑을 잠재움 (마 8:23-27)	막 4:35-41	
가다라의 귀신 들린 두 사람 (마 8:28-34)	막 5:1-20	

중풍병자 치유 (마 9:1-8)	막 2:1-12	
마태를 부름 / 세리들과의 만찬 (마 9:9-13)	막 2:13-17	
금식논쟁 (마 9:14-17)	막 2:18-22	
야이로의 딸의 부활 / 혈루증 앓는 여인 (마 9:18-26)	막 5:21-43	
두 눈먼 자와 말 못하는 자 치유 (마 9:27-34)	막 10:46-52; 3:22	

이러한 구조에는 마태의 의도가 담겨있다. 그것은 예수님의 기적 행위를 단순히 수집하려는 것이 아니라, 메시아로서의 예수님의 사역들을 나열하려는 그의 기독론적 관심사이다(cf. 마 11:2). 즉 신적 권위 가운데 구원을 선포하시고 구원활동을 베푸시면서 인간들을 만나시는 하나님의 아들 메시아 예수님을 묘사하려는 관심이다.[21] 이때 마태의 생각을 지배한 것은 예수님의 사역을 성서 말씀의 성취요 구원 시대의 시작으로 묘사하는 예수어록 Q눅 7:22의 진술이다("예수께서 대답하여 이르시되 너희가 가서 보고 들은 것을 요한에게 알리되 맹인이 보며 못 걷는 사람이 걸으며 나병환자가 깨끗함을 받으며 귀 먹은 사람이 들으며 죽은 자가 살아나며 가난한 자에게 복음이 전파된다 하라" cf. 마 11:5). 이에 합당하게 마태복음 8-9장은 눈먼 자 치유(마 9:27-31), 중풍병자 치유(마 8:5-13; 9:1-8), 나병환자 치유(마 8:1-4), 또한 죽은 자의 부활 이야기(마 9:18-26)를 나열한다. 마태복음 11:5-6에 언급되지 않은 것으로 귀신축출 행위가 있다(cf. 눅 7:21 "악귀 들린 자를 많이 고치시며"). 귀신축출 행위는 예수님 사역의 특징을 아주 잘 드러내기 때문에, 마태는 그것을 마태복음 8:16-17과 8:28-34에 끼워 넣는다.

---

21) A. Sand, *Das Evangelium nach Matthäus*, Leipzig 1989, 174.

마태가 산상설교에 이어서 이러한 기적이야기를 뒤따르게 한 것은 결코 우연이 아니다. 여기에는 마태의 의도가 있다. 마태는 메시아 예수님의 말씀사역과 행위사역을 함께 연결시키려 한다(cf. 마 4:23).[22] 그런데 마태는 가버나움 백부장의 종 치유의 이야기를 곧 이어서 보도하지 않고, 우선 마가의 순서로 돌아온다(마 8:1-4 // 막 1:40-45). 그 이유는 마가복음 1:40-45의 나병환자 이야기에서 예수님이 "모세의 명"을 언급하고 있고, 이로써 예수님이 모세의 토라를 잘 준수하고 있다는 사실을 입증하려는 데 있다. 그런 다음에 예수어록에서 유래한 가버나움의 백부장 이야기가 뒤따른다(마 8:5-13). 그런데 여기에서 마태는 누가와 달리("병들어" 눅 7:2) "중풍병"이라고 묘사한다. 이는 마태복음 11:2, 5-6의 요약문 가운데 "앉은뱅이"가 걷게 되리라는 약속과 관련이 있다.

마태는 베드로의 장모 치유 이야기(8:14-15)와 8:16-17의 요약문과 더불어 다시 마가로 돌아온다(막 1:29-31, 32-34). 마태는 예수님의 산상설교를 묘사하려 했기에 이 본문들을 일단 제외시켰다가 이제야 언급한다. 마태복음 8:14-15는 평행구절인 마가복음 1:29-31와 달리 예수님에게 집중하고 있다. 또한 마태는 기적 행위의 의미를 구약성서 성취 인용문을 통해 강조하기 위해 마가의 요약문 마가복음 1:32-34를 이용한다(마 8:17 "이는 선지자 이사야를 통하여 하신 말씀에 우리의 연약한 것을 친히 담당하시고 병을 짊어지셨도다 함을 이루려 하심이라"). 이 인용문은 이사야 53장의 이른바 "고난 받는 종의 노래"(사 53:4)에서 유래한 것이다. 마태는 예수님을 우리의 연약함과 질병을 대신 짊어진 "고난 받는 종"으로 이해한 것이다.[23]

---

22) 이미 1937년에 슈니빈트는 자신의 주석서에서 마 5-7장의 표제를 "말씀의 메시아", 8-9장의 표제를 "행위의 메시아"로 붙였다. 여기에서 그는 "설교에 이어서 치유가, 말씀에 이어서 행위가" 나타나고 있다는 사실을 확신했다(J. Schniewind, *Das Evangelium nach Matthäus*, Göttingen [9]1960, 36).

마태복음 8:17로써 마태의 기적이야기 첫 단락이 끝난다. 이어서 예수님의 활동무대가 바뀌고, 예수어록(Q눅 9:57-60)에서 유래한 예수 따름에 관한 말씀(마 8:18-22)이 나온다. 여기에서 마태는 예수 따름의 행위가 얼마나 극단적인 행위인가를 분명하게 보여준다. 마태는 다시 풍랑을 잠재우는 기적 이야기(마 8:23-27)를 배열한다. 이것은 마가복음 4:35-41에서 가져온 것이다. 이 기적 이야기는 사실상 마태복음 11:5-6에 나열된 항목에 속하지 않으나, 마태는 이를 마태복음 8:18-22와 잘 연결된 이야기로 생각한 것 같다. 예수님을 따르는 제자의 길이 강한 결단을 동반해야만 하는 힘든 길임을 말했는데, 이번에는 예수 따름의 길에 늘 뒤따르는 또 다른 위협에 대해 말하고 있기 때문이다.24) 그것은 예수 따름 가운데 제자들이 '적은 믿음'으로 인해 위협받고 있다는 사실이다. 이를 잘 알고 있는 마태는, 그러한 상황에는 언제나 예수님의 권세 있는 구원의 말씀이 필요하다는 사실을 마태복음 8:23-27로써 강조한다.

이어서 나오는 가다라의 귀신 들린 자 이야기(마 8:28-34)도 마가의 본문을 따른다(막 5:1-20). 마가의 본문에는 귀신 들린 한 사람이 등장하나, 마태는 두 명의 귀신 들린 자에 대해 말한다. 마가의 비교적 긴 본문을 마태가 상당히 축소시키는데, 예수님께 집중하려는 마태의 의도에 따른 것이다. 마가의 이야기 마지막 부분에 나오는 선교적

---

23) 이러한 사실은 역시 "고난 받는 종의 노래"에 속한 사 42:1-4가 인용되고 있는 마 12:18-12에 더욱 명확하게 드러난다.

24) 마태는 "제자"를 뜻하는 "마테테스"($\mu\alpha\theta\eta\tau\eta\varsigma$)라는 단어를 마가나 누가보다 훨씬 많이 사용한다(마태 73번, 마가 46번, 누가 37번). 그와 달리 12제자를 뜻하는 "도데카"($\delta\omega\delta\epsilon\kappa\alpha$)"라는 단어는 상대적으로 적게 사용한다(마태 13번, 마가 15번, 누가 12번). 마태는 "도데카"를 예수님을 따라다녔던 과거의 그룹으로 보는 반면, "마테테스"는 특별히 현재와 관련된 중요한 개념으로서 사용한다. 즉 마태에게 "제자"란 현재 교회의 성원을 염두에 둔 개념이다.

시각(막 5:19-20)이 마태의 본문에는 생략되어 있다. 이 역시 메시아 예수님의 행위 묘사에만 집중하고자 하는 마태의 의도에 따른 것이다.

이어지는 중풍병자 치유 이야기(마 9:1-8)로써 마태는 마가의 원래 순서, 즉 마가복음 2:1-12로 돌아온다. 중풍병자 치유 이야기는 마태복음 11:5-6에 나오는 사역 항목에 잘 들어맞는다. 마태는 세리들과의 만찬 이야기도 마가복음에서(막 2:13-17) 가져온다(마 9:9-13). 마태는, 이 이야기(마 9:9-13)가 가난한 자와 병든 자를 향한 예수님의 복음선포를 잘 드러내는 본문이라고 생각한 것 같다. 복음서기자는 마가의 본문에 나오는 "세리 레위"를 "세리 마태"와 동일시함을 마태복음 10:3을 통해 알 수 있다. 마태는 호세아 인용(호 6:6 "내가 긍휼을 원하고 제사를 원하지 아니하노라")을 통해 '의사를 필요로 하는 병든 자에 관한 말씀'을 확대시킨다. 마태복음 9:13으로써 마태는 기적 이야기의 두 번째 단락을 마친다.

이어서 마태는 금식논쟁(마 9:14-17)을 배열하는데, 이것은 다시 마가의 순서를 따른 것이다(막 2:18-22). 질문을 제기하는 세례 요한의 제자들은 마태복음 11:2-6(요한의 질문)과 연결된다. 신랑에 관한 비유와 생베조각과 새 포도주에 관한 비유의 말씀(마태복음 9:16-17)은 구원의 시대를 나타낸다(cf. 마태복음 11:5-6). 여기에서도 메시아의 행위가 관건이다. 혈우병 앓는 여인 치유 이야기(마태복음 9:18-26)는 마태가 마가로부터(막 5:21-43) 가져온 것이다. 이 이야기는, 부활 이야기를 독자들에게 보여주려고 마태가 마가에게서 발견한 유일한 것이다. 이미 마가의 본문 가운데 부활 이야기가 혈우병 앓는 여인 이야기와 이미 연결되어 있다. 특히 여인의 믿음을 강조하는 "딸아 네 믿음이 너를 구원하였느니라"(막 5:34)는 진술을 중요하게 여겨서, 마태는 이 부분을 마가에서 발췌한다(마태복음 9:22). 이 여인의 믿음은 앞서 언급했던 제자들의 적은 믿음과 좋은 대조를 이룬다.

다음 이야기(맹인과 벙어리 치유, 마태복음 9:27-34)는 요약된 진술로 되어 있는데, 마 11:5의 의미에서 삽입된 것으로 보인다. 이와 관련된 부분을 마태는 마가와 예수어록에서 발견한다. 마가복음 10:46에는 맹인 거지 바디매오가 마태의 이야기에 와서는 두 명의 맹인으로 바뀐다(마 9:27). 마태복음 9:34에서, 바리새인들이 "그가 귀신의 왕을 의지하여 귀신을 쫓아낸다"고 말함으로써 그들의 불신앙이 드러나고, 마침내 실족하게 된다(cf. 마 11:6).

마태복음 9:35와 더불어 12제자 파송 이야기로 넘어간다. 마태복음 9:35는 마태복음 4:23과 거의 일치한다.

마 4:23	마 9:35
예수께서 온 갈릴리에 두루 다니사 그들의 회당에서 가르치시며 천국 복음을 전파하시며 백성 중의 모든 병과 모든 약한 것을 고치시니	예수께서 모든 도시와 마을에 두루 다니사 그들의 회당에서 가르치시며 천국 복음을 전파하시며 모든 병과 모든 약한 것을 고치시니라

이렇게 보면, 천국복음을 전파하고 모든 병과 모든 약한 것을 고치시는 예수님의 사역을 요약하는 진술이 산상설교(마 5-7장)와 기적 이야기(마 8-9장) 앞뒤를 감싸고 있음이 드러난다. 이로써 산상설교와 기적을 하나로 연결된 이야기로 보는, 즉 메시아의 말씀과 행위를 묘사하려는 마태의 의도가 분명해진다.

제8장 누가의 나머지 소(小)삽입(눅 7:1-8:3)

누가는 예수어록(Q) 자료를 마가의 틀 속에 삽입시키는 방식으로 자기의 복음서를 완성한다. 이때 예수어록 자료는 주로 두 군데에 집중하여 삽입시킨다. 하나는 이른바 "소(小)삽입"이라 부르는 것으로 누가복음 6:20-8:3에 해당한다. 다른 하나는 이른바 "대(大)삽입"이라 부르는 것으로 누가복음 9:51-18:14에 해당한다.

누가는 마가복음 3:19와 3:20 사이에 소삽입 누가복음 6:20-8:3을 끼워 넣는다. 이것의 첫 번째 부분은 평지설교(눅 6:20-49)에 해당한다. 이에 대해서는 이미 앞에서 다루었다. 이어서 평행본문인 마태의 산상설교(마 5-7장)도 다루었다. 마태는 산상설교 다음에 기적 이야기(마 8-9장)를 배치시켰는데, 이러한 마태의 배치는 예수어록에서 힌트를 얻은 것 같다. 이미 예수어록 가운데 평지설교의 말씀선포(눅 6:20-49)에 이어서 가버나움 백부장과 관련된 기적이야기(눅 7:1-10)가 뒤따르고 있기 때문이다. 이 기적 이야기는 예수어록에 나오는 유일한 기적 이야기이다.

▶ **가버나움 백부장의 종 치유(눅 7:1-10):** 이 이야기는 마태복음 8:5-13에도 나오나, 여기서는 누가의 본문에 집중하면서 여기에 나타나는 특징을 살펴보려 한다.

눅 7:1-10	마 8:5-13
1 예수께서 모든 말씀을 백성에게 들려 주시기를 마치신 후에 가버나	5 예수께서 가버나움에 들어가시니 한 백부장이 나아와 간구하여 6

움으로 들어가시니라 2 어떤 백부장의 사랑하는 종이 병들어 죽게 되었더니 3 예수의 소문을 듣고 유대인의 장로 몇 사람을 예수께 보내어 오셔서 그 종을 구해 주시기를 청한지라 4 이에 그들이 예수께 나아와 간절히 구하여 이르되 이 일을 하시는 것이 이 사람에게는 합당하니이다 5 그가 우리 민족을 사랑하고 또한 우리를 위하여 회당을 지었나이다 하니 6 예수께서 함께 가실새 이에 그 집이 멀지 아니하여 백부장이 벗들을 보내어 이르되 주여 수고하시지 마옵소서 내 집에 들어오심을 나는 감당하지 못하겠나이다 7 그러므로 내가 주께 나아가기도 감당하지 못할 줄을 알았나이다 말씀만 하사 내 하인을 낫게 하소서 8 나도 남의 수하에 든 사람이요 내 아래에도 병사가 있으니 이더러 가라 하면 가고 저더러 오라 하면 오고 내 종더러 이것을 하라 하면 하나이다 9 예수께서 들으시고 그를 놀랍게 여겨 돌이키사 따르는 무리에게 이르시되 내가 너희에게 이르노니 이스라엘 중에서도 이만한 믿음은 만나보지 못하였노라 하시더라 10 보내었던 사람들이 집으로 돌아가 보매 종이 이미 나아 있었더라

이르되 주여 내 하인이 중풍병으로 집에 누워 몹시 괴로워하나이다 7 이르시되 내가 가서 고쳐 주리라 8 백부장이 대답하여 이르되 주여 내 집에 들어오심을 나는 감당하지 못하겠사오니 다만 말씀으로만 하옵소서 그러면 내 하인이 낫겠사옵나이다 9 나도 남의 수하에 있는 사람이요 내 아래에도 군사가 있으니 이더러 가라 하면 가고 저더러 오라 하면 오고 내 종더러 이것을 하라 하면 하나이다 10 예수께서 들으시고 놀랍게 여겨 따르는 자들에게 이르시되 내가 진실로 너희에게 이르노니 이스라엘 중 아무에게서도 이만한 믿음을 보지 못하였노라 11 또 너희에게 이르노니 동 서로부터 많은 사람이 이르러 아브라함과 이삭과 야곱과 함께 천국에 앉으려니와 12 그 나라의 본 자손들은 바깥 어두운 데 쫓겨나 거기서 울며 이를 갈게 되리라 13 예수께서 백부장에게 이르시되 가라 네 믿은 대로 될지어다 하시니 그 즉시 하인이 나으니라

어휘면에서 볼 때, 마태가 누가보다 예수어록의 형태를 더 잘 보존

한 것으로 보인다. 예컨대, 마태의 경우 "하인" 혹은 "아이"를 뜻하는 단어 '파이스(παῖς)'가 사용된 것과 달리, 누가에게는 명확히 "종"을 뜻하는 단어 '둘로스(δοῦλος)'가 사용된다. 게다가 백부장의 하인이 "몹시 괴로워한다"(마 8:6)고 말하나, 누가는 그가 "병들어 죽게 되었다"(눅 7:2)고 묘사한다. 누가는 다음 이야기(눅 7:11-17, 나인성 과부의 아들 소생)를 염두에 둔 터라 그와 같이 표현한 것으로 보인다. 예수님의 능력 있는 말씀은 치유의 능력(눅 6:18-19)을 넘어서 병들어 죽게 된 자도 소생시키는 능력이 있음을 말한다.

마태의 경우 백부장이 직접 말하고 있는 것과 달리, 누가의 경우 백부장이 사람을 대신 보낸다. 처음에는 "유대인의 장로 몇 사람"(3절)을, 이어서 "벗들"(6절)을 보낸다. 이처럼 백부장이 직접 오지 않고 심부름꾼만 보낸 것은 백부장의 굳센 믿음을 강조하기 위함이다. 백부장의 특징이 여러모로 나열된다. 즉, 회당을 지어줄 정도로 유대 민족을 사랑하는 자이고(5절), 겸손한 경건의 소유자이고(7절), 큰 믿음을 가진 자이다(9절). 한마디로, 누가는 '하나님을 경외하는 이방인'의 모습을 묘사하고 있다. 여기에는 초창기 교회의 선교 상황이 반영된 것으로 보인다. 초창기 교회의 성원 가운데는 비록 개종은 하지 않았으나 유대교에 호감을 가진 사람들, 이른바 '하나님을 경외하는 자들'이 상당수 있었다. 9절 후반의 예수님의 말씀("이스라엘 중에서도 이만한 믿음을 만나 보지 못하였노라")이 이야기의 정점을 이룬다. 그것은 동시에 백부장과 같은 믿음을 가지라고 독자들에게 요청한다.

▶ 나인성 과부의 아들 소생(눅 7:11-17):

> 11 그 후에 예수께서 나인이란 성으로 가실새 제자와 많은 무리가 동행하더니 12 성문에 가까이 이르실 때에 사람들이 한 죽은 자를 메고 나오

니 이는 한 어머니의 독자요 그의 어머니는 과부라 그 성의 많은 사람도 그와 함께 나오거늘 13 주께서 과부를 보시고 불쌍히 여기사 울지 말라 하시고 14 가까이 가서 그 관에 손을 대시니 멘 자들이 서는지라 예수께서 이르시되 청년아 내가 네게 말하노니 일어나라 하시매 15 죽었던 자가 일어나 앉고 말도 하거늘 예수께서 그를 어머니에게 주시니 16 모든 사람이 두려워하며 하나님께 영광을 돌려 이르되 큰 선지자가 우리 가운데 일어나셨다 하고 또 하나님께서 자기 백성을 돌아보셨다 하더라 17 예수께 대한 이 소문이 온 유대와 사방에 두루 퍼지니라

누가는 이 이야기를 예수어록(Q)에서가 아니라 자기만의 특수자료에서 가져온다. 누가가 이 이야기를 바로 현재의 위치에 삽입한 것은, 누가복음 7:22에 나오는 예수님의 말씀 "죽은 자가 살아나며"에 대한 입증 자료로 생각했기 때문이다. 예수님의 말씀(눅 7:14 "청년아 내가 네게 말하노니 일어나라")은 능력 있는, 심지어 죽은 자도 살리는 생명의 말씀임을 다시 한 번 명확히 보여준다.

▶ 세례 요한의 질문(눅 7:18-23):

18 요한의 제자들이 이 모든 일을 그에게 알리니 19 요한이 그 제자 중 둘을 불러 주께 보내어 이르되 오실 그이가 당신이오니이까 우리가 다른 이를 기다리오리이까 하라 하매 20 그들이 예수께 나아가 이르되 세례 요한이 우리를 보내어 당신께 여쭈어 보라고 하기를 오실 그이가 당신이오니이까 우리가 다른 이를 기다리오리이까 하더이다 하니 21 마침 그 때에 예수께서 질병과 고통과 및 악귀 들린 자를 많이 고치시며 또 많은 맹인을 보게 하신지라 22 예수께서 대답하여 이르시되 너희가 가서 보고 들은 것을 요한에게 알리되 맹인이 보며 못 걷는 사람이 걸으며 나병환자가 깨끗함을 받으며 귀먹은 사람이 들으며 죽은 자가 살아나며 가난한 자에게 복음이 전파된다 하라 23 누구든지 나로 말미암아 실족하지 아니하는 자는 복이 있도다 하시니라

이것은 누가가 예수어록(Q)에서 가져온 것이다. 이 내용은 이미 예수어록 가운데 가버나움 백부장의 이야기와 연결되어 있었다. 요한의 질문에 대한 예수님의 자기 계시의 말씀이 앞서 언급한 예수님의 행위들을 종말론적 성취의 빛에서 바라보게 한다. 장면을 마감하는 복 선포(23절)는 선교적 전망을 드러낸다.

예수님의 말씀(눅 7:22-23 // 마 11:5-6)은 일련의 기적 이야기(마 8-9장)를 구성하는 얼개를 마태에게 제공했고, 누가 역시 비교적 소박한 기적 이야기(눅 7:1-17)를 만들도록 자극했다. 물론 마태처럼 예수님의 말씀에 나오는 다양한 행위들(맹인과 앉은뱅이와 나병환자와 귀머거리 치유 및 죽은 자 소생)을 다 보여주지 못하고 있으나, 누가의 관심은 특히 예수 말씀의 창조적 능력을 드러내는 데 있다.

▶ **세례 요한에 대한 예수님의 증언(눅 7:24-35):** 이 내용은 이미 예수어록 가운데 세례 요한의 질문(Q눅 7:18-23)과 연결되어 있다.

눅 7:24-35	마 11:7-19
24 요한이 보낸 자가 떠난 후에 예수께서 무리에게 요한에 대하여 말씀하시되 너희가 무엇을 보려고 광야에 나갔더냐 바람에 흔들리는 갈대냐 25 그러면 너희가 무엇을 보려고 나갔더냐 부드러운 옷 입은 사람이냐 보라 화려한 옷을 입고 사치하게 지내는 자는 왕궁에 있느니라 26 그러면 너희가 무엇을 보려고 나갔더냐 선지자냐 옳다 내가 너희에게 이르노니 선지자보다도 훌륭한 자니라 27 기록된 바 보라 내가 내 사자를 네 앞에	7 그들이 떠나매 예수께서 무리에게 요한에 대하여 말씀하시되 너희가 무엇을 보려고 광야에 나갔더냐 바람에 흔들리는 갈대냐 8 그러면 너희가 무엇을 보려고 나갔더냐 부드러운 옷 입은 사람이냐 부드러운 옷을 입은 사람들은 왕궁에 있느니라 9 그러면 너희가 어찌하여 나갔더냐 선지자를 보기 위함이었더냐 옳다 내가 너희에게 이르노니 선지자보다 더 나은 자니라 10 기록된 바 보라 내가 내 사자를 네 앞에 보내노니 그가 네 길을 네 앞에

보내노니 그가 네 앞에서 네 길을 준비하리라 한 것이 이 사람에 대한 말씀이라 28 내가 너희에게 말하노니 여자가 낳은 자 중에 요한보다 큰 자가 없도다 그러나 하나님의 나라에서는 극히 작은 자라도 그보다 크니라 하시니 29 모든 백성과 세리들은 이미 요한의 세례를 받은지라 이 말씀을 듣고 하나님을 의롭다 하되 30 바리새인과 율법교사들은 그의 세례를 받지 아니함으로 그들 자신을 위한 하나님의 뜻을 저버리니라 31 또 이르시되 이 세대의 사람을 무엇으로 비유할까 무엇과 같은가 32 비유하건대 아이들이 장터에 앉아 서로 불러 이르되 우리가 너희를 향하여 피리를 불어도 너희가 춤추지 않고 우리가 곡하여도 너희가 울지 아니하였다 함과 같도다 33 세례 요한이 와서 떡도 먹지 아니하며 포도주도 마시지 아니하매 너희 말이 귀신이 들렸다 하더니 34 인자는 와서 먹고 마시매 너희 말이 보라 먹기를 탐하고 포도주를 즐기는 사람이요 세리와 죄인의 친구로다 하니 35 지혜는 자기의 모든 자녀로 인하여 옳다 함을 얻느니라

준비하리라 하신 것이 이 사람에 대한 말씀이니라 11 내가 진실로 너희에게 말하노니 여자가 낳은 자 중에 세례 요한보다 큰 이가 일어남이 없도다 그러나 천국에서는 극히 작은 자라도 그보다 크니라 12 세례 요한의 때부터 지금까지 천국은 침노를 당하나니 침노하는 자는 빼앗느니라 13 모든 선지자와 율법이 예언한 것은 요한까지니 14 만일 너희가 즐겨 받을진대 오리라 한 엘리야가 곧 이 사람이니라 15 귀 있는 자는 들을지어다 16 이 세대를 무엇으로 비유할까 비유하건대 아이들이 장터에 앉아 제 동무를 불러 17 이르되 우리가 너희를 향하여 피리를 불어도 너희가 춤추지 않고 우리가 슬피 울어도 너희가 가슴을 치지 아니하였다 함과 같도다 18 요한이 와서 먹지도 않고 마시지도 아니하매 그들이 말하기를 귀신이 들렸다 하더니 19 인자는 와서 먹고 마시매 말하기를 보라 먹기를 탐하고 포도주를 즐기는 사람이요 세리와 죄인의 친구로다 하니 지혜는 그 행한 일로 인하여 옳다 함을 얻느니라

누가의 본문은 마태의 평행본문 11:7-19와 대체로 유사하나, 누가복음 7:29-30에 해당하는 구절이 마태의 본문에는 없다. 그 자리를 요

한과 관련된 예수님의 말씀(마 11:12-15)이 대신한다.[1] 29-30절은 누가의 편집으로 보인다.[2] 요한의 세례는 구원을 받기 위해 반드시 전제되는 회개를 나타낸다. 모든 백성과, 심지어 세리들도 세례를 받으나, 바리새인과 서기관들은 이를 거부함으로 하나님의 뜻을 저버린다. 하나님의 뜻은 모든 사람을 향하고 있으나, 그것은 사람들로 하여금 결단할 것을 요구한다.

32절의 비유 말씀은 세례 요한과 인자 예수님과 관련되면서 33-34절에서 설명된다. "이 세대의 사람"은 요한의 말에 귀 기울이지 않기 때문에 인자 예수님이 선포하는 축제와 구원도 받아들이지 않는다. 요한과 예수님은 35절에서 지혜를 가져오는 자로서 만이 아니라 지혜 자체로 나타난다.[3] 지혜의 자녀는 백성과 죄인들이다.(29절, 34절). 누가복음 7:24-28이 세례 요한을 예수님을 예비하는 자로, 또한 언약의 시간에 가장 큰 자라고 말하고 있는 반면, 누가복음 7:29-35는 이스라엘로 하여금 결단할 것을 촉구하는 자로 묘사한다. 요한으로부터 회개의 세례를 받고, 예수님으로부터 구원선포를 영접하는 사람은 "지혜의 자녀"가 된다.

▶ **예수님과 죄 많은 여인(눅 7:36-50):** 누가는 예수어록(Q)의 순서에서 벗어나 누가 특수자료에서 이 이야기를 가져온다. 누가는 이 이야기를 통해 바로 앞에서 다룬 이야기에 암시된 대립각, 즉 바리새인과

---

1) 마 11:12-15에 대한 누가의 평행구절은 눅 16:16("율법과 선지자는 요한의 때까지요 그 후부터는 하나님 나라의 복음이 전파되어 사람마다 그리로 침입하느니라")에 해당한다.

2) 이와 같이 H. Merklein, *Jesusgeschichte*, 100. 그러나 슈나이더는 예수어록 Q에서 비롯된 것으로 간주한다(G. Schneider, *Das Evangelium nach Lukas*, Vol. 1, Gütersloh 1977, 172).

3) F. Christ, *Jesus Sophia*, Zürich 1970, 79.

서기관들은 하나님의 뜻을 저버리고 예수님을 거부하는 것과 달리 (눅 7:30), 예수님은 세리와 죄인의 친구(눅 7:34)라는 사실에 드러나는 대립각을 보다 분명하게 보여주고자 한다.

　이 이야기는 긴 전승의 역사를 갖고 있다. 크게 세 단계로 구분할 수 있다. 마가복음 14:3-9에 나오는 예수님의 머리에 향유 붓는 여인 이야기가 전승의 출발점에 있다. 누가 이전 전승에서 이 이야기는 여인의 사랑을 잘 드러내는 이야기라는 점이 부각된다(47a절, 큰 사랑은 큰 용서의 표시). 전승의 두 번째 단계에서 여인의 큰 사랑은 바리새인 시몬의 작은 사랑과 대조를 이루면서 41-42절의 비유와 43-46절 및 47b절이 첨가된다. 마지막 단계에서 48-50절이 첨가되면서 이 이야기는 죄 용서에 관한 논쟁 이야기가 된다.

눅 7:36-50	막 14:3-9
36 한 바리새인이 예수께 자기와 함께 잡수시기를 청하니 이에 바리새인의 집에 들어가 앉으셨을 때에 37 그 동네에 죄를 지은 한 여자가 있어 예수께서 바리새인의 집에 앉아 계심을 알고 향유 담은 옥합을 가지고 와서 38 예수의 뒤로 그 발 곁에 서서 울며 눈물로 그 발을 적시고 자기 머리털로 닦고 그 발에 입맞추고 향유를 부으니 39 예수를 청한 바리새인이 그것을 보고 마음에 이르되 이 사람이 만일 선지자라면 자기를 만지는 이 여자가 누구며 어떠한 자 곧 죄인인 줄을 알았으리라 하거늘 40 예수께서 대답하여 이르시되 시몬아 내가 네게 이를 말이 있다 하시니 그가 이르되 선생님 말씀하소서 41 이르시되 빚 주는 사람에게 빚진 자가 둘이 있어 하나는 오백 데나리온을 졌고 하나는 오십 데나리온을 졌	3 예수께서 베다니 나병환자 시몬의 집에서 식사하실 때에 한 여자가 매우 값진 향유 곧 순전한 나드 한 옥합을 가지고 와서 그 옥합을 깨뜨려 예수의 머리에 부으니 4 어떤 사람들이 화를 내어 서로 말하되 어찌하여 이 향유를 허비하는가 5 이 향유를 삼백 데나리온 이상에 팔아 가난한 자들에게 줄 수 있었겠도다 하며 그 여자를 책망하는지라 6 예수께서 이

는데 42 갚을 것이 없으므로 둘 다 탕감하여 주었으니 둘 중에 누가 그를 더 사랑하겠느냐 43 시몬이 대답하여 이르되 내 생각에는 많이 탕감함을 받은 자니이다 이르시되 네 판단이 옳다 하시고 44 그 여자를 돌아보시며 시몬에게 이르시되 이 여자를 보느냐 내가 네 집에 들어올 때 너는 내게 발 씻을 물도 주지 아니하였으되 이 여자는 눈물로 내 발을 적시고 그 머리털로 닦았으며 45 너는 내게 입맞추지 아니하였으되 그는 내가 들어올 때로부터 내 발에 입맞추기를 그치지 아니하였으며 46 너는 내 머리에 감람유도 붓지 아니하였으되 그는 향유를 내 발에 부었느니라 47 이러므로 내가 네게 말하노니 <u>그의 많은 죄가 사하여졌도다 이는 그의 사랑함이 많음이라</u> 사함을 받은 일이 적은 자는 적게 사랑하느니라 48 이에 여자에게 이르시되 네 죄 사함을 받았느니라 하시니 49 함께 앉아 있는 자들이 속으로 말하되 이가 누구이기에 죄도 사하는가 하더라 50 예수께서 여자에게 이르시되 <u>네 믿음이 너를 구원하였으니 평안히 가라 하시니라</u>

르시되 가만 두라 너희가 어찌하여 그를 괴롭게 하느냐 그가 내게 좋은 일을 하였느니라 7 가난한 자들은 항상 너희와 함께 있으니 아무 때라도 원하는 대로 도울 수 있거니와 나는 너희와 항상 함께 있지 아니하리라 8 그는 힘을 다하여 내 몸에 향유를 부어 내 장례를 미리 준비하였느니라 9 내가 진실로 너희에게 이르노니 온 천하에 어디서든지 복음이 전파되는 곳에는 이 여자가 행한 일도 말하여 그를 기억하리라 하시니라

이 이야기를 통해 누가는 독자들에게 바른 태도와 그릇된 태도를 대비시키는 가운데 무엇이 바른 신앙인가를 보여주고자 한다. 가까이 다가가 예수를 만지는 죄 많은 여인은 용서와 구원을 받은 반면, 예수님과 육체적 거리를, 동시에 영적 거리를 유지한 바리새인 시몬은 고작 작은 용서를 받을 뿐이다. 누가는 여인의 사랑의 행위를 참 믿음으로 이해한다(50절). 한마디로, 믿음을 사랑과 동일시한 것이다. 이 사랑은 사회에서 배제되고 절망에 빠진 한 죄 많은 여인의 사랑이다. 그러한 사랑은 이른바 바리새인의 외식적 경건과 대조되는

사랑이다(cf. 눅 18:9-14). 이런 관점에서, 이 이야기는 교회와 사회를 비판하는 이야기가 된다.

▶ **예수님을 섬기는 여인들(눅 8:1-3):** 이 구절은 예수님의 사역을 요약하는 요약문으로서 누가복음 8장을 넘어 누가복음 9:1-50까지 이르는 내용 전체를 염두에 두고 있다.

> 1 그 후에 예수께서 각 성과 마을에 두루 다니시며 하나님의 나라를 선포하시며 그 복음을 전하실새 열두 제자가 함께 하였고 2 또한 악귀를 쫓아내심과 병 고침을 받은 어떤 여자들 곧 일곱 귀신이 나간 자 막달라인이라 하는 마리아와 3 헤롯의 청지기 구사의 아내 요안나와 수산나와 다른 여러 여자가 함께 하여 자기들의 소유로 그들을 섬기더라

예수님은 하나님 나라 선포를 위해 여러 장소를 두루 다니신다. 누가에게 하나님 나라는 선포를 통해, 즉 예수님이 주시는 구원의 말씀을 통해 현실로 드러난다. 12제자 외에도(1절) 악귀와 질병에서 고침을 받은 몇 여인들이 나온다. 막달라 마리아, 헤롯 안티파스 관리의 아내 요안나, 그리고 수산나. 그 중 막달라 마리아와 요안나는 빈 무덤가에서 다시 만난다(눅 24:10). 남성의 12제자 외에도 여성들도 예수님을 따른다. 이 여인들은 자신의 소유물로 예수님과 제자들을 섬긴다. 비록 이 요약문이 누가의 편집에서 비롯된 것일지라도, 여인들이 예수님을 따라 나선 것은 의심의 여지없는 역사적 사실에 속한다. 여인들이 자신의 가족을 떠나 남성 제자들처럼 예수님을 따라 나서는 일은 당시 사회의 문맥에서 볼 때 지극히 이례적이고 상상하기 어려운 일종의 스캔들로 비칠 수 있다. 누가는 재산을 소유한 세 여인의 이름을 구체적으로 언급하고 있는데, 이는 그들이 보여주는 모범적인 섬김의 태도를 강조하기 위함이다.

이제 누가의 소삽입(눅 6:20-8:3) 전체를 누가의 구성 관점에 비추어 다시 돌아보자. 마태가 주제별로 접근한다면(산상설교, 기적 이야기), 누가는 자신이 사용한 자료에 보다 충실하려 한다. 누가는 마가복음 3:19와 3:20 사이에 예수어록 자료(Q)를 삽입했고, 여기에 다시 누가만의 특수자료로 보충했다. 이러한 보충을 통해 누가가 예수어록 자료를 어떻게 이해했는가를 알 수 있다. 누가는 예수님의 구원의 말씀, 즉 죽은 자를 살리며 죄에서 해방시키는 구원의 말씀을 드러내는 데 초점을 맞췄다. 그런 예수님의 말씀에 의지하여 제자들은 예수님을 따르고 있다. 바로 이들이 세상적 곤경과 궁핍에도 불구하고 예수님의 복 선포의 수혜자이다.

누가복음 8:3 이후에 누가는 다시 마가의 순서로 돌아온다. 누가복음 8:4-8은 마가 비유 단락의 첫머리에 속하는 마가복음 4:1-9(씨 뿌리는 사람의 비유)의 평행구절인 것을 보면, 누가가 마가의 순서를 변경하고 있는 것을 알 수 있다(막 3:31-35 // 눅 8:19-21). 마가복음 4장의 비유 단락으로 들어가기 전에 먼저 마가복음 3:20-35에 잠시 머물려 한다.

제9장 서기관들의 예수님 거부와 친족들의 오해
(막 3:20-35 // 마 12:22-37)

마가복음 3:20-35는 우리가 앞에서(제5장) 이미 다룬 마가복음 3:7-19에 연속된 본문이다. 마가복음 3:7부터 8:21에 이르는 동안 예수님은 유대 백성 앞에서 뿐만 아니라 이방 대중 앞에서도 사역하시는 분으로 나온다. 이 긴 본문을 관통하는 질문은 예수님은 도대체 어떤 분인가 하는 것이다(cf. 막 4:41 "그가 누구이기에 바람과 바다도 순종하는가"). 이 질문에 어느 누구도 바르게 대답하지 못하고, 예수님은 사람들의 거부와 오해에 직면한다. 우리가 다루고자 하는 마가복음 3:20-35는 바로 그러한 상황의 실례를 보여준다. 여기에 마가 특유의 본문 다루는 기법, 이른바 "샌드위치 기법"이 드러난다. 즉, 서기관들과 벌이는 논쟁 이야기(막 3:22-30) 앞뒤를 예수님의 친족 이야기(막 3:19-20, 31-35)가 감싸고 있다.

► **서기관들의 예수님 거부(막 3:22-30 parr):**

막 3:22-30	Q눅 11:19-20; 12:10
22 예루살렘에서 내려온 서기관들은 그가 바알세불이 지폈다 하며 또 귀신의 왕을 힘입어 귀신을 쫓아낸다 하니 23 예수께서 그들을 불러다가 비유로 말씀하시되 사탄이 어찌 사탄을 쫓아낼 수 있느냐 <u>24 또 만일 나라가 스스로 분쟁</u>	17 예수께서 그들의 생각을 아시고 이르시되 <u>스스로 분쟁하는 나라마다 황폐하여지며 스스로 분쟁하는 집은 무너지느니라</u> 18 너희 말이 내가 바알세불을 힘입어 귀신을 쫓아낸다 하니 만일 사탄이 스스로 분쟁하면 그의 나라가 어

하면 그 나라가 설 수 없고 25 만일 집이 스스로 분쟁하면 그 집이 설 수 없고 26 만일 사탄이 자기를 거슬러 일어나 분쟁하면 설 수 없고 망하느니라 27 사람이 먼저 강한 자를 결박하지 않고는 그 강한 자의 집에 들어가 세간을 강탈하지 못하리니 결박한 후에야 그 집을 강탈하리라 28 내가 진실로 너희에게 이르노니 사람의 모든 죄와 모든 모독하는 일은 사하심을 얻되 29 누구든지 성령을 모독하는 자는 영원히 사하심을 얻지 못하고 영원한 죄가 되느니라 하시니 30 이는 그들이 말하기를 더러운 귀신이 들렸다 함이러라

떻게 서겠느냐 19 내가 바알세불을 힘입어 귀신을 쫓아내면 너희 아들들은 누구를 힘입어 쫓아내느냐 그러므로 그들이 너희 재판관이 되리라 20 그러나 내가 만일 하나님의 손을 힘입어 귀신을 쫓아낸다면 하나님의 나라가 이미 너희에게 임하였느니라 21 강한 자가 무장을 하고 자기 집을 지킬 때에는 그 소유가 안전하되 22 더 강한 자가 와서 그를 굴복시킬 때에는 그가 믿던 무장을 빼앗고 그의 재물을 나누느니라 23 나와 함께 아니하는 자는 나를 반대하는 자요 나와 함께 모으지 아니하는 자는 헤치는 자니라

12:10 누구든지 말로 인자를 거역하면 사하심을 받으려니와 성령을 모독하는 자는 사하심을 받지 못하리라

마가복음 1:22("뭇 사람이 그의 교훈에 놀라니 이는 그가 가르치시는 것이 권위 있는 자와 같고 서기관들과 같지 아니함일러라") 이후, 서기관들과 벌이는 논쟁의 주제는 예수님의 권세에 관한 것이다. 여기서도 귀신 축출에 관한 예수님의 권세가 문제가 되고 있다. 서기관들은 예수님을 이해하지 못하고 "그가 바알세불이 지폈다" 또한 "귀신의 왕을 힘입어 귀신을 쫓아낸다"고 말한다(22절). 이에 예수님은 왕국이나 가정도 내부 분열이 일어나면 망하게 마련이라고 하는 지혜의 논리를 담은 비유 말씀으로 반박하신다(23b-27절). 직설법으로 나오

는 예수어록(Q눅 11:17)의 진술과 달리 23-24절의 비유는 조건절로 되어 있다. Q눅 12:10의 진술은 두 개의 반대명제로 이루어져 있으나, 28절은 일반 진술로 되어 있고, 여기에 예외 규정(29절)이 대립되어 있다. 예수님은 성령으로 기름부음을 받은 아들이시기 때문에(막 1:10), 그의 권세 있는 행위와 귀신축출 및 예언자적인 말씀 가운데 예수님은 하나님의 위엄을 나타내신다. 따라서 서기관들의 비난(22절, 30절)과 예수님이 미쳤다는 친족들의 판단(막 3:21)은 터무니없다.

마태는 마가복음 3:22-27을 유사한 내용을 전하는 예수어록 전승(Q눅 11:14-23)과 조합한다(마 12:24-32). 예수어록 전승 가운데 서너 명(Q눅 11:15 "더러")과 벌이는 예수님의 논쟁이, 마가의 경우 "서기관들"(막 3:22)과, 마태의 경우 "바리새인들"(마 12:24)과 벌이는 논쟁으로 나온다. 누가복음 11:20에 나오는 "내가 만일 하나님의 손을 힘입어 귀신을 쫓아낸다면 하나님의 나라가 이미 너희에게 임하였느니라"는 말씀이 예수님 거부 전승과 관련된 출발점일 것이다. 귀신축출의 기적과 하나님 나라의 도래를 알리는 종말론이 연결된 표상은 종교사적으로 유일무이한 표상이기 때문에[1] 예수님의 놀라운 권세를 드러내 보이는 실제 예수님의 말씀이 틀림없다. 예수님의 귀신축출 사역 가운데 하나님 나라가 이미 현실화 되었다고 하는 이 말씀은, 내용적으로는 마가복음 4장의 비유와 밀접하게 연결되어 있고, 전승사적으로는 초기 교회 특유의 귀신축출 전승을 위한 토대가 된다. 마태는 예수어록의 다른 곳에 나오는 말씀(Q눅 12:10)을 활용하여 성령 거역에 관한 말씀을 만든다(마 12:32).[2]

---

1) 기적과 종말론이 연결되는 것은 종교사적으로 유례를 찾아볼 수 없다고 메르클라인은 말한다(H. Merklein, *Jesusgeschichte*, 104).

2) 마 12:31과 마 12:32는 본래 여러 층으로 전승되어 내려온 동일한 로기온의 이중형태이다.

마 12:31-32	Q눅 12:10	막 3:28-29
31 그러므로 내가 너희에게 이르노니 사람에 대한 모든 죄와 모독은 사하심을 얻되 성령을 모독하는 것은 사하심을 얻지 못하겠고 32 또 누구든지 말로 인자를 거역하면 사하심을 얻되 누구든지 말로 성령을 거역하면 이 세상과 오는 세상에서도 사하심을 얻지 못하리라	10 누구든지 말로 인자를 거역하면 사하심을 받으려니와 성령을 모독하는 자는 사하심을 받지 못하리라	28 내가 진실로 너희에게 이르노니 사람의 모든 죄와 모든 모독하는 일은 사하심을 얻되 29 누구든지 성령을 모독하는 자는 영원히 사하심을 얻지 못하고 영원한 죄가 되느니라 하시니

마가와 달리, 마태는 인자를 거역한 경우의 용서와 성령을 거역한 경우의 용서를 구분한다. 예수님의 선포를 다시 선포하는 것을 새로운 구원의 기회로 이해한 부활 체험 이후 상황이 여기에 반영된 것으로 보인다. 마태복음 12:32는 인자로서의 예수님을 무지에서 거역하는 자는 용서 받을 수 있으나, 하나님의 영의 담지자요 계시자로서의 예수님을 거역하는 자는 용서받을 수 없음을 뜻한다. 마태는 좋은 열매와 나쁜 열매에 관한 예수어록 전승(Q마 12:33-35)을 가지고 성령 모독에 관한 말씀을 보충한다. 이로써 결단을 요청하는 심판의 성격을 강하게 부각시킨다. 여기에서 마태가 평소 강조하는 것과 차이가 나는 것을 감지할 수 있다. 마태는 보통 "행함"을 강조하는데, 여기서는 "말"을 강조한다(cf. 마 12:34-37).

마태가 마가의 순서로 돌아오기에 앞서(막 4:1-9 // 마 13:1-9), 마태는 예수 어록에서 나온 몇 가지 말씀을 중간에 삽입한다(마 12:38-42, 43-45 // 눅 11:16, 29-32, 24-26). 이 말씀들은 악하고 음란한 세대(마 12: 39, 45)가 처한 위기상황을 강조한다.

서기관들의 예수 거부 이야기(막 3:22-30)는 신앙의 위험성을 보여 준다. 예수님의 인격과 사역은 긍정적으로 혹은 부정적으로 해석할 수 있다. 기적이 일어났다고 해도 그것 자체가 객관적 규범이 될 수도 없다. 신앙은 나의 실존 전체를 건 모험이다. 신앙의 결단을 통해 나의 인생의 의미를 발견할 때, 그 모험은 성공적인 모험으로 드러난다. 그러나 신앙이 예수 그리스도에 대한 참 신앙이 아니고, 자신이 세운 허상에 의해 왜곡되면 마치 서기관들처럼 예수님과 함께 하시는 성령의 사역을 악령의 사역으로 해석한다.

▶ **친족들의 오해(막 3:20-21, 31-35 parr):** 예수님의 친족들은 서기관 들처럼 신학적으로 훈련된 사람은 아니나, 예수님이 어떤 사람인가 에 대해 나름대로 분명한 입장을 표명한다. 한마디로, "그가 미쳤다" (막 3:21)고 말한다. 마태와 누가는 지나치게 거칠게 들리는 이 말을 기독론적 차원에서 감당하기 어려운 말이라고 여겨 삭제한다.

마가복음 3:20-21의 주제는 마가복음 3:31-35에서 다시 취급되는 데, 이번에는 긍정적으로 바뀐다. 문제는 누가 예수님의 진정한 가족 인가 하는 것이다. 예수님의 진정한 가족은 생물학을 통해서가 아니 라 "하나님의 뜻을 행함"(35절)으로 결정된다. 그것은 예수님 주변에 "둘러 앉은"(34절) 제자들처럼 예수님의 말씀에 귀 기울일 때 일어난 다. 친족들은 "밖에" 서 있고(31-32절), 제자들은 "둘러 앉아" 있는 대 립구도가 여기에 드러난다. 이는 마가복음 4:10-11의 비유를 이해하 는 제자들과, 다른 한편으론 비유를 이해하지 못하는 타인의 대립구 도가 앞서 나타난 것으로 이해할 수 있다.

마 12:46-50	막 3:31-35	눅 8:19-21
46 예수께서 무리에게 말씀하실 때에 그의 어머니와 동생들이 예수께 말하려고 밖에 섰더니 47 한 사람이 예수께 여짜오되 보소서 당신의 어머니와 동생들이 당신께 말하려고 밖에 서 있나이다 하니 48 말하던 사람에게 대답하여 이르시되 누가 내 어머니이며 내 동생들이냐 하시고 49 손을 내밀어 제자들을 가리켜 이르시되 나의 어머니와 나의 동생들을 보라 50 누구든지 하늘에 계신 내 아버지의 뜻대로 하는 자가 내 형제요 자매요 어머니이니라 하시더라	31 그 때에 예수의 어머니와 동생들이 와서 밖에 서서 사람을 보내어 예수를 부르니 32 무리가 예수를 둘러 앉았다가 여짜오되 보소서 당신의 어머니와 동생들과 누이들이 밖에서 찾나이다 33 대답하시되 누가 내 어머니이며 동생들이냐 하시고 34 둘러 앉은 자들을 보시며 이르시되 내 어머니와 내 동생들을 보라 35 누구든지 하나님의 뜻대로 행하는 자가 내 형제요 자매요 어머니이니라	19 예수의 어머니와 그 동생들이 왔으나 무리로 인하여 가까이 하지 못하니 20 어떤 이가 알리되 당신의 어머니와 동생들이 당신을 보려고 밖에 서 있나이다 21 예수께서 대답하여 이르시되 내 어머니와 내 동생들은 곧 하나님의 말씀을 듣고 행하는 이 사람들이라 하시니라

    마태는 마가의 본문을 대체로 그대로 수용한다(마 12:46-50). 행위의 규범을 강조하는 "누구든지 하늘에 계신 내 아버지의 뜻대로 하는 자가 내 형제요 자매요 어머니이니라"(마 12:50 // 막 3:35)는 말씀은 마태의 신학과 잘 어울리는 표현이다. 누가는 마가복음 3:31-35를 축약한 형태로 이용하면서(눅 8:19-21), 씨 뿌리는 자의 비유 및 그와 관련된 말씀(눅 8:4-18)을 이해하기 위한 요지의 말씀으로 제시한다:

"내 어머니와 내 동생들은 곧 하나님의 말씀을 듣고 행하는 이 사람들이라"(눅 8:21).

제10장 비유로 가르치시는 예수님

▶ **마태 마가 누가 복음 상호간의 관계:** 마태 마가 누가의 비유 단락은 일단 같은 순서로 시작한다. 즉, 씨 뿌리는 자의 비유가 제일 먼저 나오고, 이어서 비유 사용의 목적 이론이 이어지고, 그 다음에 씨 뿌리는 자 비유에 대한 해석이 나온다.

씨 뿌리는 자의 비유	비유 사용의 목적 이론	씨 뿌리는 자 비유 해석	올바른 들음에 관한 말씀(=등불의 비유)
막 4:1-9	막 4:10-12	막 4:13-20	막 4:21-25
마 13:1-9	마 13:10-15	마 13:18-23	마 5:15; 10:26; 7:2; 13:12
눅 8:4-8	눅 8:9-10, 18b	눅 8:11-15	눅 8:16-18

누가는 "올바른 들음에 관한 말씀"(막 4:21-25)을 마가의 순서를 따라 누가복음 8:16-18에 위치시키나, 이를 앞서 언급한 비유의 이해를 돕는 일종의 독서지침으로 여긴다. 즉, 누가는 8:18의 진술을 앞에서 언급한 씨 뿌리는 자의 비유에 대한 해석으로 이해한다("그러므로 너희가 어떻게 들을까 스스로 삼가라 누구든지 있는 자는 받겠고 없는 자는 그 있는 줄로 아는 것까지도 빼앗기리라 하시니라"). 이렇게 보면, 좋은 땅에 씨를 뿌리는 자는 "있는 자"에 해당한다. 이들은 백 배의 결실을 하는 자들이다. 반면, 나쁜 땅에 씨를 뿌리는 자는 "없는 자"에 해당한다. 18절 전반에서 올바르게 듣는 자가 되라는 요청은 누가복음 8:11-15에서 네 번에 걸쳐 묘사하는 "말씀을 듣는 자"에 해당한다. 누가는 8:16-18(par 막 4:21-25)에서 제자들을 향해 하나님 말씀을

올바로 이해하고 이를 붙잡을 것을 말하고, 이어서 나오는 눅 8:19-21 (par 막 3:31-35)을 통해 '들음과 행함'의 중요성을 강조한다. 이런 관점에서 누가는 마가복음 4:26-29(스스로 자라는 씨의 비유)와 마가복음 4:30-32(겨자씨 비유)를 건너뛰고, 이 두 비유를 다른 위치에서 다룬다(눅 13:18-19, 20-21).

마태는 "올바른 들음에 관한 말씀"(막 4:21-25)을 건너뛴다. 예수어록에서 유래한 유사한 말씀들을 이미 앞에서 다루었기 때문이다(마 5:15; 10:26; 7:2; 13:12). 스스로 자라는 씨의 비유(막 4:26-29) 대신, 마태는 곡식과 가라지의 비유(마 13:24-30)를 이에 대한 해석과 함께(마 13:36-40) 마태 특수자료에서 가져온다. 겨자씨 비유(마 13:31-32)와 더불어 마태는 다시 마가(막 4:20-32)와 평행하는 본문을 제시한다. 이때 마태는 마가의 본문 형태를 예수어록(Q)의 본문 형태와 조합하고, 그로 인해 예수어록에 나오는 누룩의 비유를 연결시킨다(마 13:33 // Q눅 13:20-21). 마가복음 13:34-35는 마가의 비유 결론(막 4:33-34)에 해당한다. 이어서 마태는 마태 특수자료를 사용하여 내용을 확대한다. 그리하여 마태의 예수님은 계속해서 제자들을 향해 곡식과 가라지 비유에 대한 해석을 주시고(마 13:36-40), 세 개의 간단한 비유들을 말씀하신다(마 13:44 밭에 감춘 보화 비유; 마 13:45-46 진주 비유; 마 13:47-50 그물 비유). 마태의 예수님 비유는 마태의 편집 구절 마 13:51-52로 마친다("51 이 모든 것을 깨달았느냐 하시니 대답하되 그러하오이다 52 예수께서 이르시되 그러므로 천국의 제자 된 서기관마다 마치 새것과 옛것을 그 곳간에서 내오는 집 주인과 같으니라").

1. 예수님의 비유가 주는 가르침(막 4:1-34)

마가복음 4장의 예수님 비유는 본래부터 하나로 연결된 내용이 아니고, 여러 전승 단계를 거치면서 점차 그 내용이 확대된 것이다. 이러한 사실은 본문에 나오는 비유의 틀에 드러나는 부조화만 보더라도 쉽게 알 수 있다. 4장은 첫머리(1-2절)에서 예수님은 바다에 떠 있는 한 배에 올라 앉은 상태에서 바닷가 육지에 있는 "온 무리"를 향해 가르치시는 장면으로 시작된다. 그러나 10절에 따르면 예수님이 (육지 어딘가에) "홀로" 계실 때 동행자들과 열두 제자들이 묻는 장면이 나온다. 그런데 다음 이야기로 넘어가는 장면인 35-36절에는 다시 "무리"가 여전히 그곳에 있고 예수님도 배에 앉아 계신다고 말한다. 이처럼 연결되는 장면들 사이에 부조화가 나타나는 것은 마가의 편집 과정에서 비롯된 것이다. 즉, 마가가 제자들을 위한 예수님의 특별 가르침에 관한 이론을 주어진 문맥에 끼워 넣으면서(11-12절과 34절) 그런 부조화가 발생한 것이다. 11-12절이 후대의 삽입이라는 사실은 10절에서도 드러난다. 10절은 도입어로서 "비유들"에 대해 언급하나, 지금껏 예수님은 단지 하나의 비유만을 이야기했을 뿐이다. 이런 본문 관찰에서 드러나듯이 마가복음 4장의 비유 이야기는 단번에 형성된 것이 아니라 오랜 전승 과정에서 나온 것임이 분명하다. 예수님의 비유 전승에 관해 네 단계의 전승 과정을 구분할 수 있다.[1]

▶ **제1단계(역사적 예수의 단계)**: 마가복음 4장에 나오는 세 개의 비유는 역사적 예수에게서 비롯된 것으로 보인다. 특히 스스로 자라는 씨의 비유(막 4:26-29)와 겨자씨 비유(막 4:30-32)는 예수님의 핵심 주제인 "하나님 나라"에 대해 분명히 언급한다. 그와 달리 첫 번째 비유인 "씨 뿌리는 자의 비유"(막 4:1-9)는 그러한 언급은 하지 않는다. 내용상 역시 하나님 나라와 관련된 것으로 볼 수 있기도 하지만, 씨 뿌리는 자의 모습에서 하나님 나라 선포자로서의 예수님의 사역을 강

---

1) Cf. H. Merklein, *Jesusgeschichte*, 107-111.

조하는 비유로도 해석이 가능하다. 아무튼 세 가지 비유 모두 "대조"를 강조하고 있다는 점에선 일치한다.

막 4:3-8	씨 뿌리는 자의 세 번에 걸친 헛수고와 30배 60배 100배나 되는 놀라운 결실이 대조를 이룬다.
막 4:26-29	농부가 땅에 씨를 뿌리고 내버려둠과 땅이 스스로 열매 맺어 풍성한 수확을 거둠이 대조를 이룬다.
막 4:30-32	지극히 작은 겨자씨를 심음과 새들이 깃들 정도의 엄청난 크기의 관목으로 성장함이 대조를 이룬다.

　비유를 해석하기 위한 두 가지 접근방식이 여전히 유용하다. 첫 번째 방식은 예수님의 비유를 알레고리적으로 설명해왔던 과거의 해석에 종언을 고하고 비유 연구에 새로운 장을 연 아돌프 율리허(Adolf Jülicher, 1857-1938년)의 해석이다.[2] 이것은 예수님의 비유를 두 가지 측면, 즉 비유 측면과 내용 측면으로 나누고, 양자를 연결 짓는 비교점("tertium comparationis")을 찾아내는 것을 비유 해석의 관건으로 여긴다. 앞서 언급한 마가의 세 가지 비유의 경우에 해당되는 비교점은 대조에 있다. 이러한 율리허의 해석은 그 타당성에도 불구하고 의문점을 남긴다. 왜 예수님은, '하나님 나라가 온갖 불가능성과 방해에도 불구하고 시작된다'고 간단명료하게 교훈 문장으로 말하지 않고, 굳이 비유 형식으로 표현했는가 하는 의문이다.

　이러한 관점에서 근자에 들어와 비유 해석을 위한 새로운 접근 방식이 제기되었다. 비유 이야기에 나오는 비유 형태를 중시하면서, 하나님 나라는 바로 비유 안에서 "언어사건"(Sprachereignis) 혹은 "말씀사건"(Wortgeschehen)으로 일어난다고 보는 입장이다.[3] 예수님의 비

---

2) A. Jülicher, *Die Geichnisreden Jesu*, Tübingen 1888/1898([2]1910). 여기에서 그는 예수님의 비유를 알레고리적으로 이해하게 된 것은 원시그리스도교의 이차적인 단계에서 일어난 것임을 강조했다.

유 이야기는 이성적 논리를 초월하는 비유의 힘을 갖고 작용한다. 비유 이야기에 사용되는 비유의 그림들은 청중을 압도하여 언어로 일어나는 하나님 나라(=하나님의 통치) 안으로 빨려 들어가게 만들고, 결국 하나님 나라의 종말론적 상징적 실재를 드러나게 한다. 다시 말해, 예수님은 비유를 통해 죄인들을 향한 하나님의 사랑을 나타내고, 하나님 나라를 현재화하며, 사람들로 하여금 하나님의 실재 앞에 자신을 개방하도록 만들었다. 예수님의 비유는 그의 사역과 함께 종말론적 구원의 시대가 시작되었음을 알리려 한다.

▶ **제2단계(부활 이후 공동체의 단계):** 씨 뿌리는 자의 비유(막 4:3-8)에 해석이 첨가되는 단계이다(막 4:13a, 14-20). 이때 그 비유는 알레고리로 바뀌고, 비유에 나오는 개념 하나하나가 신앙 공동체의 체험들로 번역된다. 그러면서 더 이상 "대조"가 비유의 중심에 있지 않고, 신앙 공동체가 처한 곤경과 박해상황에 초점이 놓인다. 뿌려진 말씀이 자라지 못하고 사라져 버리는 현실 체험을 하면서 신앙 공동체는 비유의 약속(막 4:8, 20)을 붙잡고, 그 비유를 신앙 공동체를 향한 권면으로 받아들인다. 이런 상황에서 말씀을 "들음"은 단지 외적인 청취에 그치지 않고, 귀 기울여 들음을 넘어(막 4:9) 들음을 내면화 하여 30배 60배 100배의 결실을 맺게 된다(막 4:20).

▶ **제3단계(3개의 비유로 수집된 단계):** 앞 단계에서 드러난 권면의 성격이 여전히 유지되고 있으나, 씨 뿌리는 자의 비유가 다른 두 개의 비유(스스로 자라는 씨의 비유와 겨자씨 비유)와 연결되면서 새

---

3) 이와 같이 E. Fuchs, *Marburger Hermeneutik*, Tübingen 1968, 227-248; E. Jüngel, *Paulus und Jesus*, Tübingen [5]1979(=『바울과 예수』, 허혁 역, 이화여자대학교출판부, 1982, 137-208); Hans Weder, *Die Gleichnisse Jesu als Methaphern*, Göttingen 1978, 31-45.

로운 강조점이 생긴다. 스스로 자라는 씨의 비유는 씨를 뿌린 후 농부가 일하지 않고 있음을 강조하고, 겨자씨 비유는 겨자씨의 지극히 작음을 강조한다. 여기에는 선교사역을 열심히 수행했으나 아무런 성과도 얻지 못하는 당시 신앙 공동체의 상황이 반영되어 있다. 이러한 상황에서 신앙 공동체는 예수님의 비유에 담긴 소망을 바라본다. 그리하여 이제 이 비유를 위로의 메시지로 받아들인다. 세 가지 비유의 수집은 실망과 좌절에 빠진 공동체에게 소망을 주어 다시 일어서게 한다.

▶ **제4단계(마가의 편집 단계):** 마지막 전승 단계로서 복음서 저자 마가의 단계이다. 여기에서 마가는 비유 수집물을 물려받아 다른 전승들로 보충하는 작업을 수행한다. 특히 연결 부분을 편집한다. 이 점에 대해서 이미 앞에서 언급했으나 다시 반복하는 것도 좋을 것 같다. 마가는 11-12절과 21-25절을 첨가할 뿐만 아니라, 비유 장면의 시작을 알리는 1-2절과 다음 장면으로 넘어가는 것을 알리는 10절, 또한 13절을 편집한다.

막 4:1-2	1 예수께서 다시 바닷가에서 가르치시니 큰 무리가 모여들거늘 예수께서 바다에 떠 있는 배에 올라 앉으시고 온 무리는 바닷가 육지에 있더라 2 이에 예수께서 여러 가지를 비유로 가르치시니 그 가르치시는 중에 그들에게 이르시되
막 4:10	예수께서 홀로 계실 때에 함께 한 사람들이 열두 제자와 더불어 그 비유들에 대하여 물으니
막 4:11-12	11 이르시되 하나님 나라의 비밀을 너희에게는 주었으나 외인에게는 모든 것을 비유로 하나니 12 이는 그들로 보기는 보아도 알지 못하며 듣기는 들어도 깨닫지 못하

	게 하여 돌이켜 죄 사함을 얻지 못하게 하려 함이라 하시고
막 4:13	또 이르시되 너희가 이 비유를 알지 못할진대 어떻게 모든 비유를 알겠느냐
막 4:34	34 비유가 아니면 말씀하지 아니하시고 다만 혼자 계실 때에 그 제자들에게 모든 것을 해석하시더라

특히 10절 가운데, 사람들이 예수께 "그 비유들에 대하여 물으니"라는 표현이 나오는데, 여기에 "비유들"이라는 복수형이 사용된 것이 뜻밖이다. 예수님은 이제껏 단 하나의 비유만을 바로 앞에서(막 4:1-9) 이야기했을 뿐이기 때문이다. 이러한 불일치는 마가의 편집에서 비롯된 것이다. 이 구절을 삽입할 때, 마가는 예수 비유 수집물 전체를 염두에 두었기에 그처럼 복수형으로 말한 것이다. 또한 마가복음 4:34는 마가가 비유 이야기 전체를 돌아보면서 자신의 편집을 마감하는 구절이다.

마가복음 4:11-12의 진술과 비유 이해에 필요한 제자들만을 위한 특별 가르침으로 인해 이제 예수님의 비유는 마가의 문맥에서 완전히 새로운 의미를 갖게 된다. 이 구절(막 4:11-12)은 본래 비유와 아무런 관련이 없다. 그것이 나타내고자 하는 것은, 하나님 나라의 비밀이 허락된 제자들과 달리 타인들에게는 모든 것이 "수수께끼"로 주어진다는 것이다. 이때 언급된 "수수께끼"라는 단어가 그리스어로 "파라볼레(παραβολή)"이고, 이는 동시에 "비유"를 뜻한다. 이에 근거하여 마가는 자신의 "비유 이론"을 만들 수 있었다.

마가복음 4:12에 성서인용을 제시함으로써, 타인들에게 수수께끼로 말한 것의 목적이 드러난다. 그런데 여기에 언급되고 있는 성서구절의 표현은 구약성서 이사야 6:9-10에서4) 비롯된 것이라고 말하기 어렵고, 오히려 아람어 구약성서에 해당하는 "타르굼(Targum)"의 표현에 가깝다: "그들이 보나 보지 못하고, 들으나 듣지 못하게 하기 위함이다. 그렇지 않다면 그들이 회개하여 하나님이 그들에게 용서를 베풀기 때문이니라."

마가복음 4:11-12의 전승이 그리스어로 바뀌어질 때, 접속사 "메포테(μήποτε ... 하지 않도록[12절])"로 번역되면서 목적의 의미를 강하게 나타낸다. 그리하여 타인에게는 감춰졌으나 제자들과 함께 한 사람들에게는 열린다는 이른바 "비밀 이론"(11-12절)이 탄생하게 된다. 이 비밀 이론을 통해 마가는, 예수님과 마가 공동체를 연결시켜주는 전승 보존자로서의 12제자의 중요성을 강조하고 있는 셈이다. 그런데 공동체는 하나님 나라의 비밀을 자신들만을 위해 간직해서는 아니 되고, 그것을 등경 위의 등불처럼 세상에 드러내야 한다(막 4:21-23). 또한 마가는, 공동체는 복된 진리의 말씀인 예수 선포를 늘 새롭게 헤아려 받아들여야만 한다는 사실을 강조한다(막 4:24). 마가복음 전체 문맥에서 보면, 예수님과 함께 있는 제자들도 예수님의 삶을 따라 십자가의 길을 나서지 않는다면, 그들 역시 예수님의 선포를 깨닫지 못한다.

2. 마태에 따른 예수님의 비유 말씀(마 13:1-53)

다른 복음서와 달리 마태복음은 비교적 긴 내용을 담은 5개의 예수님의 설교 말씀이 그 중심 내용을 이룬다(1. 산상설교[마 5:1-7:29], 2. 파송 말씀[9:35-11:1], 3. 비유 말씀[13:1-52], 4. 공동체를 향한 말씀[18:

---

4) (사 6:9-10) "9 여호와께서 이르시되 가서 이 백성에게 이르기를 너희가 듣기는 들어도 깨닫지 못할 것이요 보기는 보아도 알지 못하리라 하여 10 이 백성의 마음을 둔하게 하며 그들의 귀가 막히고 그들의 눈이 감기게 하라 염려하건대 그들이 눈으로 보고 귀로 듣고 마음으로 깨닫고 다시 돌아와 고침을 받을까 하노라 하시기로."

1-35], 5. 종말에 관한 말씀[24:1-26:2]). 마태복음 13장의 비유 말씀은 그 중 세 번째 설교 말씀에 해당한다. 설교의 주제는 "하나님 나라"이다. 이 표현보다 마태는 "하늘나라" 곧 "천국"이라는 표현을 선호한다. 이때 마태는 천국에 관한 단지 "가르침"을 주려는 것이 아니다. 마태에게 가르침이란 인생의 가르침, 곧 인생길을 의미한다. 그런데 마가가 비유를 "가르침"으로 이해하는 것과 달리(막 4:1-2 διδάσκειν), 마태는 "말함"으로 이해한다(마 13:3 λαλεῖν). 그것은 예수님이 선포하고 온전히 드러낸 계시의 말씀이다. 마태는 비유 말씀을 통해 종말론에 관한 일종의 교리 논문을 제시하려는 것이 아니다. 천국 선포로 야기되었으며 공동체와 세상 사이에 놓인 또한 공동체 내부에 놓인 갈림길에서 사람들로 하여금 올바른 결단을 내리도록 돕는 것이 비유 말씀의 목적이다. 비유 말씀은 두 부분으로 구분된다. 첫 번째 부분 마태복음 13:1-35(par 막 4:1-34)는 백성의 무리를 향한 말씀이다. 그러나 여기에도 마가에게서 볼 수 있는 제자들을 향한 특별한 말씀이 담겨 있다(마 13:10-23 // 막 4:10-20). 두 번째 부분인 마태복음 13:36-52는 제자들에게만 주시는 말씀이다.

1) 백성의 무리에게 주시는 말씀(마 13:1-35)

▶ **씨 뿌리는 자의 비유(마 13:1-9):** 여기에서 마태는 대본인 마가복음 4:1-9를 따르면서 마가의 표현을 대체로 수용한다. 그러나 몇몇 의도적인 변형을 통해 자신의 구상에 맞춘다.

마 13:1-9	막 4:1-9
1 그 날 예수께서 집에서 나가사 바닷가에 앉으시매 2 큰 무리가 그에게로 모여 들거늘 예수께서 배에	1 예수께서 다시 바닷가에서 가르치시니 큰 무리가 모여들거늘 예수께서 바다에 떠 있는 배에 올라 앉

<table>
<tr>
<td>

올라가 앉으시고 온 무리는 해변에 서 있더니 3 예수께서 비유로 여러 가지를 그들에게 말씀하여 <u>이르시되</u> 씨를 뿌리는 자가 뿌리러 나가서 4 뿌릴새 더러는 길 가에 떨어지매 새들이 와서 먹어버렸고 5 더러는 흙이 얕은 돌밭에 떨어지매 흙이 깊지 아니하므로 곧 싹이 나오나 6 해가 돋은 후에 타서 뿌리가 없으므로 말랐고 7 더러는 가시떨기 위에 떨어지매 가시가 자라서 기운을 막았고 8 더러는 좋은 땅에 떨어지매 어떤 것은 <u>백 배, 어떤 것은 육십 배, 어떤 것은 삼십 배의</u> 결실을 하였느니라 9 귀 있는 자는 들으라 하시니라

</td>
<td>

으시고 온 무리는 바닷가 육지에 있더라 2 이에 예수께서 여러 가지를 비유로 <u>가르치시니 그 가르치시는 중에</u> 그들에게 이르시되 3 들으라 씨를 뿌리는 자가 뿌리러 나가서 4 뿌릴새 더러는 길 가에 떨어지매 새들이 와서 먹어 버렸고 5 더러는 흙이 얕은 돌밭에 떨어지매 흙이 깊지 아니하므로 곧 싹이 나오나 6 해가 돋은 후에 타서 뿌리가 없으므로 말랐고 7 더러는 가시떨기에 떨어지매 가시가 자라 기운을 막으므로 결실하지 못하였고 8 더러는 좋은 땅에 떨어지매 자라 무성하여 결실하였으니 <u>삼십 배나 육십 배나 백 배가</u> 되었느니라 하시고 9 또 이르시되 들을 귀 있는 자는 들으라 하시니라

</td>
</tr>
</table>

"그날"(1절)이란 표현을 통해 앞 단락(마 12:46-50)과 연결을 맺는다. 마가에 나오는 "가르치다"(막 4:1-2)라는 동사를 마태는 "말하다"(마 13:3 "이르시되")로 바꾼 것이 두드러진다. 그 밖에도 결실에 관한 정보의 순서가 다르다. 마가(막 4:8)는 30배 60배 100배라고 상승 방향으로 말하나, 마태(마 13:8)는 100배 60배 30배의 하강 방향으로 말한다. 마태가 하강 순으로 묘사하는 것은 마태의 현실 체험이 반영된 것으로 보인다. 즉, 현실 세계에 뿌려진 천국의 씨앗은 마가가 말하듯 놀랍게 상승하는 결실을 맺기 어렵다는 것을 염두에 두었기 때문이다. 그러나 온갖 실패와 역경에도 불구하고 천국(하나님 나라)은 가까운 장래에 반드시 관철된다는 비유 본래의 메시지는 보존되

어 있다. 100배의 결실이든 30배의 결실이든, 그것은 눈으로 확인 가능한 충분한 결실이다(cf. 마 13:10-17). 특히 이 비유는 구속사적 차원을 잘 반영하고 있다.[5] 길 위의 굳은 땅에 떨어진 씨는 이스라엘에 떨어진 말씀의 운명과 일치하기 때문이다.

▶ **비유 이론(마 13:10-17):** 비유의 목적에 대하여 가르치는 이 부분은 마가의 경우처럼 제자들에게만 주시는 말씀이다. 대본인 마가의 기본 틀을 따르고 있으나, 형태 변형과 첨가 또는 위치 바꿈을 통해 새롭게 만든다.

마 13:10-17	막 4:10-12, 25
10 제자들이 예수께 나아와 이르되 어찌하여 그들에게 비유로 말씀하시나이까 11 대답하여 이르시되 천국의 비밀을 아는 것이 너희에게는 허락되었으나 그들에게는 아니되었나니 12 무릇 있는 자는 받아 넉넉하게 되되 없는 자는 그 있는 것도 빼앗기리라 13 그러므로 내가 그들에게 비유로 말하는 것은 그들이 보아도 보지 못하며 들어도 듣지 못하며 깨닫지 못함이니라 14 이사야의 예언이 그들에게 이루어졌으니 일렀으되 너희가 듣기는 들어도 깨닫지 못할 것이요 보기는 보아도 알지 못하리라 15 이 백성들의 마음이 완악하여져서 그 귀는 듣기에 둔하고 눈은 감았으니 이는 눈으로 보고 귀로 듣고 마음으로 깨달아 돌이켜 내게 고침을 받을까 두려워함이라 하였느니라 16 그러나 너희 눈은 봄으로, 너희 귀는 들음으로	10 예수께서 홀로 계실 때에 함께한 사람들이 열두 제자와 더불어 그 비유들에 대해 물으니 11 이르시되 하나님 나라의 비밀을 너희에게는 주었으나 외인에게는 모든 것을 비유로 하나니 12 이는 그들로 보기는 보아도 알지 못하며 듣기는 들어도 깨닫지 못하게 하여 돌이켜 죄 사함을 얻지 못하게 하려 함이라 하시고 25 있는 자는 받을 것이요 없는 자는 그 있는

---

5) Cf. U. 루츠, 『마태공동체의 예수 이야기』, 박정수 역, 대한기독교서회, 2002, 118.

<table>
<tr>
<td>복이 있도다 17 내가 진실로 너희에게 이르노니 많은 선지자와 의인이 너희가 보는 것들을 보고자 하여도 보지 못하였고 너희가 듣는 것들을 듣고자 하여도 듣지 못하였느니라</td>
<td>것까지도 빼앗기리라</td>
</tr>
</table>

11절에 제자들을 가리키는 "너희"와 제자가 아닌 자들을 가리키는 "그들"(cf. 막 4:11 "타인")이 구분되고 있다. 마가의 평행본문에 없는 새로운 내용이 12절에 나온다("무릇 있는 자는 받아 넉넉하게 되되 없는 자는 그 있는 것도 빼앗기리라"). 12절의 말씀은 마가복음 4:21-25의 전승 가운데 나타난다. 12절의 진술을 통해 마태는 제자들과 제자가 아닌 자들을 명확히 구분하려 한다. 이 진술로써 마태는 근본적인 신앙 원리를 제시하려 한다. 즉, 하나님 안에서 인생의 의미를 발견한 자는 넘칠 정도로 풍성한 의미의 심연에서 살아가는 반면, 발견하지 못한 자는 끝없는 나락에 빠진다는 것이다. 이러한 일반적 원리가 천국의 비밀과 관련되면서, 이 진술은 천국의 심오한 비밀은 예수의 제자 된 사람만이 이해할 수 있다는 뜻을 나타낸다.

마태복음 13:13은 마가복음 4:12의 인용문(사 9:9-10)을 풀어 쓴 것이다. 마가에게는 이유를 나타내는 문장으로 나오나(... 때문이니라), 마태에게 와서는 목적의 문장으로 바뀐다(... 위하여). 이로써 마태는 이 인용문을 마가처럼 비밀 이론으로 이해하지 않고, 실제로 이해하기 어려운 상황, 즉 어찌하여 하나님의 선택의 길이 이스라엘을 떠나 이방인에게 향하게 되었는가에 대한 설명으로 받아들였다는 사실을 알 수 있다. 마태복음 13:14-15에 이사야 6:9-10이 글자 그대로 인용된 것이 두드러진다: "14 너희가 듣기는 들어도 깨닫지 못할 것이요 보기는 보아도 알지 못하리라 15 이 백성들의 마음이 완악하여져서 그 귀는 듣기에 둔하고 눈은 감았으니 이는 눈으로 보고 귀로 듣고 마음으로 깨달아 돌이켜 내게 고침을 받을까 두려워함이라". 마가에게는 그것이 성서 인용인지 잘 드러나지 않으나, 마태에게는 성서 성취 인용문의 하나로 분명하게 성찰되고 있다. 그런데 놀랍게도, 이 인용문(14-15절)은 구약성서의 그리스어 번역본인 칠십인경(LXX)의 구절과 글자 그대로 일치한다. 그래서 후대의 누군가가 이 인용문을 이곳에 끼워 넣은 것일 수 있다는 주장을 제기하기도 한다.6)

16-17절은 복 선포로서 이 단락의 형식상 절정을 이룬다. 제자들이 눈으로 보고 귀로 들음이 제자 아닌 자들의 무지와 대립되어 나타난다. 이 진술은 예수님의 오심으로 구원의 시대가 열렸다는 사실을 나타내고자 한다. 예수님의 복 선포는 본래 그 현장에서 보고 들었던 사람들을 향한 것이었으나, 마태에게 와서 제자들에게 적용되면서 "봄"과 "들음"은 더 이상 시각적이고 청각적인 인지를 뜻하지 않고, 영적이며 신앙적인 깨달음을 가리킨다. 이러한 깨달음은 제자들을 천국의 영역으로 이끌기 때문에 구원과 관련된 사건이다.

▶ **씨 뿌리는 자의 비유에 대한 해석(마 13:18-23):** 마가를 대본으로 하였으나 마가와 차이가 나는 부분은 마태의 편집에서 비롯된 것이다. 이미 마가에게서 드러나듯이, 이 해석으로 인해 씨 뿌리는 자의 비유의 강조점이 변한다. 본래 비유의 강조점은, 하나님 나라는 그 어떤 역경과 방해에도 불구하고 반드시 온다는 사실을 보여주는 것이었으나, 마태에게 와서는 신앙 공동체의 구체적인 체험을 다루는 문제와 관련된다.

마13:18-23	막 4:13-20
18 그런즉 씨 뿌리는 비유를 들	13 또 이르시되 너희가 이 비유를 알

---

6) 이와 같이, K. Stendahl, *The School of St. Matthew and its Use of the Old Testament*, Uppsala 1954, 131f; G. Strecker, *Der Weg der Gerechtigkeit*, Göttingen 1971, 70, n. 3; J. Gnilka, *Die Verstockung Israels*, München 1961, 103-105.

<table>
<tr><td>

으라 19 아무나 천국 말씀을 듣고 깨닫지 못할 때는 악한 자가 와서 그 마음에 뿌려진 것을 빼앗나니 이는 곧 길 가에 뿌려진 자요 20 돌밭에 뿌려졌다는 것은 말씀을 듣고 즉시 기쁨으로 받되 21 그 속에 뿌리가 없어 잠시 견디다가 말씀으로 말미암아 환난이나 박해가 일어날 때에는 곧 넘어지는 자요 22 가시떨기에 뿌려졌다는 것은 말씀을 들으나 세상의 염려와 재물의 유혹에 말씀이 막혀 결실하지 못하는 자요 23 좋은 땅에 뿌려졌다는 것은 말씀을 듣고 깨닫는 자니 결실하여 어떤 것은 백 배, 어떤 것은 육십 배, 어떤 것은 삼십 배가 되느니라 하시더라

</td><td>

지 못할진대 어떻게 모든 비유를 알겠느냐 14 뿌리는 자는 말씀을 뿌리는 것이라 15 말씀이 길 가에 뿌려졌다는 것은 이들을 가리킴이니 곧 말씀을 들었을 때에 사탄이 즉시 와서 그들에게 뿌려진 말씀을 빼앗는 것이요 16 또 이와 같이 돌밭에 뿌려졌다는 것은 이들을 가리킴이니 곧 말씀을 들을 때에 즉시 기쁨으로 받으나 17 그 속에 뿌리가 없어 잠깐 견디다가 말씀으로 인하여 환난이나 박해가 일어나는 때에는 곧 넘어지는 자요 18 또 어떤 이는 가시떨기에 뿌려진 자니 이들은 말씀을 듣기는 하되 19 세상의 염려와 재물의 유혹과 기타 욕심이 들어와 말씀을 막아 결실하지 못하게 되는 자요 20 좋은 땅에 뿌려졌다는 것은 곧 말씀을 듣고 받아 삼십 배나 육십 배나 백 배의 결실을 하는 자니라

</td></tr>
</table>

마태는 마가의 첫머리(13절)에 나오는, 예수님이 꾸짖는 어감을 담은 구절을 삭제한다. 또한 말씀이 선포되는 종말론적 분위기를 연상시키는 "뿌리는 자는 말씀을 뿌리는 것이라"(막 4:14)는 마가의 구절도 삭제한다. 이로써 선포의 운명이 더욱 분명해지고 윤리적 권면의 성격이 강화된다. 마태는 마가의 "들음"(막 4:20)을 "듣고 깨달음"(마 13:23; 참조 18절)으로 바꾼다. 이때 "깨달음"은 마태복음 13:13-15를 염두에 둔 것이다.[7] 말씀을 듣고 깨달은 자는 행동으로 옮겨 결실을

---

7) (마 13:13-15) "13 그러므로 내가 그들에게 비유로 말하는 것은 그들이 보아도 보지 못하며 들어도 듣지 못하며 깨닫지 못함이니라 14 이사야의 예언

맺는 자이다(23절). 깨달음과 행함은 마태가 강조하는 중심 모티브이다. 이 단락에는 마태가 갖고 있던 공동체 이해, 즉 현재 지상의 교회와 미래의 하늘나라를 구분하는 마태의 교회론이 반영되어 있다.[8] 마태는 예수님의 제자들은 부르심을 받은 사람들이지만 다가오는 구원에 참여하는 것이 아직 확정된 사람들이 아니다. 중요한 것은 들음과 깨달음을 통해, 특히 순종의 행위를 통해 열린 구원의 가능성을 실천에 옮기는 일이다.

또한 마태는 마가에게 나오는 올바른 들음에 관한 말씀(막 4:21-25)을 삭제하고, 스스로 자라는 씨의 비유(막 4:26-29) 대신 곡식과 가라지의 비유(마 13:24-30)를 말한다.

▶ 곡식과 가라지의 비유(마 13:24-30):

> 24 예수께서 그들 앞에 또 비유를 들어 이르시되 천국은 좋은 씨를 제 밭에 뿌린 사람과 같으니 25 사람들이 잘 때에 그 원수가 와서 곡식 가운데 가라지를 덧뿌리고 갔더니 26 싹이 나고 결실할 때에 가라지도 보이거늘 27 집 주인의 종들이 와서 말하되 주여 밭에 좋은 씨를 뿌리지 아니하였나이까 그런데 가라지가 어디서 생겼나이까 28 주인이 이르되 원수가 이렇게 하였구나 종들이 말하되 그러면 우리가 가서 이것을 뽑기를 원하시나이까 29 주인이 이르되 가만 두라 가라지를 뽑다가 곡식까지 뽑을까 염려하노라 30 둘 다 추수 때까지 함께 자라게 두라 추수 때에 내가 추수꾼들에게 말하기를 가라지는 먼저 거두어 불사르게 단으로 묶고 곡식은 모아 내 곳간에 넣으라 하리라

이 그들에게 이루어졌으니 일렀으되 너희가 듣기는 들어도 깨닫지 못할 것이요 보기는 보아도 알지 못하리라 15 이 백성들의 마음이 완악하여져서 그 귀는 듣기에 둔하고 눈은 감았으니 이는 눈으로 보고 귀로 듣고 마음으로 깨달아 돌이켜 내게 고침을 받을까 두려워함이라 하였느니라."

8) J. Roloff, *Jesu Gleichnisse um Matthäusevangelium. Ein Kommentar zu Mt 13,1-52*, Neukirchen-Vluyn 2005, 41-42.

마태는 이 비유를 자신만이 갖고 있는 특수자료에서 가져온다.9) 씨 뿌리는 자의 비유(마 13:18-23) 다음에 마가에 나오는 스스로 자라는 씨의 비유(막 4:26-29)를 연결시키는 것보다 곡식과 가라지의 비유를 연결시키는 것이 더욱 잘 어울린다. 씨 뿌리는 자의 비유가 서로 다른 씨의 운명에 대해 다룬다면, 곡식과 가라지의 비유는 보다 근본적인 문제, 즉 서로 다른 씨 자체에 대해 말하기 때문이다. "천국은 ...... 과 같으니"라는 표현은 마태 특유의 표현이다(cf. 마 18:23; 22:2). 이 진술은 천국과 씨 뿌리는 자의 동일시를 나타내는 표현이 아니라, 서로 비교할 만한 사건의 시작을 알리는 표현이다.

24절은 다시 2절의 처음 상황으로 돌아간다. 예수님은 제자들을 향해서 뿐만 아니라 백성의 무리에게 다시 말씀하신다. 밭주인이 와서 좋은 씨를 뿌렸으나, 이웃의 원수가 와서 곡식 가운데 가라지를 덧뿌리고 가는 참사가 일어난다(24-25절). 싹이 나고 결실할 때가 되어서야 비로소 가라지가 보이자 종들이 주인에게 심각한 상황을 설명한다(26-27절). 아직 종들은 주인의 밭에 뿌려진 곡식과 다른 무엇이 자랄 수 있다는 가능성에 대해 생각하지 못한 것 같다. 그러자 주인은 그 밭에 자기 말고도 원수가 씨를 뿌렸다고 밝히자, 종들은 그러한 상황 가운데 당연히 행하는 일, 즉 가라지를 뽑아내는 일을 주인에게 청한다(28절). "뽑아내다"라는 동사는 가라지를 모아 불에 태워 없애버리려는 목적을 암시한다. 여기에 최후 심판에 대한 비유가 암시되어 있다. 그것은 비유를 마감하는 다음 구절(29-30절)에 분명히 드러난다. 주인은 가라지와 곡식을 추수 때까지 "함께 자라게 두라"는 뜻

---

9) 이 비유의 유래 및 전승사적 배경을 둘러싸고 논란이 많다. 도마복음 (ThEv) 로기온 57은 마태의 기본구조를 상당히 축약한 형태로 제시한다. J. Jeremias, J. D. Kingsbury, E. Schweizer, H. Weder는 예수에게서 유래했다고 여기나, E. Gräßer, Luomanen은 마태의 산물로 간주한다. 아마도 마태는 이 비유를 구전에서 수용하여 몇몇 사항을 첨가하여 새롭게 전하고 있는 것으로 보인다(J. Roloff, *Jesu Gleichnisse*, 50).

밖의 결정을 내린다. 가라지와 곡식의 공존상태는 주인에게 작은 악에 해당한다. 가라지를 제거하는 일은 부분적이나마 곡식을 파멸시키는 결과를 초래할 것이 분명하기 때문이다. 여기서 추수는 최후심판을 뜻한다(cf. 계 14:14-16). 또한 곳간에 보관하기 전 가라지를 먼저 모아 불사르는 일 역시 심판의 주제를 나타낸다(30절).

여기서 마태가 강조하고자 하는 것은, 천국은 악한 마귀가 지배하는 것처럼 보이는 세상 안에서 반드시 관철되게 마련이고, 그런고로 인내가 불가피하다는 사실이다. 공동체 안에서도 악한 자들을 경험했을 마태는 이 비유를 공동체와 관련시켜 생각했을 것이다. 공동체는 순수한 신앙인만의 모임이 아니라 죄인과 의인이 공존하는 혼합체(corpus permixtum)라는 이해가 여기에 전제되어 있다. 모든 악이 제거된 순수한 신앙공동체를 만들려는 인간의 시도는 위험하다. 하나님이 최후심판 때 직접 행하실 일이다. 그러하기에 이 비유는 악한 세상 안에서 살아갈 수밖에 없는 신앙인들에게 소망과 위로의 메시지로 다가온다.

▶ 겨자씨와 누룩의 비유(마 13:31-33):
이 비유와 더불어 마태는 다시 마가의 순서로 돌아온다. 그런데 마태는 마가의 본문 형태를 액면 그대로 사용하지 않고, 예수어록(Q)의 형태와 조화시켜 수용한다. 이와 같은 사실은 특히 겨자씨가 자라 "나무"가 된다는 표현에 잘 드러난다. 마태는 작은 겨자씨를 자신이 속한 작은 공동체로 생각하고, 겨자 나무에 깃든 새들과 관련해서는 부활의 주님이 보내시는 이방인 선교에 주어진 언약을 염두에 두었을 것이다.[10]

---

10) 루츠, 『마태공동체의 예수 이야기』, 118.

마 13:31-33	막 4:30-32	Q눅 13:18-21
31 또 비유를 들어 이르시되 천국은 마치 사람이 자기 밭에 갖다 심은 겨자씨 한 알 같으니 32 이는 모든 씨보다 작은 것이로되 자란 후에는 풀보다 커서 나무가 되매 공중의 새들이 와서 그 가지에 깃들이느니라 33 또 비유로 말씀하시되 천국은 마치 여자가 가루 서 말 속에 갖다 넣어 전부 부풀게 한 누룩과 같으니라	30 또 이르시되 우리가 하나님의 나라를 어떻게 비교하며 또 무슨 비유로 나타낼까 31 겨자씨 한 알과 같으니 땅에 심길 때에는 땅 위의 모든 씨보다 작은 것이로되 32 심긴 후에는 자라서 모든 풀보다 커지며 큰 가지를 내나니 공중의 새들이 그 그늘에 깃들일 만큼 되느니라	18 그러므로 예수께서 이르시되 하나님의 나라가 무엇과 같을까 내가 무엇으로 비교할까 19 마치 사람이 자기 채소밭에 갖다 심은 겨자씨 한 알 같으니 자라 나무가 되어 공중의 새들이 그 가지에 깃들였느니라 20 또 이르시되 내가 하나님의 나라를 무엇으로 비교할까 21 마치 여자가 가루 서 말 속에 갖다 넣어 전부 부풀게 한 누룩과 같으니라 하셨더라

또한 마태는 누룩의 비유도 예수어록(Q)에서 가져온다. 겨자씨와 누룩의 비유의 핵심은 유기체적인 성장의 놀라움을 묘사하는 데 있지 않다. 그것의 핵심은, 천국이 마치 겨자씨나 누룩처럼 작고 보잘 것없어 보이나 반드시 관철되리라는 확실성에 있다.

▶ **예수님의 비유 말씀의 의미**(마 **13:34-35**): 이 구절은 마가복음 4:33-34에 나온 비유 이야기의 결론에 해당한다. 그런데 마태는 마가의 34절 후반을 삭제하는 대신 마태복음 13:36-43에서 제자들에게 주시는 상세한 설명으로 만든다. 마태복음 13:35에는 마태 특유의 기법 즉, 성서말씀의 성취를 알리는 인용문이 나온다. 이는 시편 78:2에서

유래한 것으로 예언으로 나온다("이는 선지자를 통하여 말씀하신 바 ...... 이루려 하심이라").

2) 제자들에게 주시는 말씀(마 13:36-52)

예수님의 비유는 제자가 될 것인가 아니면 그것을 거부할 것인가 하는 결단의 자리로 사람들을 부른다. 제자가 되지 않는 자는 비유를 이해하지 못할 것이다. 비유의 해석이 주어진 제자들만 비유를 이해할 수 있다.

▶ **곡식과 가라지의 비유 해석(마 13:36-43):** 이 말씀의 유래를 둘러싸고 논란이 많으나, 대체로 마태의 편집에서 나왔을 가능성이 크다.[11] 씨 뿌리는 자의 비유 해석(마 13:18-23)의 경우와 마찬가지로, 이것 역시 알레고리적 해석이다.

36 이에 예수께서 무리를 떠나사 집에 들어가시니 제자들이 나아와 이르되 밭의 가라지의 비유를 우리에게 설명하여 주소서 37 대답하여 이르시되 좋은 씨를 뿌리는 이는 인자요 38 밭은 세상이요 좋은 씨는 천국의 아들들이요 가라지는 악한 자의 아들들이요 39 가라지를 뿌린 원수는 마귀요 추수 때는 세상 끝이요 추수꾼은 천사들이니 40 그런즉 가라지를 거두어 불에 사르는 것 같이 세상 끝에도 그러하리라 41 인자가 그 천사들을 보내리니 그들이 그 나라에서 모든 넘어지게 하는 것과 또 불법을 행하는 자들을 거두어 내어 42 풀무 불에 던져 넣으리니 거기서 울며 이를 갈게 되리라 43 그 때에 의인들은 자기 아버지 나라에서 해와 같이 빛나리라 귀 있는 자는 들으라

---

11) Cf. U. Luz, *Das Evagelium nach Matthäus I*, 338f. 루츠는 마 13:38의 "천국의 아들들"과 42절의 "울며 이를 갊"이 마 8:12절을 따르고 있고, 37-39절에 해석되지 않은 개념들이 40-43절의 묵시록적 진술과 관련이 없다는 등의 이유를 제시한다.

하나님을 떠올릴 수 있는 '씨를 뿌리는 사람'을 인자라고 밝히는 데서 기독론적인 강조점이 드러난다. 원수가 마귀와 동일시되면서 인자와 마귀가 대립되어 있다. 그러나 다가올 최후심판 때 마귀와 세상은 더 이상 거론되지 않고 오직 인자만이 행위의 주체로 나타난다. 세상 대신 인자의 나라가 등장한다(40절). 인자를 도와 천사들이 모든 방해와 마귀의 자녀를 그 나라에서 제거한다. 인자이신 예수님의 선포와 사역이 전체 인간 세상 가운데 어떻게 영향을 미치고 목적에 이르는가에 대한 기독론적인 질문이 이 단락에서 중요하다.

곡식과 가라지의 비유는 본디 천국에 관해 말하나, 여기에 나타나는 해석은 종말론적 최후심판 때 있을 공동체의 자리매김을 보여준다. "천국의 아들들"을 교회와 일치시키고, "악한 자의 아들들"을 교회 밖에 속한 사람들과 동일시하는 표현으로 보기 어렵다. 오히려 이들 표현은 공동체가 처해 있는 결단의 상황을 분명히 보여준다. 공동체는 마땅히 천국의 아들들 가운데 있어야 하지, 악한 자의 아들들 가운데 있어서는 아니 된다. 악한 자의 아들들이란 "불법을 행하는 자들"(41절)로서 하나님의 최후심판을 피하지 못한다. 천국의 아들들이 되기 위한 진정한 규범은 교회의 형식적 구성원이냐 혹은 아니냐에 달려 있지 않고, 하나님의 뜻을 행하느냐에 달려 있다. 하나님의 뜻을 행하는 의인들이 마침내 천국의 승리자가 된다. 이 비유의 해석은 우리로 하여금 하나님의 뜻을 행하라고 권면한다.

▶ 감춰진 보화와 진주의 비유(마 13:44-46):

44 천국은 마치 밭에 감추인 보화와 같으니 사람이 이를 발견한 후 숨겨 두고 기뻐하며 돌아가서 자기의 소유를 다 팔아 그 밭을 사느니라 45 또 천국은 마치 좋은 진주를 구하는 장사와 같으니 46 극히 값진 진주 하나를 발견하매 가서 자기의 소유를 다 팔아 그 진주를 사느니라

여기에서 천국은 단지 소망의 대상이 아니라, 예수님의 등장과 선포를 통해 인간 세상 안으로 들어온 것으로 전제되어 있다. 따라서 인간은 천국을 발견할 수 있다. 두 비유는 그 발견의 결과에 대해 다룬다. 거의 같은 구조로 이루어져 있는 두 개의 짧은 비유가 보여주려는 것은,[12] 천국은 다른 모든 것보다도 더 귀하고 더 가치 있다는 사실이다. 그러나 마태는 "자기의 소유를 다 팔았다"는 진술을 두 번에 걸쳐 말하면서 그 강조점을 전심전력을 다하는 인간의 모습에 두고 있다. 천국의 보화를 발견한 자는 그것을 위해 혼신의 노력을 경주해야 한다. 이 비유를 굳이 영적으로 해석할 필요가 없다. 제자의 삶은 유일한 보화인 천국에 전적으로 헌신하는 삶이다. 그것은 극단적인 소유 포기를 전제한다(cf. 마 6:19-24; 19:16-22). 바로 이런 이유에서 마태는 이 두 비유를 특히 제자들을 위한 비유로 이해했다. 천국 참여에 부름 받은 제자들은 예수님의 뜻을 온전히 따를 의무가 있다.

▶ **물고기 그물의 비유(마 13:47-50):** 비유 자체(47-48절)는 구전 전승을 통해 전해 내려온 것을 마태가 처음으로 문서화시킨 것으로 보이나, 비유에 대한 해석(49-50절)은 마태의 산물이다. 비유와 해석 사이에 나타나는 내용상 불일치에서 그와 같은 사실을 짐작할 수 있다. 해석(49-50절)에는 물고기 포획의 과정이 전혀 고려되지 않고 전적으로 구분에만 초점이 맞춰져 있고, 무용한 물고기의 운명을 다루기 위해 "좋은 것"을 걸러내는 긍정적인 측면은 건너뛴다.

마 13:47-50	마 13:40-43
47 또 천국은 마치 바다에 치고	40 그런즉 가라지를 거두어 불에 사

---

12) 루츠는 마태에게만 나오는 이 두 비유를 마태가 구전 전승에서 물려받아 처음으로 문서화 한 것으로 간주한다(같은 곳, 349). 도마복음(ThEv) 로기온 109와 76에도 두 비유가 나오는데, 마태에게 종속된 것으로 보인다.

<table>
<tr>
<td>각종 물고기를 모는 그물과 같으니 48 그물에 가득하매 물 가로 끌어 내고 앉아서 좋은 것은 그릇에 담고 못된 것은 내버리느니라 49 세상 끝에도 이러하리라 천사들이 와서 의인 중에서 악인을 갈라 내어 50 풀무 불에 던져 넣으리니 거기서 울며 이를 갈리라</td>
<td>르는 것 같이 세상 끝에도 그러하리라 41 인자가 그 천사들을 보내리니 그들이 그 나라에서 모든 넘어지게 하는 것과 또 불법을 행하는 자들을 거두어 내어 42 풀무 불에 던져 넣으리니 거기서 울며 이를 갈게 되리라 43 그 때에 의인들은 자기 아버지 나라에서 해와 같이 빛나리라 귀 있는 자는 들으라</td>
</tr>
</table>

이 비유는 갈릴리 호수에서 물고기를 잡는 일상적인 과정을 천국과 연관시키고 있다. 그 형태와 구조는 곡식과 가라지 비유의 내용과 유사하다. 특히 마태복음 13:40-43과 비교하면 그러하다. 이 비유는 불법을 행하는 자들의 유래와 운명에 대해 관심이 없고, 또한 공동체 안에서의 악인과 의인의 공존에 대해서도 관심이 없다. 오히려 구원의 소식이 선포됨으로써 시작된 의인과 악인의 갈라냄에 대한 주제에 초점을 맞춘다. "세상 끝"에 일어날 의인과 악인의 갈라냄에 대한 언급은 공동체로 하여금 바르게 결단할 것을 촉구한다. 또한 이 비유는 우리가 저지르기 쉬운 오해에 대해 경고한다. 즉, 우리의 성공적인 선교 사역으로 말미암아 천국이 이미 열린 것으로 여기는 오해를 경고한다. 물고기가 그물에 가득함이 천국과 동일시될 수 없다. 천국은 아직 달성되지 않은 모으는 일과 가르는 일을 통해 비로소 그 목적에 도달하는 사건이다.[13]

▶ 새것과 옛것을 곳간에서 내어오는 집주인(마 13:51-52):

---

13) J. Roloff, *Jesu Gleichnisse*, 94.

> 51 이 모든 것을 깨달았느냐 하시니 대답하되 그러하오이다 52 예수께서 이르시되 그러므로 천국의 제자된 서기관마다 마치 새것과 옛것을 그 곳간에서 내오는 집주인과 같으니라

마태의 편집에서 나온 것으로 보이는 진술[14]로 예수님과 제자들 사이의 짧은 대화가 끝난다. 두 부분으로 이루어져 있다. 예수님의 질문에 대해 제자들이 답하는 진술이 나온 다음(51절), 마지막 비유의 형태로 예수님이 결론짓는 입장이 뒤따른다(52절).

예수님은 비유에 대해 제자들이 이해했는가에 대해 묻는다. "천국의 제자 된 서기관"이란 그리스도교 "서기관"을 전제하나, 이를 유대교의 서기관 제도의 연속선상에 있는 것으로 볼 수 없다. 그리스도교 서기관은 "랍비"로 불리지 않는다. 여기에서 서기관들은 글자 그대로 "천국의 제자" 된 자들, 즉 예수님의 제자들을 뜻한다. 서기관의 권위는 새것과 옛것을 곳간에서 내오는 집주인의 권위와 같다. 또한 옛것은 구약성서의 말씀, 혹은 구약에 증거된 이스라엘과 함께 하시는 하나님의 역사로 이해할 수 있는 반면, 새것은 하나님 나라에 대한 예수님의 복음을 가리키는 것으로 해석할 수 있다. 다시 말해, 새것이 천국을 위한 제자의 삶에 해당한다면, 옛것은 전통적으로 중요한 서기관의 역할에 해당한다. 이러한 해석은 마태 신학의 기조와 잘 어울린다. 예수님이 율법과 선지자를 완성했다는 점에서(마 5:17), 마태는 옛것과 새것 사이를 잇는 연속성에 관심을 갖고 있다. 옛것과 새것 사이의 균열은 복음에서가 아니라 그것의 수용자인 하나님의

---

14) 새것과 옛것의 대립은 비마태적 언어사용을 나타내고, 마태가 갑자기 서기관에 대해 언급하는 점을 고려하여 루츠는 52절을 전적으로 마태의 산물로 보기 어렵다는 입장이다(Luz, *Das Evangelium nach Matthäus II*, 362. 그러나 롤로프는 마태가 독자적으로 만든 것으로 확신한다(*Jesu Gleichnisse*, 98).

백성 안에서 일어난 것이다.[15)]

옛것과 새것을 다르게 해석할 수도 있다. 즉, 예수님의 복음인 옛것은 항상 새롭게 해석되어야 한다는 뜻으로도 이해가 가능하다.[16)] 마태복음 13:53의 "예수께서 이 모든 비유를 마치신 후에 그 곳을 떠나시니라"는 진술은 예수님의 비유 말씀 전체를 마치는 마태 특유의 진술이다(cf. 마 7:28; 11:1; 19:1; 26:1).

---

15) U. Luz, *Das Evangelium nach Matthäus II*, 364.

16) H. Merklein, *Jesusgeschichte,* 117-118.

제11장 예수님의 놀라운 사역(I)과 나사렛에서의 배척(막 4:35-6:6a parr)

여기서는 마가의 묘사를 중심으로 다루고자 한다. 누가는 대체로 마가의 순서를 따르고 있다. 마태는 마가에 나오는 세 가지 기적이야기(막 4:35-5:43)를 메시아의 행함을 묘사하는 단락에서(마 8-9장) 취급했다.

▶ **바다를 잠잠하게 함(막 4:35-41 // 마 8:23-27; 눅 8:22-25):**

막 4:35-41	마 8:23-27
35 그 날 저물 때에 제자들에게 이르시되 <u>우리가 저편으로 건너가자 하시니</u>	18 예수께서 무리가 자기를 에워싸는 것을 보시고 <u>건너편으로 가기를</u> 명하시니라
36 그들이 무리를 떠나 <u>예수를 배에 계신 그대로 모시고 가매</u> 다른 배들도 함께 하더니 37 큰 광풍이 일어나며 물결이 배에 부딪쳐 들어와 배에 가득하게 되었더라 38 예수께서는 고물에서 베개를 베고 주무시더니 제자들이 깨우며 이르되 <u>선생님이여</u> 우리가 죽게 된 것을 돌보지 아니하시나이까 하니 39 예수께서 깨어 바람을 꾸짖으시며 바다더러 이르시되 <u>잠잠하라</u> 고요하라 하시니 바람이 그치고 아주 잔잔하여지더라 40 이에 제자들에게 이르시되 어찌하여 이렇게 무서워하느냐 너희가 **어찌 믿음이 없**	[19 한 서기관이 나아와 예수께 말씀하되 선생님이여 어디로 가시든지 저는 <u>따르리이다</u> 20 예수께서 이르시되 여우도 굴이 있고 공중의 새도 거처가 있으되 인자는 머리 둘 곳이 없다 하시더라 21 제자 중에 또 한 사람이 이르되 주여 내가 먼저 가서 내 아버지를 장사하게 허락하옵소서 22 예수께서 이르시되 죽은 자들이 그들의 죽은 자들을 장사하게 하고 너는 나를 <u>따르라</u> 하시니라] 23 <u>배에 오르시매 제자들이 따랐더니</u> 24 바다에 큰 놀이 일어나 배가 물결에 덮이게 되었으되 예수

느냐 하시니 41 그들이 심히 두려워하여 서로 말하되 그가 누구이기에 바람과 바다도 순종하는가 하였더라	께서는 주무시는지라 25 그 제자들이 나아와 깨우며 이르되 주여 구원하소서 우리가 죽겠나이다 26 예수께서 이르시되 어찌하여 무서워하느냐 믿음이 작은 자들아 하시고 곧 일어나사 바람과 바다를 꾸짖으시니 아주 잔잔하게 되거늘 27 그 사람들이 놀랍게 여겨 이르되 이이가 어떠한 사람이기에 바람과 바다도 순종하는가 하더라

광풍과 바다를 잠잠하게 한다는 묘사로 인해 이 이야기를 흔히 자연 기적 이라 부르는 경향이 있다. 그러나 그 보다는 오히려 구조의 기적이라고 부르는 것이 이야기의 의도에 더 적합해 보인다. 이 기적은 귀신축출 모티브와 밀접하게 연결되어 있는 것이 흥미롭다. 마가복음 4:39에서 예수님은 마치 악령을 꾸짖듯(cf. 막 1:25; 3:12) 바람을 꾸짖으시고, 바다를 향해서는 귀신에게 말하듯 "잠잠하라"고 명하신다. 이 이야기에는 크게 긴장하고 있는 제자들과, 다른 한편 편안히 주무시고 계시는 예수님 사이에 나타나는 대조가 두드러진다. 우주적인 세력들을 잠재우는 내용이 나타나는 것으로 미루어, 이 이야기는 갈릴리 호수에서 일어났던 한 사건을 단순히 전하려는 것이 아니라, 그 이상의 것을 드러내고자 한다. 기적을 행하시는 예수님은 단지 몇 사람의 생명을 구하는 분에 그치지 않고, 이 세상의 세력들을 다스리는 전권을 가진 분임을 보여주고자 한다.

마가와 마태의 본문은 저마다 다른 문맥에 속해 있다.1) 마가의 이야기는 갈릴리 주변을 둘러싼 일련의 이적 기사 이야기의 시작을 이

---

1) 누가의 평행 구절(눅 8:22-25)은 마가의 보도를 매끈하게 다듬었을 뿐 마가와 내용상 별 차이가 없기 때문에 다루지 않으려 한다.

루고 있다(막 5:1-20: 군대귀신에 붙들린 사람을 고치는 이야기; 막 5:21-43 야이로의 딸과 열두 해를 혈루증으로 앓아 온 여자 치유 이야기). 마가의 이야기는 "그가 누구이기에 바람과 바다도 순종하는가"(막 4:41)라고 말하며 예수님이 일으킨 놀라운 기적에 대해 심히 두려워하는 제자들의 반응으로 끝나고 있다. 한마디로 위의 이야기를 통해 마가는 놀라운 기적을 행하시는 예수님의 능력을 강조하고 있다.

마태의 평행 구절은 이와 다르다. 이 기적 이야기에 앞서 마태복음 5-7장에 산상설교가 나오며, 이어서 마태복음 8-9장에 전개되는 기적 이야기의 한 부분으로 나타나고 있다. 좀 더 자세히 살펴보면, 마태의 이야기는 예수님을 따르라는 제자도를 강조하는 두 사건(마 8:19-22) 뒤에 이어서 나오고 있다. 마가의 경우 제자들은 예수님을 "배에 계신 그대로 모시고"(막 4:36) 가지만, 마태의 경우 "배에 오르시매 제자들이 따랐더니"(마 8:23)라고 말한다. 이때 "따랐다"는 동사는 바로 앞 단락에 나오는 "따르다"는 동사와 같은 문맥에 있음을 나타낸다. 이렇게 볼 때 마태는 바람과 바다를 잔잔하게 하는 기적 이야기를 제자의 나아길 길을 강조하는 뜻으로 해석하고 있음이 두드러진다. 이러한 마태의 해석은, 제자들이 예수님을 가리켜 "선생님이여"(막 4:38)라고 부른 것을 "주여"(마 8:25)로 변경시키는 곳에서도 드러난다. 즉 마태는 단순히 인간적 존칭으로 부르는 것을 "주여"라고 말함으로써 신적 전권을 지닌 예수님의 모습을 강조하고 있다. 마가의 기적 이야기를 편집하면서 마태가 강조하고자 한 것은, 예수님을 따라 거친 폭풍을 뚫고 담대히 나아가는 제자도를 강조하고자 했던 것이다.

갈릴리 호수 위에서 배를 타고 건너가는 제자들의 모습은 위험과 절망에 항시 처해 있는 인생길을 반영한다. 이러한 위험을 극복하려면, 혼돈과 어둠의 세력을 잠재우시는 권세자, 즉 예수 그리스도에 대한 신앙이 필요하다. 지금 배에 있는 제자들이 바로 그러한 신앙을 필요로 하나, 그들은 어리석게도 기적을 구한다. 그것은 불신앙의 자세이다. 그들이 비록 예수님과 같은 배를 타고 바로 곁에 있음에도 불구하고 두려움의 거리감이 너무 크다. 그래서 "그가 누구이기에 바람과 바다도 순종하는가"(막 4:41) 하고 묻지도 못한다. 마가의 시각에 따르면 그러한 거리감을 없애고 예수님과 진정 하나가 되기 위해서는 예수님처럼 십자가의 길을 따르겠다는 결단이 필요하다.

▶ 거라사 광인 치유(막 5:1-20 // 눅 8:26-39; 마 8:28-34):

막 5:1-20	마 8:28-34
1 예수께서 바다 건너편 거라사 인의 지방에 이르러 2 배에서 나오시매 곧 더러운 귀신 들린 사람이 무덤 사이에서 나와 예수를 만나니라 3 그 사람은 무덤 사이에 거처하는데 이제는 아무도 쇠사슬로도 맬 수 없게 되었으니 4 이는 여러 번 고랑과 쇠사슬에 매였어도 쇠사슬을 끊고 고랑을 깨뜨렸음이러라 그리하여 아무도 그를 제어할 힘이 없는지라 5 밤낮 무덤 사이에서나 산에서나 늘 소리 지르며 돌로 자기의 몸을 해치고 있었더라 6 그가 멀리서 예수를 보고 달려와 절하며 7 큰 소리로 부르짖어 이르되 지극히 높으신 하나님의 아들 예수여 나와 당신이 무슨 상관이 있나이까 원하건대 하나님 앞에 맹세하고 나를 괴롭히지 마옵소서 하니 8 이는 예수께서 이미 그에게 이르시기를 더러운 귀신아 그 사람에게서 나오라 하셨음이라 9 이에 물으시	28 또 예수께서 건너편 가다라 지방에 가시매 귀신 들린 자 둘이 무덤 사이에서 나와 예수를 만나니 그들은 몹시 사나워 아무도 그 길로 지나갈 수 없을 지경이더라 29 이에 그들이 소리 질러 이르되 하나님의 아들이여 우리가 당신과 무슨 상관이 있나이까 때가 이르기 전에 우리를 괴롭게 하려고 여기 오셨나이까 하더니 30 마침 멀리서 많은 돼지 떼가 먹고 있는지라 31 귀신들이 예수께 간구하여 이르되 만일 우리를 쫓아 내시려면 돼지 떼에 들여 보내소서 하니 32 그들에게 가라 하시니 귀신들이 나와서 돼지에게로 들어가는지라 온 떼가 비탈로 내리달아 바다에 들어가서 물에서 몰사하거늘 33 치던

되 네 이름이 무엇이냐 이르되 내 이름은 군대니 우리가 많음이니이다 하고 10 자기를 그 지방에서 내보내지 마시기를 간구하더니 11 마침 거기 돼지의 큰 떼가 산 곁에서 먹고 있는지라 12 이에 간구하여 이르되 우리를 돼지에게로 보내어 들어가게 하소서 하니 13 허락하신대 더러운 귀신들이 나와서 돼지에게로 들어가매 거의 이천 마리 되는 떼가 바다를 향하여 비탈로 내리달아 바다에서 몰사하거늘 14 치던 자들이 도망하여 읍내와 여러 마을에 말하니 사람들이 어떻게 되었는지를 보러 와서 15 예수께 이르러 그 귀신 들렸던 자 곧 군대 귀신 지폈던 자가 옷을 입고 정신이 온전하여 앉은 것을 보고 두려워하더라 16 이에 귀신 들렸던 자가 당한 것과 돼지의 일을 본 자들이 그들에게 알리매 17 그들이 예수께 그 지방에서 떠나시기를 간구하더라 18 예수께서 배에 오르실 때에 귀신 들렸던 사람이 함께 있기를 간구하였으나 19 허락하지 아니하시고 그에게 이르시되 집으로 돌아가 주께서 네게 어떻게 큰 일을 행하사 너를 불쌍히 여기신 것을 네 가족에게 알리라 하시니 20 그가 가서 예수께서 자기에게 어떻게 큰 일 행하셨는지를 데가볼리에 전파하니 모든 사람이 놀랍게 여기더라

자들이 달아나 시내에 들어가 이 모든 일과 귀신 들린 자의 일을 고하니 34 온 시내가 예수를 만나려고 나가서 보고 그 지방에서 떠나시기를 간구하더라

이 이야기(막 5:1-20)의 구조는 귀신축출 이야기 구조와 유사하며, 다음과 같이 나눌 수 있다.

1-5절	도입부 및 병 묘사
6-13절	예수와 귀신 사이의 논쟁
14-17절	증인들의 태도
18-20절	병 고침을 받은 자의 태도

마가복음 1:23-28에 나오는[2] 전형적인 귀신축출 이야기와 비교할 때, 우리 이야기에 나타나는 특징은, 이야기 전체를 관통하고 있는 이방인의 모티브에 있다. "거라사인의 지방"(1절)은 이방 지역이다. 귀신의 활동 무대로 "무덤과 산"(3절과 5절)이 언급되는데, 이는 이사야 65장 4절과 7절을 염두에 둔 표현이다.[3] 결국, 고침을 받은 사람은 이방 지역인 데가볼리에서 사역하는 최초의 선교사가 된다(20절).

이 귀신 축출 이야기에 흥미로운 장면이 있다. 귀신은 마치 예수님의 하수인처럼 처신한다. 예수님을 보고 "달려와 절하며" 극존칭을 사용하여 예수님을 부르며("지극히 높으신 하나님의 아들 예수여") 자기를 괴롭히지 말라고 간청한다. 이러한 귀신의 저자세에 걸맞게, 자신을 방어하는 귀신의 모티브가 나타나지 않고 예수님께 완전히 항복한다. 귀신은 돼지 떼에게 들어가는 것을 허락받으나 돼지와 더불어 바다를 향해 곤두박질함으로써 소멸된다(13절). 하나님 나라의 대표자가 나타나면 귀신은 물러가야 한다. 거라사에서 갈릴리 호수까지의 거리가 대략 54km에 해당하는데, 과연 돼지 떼가 그 긴 거리

---

2) 본서 제3장/1에 속한 "가버나움과 갈릴리 사역(막 1:21-39)"에 나오는 막 1:23-28의 구조를 참조하라.

3) (사 65:4, 7) "4 그들이 무덤 사이에 앉으며 은밀한 처소에서 밤을 지내며 돼지고기를 먹으며 가증한 것들의 국을 그릇에 담으면서 ... 7 너희의 죄악과 너희 조상들의 죄악은 한가지니 그들이 산 위에서 분향하며 작은 산 위에서 나를 능욕하였음이라 그러므로 내가 먼저 그들의 행위를 헤아리고 그들의 품에 보응하리라 여호와가 말하였느니라."

를 달릴 수 있는가 하는 질문이 나올 수 있다. 하지만 그것은 신학적으로 그리 중요하지 않다. 여기서 "바다"는 혼돈의 상징이고, 창조는 혼돈으로부터의 탈출이다(창세기 1장). 이와 같은 태초의 이야기는 하나님의 종말론적 통치를 통해 카오스의 모든 세력들을 제거하고 창조에 적대적인 세력들을 다시 카오스의 무의 상태로 돌려보낼 때 비로소 완성된다. 이런 시각에서 마가복음 5:1-20의 이야기는 단순히 한 광인 치유 이야기에 불과하지 않고, 예수께서 선포하신 종말론적 복음선포의 이야기로 이해할 수 있다.4)

누가의 평행 본문(눅 8:26-39)은 본질적으로 마가의 이야기와 다르지 않다. 순서를 바꾸는 일이나 혹은 약간의 수정작업이 나타나는데, 이는 이야기의 전개를 보다 자연스럽게 하고 심리적 일관성을 보여주려는 누가의 의도에 기인한다. 마태의 평행 본문(마 8:28-34)은 "거라사인의 지방"이 아니라 "가다라 지방"에서 일어난 일로 묘사한다(28절). 이로써 갈릴리 호수까지의 거리가 9km 정도로 축소시킴으로 보다 현실성 있는 이야기로 만든다. 또한 두 사람의 광인이 등장하는데, 마태는 쌍으로 묘사하는 것을 선호한다.5) 마태는 마가보다 절제되고 간소한 본문을 제시한다. 이는 자기가 중시여기는 예수님 행적(마 8-9장)의 문맥에 어울리지 않는 내용들을 제거하고 기독론적 묘사에 집중하는 가운데 이야기 구조를 일관성 있게 만들려는 마태의 의도에 따른 것이다. 또한 마가복음 5:18-20에 나오는 선교적 마감 장면이 마태에게는 완전히 빠져 있는데, 마태복음 8장에서 이방인 선교를 벌써 언급하는 것은 마태복음 전체의 흐름과 맞지 않는다. 마태는 10장에서 복음선포를 위한 제자들의 파송이 이방인을 향하지 않

---

4) H. Merklein, *Jesusgeschichte*, 120.

5) 막 10:46의 맹인 바디매오 한 사람이 평행구절 마 9:29에는 "두 맹인"으로 바뀐다.

고 "이스라엘 집의 잃어버린 양"(마 10:6)을 향한 것이라고 분명히 말하고 있기 때문이다.

▶ 야이로의 딸 소생과 혈루병 여인 치유(막 5:21-43 // 눅 8:40-56; 마 9:18-26):

(막 5:21-43) 21 예수께서 배를 타시고 다시 맞은편으로 건너가시니 큰 무리가 그에게로 모이거늘 이에 바닷가에 계시더니 22 회당장 중의 하나인 야이로라 하는 이가 와서 예수를 보고 발 아래 엎드리어 23 간곡히 구하여 이르되 내 어린 딸이 죽게 되었사오니 오셔서 그 위에 손을 얹으사 그로 구원을 받아 살게 하소서 하거늘 24 이에 그와 함께 가실새 큰 무리가 따라가며 에워싸 밀더라

25 열두 해를 혈루증으로 앓아 온 한 여자가 있어 26 많은 의사에게 많은 괴로움을 받았고 가진 것도 다 허비하였으되 아무 효험이 없고 도리어 더 중하여졌던 차에 27 예수의 소문을 듣고 무리 가운데 끼어 뒤로 와서 그의 옷에 손을 대니 28 이는 내가 그의 옷에만 손을 대어도 구원을 받으리라 생각함일러라 29 이에 그의 혈루 근원이 곧 마르매 병이 나은 줄을 몸에 깨달으니라 30 예수께서 그 능력이 자기에게서 나간 줄을 곧 스스로 아시고 무리 가운데서 돌이켜 말씀하시되 누가 내 옷에 손을 대었느냐 하시니 31 제자들이 여짜오되 무리가 에워싸 미는 것을 보시며 누가 내게 손을 대었느냐 물으시나이까 하되 32 예수께서 이 일 행한 여자를 보려고 둘러 보시니 33 여자가 자기게 이루어진 일을 알고 두려워하여 떨며 와서 그 앞에 엎드려 모든 사실을 여쭈니 34 예수께서 이르시되 딸아 네 믿음이 너를 구원하였으니 평안히 가라 네 병에서 놓여 건강할지어다

35 아직 예수께서 말씀하실 때에 회당장의 집에서 사람들이 와서 회당장에게 이르되 당신의 딸이 죽었나이다 어찌하여 선생을 더 괴롭게 하나이까 36 예수께서 그 하는 말을 곁에서 들으시고 회당장에게 이르시되 두려워하지 말고 믿기만 하라 하시고 37 베드로와 야고보와 야고보의 형제 요한 외에 아무도 따라옴을 허락하지 아니하시고 38 회당장의 집에 함께 가사 떠드는 것과 사람들이 울며 심히 통곡함을 보시고 39

들어가서 그들에게 이르시되 너희가 어찌하여 떠들며 우느냐 이 아이 가 죽은 것이 아니라 잔다 하시니 40 그들이 비웃더라 예수께서 그들을 다 내보내신 후에 아이의 부모와 또 자기와 함께 한 자들을 데리시고 아 이 있는 곳에 들어가사 41 그 아이의 손을 잡고 이르시되 달리다굼 하시 니 번역하면 곧 내가 네게 말하노니 소녀야 일어나라 하심이라 42 소녀 가 곧 일어나서 걸으니 나이가 열두 살이라 사람들이 곧 크게 놀라고 놀 라거늘 43 예수께서 이 일을 아무도 알지 못하게 하라고 그들을 많이 경 계하시고 이에 소녀에게 먹을 것을 주라 하시니라

여기에는 두 개의 기적 이야기가 들어 있다. 야이로의 딸 소생 이야 기가 주된 이야기를 이루고 있고(21-24절 + 35-43절), 여기에 본래 독 립된 이야기인 혈루병 여인 이야기가 중간에 삽입되어 있다(25-34절).6) 현재의 이야기 흐름에서 보면, 혈루병 여인 치유는 죽어가는 소녀를 위한 예수님의 신속한 조치를 가로막고 있다. 그러는 동안 소녀는 실 제로 죽게 되고, 그 결과 회당장 야이로의 간청은 수포로 돌아간 것 처럼 보인다. 그러나 일이 이렇게 전개됨으로, 예수님은 단지 병자만 을 치유하는 분이 아니고 심지어 죽은 자도 살리신다는 놀라운 사실 을 보여주기 위한 전제가 마련된다.

그런데 21절은 삽입된 혈루병 여인 치유 이야기를 이미 염두에 두

---

6) 이 이야기가 단번에 생긴 것인지 아니면 독자적인 전승들을 이용한 편집 자에게서 비롯된 것인지를 둘러싸고 논란이 있다. 그닐카(J. Gnilka)와 쉥크 (L. Schenke, *Die Wundererzählungen des Markusevangeliums*, Stuttgart 1974)는 죽은 자를 소생시키는 이야기 안에 혈루병 여인 이야기를 삽입한 것은 마가의 편집 작업의 결과로 여기는 반면, 페쉬(R. Pesch)는 초기의 치유 이야기가 있 었는데 이를 강조할 목적에서 죽은 자를 살리는 이야기 속으로 변화시킨 다 음 혈루병 여인 이야기를 이용해 확장시킨 것으로 간주한다. 그러나 키르텔 게(K. Kertelge)는 두 이야기가 내용적 문체적 연관성을 보여주므로 이미 마 가 이전 시기에 연결된 것으로 여긴다(*Die Wunder Jesu im Markusevangelium*, München 1970, 110-120).

고 있다. "큰 무리"는 바로 혈루병 여인 치유 이야기에 필요한 요소이지, 현장에서 떨어져 있는 회당장의 집에 있는 소녀와는 관련이 없기 때문이다. 이렇게 보면 두 이야기는 하나의 일관된 구조를 이루고 있다. 게다가 두 이야기는 공통된 모티브로 서로 연결되어 있다. 두 번 모두 예수님은 여성에게 도움을 주고 있다. 여인은 12년 동안 혈루병을 앓아 왔고(25절), 소녀는 12살의 나이에 죽어가고 있다(42절). 여인은 질병으로 인해 임신할 수 있는 여성성을 상실하고 있고, 소녀는 성숙한 여인으로 자라기 전에 죽어가고 있다. 두 경우 모두 접촉을 통해 치유가 일어난다. 여인은 접촉을 통한 신비한 능력을 확신하고 예수님의 "옷에 손을 대므로" 치유된다(27-29절). 소녀는 예수님이 "손을 잡아주심으로" 소생하게 된다(41-42절).

두 이야기는 창조 사역의 관점에서 볼 때 동전의 양면과 같은 것으로 혼돈의 카오스를 물리치고 생명을 만들어내는 창조과정에 상응한다. 혈루병을 앓고 있는 여인이 예수님의 옷을 만지자 다시 건강해졌다는 이야기는 계몽된 현대인에게는 납득이 안 갈 수 있다. 그러나 예수님의 옷만 만져도 건강해질 수 있다는 여인의 믿음은 현대 자연과학자보다 더욱 생명의 근본에 더 가까이 다가간 것으로 볼 수 있다. 자연과학자는 생명 현상을 묘사할 수는 있어도 생명의 심연을 밝힐 수는 없다. 아무튼 예수님은 여인의 행동을 "믿음"이라 부르고(34절), 딸의 죽음으로 놀란 회당장에게 믿음을 가지라고 격려한다(36절). 이런 시각에서 보면 두 이야기는 과거에 일어났던 작은 에피소드를 넘어서 생명의 기적에 관한 이야기가 된다. 무서운 카오스의 경계선에서 인간은 믿음을 통해 생명의 심연을 깨달을 수 있다. 이 심연은 인간이 신적 실재를 접촉할 수 있는 원천이 된다.

일어난 기적을 아무에게도 알리지 말라는 예수님의 명령(43절)은 예수님의 위엄을 숨기고자 하는 마가의 침묵명령(cf. 막 1:34; 3:11-12)

의 하나로 여기기보다는, 마가복음 1:44의 경우처럼 기적의 놀라움을 도저히 숨길 수 없음을 강조하는 모티브로 보는 것이 보다 적절하다. 마태는 이 이야기를 기적 이야기 단락(마8-9장)으로 가져간다. 마태는 기적을 행하는 예수님의 모습에 집중하려 한다. 그래서 마가의 극적인 장면들(막 5:30b-33, 35-37)을 의도적으로 삭제한다. 예수님이 누가 자기를 만졌는가를 조사하는 장면이 빠졌다. 소녀가 도중에 죽었다는 보도(막 5:35)도 삭제된다. 마태는 이미 소녀가 죽은 것으로 이야기를 시작하고 있기 때문이다(마 9:18). 결국, 마태는 메시아 예수님의 행적, 즉 죽은 자를 살리시는 놀라운 행적에 이야기의 초점을 맞추고 있다.

▶ **나사렛에서 배척받는 예수님(막 6:1-6a // 마 13:53-58):**

막 6:1-6a	마 13:53-58
1 예수께서 거기를 떠나사 고향으로 가시니 제자들도 따르니라 2 안식일이 되어 회당에서 가르치시니 많은 사람이 듣고 놀라 이르되 이 사람이 어디서 이런 것을 얻었느냐 이 사람이 받은 지혜와 그 손으로 이루어지는 이런 권능이 어찌 됨이냐 3 이 사람이 마리아의 아들 목수가 아니냐 야고보와 요셉과 유다와 시몬의 형제가 아니냐 그 누이들이 우리와 함께 여기 있지 아니하냐 하고 예수를 배척한지라 4 예수께서 그들에게 이르시되 선지자가 자기 고향과 자기 친척과 자기집 외에서는 존경을 받지 못	53 예수께서 이 모든 비유를 마치신 후에 그 곳을 떠나서 54 고향으로 돌아가사 그들의 회당에서 가르치시니 그들이 놀라 이르되 이 사람의 이 지혜와 이런 능력이 어디서 났느냐 55 이는 그 목수의 아들이 아니냐 그 어머니는 마리아, 그 형제들은 야고보, 요셉, 시몬, 유다라 하지 않느냐 56 그 누이들은 다 우리와 함께 있지 아니하냐 그런즉 이 사람의 이 모든 것이 어디서 났느냐 하고 57 예수를 배척한지라 예수께서 그들에게 말씀하시되 선지자가 자기 고향과 자기 집 외에서는 존경을 받지 않음이 없느

함이 없느니라 하시며 5 거기서는 아무 권능도 행하실 수 없어 다만 소수의 병자에게 안수하여 고치실 뿐이었고 6 그들이 믿지 않음을 이상히 여기셨더라	니라 하시고 58 그들이 믿지 않음으로 말미암아 거기서 많은 능력을 행하지 아니하시니라

이 이야기는 마가복음 3:20-35의 이야기와 관련시켜 살펴볼 필요가 있다. 두 경우 모두 "예수님은 누구인가"에 대해 이야기 형태로 성찰하고 있다. 마가복음 3:25에서 친족들은 예수님이 "더러운 귀신이 들렸다"고 말하나, 여기서는 자기의 고향 사람들이 말하고 있다. 나사렛 고향 사람들은 회당에서 예수님의 가르침을 엿듣고, 그가 받은 지혜와 권능에 놀란다(2절). 그러한 지혜와 권능의 유래에 대해 묻지 않고, 오히려 예수님의 유래에 대해 묻는다. 이 질문에 대해 '예수님은 목수이고, 그의 어머니와 형제자매들도 알고 있다'는 답변을 할 뿐, 예수님에 대한 믿음을 가지고 있지 않기에 그를 진정으로 알 수 없다. 예언자의 운명을 공유한 예수님은 고향과 친족들로부터 배척을 받고(4절), 그러 상황에서 예수님은 아무 권능도 행하실 수 없게 된다. 예수님에 대해 기대할 수 있는 것과 기대할 수 없는 것을 안다고 확신한 사람들에게 예수님의 복음선포는 들어설 자리가 없다.

마가의 기적 이야기들(막 4:35-5:43)을 자기의 기적 단락에 사용한 마태는 나사렛에서 배척받은 예수 이야기를 예수 비유 말씀(마 13:1-53)에 연결시킨다. 마태복음 13:53은 마태가 예수 강연을 마칠 때 사용하는 전형적인 진술이다. 마태는 마가의 이야기르 약간 고칠 뿐, 대체로 그대로 수용한다. 예수님은 "이스라엘 집의 잃어버린 양"(마 10:6)에게 보내어졌다는 사실을 마태가 잘 알고 있음에도 예수님이 이스라엘에서 배척받고 있음을 구체적으로 보여준다. 누가는 나사렛 설교(눅 4:16-30)를 예수님의 공적 사역의 시작을 알리는 프로그램을 담은

예수님의 설명으로 확대시킨다. 이와 관련된 누가의 특징에 대해서는 이미 앞에서 다루었다.7)

---

7) 본서 제3장/3을 참조하라.

제12장 예수님의 놀라운 사역(II), 제자 파송, 제자들의 몰이해

1. 열두 제자 파송과 세례 요한의 죽음(막 6:6b-31 par)

▶ **열두 제자의 파송(막 6:6b-13 // 눅 9:1-6):** 마가의 본문에 나오는 제자 파송 규칙과 관련해 두 갈래의 전승층을 확인할 수 있다. 하나는 마가복음 6:6b-13이고, 다른 하나는 본질적으로 누가복음 10장(par 마 10장)에 담겨 있는 예수어록 전승이다. 마가의 형태가 전승사적으로 볼 때 보다 후대의 형태이다. 여기에서 본래적인 극단성이 어느 정도 약화된다. 본래 종말론적 표시 행위에 관한 지침(cf. 마 10장)이 선교 사역에 필요한 최소한의 준비물에 관한 규칙으로 변했다. 파송된 제자들에게 최소한 지팡이와 신발은 허용된다(8-9절). 지팡이가 도상에서 야수를 만날 경우 이를 물리치기 위해 유용하며, 신발은 선교 임무를 보다 효과적으로 수행하기 위해 필요하다. "양식이나 배낭이나 전대의 돈이나 아무 것도 가지지 말며 두벌 옷도 입지 말라"(8-9절)는 규칙을 따르는 제자들의 모습은 그 자체로서 복음선포의 진리를 증거한다. 하나님 나라가 도래하였고, 우리를 돌보시는 하나님을 아버지로 갖고 있는 세상적 안전 조치에 대해 더 이상 염려할 필요가 없다.

마가의 문맥에서 보면, 6:6b-13은 3:13-19와 관련되어 있다. 예수님이 제자들을 세운 목적은, "자기와 함께 있게 하시고 또 보내사 전도도 하며 귀신을 내쫓는 권세도 가지게 하려 함"에 있다(막 3:14-15). 바로 이 목적이 이루어진다. 예수님은 제자들을 "둘씩 둘씩 보내시며"

그들에게 "더러운 귀신을 제거하는 권세"를 주신다(막 6:7). 제자들이 예수님의 시역에 동참하는 진술로 마감한다(막 6:12-13 "12 제자들이 나가서 회개하라 전파하고 13 많은 귀신을 쫓아내며 많은 병자에게 기름을 발라 고치더라"). 마가복음 4:35-5:43의 기적들에서처럼 여기서도 귀신축출과 질병 치유, 즉 악한 세력을 물리침과 새 생명 수여가 사역의 두 가지 측면으로 강조된다.

누가 역시 제자 파송과 관련된 두 가지 전승을 전한다. 마가복음 6:6b-13와 관련해서는 마가의 내용을 수용한다. 마가의 12제자 파송과 달리, 누가는 72제자 파송에 관한 예수어록 전승을 이른바 "여행보도"의 틀 속에서(눅 10:1-16) 다룬다(눅 10:1 "이후에 주께서 따로 칠십인을 세우사 친히 가시려는 각 도시와 각 지역으로 둘씩 앞서 보내시며"). 예수어록 전승에서 영향을 받은 누가는 마가의 본문에 수정을 가한다. 예컨대, 마가의 본문에서 제자들에게 허락된 지팡이마저 금지된다(눅 9:3). 게다가 신발에 관해서는 아예 거론도 하지 않는다.

막 6:6b-13	눅 9:1-6	cf. 마 10장
6b 이에 모든 촌에 두루 다니시며 가르치시더라 7 열두 제자를 부르사 둘씩 둘씩 보내시며 더러운 귀신을 제어하는 권능을 주시고 8 명하시되 여행을 위하여 지팡이 외에는 양식이나 배낭이나 전대의 돈이나 아무 것도 가지지 말며 9 신	1 예수께서 열두 제자를 불러 모으사 모든 귀신을 제어하며 병을 고치는 능력과 권위를 주시고 2 하나님의 나라를 전파하며 앓는 자를 고치게 하려고 내보내시며 3 이르시되 여행을 위하여 아무 것도 가지지 말라 지팡이나 배낭이나 양식이나 돈이나 두 벌	1 예수께서 그의 열두 제자를 부르사 더러운 귀신을 쫓아내며 모든 병과 모든 약한 것을 고치는 권능을 주시니라 9 너희 전대에 금이나 은이나 동을 가지지 말고 10 여행을 위하여 배낭이나 두 벌 옷이나 신이나 지팡이를 가지지 말라 이는 일꾼이

<u>만 신고 두 벌 옷도 입지 말라</u> 하시고 10 또 이르시되 어디서든 지 누구의 집에 들어가 거든 그 곳을 떠나기까 지 거기 유하라 11 어 느 곳에서든지 너희를 영접하지 아니하고 너 회 말을 듣지도 아니하 거든 거기서 나갈 때에 발 아래 먼지를 떨어버 려 그들에게 증거를 삼 으라 하시니 12 제자들이 나가서 회 개하라 전파하고 13 많 은 귀신을 쫓아내며 많 은 병자에게 기름을 발 라 고치더라	옷을 가지지 말며 4 어느 집에 들어가든지 거기서 머물다가 거기 서 떠나라 5 누구든지 너희를 영접하지 아니 하거든 그 성[=도시] 에서 떠날 때에 너희 발에서 먼지를 떨어 버 려 그들에게 증거를 삼 으라 하시니 6 제자들이 나가 각 마 을에 두루 다니며 곳곳 에 복음을 전하며 병을 고치더라	자기의 먹을 것 받는 것이 마땅함이라 11 어 떤 성이나 마을에 들어 가든지 그 중에 합당한 자를 찾아내어 너희가 떠나기까지 거기서 머 물라 14 누구든지 너희를 영 접하지도 아니하고 너 회 말을 듣지도 아니하 거든 그 집이나 성에서 나가 너희 발의 먼지를 떨어 버리라

　또한 누가가 당시 유대 상황에 걸맞게 파송 이야기 끝에서 "마을" (6절) 선교에 관해 언급하고 있음에도, 예수어록과 자기 주변상황의 영향을 받아 "도시"(= "성" 5절) 개념이 유입된다. 누가는 그의 편집 의 산물인 2절에서 마가보다 더 분명하게 파송 목적에 대해 말한다: "하나님의 나라를 전파하며 앓는 자를 고치게 하려고 내보내시며." 이에 걸맞게 모든 것이 이루어졌음을 6절이 말한다("제자들이 나가 각 마을에 두루 다니며 곳곳에 복음을 전하며 병을 고치더라"). 여기 에는 예수님은 말씀 선포자며 병 치유자(cf. 눅 6:17-19)라는 누가의 예수상이 반영되어 있다.

▶ **보충: 마태복음 9:35-11:30과 관련하여:** 마태는 소지한 자료를 명확히 주제별로 나누어 보도한다. 12제자 파송을 마태는 훨씬 앞쪽으로 가져간다. 즉, 산상설교(마 5-7장)와 기적 이야기(마 8-9장) 바로 다음 위치에 놓는다. 마태를 이 기회를 이용하여 두 번째 예수 강연, 즉 파송 말씀(마 9:35-11:1)을 만든다. 여기에 세례 요한 관련 자료(마 11:2-19)와 회개하지 않는 도시들에 대한 화 선포(마 11:20-24)와 구세주의 초청말씀(마 11:25-30)을 연결시킨다. 마가의 순서와 비교하면, 이 모든 내용은 마가복음 2:18-22(금식논쟁)과 마가복음 2:23-28(안식일에 밀 이삭 자름) 사이에 자리 잡는다.

파송 말씀(마 9:35-11:1)은 명확한 구조를 갖고 있다. 도입부 9:35는 산상설교의 도입부와 거의 완벽하게 일치한다. 백성의 무리를 동정하는 모티브(마 9:36)는 마가복음 6:34에서 가져온 것이다.

마 9:36	막 6:34
무리를 보시고 불쌍히 여기시니 이는 그들이 목자 없는 양과 같이 고생하며 기진함이라	예수께서 나오사 큰 무리를 보시고 그 목자 없는 양 같음으로 인하여 불쌍히 여기사 이에 여러 가지로 가르치시더라

본론부는 세 부분으로 나뉜다. 첫 번째 부분(마 9:36-10:4)에는 종말론적 상황묘사가 나온 다음(마 9:37-38), 파송할 12제자(10:2) 내지는 12사도의 이름이 나열된다(10:3-4). 마태는 12사도를 앞으로 모으게 될 하나님 백성의 대표자로 여긴다. 따라서 12제자 파송은 곧 교회의 파송을 뜻한다.

두 번째 부분(마 10:5-23)은 파송을 위한 구체적인 지침을 담고 있다. 마태복음 10:5-6은 역사적 예수의 음성을 반영한다("5 예수께서 이 열둘을 내보내시며 명하여 이르시되 이방인의 길로도 가지 말고 사마리아인의 고을에도 들어가지 말고 6 오히려 이스라엘 집의 잃어버린 양에게로 가라”). 예수님의 제자 파송은 종말론적 이스라엘을 모으는 일이다. 마태의 구원사적 시각은 이를 고수하며, 또한 이스라엘의 예수 거부 배경 위에서(cf. 마 21:43) 부활 이후 이방인 선교에 대해 성찰한다. 제자들은 예수님의 사역을 이어받는다(7-8절: “7 가면서 전파하여 말하되 천국이 가까이 왔다 하고 8 병든 자를 고치며 죽은 자를 살리며 나병환자를 깨끗하게 하며 귀신을 쫓아내되 너희가 거저 받았으니 거저 주라”). 천국 선포는 공허한 말이 아니라 세상을 변화시킨다. 마가복음 6:8-9의 경우와 달리, 신발과 지팡이를 갖는 것조차 금한다. 이는 마태복음 10:10b와 관련이 있다(“일꾼이 자기의 먹을 것 받는 것이 마땅함이라”). 마태는 예수어록에 나오는 극단적 지침을 따르고자 마가의 본문에 수정을 가한다. 제자들의 가난과 자기방어 포기는 산상설교의 정신과 일치한다. 선포자와 선포가 하나가 되어야 마땅하다. 그리하여 제자들은 평화의 사자가 되거나 아니면 심판을 가져오는 자가 된다(마 10:12-15). 이어지는 구절(마 10:16-25)은 파송된 제자들이 겪게 되는 운명에 대해 말한다. 이리 가운데 있는 양처럼 제자들은 고난과 박해에 직면하리라고 말한다. 임박한 종말에 대해 언급하는 마태복음 10:23의 내용(“이 동네에서 너희를 박해하거든 저 동네로 피하라 내가 진실로 너희에게 이르노니 이스라엘의 모든 동네를 다 다니지 못하여서 인자가 오리라”)이 마가에는 없다. 마태는 자신이 더 이상 공감하기 어려운 그와 같은 임박한 종말 대망을 단지 전승에 충실하려는 의도에서 보도하고 있는 것인지 확실히 말하기 어렵다.

세 번째 본문(마 10:26-42)에서 마태는 예수어록 자료만 사용한다. 두려움과 염려를 뒤로 하고 굳센 신앙고백을 할 것을 권면한다. 그리고 제자의 길과 결부된 단호한 결단의 중요성을 다시 상기시킨다(마

10:34-39). 마지막으로 제자들을 영접하는 사람들이 받을 상급이 약속된다(마 10:40-42). 마태의 제자 파송 말씀은 마태복음 11:1에 나오는 마태의 편집에서 비롯된 전형적인 진술로 마친다.

　이어지는 단락 마태복음 11:2-30의 전반부는 세례 요한과 관련된 내용이다. 예수님은 요한의 질문을 메시아 행위를 지적하는 기회로 삼는다(마 11:2-6). 세례 요한에 관한 예수 증언(마 11:7-19)은 예수어록의 흐름을 따른다(cf. 눅 7:24-35). 요한은 말라기 3:1을 따라 엘리아 선지자가 다시 온 것(Elias redivivus)으로 나타난다(마 11:10, 14). 마태복음 11:12-13과 관련해, 마태 특유의 시각이 잘 드러난다. 누가의 평행구절 누가복음 16:16과 달리, 요한과 예수님 사이에 경계선이 그어져 있지 않다. 오히려 요한은 구원의 시대에 속한다.

마 11:12-13	눅 16:16
12 세례 요한의 때부터 지금까지 천국은 침노를 당하나니 침노하는 자는 빼앗느니라 13 모든 선지자와 율법이 예언한 것은 요한까지니	율법과 선지자는 요한의 때까지요 그 후부터는 하나님 나라의 복음이 전파되어 사람마다 그리로 침입하느니라

　지혜의 사자 거부에 관한 말씀(마 11:16-19)은 갈릴리 도시들(고라신, 벳새다, 두로, 시돈, 가버나움)에 대한 화 선포를 이끈다. 이 도시들에 대한 화 선포는 복음선포의 거부를 암시한다. 산상설교로 시작된 마태복음의 첫 번째 본론 부분은 구세주의 초청 말씀(마 11:25-30)으로 마친다. 이 말씀은 아버지와 아들이 하나라는 사실을 강조한다. 따라서 자신을 계시하시는 임마누엘(cf. 마 1:23)의 하나님을 알고자 하는 자는 예수님 안에서 그 분을 찾아야 한다. 예수님의 목적은 "수고하고 무거운 짐 진 자들"에게 평안을 주는 것이다(마 11:28). 여기에 마태 특유의 생각이 드러난다. 즉, 예수님의 짐을 진 자, 곧 그의

가르침(예컨대, 산상설교)을 따르는 자가 평안을 누리게 된다는 것이다. 이로써 이스라엘을 향한 구원의 초청장이 주어지고, 또한 심판도 분명히 제시된다.

이어지는 마태의 두 번째 본론 부분(마 12:1-16:20)은 이스라엘 백성이 이에 어떻게 반응하는 가를 보여준다. 여기에서 마태가 내리는 결론은 대체로 부정적이다. 예수님은 거부당하고 물러선다. 이를 마태는 우선 마가복음 2:23-3;35의 흐름을 따라 묘사하는데, 마태복음 12장이 이에 해당한다. 안식일에 밀 이삭을 잘라먹는 이야기(마 12:1-8)에서 마태는 호세아 6:6을 삽입시켜 강조한다(7절 "나는 자비를 원하고 제사를 원하지 아니하노라"). 마태복음 4:24-25에서 이미 작업한 마가복음 3:7-12의 요약문을 마태복음 12:15-16에서는 본질적인 것에 국한하여 다시 진술한다(예수의 떠남, 많은 사람들이 따름, 모든 병자를 고침). 이를 이사야 42:1-4로 성찰한다. 마가복음 3:13-19는 마태복음 10:1-4로 가져간다. 마태는 마가복음 3:22-30을 예수어록 자료(마 12:22-37 // 눅 11:14-23)와 조합하고, 이 예수어록 자료에서 마태복음 12:33-45의 말씀도 가져온다. 12:46-50에서 마태는 다시 마가의 순서로 돌아온다(막 3:31-35). 그런 다음, 마태의 비유장(13장)이 따르고, 이어서 나사렛 설교(마 13:53-58 // 막 6:1-6a)가 나온다. 이로써 우리가 앞서 살펴보았던 마가의 자리(12제자 파송 막 6:6b-13)로 돌아왔다.

▶ **예수님에 대한 헤롯의 평가(막 6:14-16 // 마 14:1-2; 눅 9:7-9):** 마가의 이 보도는 마가복음을 관통하는 주제, "그가 누구인가"(막 4:41)하는 주제를 떠올린다. 15절에 나오는 다른 이들의 견해는 마가복음 8:28의 베드로 고백 장면과 부분적으로는 글자까지 일치한다.

막 6:15	마 8:28
어떤 이는 그가 엘리야라 하고 또 어떤 이는 그가 선지자니 옛 선지자 중의 하나와 같다 하되	제자들이 여짜와 이르되 세례 요한이라 하고 더러는 엘리야, 더러는 선지자 중의 하나라 하나이다

헤롯이 예수님을 다시 살아난 요한으로 여기고 있음이 강조된다. 이러한 표상은 그리스도교의 부활 케리그마 표상과 완전히 다르다. 마태는 헤롯의 견해를 축약시키고 있는 반면, 누가는 "심히 당황한" 헤롯의 모습을 부각시킨다.

마 14:1-2	눅 9:7-9
1 그 때에 분봉 왕 헤롯이 예수의 소문을 듣고 2 그 신하들에게 이르되 이는 세례 요한이라 그가 죽은 자 가운데서 살아났으니 그러므로 이런 능력이 그 속에서 역사하는도다 하더라	7 분봉왕 헤롯이 이 모든 일을 듣고 심히 당황하여 하니 이는 어떤 사람은 요한이 죽은 자 가운데서 살아났다고도 하며 8 어떤 사람은 엘리야가 나타났다고도 하며 어떤 사람은 옛 선지자 한 사람이 다시 살아났다고도 함이라 9 헤롯이 이르되 요한은 내가 목을 베었거늘 이제 이런 일이 들리니 이 사람이 누군가 하며 그를 보고자 하더라

► **세례 요한의 참수형**(막 6:17-29 // 마 14:3-12):

(막 6:17-29) 17 전에 헤롯이 자기가 동생 빌립의 아내 헤로디아에게 장가 든 고로 이 여자를 위하여 사람을 보내어 요한을 잡아 옥에 가두었으니 18 이는 요한이 헤롯에게 말하되 동생의 아내를 취한 것이 옳지 않다 하였음이라 19 헤로디아가 요한을 원수로 여겨 죽이고자 하였으되 하지 못한 것은 20 헤롯이 요한을 의롭고 거룩한 사람으로 알고 두려워하여 보호하며 또 그의 말을 들을 때에 크게 번민을 하면서도 달갑게 들음

이러라 21 마침 기회가 좋은 날이 왔으니 곧 헤롯이 자기 생일에 대신들과 천부장들과 갈릴리의 귀인들로 더불어 잔치할새 22 헤로디아의 딸이 친히 들어와 춤을 추어 헤롯과 그와 함께 앉은 자들을 기쁘게 한지라 왕이 그 소녀에게 이르되 무엇이든지 네가 원하는 것을 내게 구하라 내가 주리라 하고 23 또 맹세하기를 무엇이든지 네가 내게 구하면 내 나라의 절반까지라도 주리라 하거늘 24 그가 나가서 그 어머니에게 말하되 내가 무엇을 구하리이까 그 어머니가 이르되 세례 요한의 머리를 구하라 하니 25 저가 곧 왕에게 급히 들어가 구하여 이르되 세례 요한의 머리를 소반에 얹어 곧 내게 주기를 원하옵나이다 하니 26 왕이 심히 근심하나 자기의 맹세한 것과 그 앉은 자들로 인하여 그를 거절할 수 없는지라 27 왕이 곧 시위병 하나를 보내어 요한의 머리를 가져오라 명하니 그 사람이 나가 옥에서 요한을 목 베어 28 그 머리를 소반에 얹어다가 소녀에게 주니 소녀가 이것을 그 어머니에게 주니라 29 요한의 제자들이 듣고 와서 시체를 가져다가 장사하니라

세례 요한의 죽음이 궁정 전설의 형태로 보도된다. 요한이 체포된 이유가 헤롯 안티파스가 자기 형제 빌립의 아내인 헤로디아와 재혼한 것 때문이라고 보도한다. 그러므로 요한은 레위기 18:16과 20:21에 따라1) 금지된 결혼으로 인해 헤롯 안티파스를 비난한 것이다. 헤로디아는 헤롯 대왕의 손녀이며, 헤롯 안티파스의 조카인데, 요세프스에 따르면 헤로디아의 첫 번째 남편 역시 헤롯으로 불린다.2) 그런데 빌립은 헤로디아의 딸 살로메와 결혼했다. 여기서 "빌립"(=헤롯 빌립)이 언급되는 것은 마가의 착각에서 나온 것이다. 헤롯 안티파스는 헤로디아와 결혼하기 위해 아레다 왕(Aretas IV)의 딸인 자신의 첫

---

1) (레 18:16) "너는 네 형제의 아내의 하체를 범하지 말라 이는 네 형제의 하체니라"; (레 20:21) "누구든지 그의 형제의 아내를 데리고 살면 더러운 일이라 그가 그의 형제의 하체를 범함이니 그들에게 자식이 없으리라."

2) Josephus, Ant XVIII,109-115. 헤롯 대왕은 여덟 번이나 결혼했기 때문에 헤롯 가문의 친척관계를 분명히 밝히기 어렵다.

번째 아내를 버렸다. 헤롯이 어떤 정치적 동기에서 요한을 제거해야
만 했는가에 대해서는 확실히 말하기 어렵다. 마가의 문맥에서 요한
의 죽음은 예수님을 예비하는 자의 운명으로 나온다(막 9:13). 그것은
동시에 예수님의 운명이기도 하다.

　평행본문 마태복음 14:3-12 역시 마태복음의 문맥에서 유사한 기능
을 한다. 요한의 죽음은 예언자들의 죽음의 운명에 관한 신명기사가
적 모티브(cf. 마 5:12; 17:12; 21:33-41; 22:3-6; 23:29-36)를 이야기 형
식으로 잘 보여준다. 누가는 요한의 죽음에 관한 이야기를 아예 삭제
한다. 이는 요한과 예수님 사이에 놓인 구원사적 경계선을 확실히 하
려는 누가의 구상과 관련된 것이다. 요한의 체포에 대해서 누가는 이
미 3:19-20에서 간단히 다루었다.[3]

▶ **제자들의 귀환**(막 6:30-31 par): 복음을 증거하기 위해 파송되었던
제자들의 복귀에 대한 간단한 언급은 마가의 편집에서 나온 것이다.

> (막 6:30-31) 30 사도들이 예수께 모여 자기들이 행한 것과 가르친 것을
> 낱낱이 고하니 31 이르시되 너희는 따로 한적한 곳에 가서 잠깐 쉬어라
> 하시니 이는 오고 가는 사람이 많아 음식 먹을 겨를도 없음이라

　이것은 이어서 나오는 오병이어의 이야기로 안내하는 성격을 갖고
있다. 그런데 흥미롭게도, 12제자들을 가리키는 "사도들"이란 개념
이 나온다. 마가복음 가운데 이곳에 단 한 번만 나오는 이 개념은 칭
호가 아니라 선교사로서 "보냄 받은 자들"(ἀπόστολοι)을 가리키는
개념이다.[4] 31절에 "한적한 곳에 가서 잠깐 쉼"에 관한 언급이 나오

---

3) 본서 제1장/3을 참조하라.

4) 막 6:30은 훗날 누가가 "사도들"과 "12제자들"을 동일시하는 가운데 "12
제자직"이란 표상을 만드는데 중요한 전제를 이룬다. 그러나 고전 15:5-7에

는데, 이는 32절의 보도에 대한 이유로 이해할 수 있다. 많은 사람들이 몰린다는 표현은 마가복음 3:20의 경우("집에 들어가시니 무리가 다시 모이므로 식사할 겨를도 없는지라")와 유사하다.

2. 예수님의 놀라운 사역(막 6:32-56 // 마 14:13-21; 눅 9:10-17)

▶ 오천 명을 먹이심(막 6:32-44):

(막 6:32-44) 32 이에 배를 타고 따로 한적한 곳에 갈새 33 그들이 가는 것을 보고 많은 사람이 그들인 줄 안지라 모든 고을로부터 도보로 그 곳에 달려와 그들보다 먼저 갔더라 34 예수께서 나오사 큰 무리를 보시고 그 목자 없는 양 같음으로 인하여 불쌍히 여기사 이에 여러 가지로 가르치시더라 35 때가 저물어가매 제자들이 예수께 나아와 여짜오되 이 곳은 빈 들이요 날도 저물어가니 36 무리를 보내어 두루 촌과 마을로 가서 무엇을 사 먹게 하옵소서 37 대답하여 이르시되 너희가 먹을 것을 주라 하시니 여짜오되 우리가 가서 이백 데나리온의 떡을 사다 먹이리이까 38 이르시되 너희에게 떡 몇 개나 있는지 가서 보라 하시니 알아보고 이르되 떡 다섯 개와 물고기 두 마리가 있더이다 하거늘 39 제자들에게 명하사 그 모든 사람으로 떼를 지어 푸른 잔디 위에 앉게 하시니 40 떼로 백 명씩 또는 오십 명씩 앉은지라 41 예수께서 떡 다섯 개와 물고기 두 마리를 가지사 하늘을 우러러 축사하시고 떡을 떼어 제자들에게 주어 사람들에게 나누어 주게 하시고 또 물고기 두 마리도 모든 사람에게 나누시매 42 다 배불리 먹고 43 남은 떡 조각과 물고기를 열두 바구니에 차게 거두었으며 44 떡을 먹은 남자는 오천 명이었더라

이 이야기는 장르상 선물의 기적에 속한다. 기적이 어떻게 일어났

는 "제자들"을 "열둘" 혹은 "사도들"과 동일시하지 않는다. 이와 관련하여 F. Hahn, "Der Apostolat im Urchristentum," in *KeDog 20* (1974), 54-77을 참조하라.

는가에 대한 묘사는 없고, 기적이 일어난 사실 자체의 확증에 대해 상세히 묘사한다. 그리하여 오천 명의 남자들이 떡 다섯 개와 물고기 두 마리로 배불리 먹고도 열두 바구니나 남았음을 이야기 마지막 부분에서 강조한다(42-44절). 전승사적으로 이 이야기는 세 가지 형태로 구분된다. 그 중 두 가지는 마가에 나오고(막 6:32-44; 8:1-10), 나머지 한 가지는 요한복음에 나온다(요 6:1-15). 마가복음 6:32-44 이야기의 기본 모델은 선지자 엘리사가 20개의 떡으로 100명을 먹이는 이야기를 담고 있는 열왕기하 4:42-44에서 유래한다(cf. 왕상 17:8-16).

광야에서의 식사 모티브(출 16장; 민 11장)는 모세 전승을 떠올린다. 목자 모티브(34절)는 민수기 27:17과 관련된다. "푸른 잔디"(39절)도 목자 모티브에 속한다(cf. 시 23:1-2). "떼로 백 명씩 또는 오십 명씩 앉음"(40절)은 광야 행렬의 진영 질서와 관련된다(cf. 출 18:20-21). 이러한 모티브들을 통해 오천 명을 먹이신 이야기의 의도가 드러난다. 즉, 예수님은 구약의 선지자를 능가하는 분이며 모세처럼 자기 백성을 인도하고 먹이시는 분이라는 사실을 강조하려 한다. 이 두 요소가 종말론적인 "모세 같은 예언자" 대망에 하나로 집약되어 있다(신 18:15, 18).

이로써 여기에서 묘사되는 오병이어의 식사는 단지 육신의 순간적 배고픔을 채우는 이야기를 넘어서고 있음을 알 수 있다. 풍성한 식사란 온갖 종류의 허기를 채우고 온갖 기대를 능가하는 종말론적 선물의 표시이다. 마가는 이 기적 이야기를 통해 종말론적 구세주인 예수님의 권세를 보여주려 한다. 예수님은 자신의 권세 있는 가르침을 통해 인간들을 하나님께 이끌고자 한다. 사람들에게 나누어주시는 "떡"은 하나님의 계시의 선물이다. 이런 의미에서 특히 41절은 성만찬을 연상시킨다. 남은 12바구니는 12지파에 대한 암시로 볼 수 있다.

마태(14:13-21)는 마가의 이야기 핵심을 그대로 수용한다. 마태는 예수님이 배를 타고 외딴 곳으로 물러가셨다는 사실을 보도하나(마 4:13), 세례 요한의 죽음 소식을 듣고 떠나시기 때문에 피신하신 것처럼 나온다. 그러나 이와 같은 피신의 모티브는 복음전도의 사명을 마치고 돌아온 제자들에게 예수님이 "너희는 따로 한적한 곳에 가서 잠깐 쉬어라"(막 6:30)고 말씀하신 마가의 문맥과 다르다. 또한 마태는 마가의 경우와 달리 떡을 떼어냄만 언급할 뿐(마 14:19), 물고기를 나누어 줌에 대한 언급이 빠져 있다. 성만찬의 관련성을 강조하려는 의도로 보인다. 마태복음 전체 구조에서 보면, 이 오병이어의 놀라운 기적 이야기는, 예수님이 자기 백성의 궁핍함을 돌아보고 계신 분이며 대망하는 구원을 가져다주시는 분임을 보여준다. 목자 없는 양 모티브(막 6:34)는 이미 파송 말씀의 근거로 삼았기에(마 9:36), 여기서는 언급하지 않는다.

누가(9:10-17)는 자신만의 강조점을 만든다. 목자 모티브는 아예 제거한다. 누가에게 예수님은 메시아적 목자라기보다 예언자며 병 치유자이다(눅 9:18-21). 누가는 오병이어 이야기를 헤롯의 질문(눅 9:7-9)과 베드로의 고백(눅 9:18-21) 사이에 배치함으로써 이 이야기에 나타나는 기독론적 중요성을 더욱 부각시킨다. 이로써 누가는 그 중간에 나오는 마가의 내용을 건너뛰고 있다는 사실을 암시한 셈이다. 누가는 마가복음 6:45-8:26의 내용을 자신의 복음서에 받아들이지 않고 삭제한다. 겹치는 내용(막 6:45-52; 8:1-10, 11-13)을 피하고 싶은 마음도 있었고, 다른 한편 제거된 내용이 독자의 관심을 불러일으키지 못하는 질문이라고 생각했을 수도 있다(막 7:1-23).

▶ **물 위로 걸으신 예수님(막 6:45-52 // 마 14:22-33):** 이 장면은 이미 마가 이전 전승 가운데 오천 명을 먹이시는 이야기와 연결되어 있었다(cf. 요 6:1-15, 16-21). 이 이야기의 장르를 규정하기 어렵다. 구조의 기적이라 부를 수 있으나, 그러기에는 신적 현현의 특징이 너무 강하다.

막 6:45-52	Cf. 마 14:22-33
45 예수께서 즉시 제자들을 재촉하사 자기가 무리를 보내는 동안에 배 타고 앞서 건너편 벳새다로 가게 하시고 46 무리를 작별하신 후에 기도하러 산으로 가시니라 47 저물매 배는 바다 가운데 있고 예수께서는 홀로 뭍에 계시다가 48 바람이 거스르므로 제자들이 힘겹게 노 젓는 것을 보시고 밤 사경쯤에 바다 위로 걸어서 그들에게 오사 지나가려고 하시매 49 제자들이 그가 바다 위로 걸어 오심을 보고 유령인가 하여 소리 지르니 50 그들이 다 예수를 보고 놀람이라 이에 예수께서 곧 그들에게 말씀하여 이르시되 안심하라 내니 두려워하지 말라 하시고 51 배에 올라 그들에게 가시니 바람이 그치는지라 제자들이 마음에 심히 놀라니 52 이는 그들이 그 떡 떼시던 일을 깨닫지 못하고 도리어 그 마음이 둔하여졌음이러라	22 예수께서 즉시 제자들을 재촉하사 자기가 무리를 보내는 동안에 배를 타고 앞서 건너편으로 가게 하시고 23 무리를 보내신 후에 기도하러 따로 산에 올라가시니라 저물매 거기 혼자 계시더니 24 배가 이미 육지에서 수 리나 떠나서 바람이 거스르므로 물결로 말미암아 고난을 당하더라 25 밤 사경에 예수께서 바다 위로 걸어서 제자들에게 오시니 26 제자들이 그가 바다 위로 걸어오심을 보고 놀라 유령이라 하며 무서워하여 소리 지르거늘 27 예수께서 즉시 이르시되 안심하라 나니 두려워하지 말라 28 베드로가 대답하여 이르되 주여 만일 주님이시거든 나를 명하사 물 위로 오라 하소서 하니 29 오라 하시니 베드로가 배에서 내려 물 위로 걸어서 예수께로 가되 30 바람을 보고 무서워 빠져 가는지라 소리 질러 이르되 주여 나를 구원하소서 하니 31 예수께서 즉시 손을 내밀어 그를 붙잡으시며 이르시되 믿음이 작은 자여 왜 의심하였느냐 하시고 32 배에 함께 오르매 바람이 그치는지라 33 배에 있는 사람들이 예수께 절하며 이르되 진실로 하나님의 아들이로소이다 하더라

이 이야기에는 구약의 모티브와 암시가 많이 나타난다. 물 위를 걷는 예수님은 칠십인경 욥기 9:8("그는 바다 위를 땅처럼 거니신다")에 나오는 하나님의 모습에 해당한다.5) 바다 위로 걸어서 제자들에게 온 예수님이 그들을 "지나가려 하신다"는 48절의 진술은 얼른 이해하기 어려운 대목이다. 이는 하나님이 모세를 지나가시며 자신을 계시하신다는 내용이 나오는 출애굽기 33:18-23을 배경으로 한다. 오전 3-6시를 가리키는 "밤 사경"(48절)은 하나님의 도움이 아침에 온다는 구약성서 모티브에서 나온 것이다(cf. 출 14:19-25; 사 17:12-14; 시 46:5-7; 88:10-15). 마지막으로 50절의 "내니"라는 표현은 "안심하라, 두려워 말라"는 약속의 문맥 가운데 나오는 것으로 구약성서에 널리 알려진 계시의 말씀이다(cf. 출 3:14; 사 43:10, 13). 예수님은 카오스와 죽음의 바다 위를 걷는 구세주로 자신을 계시하신다. 그리하여 제자들은 자기들을 위협하는 바람의 세력을 더 이상 두려워할 필요가 없다. 예수님이 배에 오르시자 바람이 잠잠해진다. 신화적 배경 위에서 이 이야기는 실존의 심연과 관련된다. 예수님은 폭풍과 파도가 몰아치는 인생길의 구세주이시다. 이 이야기를 종종 부활 이야기의 전조로 이해하는 경향이 있다. 일면 타당성이 있으나, 그것은 죽음의 바다를 걷는 하나님의 계시는 부활하신 분의 모습만이 아니라 이미 지상적 예수님 모습이기도 하다는 점을 강조하려 한다.

51절에 나오는 예수님의 승선과 함께 바람이 그치는 것을 보고 "심히 놀라는" 제자들의 모습은 다음 절에서 그들의 마음이 둔하여졌기 때문이라고 설명된다(52절). 이것은 마가에게 전형적인 '제자들의 몰이해' 모티브에 속한다.6) 예수님은 함께 있는 제자들에게 모든 것을

---

5) '바다 위를 거님'은 고대에 잘 알려진 모티브이다. 예컨대, Gilgames 10:71-77(오직 태양신 Shamash만이 물위를 거닐 수 있다). 그것은 인간에게는 불가능하고 오직 신에게만 가능한 일이라고 믿었다. 혹은 인간이 신의 아들이거나 마법을 통해 신적 능역을 취할 때는 가능하다고도 여겼다.

특별히 설명하셨고, 또한 그들은 예수님의 놀라운 행위들을 직접 체험까지 했다 그러나 바다를 잠잠하게 하시는 예수님의 모습을 보고는 "그가 누구인가"(막 4:41) 하고 믿지 못했고, 오병이어의 놀라운 기적과 바다 위를 걸으시는 예수님을 보고도 "심히 놀라고" 있을 뿐이지 예수님의 참 모습을 여전히 깨닫지 못한다. 52절에 그 이유가 나온다. 그들의 마음이 둔하기 때문이다. 제자들에게 부족한 것은 깨달음과 믿음이다. 여기에 대해 마가복음 8:31-10:52가 다룬다.

마태(14:22-33)는 약간의 삭제 부분을 제하면 대체로 마가의 이야기를 수용한다. 특히 예수님이 제자들을 "지나가려" 한다는 내용(막 6:48)을 삭제한다. 제자들을 도우려 오는 예수님이 그들을 지나쳐 가려한다는 것을 어색한 표현으로 느낀 것 같다. 또한 마태의 이야기에는 두 가지 특징이 두드러진다. 이로써 마태의 이야기는 다른 의미를 갖게 된다. 마가가 제자들의 이해하지 못함을 확정짓고 있는 것과 달리, 이야기 끝 부분에서 마태는 다음과 같은 진술을 첨가한다: "배에 있는 사람들이 예수께 절하며 이르되 진실로 하나님의 아들이로소이다"(마 14:33). 마태는 제자들을 "마음이 우둔한 자들"(막 6:52)로 부르지 않고, "믿음이 적은 자"(마 14:31)로 부른다(cf. 마 8:23-27 // 막 4:35-41). 삽입된 베드로 장면(마 14:28-31)에서도 같은 일이 일어난다. 제자들의 대표자로 등장하는 베드로는 "믿음이 적고 의심하는 자"(마 14:31)로 나타난다.

전체 이야기는 제자됨의 길을 이야기 형식으로 표현한 것이라고 말할 수 있다. 제자됨은 물 위를 걷는 걸음과 같다. 그것은 자신들의 안락한 보금자리에서 뛰쳐나오는 길이다. 첫 신앙의 열정은 험난한 인생의 파고 속에서 검증되어야 한다. 마태는, 그리스도교적 실존은 구원하시는 주님의 손에 자신을 전적으로 맡길 때, 다시 말해 예수님

---

6) Cf. 막 4:13; 7:18; 8:17-21; 10:37-38; 14:37.

의 말씀에 온전히 의지할 때 가능하다는 사실을 강조하려 한다.

▶ **게네사렛 병자들 치유**(**막 6:53-56 // 마 14:34-36**): 마가의 편집에서 나온 이 구절은 예수님의 기적 행위들을 요약하는 요약문이다. 특히 예수님의 옷 가에라도 "손을 대는 자는 다 성함을 얻는다"(56절)는 사실을 강조한다. 예수님의 치유 행위 자체를 강조하지 않고, 많은 사람들이 예수께 몰려들고 있음을 부각시킨다.

막 6:53-56	마 14:34-36
53 건너가 게네사렛 땅에 이르러 대고 54 배에서 내리니 사람들이 곧 예수신 줄을 알고 55 그 온 지방으로 달려 돌아 다니며 예수께서 어디 계시다는 말을 듣는 대로 병든 자를 침상째로 메고 나아오니 56 아무 데나 예수께서 들어가시는 지방이나 도시나 마을에서 병자를 시장에 두고 예수께 그의 옷 가에라도 손을 대게 하시기를 간구하니 손을 대는 자는 다 성함을 얻으니라	34 그들이 건너가 게네사렛 땅에 이르니 35 그 곳 사람들이 예수이신 줄을 알고 그 근방에 두루 통지하여 모든 병든 자를 예수께 데리고 와서 36 다만 예수의 옷자락에라도 손을 대게 하시기를 간구하니 손을 대는 자는 다 나음을 얻으니라

마태는 마가의 본문을 축약시키다. 마가의 본문에 없는 "모든" 병든 자를 예수께 데려왔음을 강조한다(35절). 마태는 갈등이 일어나고 있는 상황을 묘사한 다음(바리새인들과의 갈등 마 12장; 나사렛에서 거부당함 마 14:34-36; 세례 요한의 죽음 마 14:1-12), 이제 오병이어의 기적(마 14:13-21)과 마태복음 14:34-36의 요약문을 통해 잠시 숨고르기를 하고 있다. 예수님은 당신을 찾는 백성의 무리 한 가운데 계신다.

3. 유대인과 이방인 사이의 긴장에 처한 예수님(막 7:1-8:10 // 마 15:1-39)

▶ **정결 논쟁(막 7:1-23 // 마 15:1-20):** 잠시 평화로운 모습을 묘사한 요약문에 이어서, 이제 갈등이 다시 고조된다. 마가복음 7:1-23은 두 단락으로 나눌 수 있다. 전반부(막 7:1-13)는 제의적 손 씻음에 대한 종교법 전승의 문제를 다루고 있고, 후반부(막 7:14-23)는 토라의 음식물 계명 문제를 다루고 있다. 이 두 단락은 2-5절에 나오는 정결 전승 주제에 의해 서로 연결된다. 이 이야기의 전승사 문제는 복잡하기에 여기서는 다루지 않으려 한다. 이와 관련하여, 15절의 진술("무엇이든지 밖에서 사람에게로 들어가는 것은 능히 사람을 더럽게 하지 못하되")은 역사적 예수의 말씀임이 분명하다. 또한 5절의 "장로들의 전통"을 둘러싼 논쟁 상황도 의심의 여지없이 역사적 사실에 속한다. 당시 여러 유대 종파 사이에 그와 같은 종교법 논쟁이 있었을 것이라는 추측이 가능하다.

이 이야기를 근거로 예수님의 말씀이 토라 자체를 반대한다고 말할 수 없다. 예수님의 말씀은 정결법에 관한 바리새적인 해석에 반대한 것이다. 오히려 이 이야기를 통해 토라에 충실하고자 하는 예수님의 의도를 읽을 수 있다. 장로들의 전통을 위선적이라고 지적하면서(6-7절), 고르반 실천의 예를 통해 장로들의 전통이 토라에 위배된다는 사실을 밝힌다(8-13절). 이방인 출신의 마가는 이와 같은 정결법 논쟁에 관심이 없었고, 이 장면을 이른바 '제자들의 몰이해' 주제와 관련시킨다(17-18절). 그리하여 여기에서 독자들을 위한 결론을 도출해낸다: "이러므로 모든 음식물을 깨끗하다 하시니라"(19b절).

마가복음의 전체 문맥에서 볼 때 이 이야기는, 예수님은 치유사역을 위해 이방으로 들어가는 경계선을 넘었을 뿐만 아니라 음식물 계명을 철폐시킴으로써 이제 이론적으로도 이방을 향한 개방적 입장을 천명한 셈이다. 이에 걸맞게, 이어지는 이야기에서 예수님은 이방 지역에서 사역하신다. 마가복음 1:16-3:6 가운데 지배적이었던 바리새인들과 서기관들과의 논쟁이 여기에서 더욱 첨예화된다. 1절에서 분명히 말하듯, 이 논쟁은 앞으로 예루살렘에서 극적으로 전개될 것이다.

마태(마 15:1-20)는 한편으론 바리새인들과 서기관들의 종교법을 거부하면서 그들과 벌이는 논쟁을 더욱 날카롭게 하고(3-11절), 그들을 가리켜 "소경을 인도하는 자"라고 힘주어 말한다(12-14절). 다른 한편 마태는 마가복음 7:19b("이러므로 모든 음식물을 깨끗하다 하시니라")에 나오는 음식물 계명의 철폐를 수용하지 아니한다. 그리하여 마태는 손 씻음 문제와 관련된 갈등에 집중한다(2절에서 바리새적 종교법 문제로 시작하였고, 20절에서 이에 대해 부정적으로 답한다).

마 15:2	마 15:20
당신의 제자들이 어찌하여 장로들의 전통을 범하나이까 떡 먹을 때에 손을 씻지 아니하나이다	이런 것들이 사람을 더럽게 하는 것이요 씻지 않은 손으로 먹는 것은 사람을 더럽게 하지 못하느니라

그런데 이러한 마태의 입장은 그의 근본적 율법이해와 상충한다(cf. 마 5:17-19). 마태는 예수님의 교훈을 구전의 토라로서의 바리새적 종교법과 나란히 이해하지 아니하고, 그 안에서 토라의 근원적인 의미가 드러난 것으로 간주한다. 이런 의미에서 사랑의 계명이 토라 전체를 이해하기 위한 해석학적 열쇠가 된다. 따라서 제의 규정은 실생활 가운데 퇴색된다. 마태는 마가의 악덕 목록(막 7:21-22)을 십계명의 형태로 수용하고 있는데(마 15:19), 이를 통해 사랑의 계명의 중요성

을 암시한다.

▶ 수로보니게 여인의 딸 치유 (막 7:24-30 // 마 15:21-28):

막 7:24-30	마 15:21-28
24 예수께서 일어나사 거기를 떠나 두로 지방으로 가서 한 집에 들어가 아무도 모르게 하시려 하나 숨길 수 없더라 25 이에 더러운 귀신 들린 어린 딸을 둔 한 여자가 예수의 소문을 듣고 곧 와서 그 발 아래에 엎드리니 26 그 여자는 헬라인이요 수로보니게 족속이라 자기 딸에게서 귀신 쫓아내 주시기를 간구하거늘 27 예수께서 이르시되 자녀로 먼저 배불리 먹게 할지니 자녀의 떡을 취하여 개들에게 던짐이 마땅치 아니하니라 28 여자가 대답하여 이르되 주여 옳소이다마는 상 아래 개들도 아이들이 먹던 부스러기를 먹나이다 29 예수께서 이르시되 이 말을 하였으니 돌아가라 귀신이 네 딸에게서 나갔느니라 하시매 30 여자가 집에 돌아가 본즉 아이가 침상에 누웠고 귀신이 나갔더라	21 예수께서 거기서 나가사 두로와 시돈 지방으로 들어가시니 22 가나안 여자 하나가 그 지경에서 나와서 소리 질러 이르되 주 다윗의 자손이여 나를 불쌍히 여기소서 내 딸이 흉악하게 귀신 들렸나이다 하되 23 예수는 한 말씀도 대답하지 아니하시니 제자들이 와서 청하여 말하되 그 여자가 우리 뒤에서 소리를 지르오니 그를 보내소서 24 예수께서 대답하여 이르시되 나는 이스라엘 집의 잃어버린 양 외에는 다른 데로 보내심을 받지 아니하였노라 하시니 25 여자가 와서 예수께 절하며 이르되 주여 저를 도우소서 26 대답하여 이르시되 자녀의 떡을 취하여 개들에게 던짐이 마땅하지 아니하니라 27 여자가 이르되 주여 옳소이다마는 개들도 제 주인의 상에서 떨어지는 부스러기를 먹나이다 하니 28 이에 예수께서 대답하여 이르시되 여자여 네 믿음이 크도다 네 소원대로 되리라 하시니 그 때로부터 그의 딸이 나으니라

이제껏 예수님은 유대 땅을 거의 떠나시지 않고, 단지 예외적으로

이방인을 만났을 뿐이나, 이제 이스라엘의 경계를 넘어 전통적으로 심판이 예고된 이방 도시 두로로 가신다(막 7:24). 이와 같은 정보는 마가의 구상과 잘 맞아떨어진다. 마가는 이 이야기에서 훗날 이방 선교의 토대가 놓였다고 보기 때문이다. 본래 예수님의 파송은 오직 이스라엘을 향한 것이라는 사실을 이 이야기는 명확히 보여준다("자녀의 떡을 취하여 개들에게 던짐이 마땅치 아니하리라" 27절). 그러나 수로보니게 여인은 예수님을 전적으로 신뢰하는 말을 한다("상 아래 개들도 아이들이 먹던 부스러기를 먹나이다" 28절). 여인의 이 말로 인해(29절) 예수님은 여인의 간청을 들어 주신다.

마태의 본문(마 15:21-28)에는 여인의 청을 들어주기 곤란함을 나타내는 모티브가 더욱 강조된다. 이 가나안 여인은 예수께 지극히 몸을 낮추며 "주 다윗의 자손이여" 하고 부른다(22절). 그러나 예수님의 대답을 얻지 못한 상태에서 제자들은 그녀를 쫓아내려 한다(23절). 그러자 예수님은 그 여인에게 "나는 이스라엘 집의 잃어버린 양 외에는 다른 데로 보내심을 받지 아니하였노라"고 대답하신다(24절). 그러자 여인은 예수께 도와 달라고 간청한다(25절). 마가의 흐름을 따르고 있는 마태는 예수님에 대한 여인의 신뢰를 가리켜 "믿음"이라고 부른다("여자여 네 믿음이 크도다" 28절).

이 이야기는 우리에게 믿음이 무엇인가를 잘 보여준다. 여자의 겸손 외에도, 예수님 안에서 하나님의 자비를 구하고 오직 예수님의 약속만을 바라보는 여인의 끈기가 잘 묘사되어 있다. 이로써 복음은 율법을 지키는 일과 같은 어떤 전제 조건을 요구하지 않는다는 점이 분명히 드러난다. 전적으로 하나님으로부터 모든 것을 예수님 안에서 기대하는 마음이 관건이다. 이때 구원을 이루는 것은 예수님의 약속이다. 또한 이 이야기를 통해, 하나님의 도우심은 경계를 넘어서는 모험을 통해서만 체험 가능하다는 사실을 배울 수 있다. 마태 공동체는 이방 지역에 속해 있고 따라서 이방인이 포함되어 있었는데, 예수님의 이방 지역으로의 여정을 자신들의 현재상황의 선취로 여겼을 수 있다.

▶ 귀먹고 어눌한 자 치유(막 7:31-37 // 마 15:29-31):

막 7:31-37	마 15:29-31
31 예수께서 다시 두로 지방에서 나와 시돈을 지나고 데가볼리 지방을 통과하여 갈릴리 호수에 이르시매 32 사람들이 귀 먹고 말 더듬는 자를 데리고 예수께 나아와 안수하여 주시기를 간구하거늘 33 예수께서 그 사람을 따로 데리고 무리를 떠나사 손가락을 그의 양 귀에 넣고 침을 뱉어 그의 혀에 손을 대시며 34 하늘을 우러러 탄식하시며 그에게 이르시되 에바다 하시니 이는 열리라는 뜻이라 35 그의 귀가 열리고 혀가 맺힌 것이 곧 풀려 말이 분명하여졌더라 36 예수께서 그들에게 경고하사 아무에게도 이르지 말라 하시되 경고하실수록 그들이 더욱 널리 전파하니 37 사람들이 심히 놀라 이르되 그가 모든 것을 잘하였도다 못 듣는 사람도 듣게 하고 말 못하는 사람도 말하게 한다 하니라	29 예수께서 거기서 떠나사 갈릴리 호숫가에 이르러 산에 올라가 거기 앉으시니 30 큰 무리가 다리 저는 사람과 장애인과 맹인과 말 못하는 사람과 기타 여럿을 데리고 와서 예수의 발 앞에 앉히매 고쳐 주시니 31 말 못하는 사람이 말하고 장애인이 온전하게 되고 다리 저는 사람이 걸으며 맹인이 보는 것을 무리가 보고 놀랍게 여겨 이스라엘의 하나님께 영광을 돌리니라

예수님의 행로(두로→시돈→데가볼리→갈릴리 호수)에 다소 이해하기 어려운 점이 있다. 그러나 마가는 이를 통해, 예수님이 광범위

한 이방 지역을 두루 다니셨다는 사실을 부각시키려 한다. 이 이야기는 접촉과 상징적 행위를 통해 치유가 이루어지는 기적 이야기에 속한다(32-33절). 36절에 기적의 경이로움을 강조하기 위한 비밀 유지 명령이 다시 나오고 있으나(cf. 막 1:34; 3:11-12), 비밀 유지는 곧장 깨어지고 만다("경고하실수록 그들이 더욱 널리 전파하니" 36절). 사람들의 반응(37절)은 창세기 1:31과 이사야 35:5-6을 연상시킨다.[7) 이로써 이 이야기는 도래하는 새 시대에 대한 이야기가 된다.

　마태는 이해하기 어려운 예수님의 행로를 수정한다. 예수님은 두로 지방에서 직접 갈릴리 호수로 가신다. 이는 예수님이 다시 유대 땅에 왔음을 뜻한다. 마태(15:29-31)는 마가의 치유 이야기를 요약문으로 대체한다(큰 무리가 예수님을 쫓아오고, 예수님은 그들의 모든 병을 고쳐 주신다). 이 이야기는 하나의 독립된 단락이 아니고, 이어서 나오는 사천 명을 먹이시는 기적 이야기의 도입부를 이룬다.

▶ **사천 명을 먹이심(막 8:1-10 // 마 15:32-39):** 이 이야기는 마가복음 6:32-44(오천 명을 먹이심)와 관련된 또 다른 보도로서 전승사적으로 볼 때 보다 후대에 속한다.

막 8:1-10	마 15:32-39
1 그 무렵에 또 큰 무리가 있어 먹을 것이 없는지라 예수께서 제자들을 불러 이르시되 2 내가 무리를	32 예수께서 제자들을 불러 이르시되 내가 무리를 불쌍히 여기노라 그들이 나와 함께 있은 지 이미

---

7) (창 1:31) "하나님이 지으신 그 모든 것을 보시니 보시기에 심히 좋았더라 저녁이 되고 아침이 되니 이는 여섯째 날이니라"; (사 35:5-6) "5 그 때에 맹인의 눈이 밝을 것이며 못 듣는 사람의 귀가 열릴 것이며 6 그 때에 저는 자는 사슴 같이 뛸 것이며 말 못하는 자의 혀는 노래하리니 이는 광야에서 물이 솟겠고 사막에서 시내가 흐를 것임이라."

불쌍히 여기노라 그들이 나와 함께 있은 지 이미 사흘이 지났으나 먹을 것이 없도다 3 만일 내가 그들을 굶겨 집으로 보내면 길에서 기진하리라 그 중에는 멀리서 온 사람들도 있느니라 4 제자들이 대답하되 이 광야 어디서 떡을 얻어 이 사람들로 배부르게 할 수 있으리이까 5 예수께서 물으시되 너희에게 떡 몇 개나 있느냐 이르되 일곱이로소이다 하거늘 6 예수께서 무리를 명하여 땅에 앉게 하시고 떡 일곱 개를 가지사 축사하시고 떼어 제자들에게 주어 나누어 주게 하시니 제자들이 무리에게 나누어 주더라 7 또 작은 생선 두어 마리가 있는지라 이에 축복하시고 명하사 이것도 나누어 주게 하시니 8 배불리 먹고 남은 조각 일곱 광주리를 거두었으며 9 사람은 약 사천 명이었더라 예수께서 그들을 흩어 보내시고 10 곧 제자들과 함께 배에 오르사 달마누다 지방으로 가시니라

사흘이매 먹을 것이 없도다 길에서 기진할까 하여 굶겨 보내지 못하겠노라 33 제자들이 이르되 광야에 있어 우리가 어디서 이런 무리가 배부를 만큼 떡을 얻으리이까 34 예수께서 이르시되 너희에게 떡이 몇 개나 있느냐 이르되 일곱 개와 작은 생선 두어 마리가 있나이다 하거늘 35 예수께서 무리에게 명하사 땅에 앉게 하시고 36 떡 일곱 개와 그 생선을 가지사 축사하시고 떼어 제자들에게 주시니 제자들이 무리에게 주매 37 다 배불리 먹고 남은 조각을 일곱 광주리에 차게 거두었으며 38 먹은 자는 여자와 어린이 외에 사천 명이었더라 39 예수께서 무리를 흩어 보내시고 배에 오르사 마가단 지경으로 가시니라

1절은 독자들이 첫 번째 이야기(막 6:32-44)를 알고 있다고 전제 한다. 마가복음 6:35-36에 따르면 제자들이 문제를 갖고 예수께 다가왔으나, 여기서는 예수님이 주도권을 갖고 먼저 말씀하신다(2-3절). 마가복음 8:1-10은 성만찬 전승의 영향을 받은 것으로 보인다("감사 [기도]하시고 떼어 제자들에게 주어 나누어 주게 하시니" 6절). 마가복음 6:38의 떡 다섯 개와 물고기 두 마리 대신에 마가복음 8:5에는 단지 떡

일곱 개만 언급하고, 7절에 가서 "작은 생선 두어 마리"에 대해 말한다. 마가가 오천 명을 먹이시는 이야기 외에 다시 사천 명을 먹이시는 유사한 이야기를 다시 보도하는 이유는, 이 이야기가 이방 지역에서 일어난 일이라는 점에 있다. 이로써 예수님의 자비가 이스라엘에만 국한되지 않고, 이방인들에게도 향했다는 사실을 보여주고자 한다.

 마태의 이야기(마 15:32-39)는 바로 앞에 나온 요약문(마 15:29-31)을 도입부로 삼고 있다. 이야기의 중심이 되는 식사행위(35-38절)는 약간의 예외를 제하면 마태복음 14:19b-21과 일치한다. 이러한 일치는 마가의 경우와 달리, 사천 명을 먹이시는 이야기(마 15:32-39)가 오천 명을 먹이시는 이야기(마 14: 13-21)와 마찬가지로 유대 땅에서 일어난 일이라는 것과 관련된 것으로 보인다. 이방인 무리의 식사 기적을 염두에 두고 있지 않은 마태는 첫 번째 이야기에서처럼 두 번째 이야기에서도 강조하려는 것은, 예수님은 이스라엘 백성을 하염없이 불쌍히 여기신다는 점이다.

4. 적대자들의 표적 요구와 제자들의 몰이해(막 8:11-26 // 마 16:1-12)

▶ **적대자들의 표적 요구(막 8:11-13 // 마 16:1-4):** 이 장면은 전승사적으로 앞서 언급한 식사 기적 이야기와 관련되어 있다. 마가복음의 전체 문맥에서 볼 때, 이 장면은 마가복음 3:22-30과 연결시켜 바라볼 필요가 있다. 그곳에서는 예루살렘 출신의 서기관들이 예수님의 적대자로 등장하나, 이곳에서는 바리새인들이 적대자로 나타난다.

막 8:11-13	마 16:1-4
11 바리새인들이 나와서 예수를 힐난하며 그를 시험하여 <u>하늘로부터 오는 표적을 구하거늘</u> 12 예수	1 바리새인과 사두개인들이 와서 예수를 시험하여 하늘로부터 오는 표적 보이기를 청하니 2 예수께서

<table>
<tr><td>께서 마음속으로 깊이 탄식하시며 이르시되 어찌하여 이 세대가 표적을 구하느냐 내가 진실로 너희에게 이르노니 이 세대에 표적을 주지 아니하리라 하시고 13 그들을 떠나 다시 배에 올라 건너편으로 가시니라</td><td>대답하여 이르시되 너희가 저녁에 하늘이 붉으면 날이 좋겠다 하고 3 아침에 하늘이 붉고 흐리면 오늘은 날이 궂겠다 하나니 너희가 날씨는 분별할 줄 알면서 시대의 표적은 분별할 수 없느냐 4 악하고 음란한 세대가 표적을 구하나 요나의 표적 밖에는 보여 줄 표적이 없느니라 하시고 그들을 떠나 가시니라</td></tr>
</table>

바리새인들은 권세를 둘러싼 문제로 예수님을 시험하고 있다. 그 권세가 명백히 신적 권세임을 입증하는 "하늘로부터 오는 표적"(막 8:11)을 구한다. 이로써 이들은 자신들의 입장 표명은 회피한다. 예수님은 바리새인들의 표적 요구를 "이 세대"의 징조로 평가하고, 그러한 표적은 주어지지 않을 것임을 밝힌다(12절). 예수님의 기적은 두 가지 상반된 반응을 초래한다. 즉, 사람들로 하여금 믿음에 이르게 할 수도 있으나, 역으로 믿음을 파괴하는 표적 요구를 낳을 수도 있다. 마가는 이 이야기를 통해 예수님에게서 드러나는 하나님의 표적을 오해하는 사람들의 눈먼 상태를 강조하려 한다. 마가복음의 첫 번째 본론 마감 장면(막 3:6)과 같이, 여기서도 죽음으로 귀결되는 예수님의 거부당함이 암시되고 있다. 예수님이 배에 올라타시고 호수 건너편으로 가실 때, 이야기의 초점이 제자들을 향한다(13절).

마가복음 8:11-13이 마가복음 3:22-30(예수님과 바알세불)과 연결된 것보다, 마태복음 16:1-4와 마태복음 12:22-37(예수님과 바알세불) 사이의 관계가 더욱 긴밀하다. 마태는 이미 마태복음 12:22-37에 이어서 표적 요구(마12:38-42)를 보도한 바 있다. 그 표적 요구를 여기에서 다시 거론하고 있다. 이때 마태는 마가의 자료와 예수어록 자료를 함께 사용한다. 마가에 나오는 예수님의 강한 표적 거부 의사(막

8:12)를 마태가 수정한다("악하고 음란한 세대"에게는 "요나의 표적 밖에는 보여 줄 표적이 없느니라" 마 16:4). 이제 상황이 점점 더 긴장되고 있다. 바리새인들과 사두개인들이 세례 요한 앞에 모였듯이(마 3:7), 여기서는 이들이 예수님 앞에 모여 있다(마 16:1). 이들이 날씨는 분별할 줄 알아도 "시대의 표적"은 분별하지 못한다(3-4절). 예수님이 그들을 떠나가시므로 대화가 중단된다.

▶ **깨닫지 못하는 제자들(막 8:14-21 // 마 16:5-12):** 앞 단락(막 8:11-13)에선 놀라운 예수님의 권세를 보고서도 여전히 표적을 요구하는 어리석은 바리새인들의 모습을 말하였는데, 여기서는 그러한 어리석음이 제자들에게도 해당된다.

막 8:14-21	Cf. 마 16:5-12
14 제자들이 떡 가져오기를 잊었으매 배에 떡 한 개밖에 그들에게 없더라 15 예수께서 경고하여 이르시되 삼가 바리새인들의 누룩과 헤롯의 누룩을 주의하라 하시니 16 제자들이 서로 수군거리기를 이는 우리에게 떡이 없음이로다 하거늘 17 예수께서 아시고 이르시되 너희가 어찌 떡이 없음으로 수군거리느냐 아직도 알지 못하며 깨닫지 못하느냐 너희 마음이 둔하냐 18 너희가 눈이 있어도 보지 못하며 귀가 있어도 듣지 못하느냐 또 기억하지 못하느냐 19 내가 떡 다섯 개를 오천 명에게 떼어 줄 때에 조각 몇 바구니를 거	5 제자들이 건너편으로 갈새 떡 가져가기를 잊었더니 6 예수께서 이르시되 삼가 바리새인과 사두개인들의 누룩을 주의하라 하시니 7 제자들이 서로 의논하여 이르되 우리가 떡을 가져오지 아니하였도다 하거늘 8 예수께서 아시고 이르시되 믿음이 작은 자들아 어찌 떡이 없음으로 서로 의논하느냐 9 너희가 아직도 깨닫지 못하느냐 떡 다섯 개로 오천 명을 먹이고 주운 것이 몇 바구니며 10 떡 일곱 개로 사천 명을 먹이고 주운 것이 몇 광주리이던 것을 기억하지 못하느냐 11 어찌 내 말한 것이 떡에 관함이 아닌 줄을

> 두었더냐 이르되 열둘이니이다 20 또 일곱 개를 사천 명에게 떼어 줄 때에 조각 몇 광주리를 거두었더냐 이르되 일곱이니이다 21 이르시되 아직도 깨닫지 못하느냐 하시니라
>
> 깨닫지 못하느냐 오직 바리새인과 사두개인들의 누룩을 주의하라 하시니 12 그제서야 제자들이 떡의 누룩이 아니요 바리새인과 사두개인들의 교훈을 삼가라고 말씀하신 줄을 깨달으니라

배에 떡 한 개밖에 없다는 진술(14절)은 마치 새로운 식사 기적의 시작을 알리는 것처럼 들린다. 예수님은 그 진술 내용과 관련하여 말하지 않으시고, "바리새인들의 누룩과 헤롯의 누룩"에 대해 경고하신다(15절). 이미 마가복음 3:6에 함께 등장하는 이 두 적대자 그룹은 종교 지도자와 정치 지도자를 대변한다. 제자들이 떡이 없음을 걱정한다(16절). 그러자 예수님은 앞서 행했던 두 번에 걸친 식사 기적을 제자들에게 상기시키는 질문을 하시고, 이에 제자들은 정확히 대답한다(19-20절). 그럼에도 불구하고 제자들은 그 의미를 깨닫지 못한다.

이 이야기는 두 번에 걸쳐 경이로운 식사 기적을 체험했음에도 여전히 깨닫지 못하는 제자들의 우둔함을 강조한다(17b-18절, 21절). 마가복음 4:12에서 하나님 나라의 비밀이 타인에게 감춰져 있다는 말이 이제 제자들에게도 적용된다. 마가복음 3:5에서 제자들과 관련된 마음의 완악함이 마가복음 6:52에서 이미 제자들에게도 해당되었고, 여기에서 다시 한 번 제자들의 우둔한 마음을 부각시킨다. 제자들의 우둔함을 지적하는 질문의 형태에서 그들의 우둔함이 최종적인 것이 아니고 극복 가능한 것이라는 암시를 읽어낼 수 있다.

마태(마 16:5-12)는 마가의 본문을 수정하여 바리새인들과 사두개인들에 대한 심판의 말로 바꾼다. 바로 앞 단락(마 16:1-4)에서 예수님은 이들과 대화를 단절했고, 이제 제자들에게 "바리새인들과 사두개인들의 누룩을 주의하라"고 경고하신다(6절). 랍비들에게 "누룩"

이란 죄를 낳는 사악한 것으로 통하는데(cf. 레 2:11; 고전 5:7-8), 아마도 전염시킨다는 성격 때문에 그러한 사고가 생겨난 것 같다. "바리새인들과 사두개인들의 누룩을 주의하라"는 말이 12절에서 그들의 교훈을 조심하라는 뜻으로 해석된다. 또한 마태는 마가에 나오는 제자들의 어리석음을 또 다시(cf. 막 4:41; 6:52 // 마 8:26; 14:31) "작은 믿음"으로 해석한다(마 16:8). 마가의 이야기에는 제자들이 전적으로 깨닫지 못하는 상태가 시종일관 강조되고 있는 것과 달리, 마태의 이야기는 제자들이 깨닫는 장면으로 마친다.

▶ **벳새다의 맹인 치유(막 8:22-26):** 마가는 이 작은 기적 이야기를 그의 특수자료에서 가져와서 제자들의 우둔함을 확정 짓고 있는 마가복음 8:14-21과 베드로의 신앙고백(막 8:27-30) 사이에 배치한다. 마가는 맹인 치유 이야기를 마가복음 8:27 이하의 본문으로 연결된 중간 고리 역할로 생각한 것 같다. 맹인의 눈 치유는, 예수님이 제자들의 마음의 눈을 열어 줄 것이라는 소망을 상징적으로 보여준다.

▶ **베드로의 메시아 고백(막 8:27-30 // 마 16:13-20):** 이미 앞 이야기에서 예수님은 제자들과 더불어 벳새다에 이르렀다. 벳새다는 로마 황제 빌립의 영토에 속한다. 새로운 장면은 빌리보 가이사랴 주변에서 일어난다. 이 도시는 황제 빌립을 기념하여 세운 도시이다. 이 지역은 유대인과 이방인을 가르는 경계 지역에 위치하기 때문에 예루살렘을 향한 예수님의 여정에 앞서 유대인과 이방인 모두를 향한 예수님의 사역을 다시 한 번 조명하기에 적합하다.

막 8:27-30	Cf. 마 16:13-20
27 예수와 제자들이 빌립보 가이사랴 여러 마을로 나가실새 길에서 제	13 예수께서 빌립보 가이사랴 지방에 이르러 제자들에게 물어 이르시

<table>
<tr><td>

자들에게 물어 이르시되 사람들이 <u>나를</u> 누구라고 하느냐
28 제자들이 여짜와 이르되 세례 요한이라 하고 더러는 엘리야, 더러는 선지자 중의 하나라 하나이다
29 또 물으시되 너희는 나를 누구라 하느냐 베드로가 대답하여 이르되 <u>주는 그리스도시니이다</u> 하매
30 이에 자기의 일을 아무에게도 말하지 말라 경고하시고

</td><td>

되 사람들이 <u>인자를</u> 누구라 하느냐 14 이르되 더러는 세례 요한, 더러는 엘리야, 어떤 이는 예레미야나 선지자 중의 하나라 하나이다 15 이르시되 너희는 나를 누구라 하느냐 16 시몬 베드로가 대답하여 이르되 <u>주는 그리스도시요 살아 계신 하나님의 아들이시니이다</u> 17 예수께서 대답하여 이르시되 바요나 시몬아 네가 복이 있도다 이를 네게 알게 한 이는 혈육이 아니요 하늘에 계신 내 아버지시니라 18 또 내가 네게 이르노니 너는 베드로라 내가 이 반석 위에 <u>내 교회를</u> 세우리니 음부의 권세가 이기지 못하리라 19 내가 천국 열쇠를 네게 주리니 네가 땅에서 무엇이든지 매면 하늘에서도 매일 것이요 네가 땅에서 무엇이든지 풀면 하늘에서도 풀리리라 하시고 20 이에 제자들에게 경고하사 자기가 그리스도인 것을 아무에게도 이르지 말라 하시니라

</td></tr>
</table>

마가복음 4:41에서 제자들이 제기한 질문을 이번에는 예수님 자신이 주제로 삼고 있다: "사람들이 나를 누구라고 하느냐"(27b절). 제자들의 대답은 마가복음 6:14-16에 나온 견해를 반복한다(28절). 예수님은 제자들 자신의 견해를 듣고자 하신다(29a절). 그러자 베드로가 대표격으로 대답한다: "주는 그리스도시니이다"(29b절). 오랜 동안 가졌던 제자들의 오해가 사라지고 드디어 예수님을 제대로 이해한 것처럼 보인다. 이러한 베드로의 대답은 단지 외형적으로만 옳다. 예

수님은 의외의 반응을 보이신다: "이에 자기의 일을 아무에게도 말하지 말라" 경고하신다(30절). 이러한 침묵명령은 귀신축출 때 나타나는 침묵명령에서 발전된 것으로(cf. 막 1:25) 이제 제자들의 신앙고백에도 적용된다. 자신이 메시아라는 사실이 알려지는 것을 예수님이 원치 않는 이유는, 메시아 칭호가 오해의 소지가 많은 칭호라는 데 있다. 물론 마가에게 예수님은 진정 메시아이고 하나님의 아들임이 분명하다. 예수님은 전통적인 메시아 왕의 표상을 능가하는 분이고, 권세 있는 인자로서 다시 오실 것이다(막 13:26-27; 14:61-62). 그러나 마가의 시각에 따르면, 예수님의 신적 위엄은 정치적 권세를 드러내는 데 있지 않고, 인간의 구원을 위한 대속의 죽음을 수용하는 데 있다(막 10:45). 메시아 칭호에 담겨 있는 이러한 차원을 베드로를 포함하여 제자들은 아직 이해하지 못하고 있다. 따라서 예수님은 침묵명령을 내리고 있는 것이다. 침묵명령에 이어서 곧장 예수님은 제자들에게 교훈의 말씀을 주신다(막 8:31-9:1).

마태의 평행본문(마 16:13-20)과 비교할 때, 마태복음 16:13-16은 마가의 본문을 대체로 따른다. "인자" 칭호가 13절에 나오는데("사람들이 인자를 누구라 하느냐"), 마가는 이 칭호를 마가복음 8:31의 가르침에 가서야 사용한다. 마가에게는 인자 칭호가 메시아(=그리스도) 칭호를 보충 설명하는 칭호로 사용된 것과 달리, 마태에게는 역으로 인자 칭호가 메시아 칭호를 통해 규정된다. 예수와 인자는 서로 치환이 가능한 개념이다. 14절에 "예레미야"를 언급하는 것이 특이하다. 예루살렘의 멸망이나 예레미야의 고난의 운명을 염두에 두었을 수 있다.

베드로의 신앙고백이 확대된다(16절 "주는 그리스도시오 살아 계신 하나님의 아들이시니이다"). 마태가 사용한 "하나님의 아들" 개념은 특별한 의미를 지닌다. 즉, 메시아 예수님은 성령에 의해 인도된 분이라는 것이다(cf. 마 1:18-25). 이런 의미에서 예수님은 인간 가운데 하나님의 현존을 드러내는 분이고, 성처녀에게서 나신 분이고, 우리와 함께 하시는 임마누엘의 하나님이시다. 이 모든 것이 마태의 하나님 아들 개념에 담겨 있다. 마가의 경우와 달리, 마태에 나오는 베드로의 신앙 고백은 제자들의 첫 번째 신앙 고백이 아니다. 마태에게 제자들은 믿음이 전혀 없는 자들이 아니라 작은 믿음의 소유자들로서 아직 온전히 깨닫지 못하는 자들이다. 베드로의 고백은 마태복음 14:33에 나오는 제자들의 고백("진실로 하나님의 아들이로소이다")을 좀 더 상세하게 반복한 것이다.

마태의 본문에 나타나는 새로운 점은 베드로에게 주시는 예수님의 복 선언과 약속의 말씀이다(마 16:17-19). 시몬이 요나의 아들이란 뜻을 가진 바요나(Simon Barjona)[8]로 소개된다(17절). 그리하여 예언자 요나의 영적 후계자로 칭찬받는다. 그의 신앙고백은 예언자적 말씀이기 때문이다. "너는 베드로라 내가 이 반석 위에"(18절)라는 표현에는 그리스어 언어유희가 담겨 있다(Petros[=베드로]와 petra[=반석]).[9] 본래 독립된 로기온들로 이루어진, 전승에서 유래한 약속의 말씀(18-19절)은 역사적 예수로부터 유래한 것이라기보다 베드로의 완성된 사역을 회고하면서 형성된 말씀일 가능성이 크다.[10] "에클레시아"(ἐκκλησία)

---

8) "바"(Bar)는 아들을 뜻하는 아람어이다. "요나"(Jona)는 "요하난"(Johanan) 축약형이고, 요하난은 "요한네스"(Johannes)와 동일하다. 요한복음 1:42에 따르면, 시몬의 아버지는 요한이다. Cf. 『히브리인의 복음』 Fragm. 9.

9) 이러한 언어유희는 아람어에서 더욱 완벽하다.

10) U. Luz, *Das Evangelium nach Matthäus II*, 458; R. Bultmann, "Die Frage nach der Echtheit von Mt 16,17-19," *Exegetica*, 255-277; W. G. Kümmel, "Jesus und die Anfänge der Kirche," *Heilsgeschehen I*, 289-309. 그러나 슈미트(K. L. Schmidt, "Die Kirche des Urchristentums," *FS* A. Deissmann, Tübingen 1927, 258-319)와 쿨만(O. Cullmann, *Petrus*, München/Hamburg 1967)은 역사성을 인정한다.

즉 "교회"란 개념은 사복음서 가운데 오직 이곳과 마태복음 18:17에 나타날 뿐이다. 사도적 전통에 선 교회의 중요성을 강조하려는 부활 이후 상황이 반영된 것으로 보인다(cf. 마 28:16-20). 또한 랍비들 사이에 잘 알려진 "매는 것과 푸는 것"은 토라 해석과 관련하여 허용된 것과 금지된 것을 뜻하는 표현인데,11) 역사적 예수의 표현으로 보기 어렵다. 베드로의 신앙고백(16절)에 "살아 계신 하나님의 아들"이 첨가된다. 이 표현은 신약성서 가운데 오직 이곳에만 나타난다. 마가에게는 "그리스도" 칭호가 고난 받는 인자를 언급함으로써 수정되고 있는 것과 달리, 마태는 오해의 소지가 있는 인자 개념을 "그리스도"와 "하나님의 아들" 칭호를 통해 설명하고 있다.

18절에서 예수님이 자기 교회를 세우리라 말씀하신다. 이것은 분명히 부활 이후의 시기를 염두에 둔 표현이다. '예수 그리스도만이 교회의 터'라는 바울의 진술(고전 3:11; cf. 고전 3:21 이하)은 그 표현에 대한 비판적 진술로 간주될 수 있다. "너는 베드로라 내가 이 반석 위에 내 교회를 세우리니"라는 말을 둘러싸고 교파적 해석이 분분하다. 교황 직분의 계승을 염두에 둔 표현이 아닌 것은 분명하다. 개신교 전통은 반석을 대체로 그리스도에 대한 믿음으로 해석하고 있으나, 가톨릭 전통은 베드로의 믿음뿐만 아니라 인격체로서의 베드로를 뜻하는 것으로 여긴다. 아무튼 "주는 그리스도시요 살아 계신 하나님의 아들이시니이다"라는 베드로의 신앙고백은 곧 교회의 신앙고백과 일치한다는 점에는 논란의 여지가 없다. 또한 18절에 나오는 "지하 세계의 문들"(음부의 권세)은 지옥문을 뜻한다기보다 세상을 위협하는 카오스와 죽음의 권세로 볼 수 있다. 20절에서 예수님은 제자들에게 "자기가 메시아(=그리스도)인 것을 아무에게도 이르지 말라" 경고하신다.

---

11) Strack/Billerbeck, *Kommentar zum Neuen Testament aus Talmud und Midrasch* I, 738-747.

제13장 갈릴리에서 예루살렘으로 가는 길

1. 고난 받고 부활하는 인자로서의 하나님의 아들 — 제자도에 관한 가르침(막 8:30-10:52)

　세 번에 걸친 예수님의 고난 진술이 이 단락의 중심을 이룬다. 마가는 이 고난 진술들을 아래의 도표에 잘 드러나듯이 정교한 구성을 통해 규칙적으로 배열한다. 먼저 예수님의 고난 예고가 나오고, 그럼에도 깨닫지 못하는 제자들의 한심한 모습이 이어지고, 그런 다음 예수님이 가르침을 주신다. 이러한 도식이 8장, 9장, 10장에 걸쳐 세 번이나 반복된다.

베드로의 신앙고백	8:27-29		
침묵명령	8:30		
1. 고난 예고	8:31	9:31	10:32-34
2. 제자들의 몰이해	8:32	9:32-34	10:35-41
3. 예수님의 가르침	8:33-38	9:35-37	10:42-45

이러한 규칙성은 결코 우연으로 보기 어렵다. 여기에는 분명히 마가의 의도가 담겨 있다. 마가의 의도가 무엇인지 첫 번째 고난 관련 진술을 통해 좀 더 자세히 살펴보자. 예수님이 메시아 (혹은 하나님의 아들)라는 신앙고백(막 8:29)은 형식상 아무런 하자가 없다. 그럼에도 예수님은 자신의 정체를 알아 챈 귀신들의 고백을 대하듯 반응하신다(막 3:11; cf. 5:7). 예수님은 '당신은 메시아이십니다'라는 고백이 알려지는 것을 금하고 있는데, 귀신들이 부적합한 전달자라는 것

이 이유가 아니라 그 신앙고백 자체가 오해의 소지를 안고 있기 때문이다. 그 신앙고백을 어떻게 이해하는 것이 바른 길인지에 대해 다음 절에서 명확히 말씀하신다: (막 8:31) "인자가 많은 고난을 받고 장로들과 대제사장들과 서기관들에게 버린 바 되어 죽임을 당하고 사흘 만에 살아나야 할 것을 비로소 그들에게 가르치시되." 여기에 드러나듯이 그리스도 칭호, 즉 메시아 칭호가 인자 개념을 통해 설명된다. 고난 받고 죽어야만 하는 인자의 운명의 문맥에 예수님의 영광과 위엄을 나타내는 메시아 진술이 자리 잡는다. 영광과 고난 사이의 긴밀한 관계에 대해 아직 깨닫지 못하는 제자들에게 예수님은 첫 번째 고난예고를 통해 가르침을 주신 것이다.

여기서 "인자"(="사람의 아들") 개념은 결코 자신을 낮추는 겸손의 칭호가 아니다. 그와 정반대로 인자 칭호는 예수님의 영광과 위엄을 나타내는 높임의 칭호라는 사실을 이해할 필요가 있다. 유대 전통적인 메시아 표상에 따르면, 메시아는 지상적 인물에 불과하나, 다니엘서 7:13-14에 나타나듯이 인자는 천상의 존재로서 하나님의 통치를 대표하는 자이다. 베드로 신앙고백의 "메시아/그리스도"를 예수님의 가르침에 나오는 "인자" 개념으로 해석할 때, 마가는 메시아의 영광을 더욱 높이고자 한 것이다. 동시에 마가가 특별히 강조하려는 것은, 하늘의 영광에 이르는 길은 인간적 기대와 달리 고난과 죽음을 수용하는 데 있다는 사실이다. 여기에서 고난과 죽음은 단순히 부활로 들어가기 위한 관문에 불과한 것으로만 이해하는 것은 충분하지 않다. 예수님은 부활을 거쳐서 비로소 인자가 된 분이 아니라, 고난 받기 전에 이미 인자이기 때문이다(cf. 막 2:10, 28). 인자로서의 영광과 위엄이 고난 받고 사람들을 섬기기 위해 생명을 내어줄 수 있는 주권을 예수님에게 준다. 고난의 진술은 고난 자체만을 지적하기 위함이 아니고, 고난과 영광의 관계를 드러내기 위함이다. 고난과 영광은 하나로 긴밀하게 연결되어 있다.

결국, 마가복음 8:31의 진술은 베드로의 혹은 제자들의 형식상 하자가 없는 신앙고백을 내용적으로 보충 설명하는 기능을 하고 있다. 마가복음 8:31에 나오는 인자의 고난의 운명에 관한 이론적 진술은 제자들에게 별 깨달음을 주지 못한다. 베드로는 예수님을 향해 강하게 항변한다. 겉보기에 바른 신앙고백에도 불구하고 베드로는 여전히 이해하지 못하고 있는 모습이다. 이러한 베드로와 제자들의 몰이해는 마가복음 9장과 10장에서 더욱 분명하게 드러난다. 세 번에 걸친 제자들의 몰이해를 바라볼 때, 올바른 기독론적 신앙고백이란 단지 이론상의 깨달음의 문제가 아니라, 행함의 문제라는 사실이 분명해진다. 입술로만 외우는 신앙고백은 그것이 아무리 정확하다 할지라도 여전히 부족한 것이고, 그 정도는 심지어 귀신들도 할 수 있다 (cf. 약 2:19). 따라서 예수님은 베드로를 꾸짖는다12): "사탄아 내 뒤로 물러가라 네가 하나님의 일을 생각하지 아니하고 도리어 사람의 일을 생각하는도다"(33절). 이렇게 보면, 참된 이해란 고난의 진술에 합당한 삶 가운데에서만 가능하다는 사실이 드러난다.

마가복음 8:34-38에서 예수님은 바른 삶을 위한 가르침을 제자들에게 주고 있다. 자기의 십자가 길에서 하나님의 아들과 동행하는 자만이 진정한 의미에서 올바른 신앙고백을 할 수 있다. "자기 십자가를 지고 예수를 따름"(34절)의 뜻이 35절에서 "복음을 위하여 (혹은 나를 위하여) 자기 목숨을 버리는 것"이라고 설명한다. 섬기는 삶의 자세는 인간 사회에서 가장 미약한 존재(예컨대, 어린 아이)를 영접하여 살리는 삶의 자세이다. 그러한 삶은 다른 이의 삶을 지배하려들지 않고, 다른 이의 삶이 더욱 풍성해지도록 자신을 삶을 헌신하는 삶이다. 세 번째 고난예고에 나오는 예수님의 가르침이 이를 더욱 분명하

---

12) "꾸짖다"에 해당하는 그리스어 동사는 에피티마오($\epsilon\pi\iota\tau\iota\mu\alpha\omega$)이다.

게 보여준다: (막 10:42-44 "42 예수께서 불러다가 이르시되 이방인의 집권자들이 그들을 임의로 주관하고 그 고관들이 그들에게 권세를 부리는 줄을 너희가 알거니와 43 너희 중에는 그렇지 않을지니 너희 중에 누구든지 크고자 하는 자는 너희를 섬기는 자가 되고 44 너희 중에 누구든지 으뜸이 되고자 하는 자는 모든 사람의 종이 되어야 하리라").

마가복음 10:45에서 예수님의 가르침은 절정에 달한다("인자가 온 것은 섬김을 받으려 함이 아니라 도리어 섬기려 하고 자기 목숨을 많은 사람의 대속물로[λύτρον ἀντὶ πολλῶν] 주려 함이니라"). 많은 사람을 위한 대속의 죽음에 관한 표상은 이사야 53:10-12를 연상시킨다. 하나님의 종이 겪는 대속의 고난이 하나님의 활동으로 묘사하는 이사야 구절과 달리, 이 인자 말씀은 자발적으로 생명을 던짐을 강조한다. 예수님의 죽음을 많은 사람을 위한 대속물로 여기는 마가의 구원론적 진술은 이 구절 말고는 오직 성만찬말씀(막 14:24 ὑπὲρ πολλῶν)에만 나타난다.13) 마가에게 참된 신앙공동체, 즉 교회란 십자가의 길을 가는 공동체이다. 그 공동체는 자신을 보존하고 확장시키는 데 급급하지 아니하고, 가장 약하고 소외된 자들이 살아갈 수 있도록 섬기는 것을 목표로 하는 공동체이다. 그러한 신앙공동체야말로 진정 예수님의 뒤를 따르는 참된 제자 공동체이다.

▶ **예수님의 변형 – 엘리야의 다시 옴(막 9:2-10, 11-13)**: 세 명의 제자, 베드로와 야고보와 요한이 예수님을 따라 높은 산에 올라갔고, 거기서 예수님의 변형을 체험한다. 이는 마가복음 9:1에 나오는 약속의 실현으로 볼 수 있다. 이들은 예수님을 '아버지의 영광으로 오시는 인자'(막 8:38)로서 바라본다. 그것은 곧 '권능으로 임하는 하나님 나라'이다(막 9:1). 여기에서 예수님은 엘리야 및 모세와 대화 하는 가운데

---

13) Cf. 딤전 2:6 "그가 모든 사람을 위하여 자기를 대속물로 주셨으니 기약이 이르러 주신 증거니라."

종말론적 영광의 모습으로 나타난다. 마가는 인자를 동행하는 거룩한 천사들(막 8:38)이 암시된 것으로 여긴다. 엘리야는 예수님의 길을 예비해야만 하는 사자이다(cf. 막 1:2). 엘리야와 더불어 모세 역시 예수님을 예비하는 천사로 나타난다. 그 와중에 하늘의 음성이 예수님을 하나님의 아들이라 선언한다. "이는 내 사랑하는 아들이니"(7절)는 마가복음 1:11의 세례 장면 중에 나오는 진술을 되받고 있으며 시편 7:7을 연상시킨다. 예수님은 영광 중에 있는 하나님의 아들이다. 그러나 그 영광은 베드로가 원하는 것처럼 붙잡을 수는 없다(5절). 그것은 산에서 내려와 예수님과 함께 십자가의 길을 갈 때만 주어지는 영광이다. 따라서 침묵명령이 뒤따른다(9절 "그들이 산에서 내려올 때에 예수께서 경고하시되 인자가 죽은 자 가운데서 살아날 때까지는 본 것을 아무에게도 이르지 말라 하시니"). 10절에서 제자들은 죽은 자의 부활에 대해 묻는다. 십자가의 길에서 헌신의 삶을 살아가는 자라야 부활의 참 의미에 대해 말할 수 있다. 변형된 예수 그리스도의 반응은 고난과 섬김의 길, 즉 십자가의 길을 따르라는 것이다. 마지막 대화(11-13절)에서 예수님은 세례 요한을 엘리야와 동일시한다. 그러나 엘리야에 의해 모든 것이 회복되리라는 기대가 이미 이루어졌다는 사실에 반박한다. 그것은 인자의 몫이다.

▶ **귀신 들린 소년 치유(막 9:14-29):** 마가복음에 나오는 첫 번째 기적 이야기처럼(막 1:21-28) 이 기적 이야기 역시 귀신을 내쫓는 이야기이다. 마가는 귀신을 몰아내는 것을 예수님의 권세로 여긴다. 하나님 나라가 열리는 곳에서 귀신들은 물러간다(cf. 눅 11:20). 무리에서 분리되어 제자들만을 위해 주시는 예수님의 가르침은 마가에게 전형적인 모티브이다(cf. 막 6:30-31). 제자들은 귀신을 쫓아내는 데 필요한 특별한 방법을 구하나, 예수님은 기도하라고 권면한다. 귀신을 쫓아내는 일은 인간의 능력에 의해서가 아니라 하나님의 권세에 의한 것

이다.

▶ **미혹에 대한 경고(막 9:38-41, 42-48, 49-50):** 마가는 이 단락을 전승에서 물려받은 것으로 보인다. 마가복음 9:38-41은 앞 단락 마가복음 9:35-37과 예수 따름의 주제로 연결되어 있다. 형식적인 따름을 경고하는 것으로 이해할 수 있다. 예수님의 이름으로 행함(예컨대, 귀신을 쫓아냄)이 중요하다. 예수님을 따른다는 것은 단순히 교회의 성원이 되는 것 이상을 의미한다. 마가복음 9:42-48은 "작은 자"라는 개념에 의해 앞 단락과 연결되어 있다. 독립된 본래의 말씀에 나오는 "작은 자들"은 제자들이나 아이들을 뜻했으나, 현재 문맥에서는 공동체 성원이나 아니면 공동체 자체를 가리킨다.

▶ **유대 지방을 향한 출발(막 10:1):** 고난 예고를 한 뒤, 예수님의 행로는 고난의 현장인 예루살렘을 향해 남쪽으로 나아간다. 마가는, 예수님이 요단강 건너편 유대 땅으로 들어간다고 이해한 것으로 보인다. 마가에게 "유대" 땅은 중요하다. 빌립보 가이사랴(막 8:27)와 갈릴리(막 9:30), 특히 가버나움(막 9:33)을 지나 유대 땅으로 향하는 예수님의 여정이 점차 예루살렘에 다가가기 때문이다(막 10:32).

▶ **이혼, 어린아이와 하나님 나라, 부와 제자의 길 (막 10:2-12, 13-16, 17-31):** 인간의 삶 및 공동체(혹은, 교회)의 삶과 관련된 전형적인 주제들이 거론된다. 예수님은 매 상황마다 사회의 약자 편이다. 2-12절에서 예수님은 버림을 당한 여인의 편을 든다. 이방인 출신 마가는 그레코 로마 관습에 따라 아내가 남편을 버리는 경우도 언급한다(12절). 13-16절에서는 어린 아이의 편을 든다. 그리고 부에 대해 경고하는 17-31절에서는 가난한 자의 편을 든다. 권력욕과 지배욕을 버리고 자기 생명과 재화를 내어주는 섬김의 태도는 약자 편에 섬으로써 이

루어진다. 이와 같이 살아가는 제자는 이미 현세에서 또한 내세에서 영생을 얻게 된다(30절).

▶ 한 맹인의 치유(막 10:46-52): 이것은 예수님이 예루살렘에 입성하기 전에 나오는 마지막 이야기에 해당한다.

(막 10:46-52) 46 그들이 여리고에 이르렀더니 예수께서 제자들과 허다한 무리와 함께 여리고에서 나가실 때에 디매오의 아들인 맹인 거지 바디매오가 길가에 앉았다가 47 나사렛 예수시란 말을 듣고 <u>소리 질러 이르되</u> 다윗의 자손 예수여 나를 불쌍히 여기소서 하거늘 48 많은 사람이 꾸짖어 잠잠하라 하되 그가 <u>더욱 소리 질러 이르되</u> 다윗의 자손이여 나를 불쌍히 여기소서 하는지라 49 예수께서 머물러 서서 그를 부르라 하시니 그들이 그 맹인을 부르며 이르되 안심하고 일어나라 그가 너를 부르신다 하매 50 맹인이 겉옷을 내버리고 뛰어 일어나 예수께 나아오거늘 51 예수께서 말씀하여 이르시되 네게 무엇을 하여 주기를 원하느냐 맹인이 이르되 선생님이여 보기를 원하나이다 52 예수께서 이르시되 가라 <u>네 믿음이 너를 구원하였느니라</u> 하시니 그가 곧 보게 되어 예수를 길에서 따르니라

예수님은 여리고를 떠나 예루살렘으로 올라가는 중에 있다. 맹인 바디매오가 자기의 딱한 사정을 들어달라고 "소리 지른다"(47절). 많은 사람이 잠잠하라고 하자, 더 크게 소리 지른다(48절). 예수님은 그의 소리 지름을 "믿음"이라 부른다(52절). 병 고침을 받은 바디매오는 "예수님을 길에서 따른다"(52b절). 이 길은 다름 아닌 예루살렘으로 가는 길이다. 예루살렘에서 예수님은 훗날 십자가에 매달려 하나님께 "크게 소리 지른다"(막 15:34). 타인을 구원한 그가 "나의 하나님, 나의 하나님 어찌하여 나를 버리셨나이까"라고 하나님께 외친 다음 큰 소리를 지르고 숨을 멈춘다(막 15:33-41). 이처럼 소리 지름의 모

티브를 통해 두 이야기가 연결된다. 기적 이야기는 예수님 앞에서 자신의 궁핍함을 크게 소리 지르도록 한다. 이런 관점에서 기적 이야기는 십자가의 길을 암시하고 있다고 말할 수 있다. 기적을 믿고 궁핍함에서 해방시키시는 하나님께 매달림은 십자가에 돌아가신 예수님에 대한 믿음을 필요로 한다. 하나님의 부재를 외치는 마지막 절규는 하나님의 종말을 뜻하는 것이 아니라 새 창조의 시작을 알린다. 십자가에 돌아가신 분에 대한 믿음은 인간 실존의 궁핍함을 넘어 종말론적 소망을 바라보게 한다.

2. 예루살렘을 향한 예수님의 길 – 제자들에게 주는 가르침(마 16:21-20:34)

이 부분에서 마태는 대체로 마가를 따르고 있으나, 간혹 마태 특수자료를 첨가하면서 새로운 강조점을 만든다. 베드로의 장엄한 신앙 고백(마 16:13-20)과 그에 따른 교회 설립의 약속과 더불어 두 번째 본론(마 12:1-16:20)이 끝난다. 두 번째 본론은 첫 번째 본론(마 4:12-11:30)과 마찬가지로 예수님의 공적 사역 묘사에 집중한다. 예수님의 공적 사역 맨 처음에 나오는 표현(마 4:17)은 세 번째 본론의 처음에 나오는 것과 같다.

마 16:21	Cf. 마 4:17
이 때로부터 예수 그리스도께서 자기가 예루살렘에 올라가 장로들과 대제사장들과 서기관들에게 많은 고난을 받고 죽임을 당하고 제삼일에 살아나야 할 것을 제자들에게 비로소 나타내시니	이 때부터 예수께서 비로소 전파하여 이르시되 회개하라 천국이 가까이 왔느니라 하시더라

이러한 유사성은 마태의 편집 의도에 따른 것이다. 두 번째 본론에 나오는 예수님의 공적 사역은 제자들을 포함하여 수많은 무리를 향한 것이라면, 세 번째 본론에 나오는 예수님의 공적 사역의 초점은 제자들을 향한 가르침에 있다. 그것이 바로 세 번째 본론의 주제를 이룬다. 예루살렘으로 가는 길은 제자들을 위한 특별 가르침을 주는 길이다.

▶ **마 16:21-17:23:** 첫 번째 고난예고(마 16:21-23)는 대체로 마가복음 8:31-33을 따른다.

마 16:21-23	Cf. 막 8:31-33
21 이 때로부터 예수 그리스도께서 자기가 예루살렘에 올라가 장로들과 대제사장들과 서기관들에게 많은 고난을 받고 죽임을 당하고 제삼일에 살아나야 할 것을 제자들에게 비로소 나타내시니 22 베드로가 예수를 붙들고 항변하여 이르되 주여 그리 마옵소서 이 일이 결코 주께 미치지 아니하리이다 23 예수께서 돌이키시며 베드로에게 이르시되 사탄아 내 뒤로 물러 가라 너는 나를 넘어지게 하는 자로다 네가 하나님의 일을 생각하지 아니하고 도리어 사람의 일을 생각하는도다 하시고	31 [그리고] 인자가 많은 고난을 받고 장로들과 대제사장들과 서기관들에게 버린 바 되어 죽임을 당하고 사흘 만에 살아나야 할 것을 비로소 그들에게 가르치시되 32 드러내 놓고 이 말씀을 하시니 베드로가 예수를 붙들고 항변하매 33 예수께서 돌이키사 제자들을 보시며 베드로를 꾸짖어 이르시되 사탄아 내 뒤로 물러가라 네가 하나님의 일을 생각하지 아니하고 도리어 사람의 일을 생각하는도다 하시고

마태는 이 고난의 진술을 마가처럼 접속사 "그리고"를 앞 단락과 직접 연결시키지 않고, "이 때로부터"라는 표현을 사용하여 앞으로 전개될 모든 시간과 관련시킨다. 마가에 따르면, 예수님은 자신의 고난의 운명을 제자들에게 "가르친다"(διδάσκειν 막 8:31)고 표현하나,

마태는 그 대신 "나타내다"(δεικνύειν 마 16:21)라는 동사를 사용한다.14) 이로써 신적 비밀의 계시를 염두에 두고 있음이 드러난다. 예수님의 고난의 운명에 이의를 제기하는 베드로의 모습 역시 나타나고 있으나, 마가복음 8:32처럼 그리 강하지 않다. 베드로는 그러한 예수님의 운명을 듣고 놀라 감상적으로 반응한다("주여 그리 마옵소서 이 일이 결코 주께 미치지 아니하리이다" 마 16:22). 베드로를 질타하는 모습은 마가의 경우처럼 여전히 날카롭다. 여기에서 베드로는 제자들을 대표한다. 제자 공동체는 사탄의 미혹과 위험에 늘 노출되어 있음을 일깨운다.

마태복음 16:24-17:23은 상당 부분 마가와 평행하는 본문을 제시한다. 따라서 몇 가지 특징에 국한하여 언급하려 한다. 마태 역시 고난의 길을 따르라는 지침(마 16:24-28)을 중요하게 여긴다. 그런데 마태는 인자가 올 때 "그 때에 각 사람이 행한 대로 갚으리라"(마 16:27b)고 말한다. 행함의 중요성을 강조하는 마태의 관점에 따른 것이다. 마태가 뜻하는 행함은 마가처럼 고난의 십자가 섬김이라는 일반적 시각과 달리 산상설교의 지침을 통해 주어지는 구체적인 행함을 가리킨다.

예수님의 변형(마 17:1-9, 10-13)과 관련하여, 마태는 하늘의 음성을 세례 장면 때 나오는 음성과 완전히 일치시킨다(5절 "이는 내 사랑하는 아들이요 내 기뻐하는 자니", cf. 마 3:17). 마태 역시 "너희는 그의 말을 들으라"(5절)는 진술을 핵심적인 진술로 여긴다. 제자들은 그 소리에 놀라 "넘어져 심히 두려워한다"(6절). 예수께서 손을 대자 비로소 안도한다(7절). 여기에 마태복음에 따른 제자 실존의 전형적인 긴장이 드러난다. 제자들은 하늘의 소망을 가져야 한다. 그러한 소망을 붙잡기 위해 예수님과의 구체적인 접촉이 요구된다. 침묵명령(9절)

---

14) 『개역성경』은 이러한 차이를 고려하지 않고 모두 "가르치다"로 번역했다.

다음에 마가에 나오는 제자들의 어리석은 모습(막 8:10)은 삭제된다. 마태는 마가처럼 이른 바 "메시아 비밀론"이란 구상을 갖고 있지 않다. 침묵명령은, 제자들이 부활 이후 만 백성을 선교하기 위해 파송될 때까지 기독론적인 존귀함을 제자단 내에 단지 보존하는 기능을 할 뿐이다. 또한 마가복음 9:12에 드러나는 엘리야를 통한 모든 일의 회복과 인자의 사역에 놓여 있는 긴장을 마태는 제거한다(11절). 세례 요한이라고 분명히 언급되는 엘리야와 인자는 모두 고난의 운명으로 연결되어 있다(12-13절).

귀신 들린 소년 치유(마 17:14-21)와 관련하여, 마태는 마가로부터 단지 이야기의 골격만 가져오고, 마가의 본문을 상당히 축약시킨다(cf. 막 9:14-29). 이는 마태가 이야기를 다룰 때 기독론적인 핵심 묘사에 집중하는 경향에 따른 것이다. 마태는 이 이야기에서 늘 위협 받고 있는 제자들의 믿음에 대한 사례의 성격을 마가보다 더욱 강하게 부각시킨다. 그래서 서기관들의 불신앙(막 9:14, 19)과 아이 아버지의 자라는 신앙(막 9:24)의 모티브를 삭제한다. 마태는 마가가 "기도"(막 9:29)의 중요성을 강조하는 것과 달리, "겨자씨만한 믿음"(마 17:20, cf. 마 21:21)을 강조한다.

두 번째 고난예고(마 17:22-23)에서도 마가에 나오는 제자들의 몰이해(막 9:32)가 삭제된다. 그 대신 "매우 근심하는" 제자의 모습을 강조한다(23절). 마가에는 없는 성전세 단락(마 17:24-27)은, 그리스도인들이 성전세를 내야만 하는가의 문제를 다룬다. 20세 이상의 모든 유대인은 해마다 반 세겔의 성전세를 내야만 한다. 이 이야기의 의도는, 신앙공동체가 유대 종교 연맹에 머물기 위한 절충안을 제시하는 데 있다. 그것은 마태에게 더 이상 문제가 아니다. 전승에서 물려받은 이 이야기를 마태는 예수님의 놀라운 능력을 보여주는 사례로 전하고 있다.

► 공동체를 향한 말씀(마 18:1-19:1): 이 단락은 마태복음에 나오는 예수님의 5개의 긴 설교 가운데 네 번째에 해당한다. 마태는 마가의 순서를 대체로 보존하고, 예수어록과 마태 특수자료를 사용하여 보충한다. 천국에서의 지위를 둘러싼 제자들의 논쟁(마 18:1-5; cf. 막 9:33-37)과 더불어 예수님의 말씀이 시작된다. 여기에서 마태는 "어린 아이"를 제자들과 동일시한다(4절 "누구든지 이 어린 아이와 같이 자기를 낮추는 사람이 천국에서 큰 자니라"). 마가와 달리, 제자들이 '어린 아이들과 같이 됨'에 대하여 말한다(3절, cf. 막 10:15 "누구든지 하나님의 나라를 어린 아이와 같이 받들지 않는 자는"). 그것은 곧 하나님 앞에서 자신을 낮추는 겸손과 경건의 자세를 뜻하고, 결국 회개와 다르지 않다. 어린 아이와 같이 되어야 한다는 예수님의 말씀은 세례와 성령을 통해 주어지는 새 창조에 관한 말로 이해할 수 있다. 새 창조는 인간의 공로에 의해서가 아니라, 전적으로 하나님의 은혜의 선물이다.

마태는 어떤 귀신 주방자에 관한 단락(막 9:38-41)을 건너뛴다. 자신의 주제와 어울리지 않는다고 생각한 모양이다. 그리하여 마태복음 18:6-9(작은 자를 실족하게 하는 자)와 더불어 다시 마가의 순서로 돌아온다. "나를 믿는 작은 자"(6절)란 앞 단락의 "어린 아이"처럼 제자들을 가리키고, "실족하게 하는 일"(6절)이란 신앙을 저버리게 하는 것을 뜻한다. 형제(자매)를 실족하게 하는 자는 천국에 들어가지 못하고 큰 심판을 피하지 못한다(7절). 천국에 들어가기 위해서 우리의 결단이 있어야 한다. 8-9절이 그 점을 강조한다("8 만일 네 손이나 네 발이 너를 범죄하게 하거든 찍어 내버리라 장애인이나 다리 저는 자로 영생에 들어가는 것이 두 손과 두 발을 가지고 영원한 불에 던져지는 것보다 나으니라 9 만일 네 눈이 너를 범죄하게 하거든 빼어 내버리라 한 눈으로 영생에 들어가는 것이 두 눈을 가지고 지옥 불에 던져지는 것보다 나으니라"). 마태복음 18:10의 주제도 마태복음 18:6-9와 연결된 것으로 볼 수 있다. "작은 자를 업신여김"은 실족하게 하는 일과 다르지 않다. "하늘에 계신 내 아버지의 얼굴을 항상 뵈옵는 하늘의 천사들"은 이른바 보호 천사가 아니라, 천상예배를 거행하는 천사들이다(cf. 1QS 4:25-26; 1QH 6:13). 그 배후에는 이 땅에 존재하는 하나님의 거룩한 공동체라는 그리스도교 신앙공동체의 자의식이 자리 잡고 있다.

이어서 잃은 양의 비유(마 18:12-14)가 나온다. 마태는 이것을 예수 어록에서 가져온다(cf. 눅 15:3-7).

> (마 18:12-14) 12 너희 생각에는 어떠하냐 만일 어떤 사람이 양 백 마리가 있는데 그 중의 하나가 길을 잃었으면 그 아흔아홉 마리를 산에 두고 가서 길 잃은 양을 찾지 않겠느냐 13 진실로 너희에게 이르노니 만일 찾으면 길을 잃지 아니한 아흔아홉 마리보다 이것을 더 기뻐하리라 14 이와 같이 이 작은 자 중의 하나라도 잃는 것은 하늘에 계신 너희 아버지의 뜻이 아니니라

이 비유는 명백히 역사적 예수의 말씀에서 유래한 것이다. 예수님은 이 비유를 통해 죄인들과 나누는 자비의 교제를 변호하고 정당화시킨다. 그러한 예수님의 행위는 종말론적 표시행위에 속한다. 이로써 하나님이 자기 백성 이스라엘에게 다가가 그들의 죄를 용서하고 자기의 거룩한 백성으로 회복시키려 한다는 점을 드러낸다. 마태는 이 비유에서 14절을 통해 약간 다른 의미를 발견한다. 그것은 공동체 중 어느 누구도 잃어서는 아니 된다는 것이다. 죄로 인해 실족한 공동체 성원을 그의 운명에 맡기지 말고 힘껏 찾아 나서야 한다는 점을 강조한다.

이어서 죄인을 다시 얻기 위한 구체적인 절차에 대해 말하는 공동체 규칙(마 18:15-17)이 나온다.

> (마 18:15-17) 15 네 형제가 죄를 범하거든 가서 너와 그 사람과만 상대하여 권고하라 만일 들으면 네가 네 형제를 얻은 것이요 16 만일 듣지 않거든 한두 사람을 데리고 가서 두세 증인의 입으로 말마다 확증하게 하라 17 만일 그들의 말도 듣지 않거든 교회에 말하고 교회의 말도 듣지 않거든 이방인과 세리와 같이 여기라

이것은 예수어록에서 발전되어 나온 것이다(cf. 눅 17:3). 여기에서 간과하면 안되는 것은, 그 죄인을 "네 형제"(15절)라고 부르고 있다는 사실이다. 문제가 된 공동체 성원을 여전히 형제로 대하면서 공동체 안에서 솔직한 대화가 이루어졌음을 전제한다. 마태복음 18:18은 마태복음 16:19b와 거의 완벽하게 일치한다. 거기서 교권이 부각되었다면, 여기서는 징계권과 관련된다.

이어서 나오는 합심 기도(마 18:19-20) 단락은 이 땅에서 행함이 하늘에서의 일과 일치한다는 관점에서 앞의 진술(마 18:18)과 연결되어 있다.

> (마 18:19-20) 19 진실로 다시 너희에게 이르노니 너희 중의 두 사람이 땅에서 합심하여 무엇이든지 구하면 하늘에 계신 내 아버지께서 그들을 위하여 이루게 하시리라 20 두세 사람이 내 이름으로 모인 곳에는 나도 그들 중에 있느니라

그런데 문맥상 앞의 진술과 연결하여 이해하기가 쉽지 않다. 징계권을 포기하고 합심 기도할 것을 공동체에게 권면하는 뜻으로 이해할 수 있으나, 공동체에 대한 말이 아니라 두 세 사람에 대해 말하고 있을 뿐이다. 마태는 18:15-18의 진술과 관련된 뭔가 긍정적인 진술을

제시하려는 것으로 볼 수 있다. 유대 공동체의 경우 최소한 10명이 모여야 합심 기도가 가능하나, 예수님의 제자들에게는 그러한 규칙은 무의미하고 두 사람만 모여 기도해도 하나님께 상달되리라고 약속한다. 20절로써 예수님의 말씀은 일단 끝나고, 베드로가 15절의 문제, 즉 형제의 잘못을 다시 거론하면서 용서의 횟수에 대해 묻는다(21절). 일곱 번씩 일흔 번까지라도 용서하라는 예수님의 답변(22절)은 징계 규칙과 관련된 합당한 틀을 제시한다. 그러한 예수님의 답변은 앞서 언급한 "잃은 양의 비유"(마 18:12-14)의 의도와도 잘 어울린다. 교회의 모든 징계조치는 자비의 관점에서 이루어져야 함을 가르친다.

이어서 용서할 줄 모르는 종의 비유(마 18:23-35)가 나온다.

(마 18:23-35) 23 그러므로 천국은 그 종들과 결산하려 하던 어떤 임금과 같으니 24 결산할 때에 만 달란트 빚진 자 하나를 데려오매 25 갚을 것이 없는지라 주인이 명하여 그 몸과 아내와 자식들과 모든 소유를 다 팔아 갚게 하라 하니 26 그 종이 엎드려 절하며 이르되 내게 참으소서 다 갚으리이다 하거늘 27 그 종의 주인이 불쌍히 여겨 놓아 보내며 그 빚을 탕감하여 주었더니 28 그 종이 나가서 자기에게 백 데나리온 빚진 동료 한 사람을 만나 붙들어 목을 잡고 이르되 빚을 갚으라 하매 29 그 동료가 엎드려 간구하여 이르되 나에게 참아 주소서 갚으리이다 하되 30 허락하지 아니하고 이에 가서 그가 빚을 갚도록 옥에 가두거늘 31 그 동료들이 그것을 보고 몹시 딱하게 여겨 주인에게 가서 그 일을 다 알리니 32 이에 주인이 그를 불러다가 말하되 악한 종아 네가 빌기에 내가 네 빚을 전부 탕감하여 주었거늘 33 내가 너를 불쌍히 여김과 같이 너도 네 동료를 불쌍히 여김이 마땅하지 아니하냐 하고 34 주인이 노하여 그 빚을 다 갚도록 저를 옥졸들에게 넘기니라 35 너희가 각각 마음으로부터 형제를 용서하지 아니하면 나의 하늘 아버지께서도 너희에게 이와 같이 하시리라

이 비유는 본디 마태복음 18:21-22와 연결된 것이 아니나, 마태의

문맥에 자리 잡으면서 무한한 용서를 위한 보다 심오한 이유를 제시한다. 세 장면으로 나눌 수 있다. 첫 번째 장면(23-27절)은 주인(혹은, 임금)과 종 사이에 벌어진다. 종은 상상을 초월하는 엄청난 빚을 졌다. 만 달란트의 빚은 종으로서는 도저히 갚을 수 없는 액수이다. 언젠가 "다 갚으리라"는 종의 진술(26절)은 궁여지책에서 나온 지킬 수 없는 약속일뿐이다. 그럼에도 주인은 그의 청을 들어준다. 주인은 종을 불쌍히 여겨 그 빚을 탕감해 준다(27절). 두 번째 장면(28-30절)은 그 종과 다른 종 사이에 벌어진다. 백 데나리온의 빚을 돌려받기 원하는 그 종은 사법수단을 동원해 빚을 갚으라고 압박한다. 그 종은 참아 달라는 동료의 청을 허락하지 않고 그를 옥에 가둔다(30절). 이러한 그의 행동은 인간 사회에 일반화된 처사이고, 그런 면에서 정당한 처사라고 간주될 수 있다. 그러나 그 종의 그러한 태도는 앞 장면과 비교할 때 참으로 배은망덕한 행위가 아닐 수 없다. 마지막 세 번째 장면(31-34절)은 다시 주인과 종 사이에 일어난다. 주인은 두 사건을 비교하는 말을 하고 나서 "내가 너를 불쌍히 여김과 같이 너도 네 동료를 불쌍히 여김이 마땅하지 아니하냐"(33절)고 결론짓는다. 결국 주인은 그 종을 빚을 다 갚을 때까지 옥졸에게 넘긴다(34절).

　이 비유는, 종은 한 없이 큰 자비를 받았음에도 그러한 자비의 삶을 자신의 삶 가운데 실천하지 않았고, 그에 따라 자비에서 떨어져 나가고 다시 죄에 얽매여 영원한 심판에 처해진다는 점을 강조한다. 종말론과 윤리의 관계를 보여주는 이 비유의 골격은 역사적 예수로부터 유래한 것이다. 예수님이 선포하는 하나님의 무한한 사랑과 자비는 우리 자신의 권리를 포기할 수 있게 만든다. 그러한 우리의 행위는 하나님의 자비에 근거한 것이다. 마태는 35절을 통해 심판을 강조한다("너희가 각각 마음으로부터 형제를 용서하지 아니하면 나의 하늘 아버지께서도 너희에게 이와 같이 하시리라"). 하나님의 자비는, 인간 상호 간에도 자비로워야 한다고 우리에게 명한다. 그러한 넉넉한 자비의 삶을 살도록 우리가 결단할 것을 요청한다. 그리스도인의 실존은 자비에서 나온 실존이어야 함을 가르친다. 그것은 동시에 교회의 실존이기도 하다. 마태복음 19:1로써 예수님의 네 번째 설교가 끝난다. 마태는 다시 마가의 순서로 돌아온다(막 10:1). 마태는, 예수님이 갈릴리에서 유대 지역으로 이동한 것으로 보도한다.

▶ **마태복음 19:2-20:34:** 이 단락에서 마태는 포도원 품꾼 비유(마 20:1-16)만을 제외하면 대체로 마가를 따른다. 먼저, 이혼 문제와 관련된 논쟁(마19:2-9)이 나온다.

> (마 19:2-9) 2 큰 무리가 따르거늘 예수께서 거기서 그들의 병을 고치시더라 3 바리새인들이 예수께 나아와 그를 시험하여 이르되 사람이 어떤 이유가 있으면 그 아내를 버리는 것이 옳으니이까 4 예수께서 대답하여 이르시되 사람을 지으신 이가 본래 그들을 남자와 여자로 지으시고 5 말씀하시기를 그러므로 사람이 그 부모를 떠나서 아내에게 합하여 그 둘이 한 몸이 될지니라 하신 것을 읽지 못하였느냐 6 그런즉 이제 둘이 아니요 한 몸이니 그러므로 하나님이 짝지어 주신 것을 사람이 나누지 못할지니라 하시니 7 여짜오되 그러면 어찌하여 모세는 이혼 증서를 주어서 버리라 명하였나이까 8 예수께서 이르시되 모세가 너희 마음의 완악함 때문에 아내 버림을 허락하였거니와 본래는 그렇지 아니하니라 9 내가 너희에게 말하노니 누구든지 음행한 이유 외에 아내를 버리고 다른 데 장가 드는 자는 간음함이니라

마치 힐렐파와 샤마이파 사이에 있었던 율법 논쟁처럼, 마태는 이를 랍비식 논쟁 구조에 어울리게 만든다. "하나의 이유만으로도 사람이 그 아내를 버릴 수 있는가?"(3절) 하는 물음으로 시작한다. 그럴 수 있다는 것이 보다 진보적인 율법 해석을 표방하는 힐렐파의 입장이다. 반면 샤마이파는 오직 간음의 경우에만 해당된다고 본다. 성서

구절을 주고받는 가운데 이혼 증서에 관한 계명에 이른다. 예수님은 이혼증서를 거부하지는 않았으나, 그것이 애초부터 허용된 것은 아니라 한다(cf. 4절). 마음의 완악함 때문에 마지못해 아내 버림을 허락한 것이지 본래 그렇지 않다고 말한다(8절).

마태는 이 논쟁 다음에 제자들에게 주시는 가르침(마 19:10-12)으로 이끈다. 여기에서 예수님은 "천국을 위하여" 결혼을 포기할 것을 말한다. 제자들에게 주는 가르침은 이어서 나오는 아이들 안수 장면(마 19:13-15)으로 자연스럽게 연결된다. 아이들을 예수께 데려오는 것을 제지하는 제자들의 그릇된 행동을 예수님이 꾸짖는다. 천국은 아이들과 같은 사람들의 것이라 한다. 나이 문제와 관련된 것이 아니고, 하나님의 선물과 은혜를 아무 조건 없이 순수한 마음으로 받아들이는 것이 관건이다(cf. 마 11:25).

영생에 대한 부자 청년에 관한 이야기(마 19:16-22)와 관련하여, 마태는 예수님이 제자들에게 요구하는 "온전함"(21절)에 초점을 맞춘다(cf. 막 10:21 "한 가지 부족한 것이 있으니"). 청년이 많은 재물로 인해 예수님을 따르기를 포기한 이야기는 제자들에게 부(재물)의 위험을 경고(마 19:23-30)하는 기회가 된다. 여기에서 마태는 예수어록에서 나온, 제자들에게 주는 약속을 마가의 본문에다 삽입한다(마 19:28 "세상이 새롭게 되어 인자가 자기 영광의 보좌에 앉을 때에 나를 따르는 너희도 열두 보좌에 앉아 이스라엘 열두 지파를 심판하리라" cf. 눅 22:28-30). 누가의 경우와 달리, 마태에게는 인자가 앉게 될 보좌는 심판의 보좌이다. 예수님의 제자들에게 종말론적 이스라엘에 대한 통치권이 주어진다. 그렇다고 교회는 이스라엘 위에 거만하게 군림해서는 아니 된다는 점을 이어서 나오는 비유가 잘 보여준다.

포도원 품꾼 비유(마 20:1-16)는 마태 특수자료에서 나온 것으로 그 이야기의 골격은 역사적 예수로부터 유래한 것이다.

> (마 20:1-16) 1 천국은 마치 품꾼을 얻어 포도원에 들여보내려고 이른 아침에 나간 집 주인과 같으니 2 그가 하루 한 데나리온씩 품꾼들과 약속하여 포도원에 들여보내고 3 또 제삼시에 나가 보니 장터에 놀고 서 있는 사람들이 또 있는지라 4 그들에게 이르되 너희도 포도원에 들어가라 내가 너희에게 상당하게 주리라 하니 그들이 가고 5 제육시와 제구시에 또 나가 그와 같이 하고 6 제십일시에도 나가 보니 서 있는 사람들이 또 있는지라 7 이르되 너희는 어찌하여 종일토록 놀고 여기 서 있느냐 이르되 우리를 품꾼으로 쓰는 이가 없음이니이다 이르되 너희도 포도원에 들어가라 하니라 8 저물매 포도원 주인이 청지기에게 이르되 품꾼들을 불러 나중 온 자로부터 시작하여 먼저 온 자까지 삯을 주라 하니 9 제십일시에 온 자들이 와서 한 데나리온씩을 받거늘 10 먼저 온 자들이 와서 더 받을 줄 알았더니 저희도 한 데나리온씩 받은지라 11 받은 후 집 주인을 원망하여 이르되 12 나중 온 이 사람들은 한 시간밖에 일하지 아니하였거늘 그들을 종일 수고하며 더위를 견딘 우리와 같게 하였나이다 13 주인이 그 중의 한 사람에게 대답하여 이르되 친구여 내가 네게 잘못한 것이 없노라 네가 나와 한 데나리온의 약속을 하지 아니하였느냐 14 네 것이나 가지고 가라 나중 온 이 사람에게 너와 같이 주는 것이 내 뜻이니라 15 내 것을 가지고 내 뜻대로 할 것이 아니냐 내가 선하므로 네가 악하게 보느냐 16 이와 같이 나중 된 자로서 먼저 되고 먼저 된 자로서 나중 되리라

랍비적 사고방식에 따르면, "노력에 따라 대가가 있다"(Abot 5:23). 그것은 오늘날 현대적 사고방식과도 일치한다. 이 비유는 세상에서 통용되는 공평과 권리의 개념을 무너뜨린다. 먼저 온 자나 나중에 온 자를 구별하지 않고 동일하게 하루 품삯을 지불하는 포도원 주인의 선함에 대해 품꾼들이 원망하는 것을 물리친다. 여기에서 예수님은, 인간을 향한 하나님의 부르심, 즉 선택은 언제나 은혜라는 점을 강조하려 한다. 따라서 품삯은 일한 양만큼 받는 것이 아니라, 은혜의 표

시로 주어진 것이다. 이 비유를 통해 제자들에게 천국에 관한 가르침을 주려고 하는 마태는 두 가지 측면을 중요하게 여긴다. 하나는, 인간적 가능성을 넘어 구원을 이루시는 하나님의 권세를 보여주고자 한다(cf. 마 19:25-26). 다른 하나는, 이 비유를 자신의 구원사 도식을 입증하는 의도에서 사용하지 않고, 제자들을 위한 가르침으로 제시하고 있다는 것이다. 비유의 마지막 구절(16절)은 현재 상황이 종말에 가서 완전히 역전되리라고 강조한다. 그러한 상황역전이 제자들에게도 일어날 수 있다는 사실을 경고한다.

세 번째 고난예고(마 20:17-19)에서 마태는 마가의 흐름을 그대로 따라간다. 하지만 마가에 나오는, 제자들이 놀라고 두려워하는 장면(막 10:32 "그들이 놀라고 따르는 자들은 두려워하더라")을 삭제하고, 제자들만을 위한 예수님의 특별 가르침으로 만든다(17절).

이어서 세베대의 아들의 어머니가 구하는 청원(마 20:20-28)의 내용이 나온다(par 막 10:35-45 "야고보와 요한이 구하는 것"). 도입부를 제외하면 마태는 마가를 그대로 따른다. 도입부의 경우 마가는 세베대의 두 아들 야고보와 요한이 자신들의 소원을 예수께 직접 말하는 것으로 보도하나, 마태는 제자들의 어리석은 모습을 감추려고 어머니가 두 아들을 대신하여 청하는 것으로 바꾼다.

마 20:20-28	Cf. 막 10:35-45
20 그 때에 세베대의 아들의 어머니가 그 아들들을 데리고 예수께 와서 절하며 무엇을 구하니 21 예수께서 이르시되 무엇을 원하느냐 이르되 이 나의 두 아들을 주의 나라에서 하나는 주의 우편에, 하나는 주의 좌편에 앉게 명하소서 22 예	35 세베대의 아들 야고보와 요한이 주께 나아와 여짜오되 선생님이여 무엇이든지 우리의 구하는 바를 우리에게 하여 주시기를 원하옵나이다 36 이르시되 너희에게 무엇을 하여 주기를 원하느냐 37 여짜오되 주의 영광중에서 우리를 하나는 주

수께서 대답하여 이르시되 너희는 너희가 구하는 것을 알지 못하는도다 내가 마시려는 잔을 너희가 마실 수 있느냐 그들이 말하되 할 수 있나이다 23 이르시되 너희가 과연 내 잔을 마시려니와 내 좌우편에 앉는 것은 내가 주는 것이 아니라 내 아버지께서 누구를 위하여 예비하셨든지 그들이 얻을 것이니라 24 열 제자가 듣고 그 두 형제에 대하여 분히 여기거늘 25 예수께서 제자들을 불러다가 이르시되 이방인의 집권자들이 그들을 임의로 주관하고 그 고관들이 그들에게 권세를 부리는 줄을 너희가 알거니와 26 너희 중에는 그렇지 않아야 하나니 너희 중에 누구든지 크고자 하는 자는 너희를 섬기는 자가 되고 27 너희 중에 누구든지 으뜸이 되고자 하는 자는 너희의 종이 되어야 하리라 28 인자가 온 것은 섬김을 받으려 함이 아니라 도리어 섬기려 하고 자기 목숨을 많은 사람의 대속물로 주려 함이니라

의 우편에, 하나는 좌편에 앉게 하여 주옵소서 38 예수께서 이르시되 너희는 너희가 구하는 것을 알지 못하는도다 내가 마시는 잔을 너희가 마실 수 있으며 내가 받는 세례를 너희가 받을 수 있느냐 39 그들이 말하되 할 수 있나이다 예수께서 이르시되 너희는 내가 마시는 잔을 마시며 내가 받는 세례를 받으려니와 40 내 좌우편에 앉는 것은 내가 줄 것이 아니라 누구를 위하여 준비되었든지 그들이 얻을 것이니라 41 열 제자가 듣고 야고보와 요한에 대하여 화를 내거늘 42 예수께서 불러다가 이르시되 이방인의 집권자들이 그들을 임의로 주관하고 그 고관들이 그들에게 권세를 부리는 줄을 너희가 알거니와 43 너희 중에는 그렇지 않을지니 너희 중에 누구든지 크고자 하는 자는 너희를 섬기는 자가 되고 44 너희 중에 누구든지 으뜸이 되고자 하는 자는 모든 사람의 종이 되어야 하리라 45 인자가 온 것은 섬김을 받으려 함이 아니라 도리어 섬기려 하고 자기 목숨을 많은 사람의 대속물로 주려 함이니라

예수님은 세베대의 두 아들이 원하는 하늘나라에서 차지할 영광의 자리를 약속하지 않고 오히려 미래에 그들이 처할 고난과 죽음의 운명에 대해 말씀하신다. 여기서 "잔"은 하나님의 심판을 뜻하지 않고 인간이 처하게 될 운명, 특히 죽음을 가리키는 은유에 해당한다(cf.

마 20:18-19). 세베대의 두 아들은 예수님과 더불어 순교의 길을 가겠다고 담대히 말하나, 그것은 결국 수난사에서 빈말로 드러난다. 입술로 하는 세베대의 두 아들의 고백은 별로 도움이 안 된다. 영광의 자리를 수여하는 것은 예수님의 일이 아니라 하나님 자신의 일이기 때문이다. 여기에서 예수님은 제자들이 기대하는, 교회 안에서 얻게 될 세상적 권세와는 정반대되는 내용의 말씀을 하신다. 그것은 교회가 나아가야 할 근본적인 방향을 제시한다. 그 방향이란 다름 아닌 낮아지는 자세 곧 섬김의 자세이다. 그 길은 인자 자신의 길과 다르지 않다. 교회는 권력을 향한 세상적 욕심을 버리고 자신을 낮추는 가운데 섬김의 길을 가야 할 것을 가르치신다.

이어서 이른바 맹인 치유 이야기(마 20:29-34)가 나온다. 마태는 마가의 이야기를 기독론 묘사에 역점을 두면서 축소시키고, 시각장애인 바디매오를 언급하지 않고 무명의 "맹인 두 사람"을 등장시킨다(30절). 이로써 마태복음의 세 번째 본론이 끝난다. 제자들에게 가르침을 주시면서 예루살렘으로 올라가시는 예수님의 여정이 거의 끝나가고 있다. 예수님은 여리고를 떠나시려 한다(마 20:29). 다음 장면에서 예수님은 예루살렘 근처 감람산 벳바게에 도착하신다(마 21:1).

3. 예루살렘을 향한 예수님의 길 – 누가의 여행보도(눅 9:51-18:14/19:27)

우리는 누가의 이야기 흐름을 누가복음 9:10-17(오천 명을 먹이심)에서 떠났었다(cf. 제12장/2.). 거기에서 누가는 마가복음 6:45-8:26을 건너뛰면서 마가의 순서에서 이탈했었다. 베드로의 신앙고백 장면(눅9:18-22)과 더불어 누가는 다시 마가의 이야기 순서로 돌아온다.

누가복음 9:51-18:14를 가리켜 흔히 누가의 "여행보도"라고 부른다. 제자들과 함께 예루살렘으로 향하는 예수님의 모습을 누가가 다양한 편집구절들을 사용하여 강조한 까닭에 붙여진 이름이다. 바로 여기에 다른 복음서들과 구조면에서 차이가 나는 누가복음의 특징이 나타난다. 비교적 긴 내용을 담고 있는 여행보도 안에 누가는 마가복음에서 유래하지 않은 또 다른 전승 자료들을 배치시킨다. 그런데 예수님의 여정은 실상 누가복음 18:14를 넘어 19:27에 이르러서야 최종 목적지 예루살렘에 다가간다. 누가복음 18:15-43은 마가의 자료(막 10:13-52)도 담고 있기 때문에, 이 부분을 제외한 누가복음 9:51-18:14를 가리켜 마가의 틀 안에 끼워 넣은 "대(大)삽입"이라 부르기도 한다.15) 여기에서 누가는 예수님을 단순히 여행 설교자로서가 아니라, 하나님의 뜻에 따라 중도에 일어나는 방해에도 불구하고 중단 없이 목적지 예루살렘을 향해 나아가는 분으로 묘사한다.

▸ **누가복음 9:18-50:** 누가의 여행보도를 다루기 전에 그 앞 단락의 문맥을 살펴보자. 누가복음 9:18-50은 마가복음 8:27-9:41의 내용을 대체로 따르고 있기 때문에, 여기서는 단지 몇 가지 특징만 언급하려 한다. 누가는 마가복음 6:45-8:26의 내용을 삭제함으로써, 누가복음 9:7-9(예수님을 둘러싼 소문을 듣고 헤롯이 당황해함)와 누가복음 9:18-22(그러한 소문과 달리 베드로는 합당한 신앙고백을 함)를 가깝게 연결시킨다. 베드로의 고백과 고난예고가 마가나 마태에게서는 복음서의 전환점을 이루고 있으나, 누가의 경우는 다르다. 그러한 전환점은 누가복음 9:51에 나타난다. 누가복음 9:18-50은 예수님의 갈릴리 사역을 묘사하는 누가의 첫 번째 본론에 속한다. 베드로 고백은

---

15) 참고로, "소(小)삽입"이라 부르는 부분도 있다. 이것은 눅 6:20-8:3에 해당한다.

누가복음의 전체 문맥에서 보면, 그리스도 계시의 한 지점에 불과하고, 그리스도 계시의 정점은 오히려 누가복음 9:28-36(예수님의 변화)에 나온다. 예수님의 침묵명령(눅 9:21)은 곧장 고난예고와 인자의 부활진술(눅 9:22-23)과 연결되면서, 베드로 고백에 담겨 있는 문제점은 전혀 성찰되지 않는다. 따라서 베드로의 어리석은 모습과 그에 대한 예수님의 꾸짖음(막 8:32-33)은 삭제된다. 그 다음에 나오는 고난의 길을 따르라는 예수님의 지침(눅 9:23)은 마태나 마가의 경우처럼 제자들에게 주는 것이 아니라 "무리"에게만 준다.

눅 9:23	마 16:24	막 8:34
또 <u>무리에게</u> 이르시되 아무든지 나를 따라오려거든 자기를 부인하고 <u>날마다</u> 제 십자가를 지고 나를 따를 것이니라	이에 예수께서 <u>제자들에게</u> 이르시되 누구든지 나를 따라오려거든 자기를 부인하고 자기 십자가를 지고 나를 따를 것이니라	<u>무리와 제자들을 불러</u> 이르시되 누구든지 나를 따라오려거든 자기를 부인하고 자기 십자가를 지고 나를 따를 것이니라

자기 십자가를 지는 일은 순교를 각오하는 모습이 아니라 일상의 금욕적 노력으로 나타난다.

예수님의 영광스러운 모습으로 변화되는 예수님의 변화산 장면(눅 9:28-36)은 누가복음 첫 번째 본론의 정점이다. 마가나 마태의 평행 본문에는 없는 "기도"(28-29절) 모티브는 누가의 특징에 속한다. 예수님의 대화 상대자는 모세-엘리야 순서로 나온다. 누가는 이 두 사람을 율법과 예언자의 대표자로 간주한다. '다시 오는 엘리야' 표상에 누가가 공감하지 않기 때문에, 하산 시 그와 관련된 대화 내용(막 9:11-13)을 삭제한다. 마가와 달리 누가는 모세와 엘리야의 대화에 관해 언급한다: "영광에 싸여 나타난 그들은 예루살렘에서 성취되어야 할 그의 마지막[Exodos]에 대해 말하고 있었다."16) 이로써 누가가 여행보도에서 전개하고자 하는 주제가 언급된 셈이다. 그리스어 "엑소도스"(έξοδος 눅 9:31)는 예수님의 인생길의 마감을 뜻할 뿐만 아니라, 동시에 영광으로 가는 출발을 의미한다. 이 전체 장면은 예수님이 예루살렘에서 겪게 될 고난과 죽음의 길을 넘어 도달하게 될 영광의 계시를 뜻한다. 누가는 마가복음에 나오는 예수님의 침묵명령(막 9:9) 대신 "그 때에" 제자들이 침묵하는 보도로 바꾼다(눅 9:36). 누가는 마가의 "메시아 비밀론"에 관심이 없고 영광으로 들어가는 고난에 초점을 맞춘다.

　이어서 나오는 귀신축출과 관련된 두 가지 보도(눅 9:37-50)는 서로 대조된다. 제자들은 귀신을 내어 쫓지 못하는 반면(눅 9:37-43a), 제자가 아닌 어떤 사람은 예수 이름으로 귀신을 내어 쫓는다(눅 9:49-50). 누가복음 9:43b-45의 고난예고는 누가의 신학적 구상에 중요하다. "인자가 장차 사람들의 손에 넘겨지리라"(44b절)는 고난예고를 제자들이 귀담아 들으라고 강조한다. 첫 번째 고난예고의 경우(눅 9:22) "제삼일에 살아나야 하리라"는 부활 언급이 나오는 것과 달리, 여기 두 번째 고난예고에서는 단지 고난의 진술만이 언급된다. 따라서 이어서 나오는 제자들의 몰이해(45절)도 고난과 관련되고 있을 뿐이다. 제자들은, 예수님이 영광에 들어가기 위해서 고난 받아야만 한다는 사실(눅 24:26 "그리스도가 이런 고난을 받고 자기의 영광에 들어가야 할 것이 아니냐")을 아직 깨닫지 못한다. 그러한 연관성을 일깨우는 것이 누가가 강조하고픈 예루살렘 여정의 목적에 속한다. 두 번째 고난예고(눅 9:45)와 마찬가지로 세 번째 고난예고(눅 18:34)에서도 제자들이 깨닫지 못하는 모습만 나온다. 제자들이 고난과 부활의 연

---

16) 『개역(개정)성경』은 그리스어 원문에 충실하게 번역하지 못했다(눅 9:31 "영광 중에 나타나서 장차 예수께서 예루살렘에서 <u>별세하실 것을</u> 말할새"). Cf. 가톨릭 『성경』 눅 9:31 "영광에 싸여 나타난 그들은 예수님께서 예루살렘에서 이루실 일, 곧 <u>세상을 떠나실 일</u>을 말하고 있었다."

관성을 진정 깨닫게 되는 일은 "예수님의 말씀을 기억하는"(눅 24:8) 부활 이후에 가서야 일어난다. 따라서 메시아의 고난의 길을 깨닫지 못하고, 누가 크냐고 제자들이 서로 변론하는 일(눅 9:46-48)이 벌어지는 것도 놀랄 일이 아니다.

▶ **예루살렘 여행의 시작(눅 9:51)**: 예루살렘으로 가시는 예수님의 여행을 다루는 누가의 여행보도가 누가복음 9:51과 더불어 시작된다("예수께서 승천하실 기약이 차가매 예루살렘을 향하여 올라가기로 굳게 결심하시고"). 이 구절에 누가의 편집 의도가 잘 드러난다. 예수님이 예루살렘으로 가는 길은 우연에 따른 것이 아니라, 예루살렘에서 정점에 이르게 될 구원사적 성취사건에 속한 행보이다. 따라서 예수님은 "굳게 결심하시고" 올라간다. 이때 "올라감"은 예수님의 죽음뿐만 아니라 하늘로 올라감, 즉 승천을 염두에 둔 표현이다. 누가의 여행보도는 지리적으로나 내용적으로 일관성이 분명하지 않기 때문에 단락 나누기가 어렵다. 그럼에도 예루살렘 여행에 관한 언급에 근거하여(눅 9:51; 13:22; 17:11; cf. 19:28) 세 단락으로 나눌 수 있다: 1. 눅 9:51-13:21(제자단과 선교), 2. 눅 13:22-17:10(잃어버린 자의 구원), 3. 눅 17:11-19:27(제자단과 종말론).

▶ 제자들과 관련된 주제(눅 9:51-10:24): 예루살렘을 향한 예수님의 여행의 출발을 알리는 단락(눅 9:51-56)은 제자들과 관련된 진술과 밀접히 연결되어 있다. 제자들은 예수 여행의 직접 증인들이다. 이 첫 번째 단락은 예수님을 영접하지 아니하는 사마리아인들보다 제자들의 태도에 더 관심이 많다. "여행"의 시작을 선언하고, 목적지가 예루살렘임을 알리는 장엄한 진술로 시작된다(51절 "예수께서 승천하실 기약이 차가매 예루살렘을 향하여 올라가기로 굳게 결심하시

고”). 이 첫 번째 단락에 여행보도임을 알리는 핵심 동사 “포류오마이”(πορεύομαι “가다”, “거닐다”)가 네 번이나 사용된다(51, 52, 53, 56절). 사마리아인들이 예수님을 거부함으로써 예수님의 여행은 앞으로 나아간다(cf. 눅 4:16-30). 이어서 누가의 여행 도식과 연결된 3개의 예수 따름의 말씀들은 예수님을 따라가는 것과 결부된 극단적인 조건을 언급한다. 누가에게 예수님을 따라감은 하늘나라 선포를 지향한다(60절).

이어서 72인 제자 파송의 말씀(눅 10:1-16; par 마 9:37-38; 10:7-16)이 나온다. 우리말 성서에는 파송된 제자의 수를 70명이라 말하나, 그보다는 세상 백성을 상징하는(cf. 창 10:5; 신 32:8) 72명의 수가 원본의 형태로 간주된다.17) 누가는 마가복음 6:9-11에 따라 이미 12제자 파송을 보도했으나(눅 9:1-6), 여기서는 예수어록에 수집된 단편 말씀들을 사용해(cf. 마 10:1-15; 11:21-24) 두 번째 파송, 즉 72명의 제자 파송을 만든다. 누가는 이들의 도시 선교 사역을 강조하고(1절, 10-11절), 또한 주어진 모든 음식을 먹으라고 허락함으로써18) 훗날 전개될 이방 선교를 미리 선취하고 있는 셈이다. 병자치유를 통해 하나님 나라가 가까이 왔음을 선포하는 것(9절)은 동시에 예수님을 영접하지 않는 이방 도시들에게 심판이 도래함을 뜻한다(12-15절). 예수님에 의한 제자 파송은 예수 파송의 연속이다. 따라서 예수님은 “너희 말을 듣는 자는 곧 내 말을 듣는 것이요 너희를 저버리는 자는 곧 나를 저버리는 것이요 나를 저버리는 자는 나 보내신 이를 저버리는 것이라”(16절)고 말씀하신다.

이어서 예수어록의 순서를 따라 예수님의 감사기도(눅 10:21-22; par

---

17) 『개역(개정)성경』에는 “칠십 인” 파송에 대해 말하나, “칠십이 인”이 원래의 본문 형태에 가깝다. 모범적인 그리스어 신약성서로 통하는 Nestle/Aland(제27판)는 72인으로 제시한다.

18) 그것은 곧 전통적으로 내려온 음식물 계명의 철폐를 뜻한다.

마 11:25-27)를 전하기에 앞서 누가는 자신의 특수자료에서 유래한 72명의 제자들이 성공적으로 귀환했음을 알리는 보도를 삽입한다(눅 10:17-20). 이로써 제자들의 파송은 하나님으로부터 전권을 물려받은 아들에게서 비롯되었다는 사실을 분명히 한다. 선교 사역을 성공적으로 마친 제자들을 향한 예수님의 *복 선언*(눅 10:23-24)이 뒤따른다. 이는 예수어록에서 가져온 것이다(par 마 13:16-17).

▶ **선한 사마리아인의 비유(눅 10:25-37):** 제자들을 향한 복 선언에 이어서, 주로 누가 특수자료에서 유래한 두 개의 단락이 나온다. 하나는 이웃사랑의 행함을 강조하고(눅 10:25-37), 다른 하나는 예수님의 말씀을 경청함을 강조한다(눅 10:38-42). 선한 사마리아 인의 비유부터 살펴보자.

(눅 10:25-37) 25 어떤 율법교사가 일어나 예수를 시험하여 이르되 선생님 내가 무엇을 하여야 영생을 얻으리이까 26 예수께서 이르시되 율법에 무엇이라 기록되었으며 네가 어떻게 읽느냐 27 대답하여 이르되 네 마음을 다하며 목숨을 다하며 힘을 다하며 뜻을 다하여 주 너의 하나님을 사랑하고 또한 네 이웃을 네 자신 같이 사랑하라 하였나이다 28 예수께서 이르시되 네 대답이 옳도다 이를 행하라 그러면 살리라 하시니 29 그 사람이 자기를 옳게 보이려고 예수께 여짜오되 그러면 내 이웃이 누구니이까 30 예수께서 대답하여 이르시되 어떤 사람이 예루살렘에서 여리고로 내려가다가 강도를 만나매 강도들이 그 옷을 벗기고 때려 거의 죽은 것을 버리고 갔더라 31 마침 한 제사장이 그 길로 내려가다가 그를 보고 피하여 지나가고 32 또 이와 같이 한 레위인도 그 곳에 이르러 그를 보고 피하여 지나가되 33 어떤 사마리아 사람은 여행하는 중 거기 이르러 그를 보고 불쌍히 여겨 34 가까이 가서 기름과 포도주를 그 상처에 붓고 싸매고 자기 짐승에 태워 주막으로 데리고 가서 돌보아 주니라 35 그 이튿날 그가 주막 주인에게 데나리온 둘을 내어 주며 이르되 이 사람을 돌보아 주라 비용이 더 들면 내가 돌아올 때에 갚으리라 하였으니 36 네 생각에는 이 세 사람 중에 누가 강도 만난 자의 이웃이 되겠

느냐 37 이르되 자비를 베푼 자니이다 예수께서 이르시되 가서 너도 이
와 같이 하라 하시니라

본래 비유에 앞서, 그 비유를 도입하는 내용이 나온다(25-28절). 마
가복음 12:28-31과 달리, 서기관이 "모든 계명 중에 첫째가는 계명"에
관한 질문을 하지 않고 "내가 무엇을 하여야 영생을 얻으리이까"(25
절)하는 질문을 제기한다. 이에 구약성서 말씀에 따라 그가 스스로 대
답한다: "네 마음을 다하며 목숨을 다하며 힘을 다하며 뜻을 다하여
주 너의 하나님을 사랑하고 또한 네 이웃을 네 자신 같이 사랑하라"
(27절). 그러자 예수님은 그것을 "행하라"고 말씀하신다(28절). 여기에
드러나듯이 행함이 관건이다. 이어서 나오는 본래의 비유도 누가복음
10:25-28의 영향을 입어 영생에 관한 질문이 "내 이웃이 누구인가" (29
절)에 관한 질문으로 바뀌고, 그 대답으로 예수님이 비유를 말씀하신
다. 28절과 36절을 통해 본래 특별한 경우에 관한 비유 이야기가 전
형적인 경우를 묘사하는 예화로 바뀐다.
　선한 사마리아인의 비유는 강도 만난 사람의 시각에서 이야기가
전개된다. 따라서 등장하는 제사장이나 레위인이 곤궁에 처한 사람
을 보고도 지나쳐버리는 이유에 관심이 없다. 중요한 것은 실제적인
도움이다. 유대인과의 적대관계로 인해 못 본 척 지나치리라고 생각
되는 한 사마리아인이 그러한 도움을 주고 있음을 노련하게 묘사한
다. 이는 듣는 이로 하여금 사마리아인들에 대한 지금까지의 편견을
수정할 것을 요청한다. 누가는 이 사마리아인의 모범적인 행위에 초
점을 맞춘다. 이웃사랑은 이웃이란 개념정의에 관한 이론적인 문제
가 아니다. 이론적으로 설명하는 작업은 언제나 뭔가를 구분 짓는 일
이다. 이 비유는, 모든 인간과 관련된 이론적 사랑을 요청하지 않고
구체적인 경우에 실제 도움을 주는 행위를 요청한다. 29절에 제기된

"내 이웃이 누구니이까" 하는 서기관의 질문을 고려한다면, 예수님은 "그러면 누가 너의 이웃인가" 하고 질문해야 마땅하고, 이에 대해 "나의 가까이에 있는 곤경에 처한 사람"이 대답이 될 것이다. 그러나 예수님은 36절에서 "이 세 사람 중에 누가 강도 만난 자의 이웃인가" 하고 묻는다. 이로써 자기 이웃이 누구인지 모르겠다는 서기관의 이의제기(29절)가 명백한 변명으로 드러난다. 하나님의 사랑을 믿는다고 하면서 이웃사랑은 실천하지 않는 서기관은 이 비유를 통해 결국 위선자로 폭로되고 있는 셈이다(cf. 눅 7:30; 11:46). 이웃사랑의 계명에서 중요한 것은 자비로운 도움을 실천함으로써 스스로 이웃이 되는 데 있다(cf. 눅 6:27-36, 특히 31절). 이 비유는 이웃사랑의 행함을 강조하는데 초점을 맞추고 있다(28, 37절).

마리아와 마르다 이야기(눅 10:38-42)에서 누가는 예수님의 말씀을 듣는 일의 중요성을 강조한다(39절 "그에게 마리아라 하는 동생이 있어 주의 발치에 앉아 그의 말씀을 듣더니"). 따라서 이 이야기는 바로 앞에서, 행함의 중요성을 강조한 사마리아인의 비유와 좋은 대조를 이룬다. 사랑을 행하는 일과 예수님의 말씀을 듣는 일은 서로 분리되어서는 아니 된다. 두 가지 모두 하나님이 그리스도인들에게 요구하시는 핵심 덕목이다.

▶ **기도에 관하여(눅 11:1-13):** 앞선 단락들의 경우처럼 여기서도 제자들의 삶에 필요한 예수님의 가르침이 계속된다. 누가는 11장에서 기도에 관한 세 가지 전승을 연결시킨다. 누가와 마태는 주기도문(눅 11:1-4 // 마 6:9:13)과 기도를 구하라는 요청(눅 11:9-13 // 마 7:7-11)을 다 같이 전하나, 간청하는 친구의 비유(눅 11:5-8)는 누가에게만 나타난다.[19] 제일 먼저, 누가는 예수어록(Q)에서 유래한 주기도문(par 마

---

19) 그러나 누가는 자선(마 6:1-4), 골방기도(마 6:5-6), 중언부언(마 6:7-8), 금식(마 6:16-18)에 관한 전승에 대해 언급하지 않는다. 또 누가와 마태가 공

6:9-13)을 전한다.

(눅 11:1-4) 1 예수께서 한 곳에서 기도하시고 마치시매 제자 중 하나가 여짜오되 주여 요한이 자기 제자들에게 기도를 가르친 것과 같이 우리에게도 가르쳐 주옵소서 2 예수께서 이르시되 너희는 기도할 때에 이렇게 하라 <u>아버지여</u> 이름이 거룩히 여김을 받으시오며 나라가 임하시오며 3 우리에게 <u>날마다</u> 일용할 양식을 주시옵고 4 우리가 우리에게 죄 지은 모든 사람을 용서하오니 우리 <u>죄들</u>도 사하여 주시옵고 우리를 시험에 들게 하지 마시옵소서 하라

누가의 주기도문은 세례 요한이 그의 제자들에게 가르친 것처럼 자신들에게 기도를 가르쳐달라는 제자들의 청에 따른 것이다(1절). 그와 달리 마태의 주기도문은 산상설교의 문맥에서 제자들을 가르치시는 말씀으로 주어진다. 누가는 "너희는 기도할 때에 이렇게 하라"(2절, cf. 마 6:9)는 표현을 통해 일종의 양식화된 기도문을 염두에 둔 것으로 보인다. "아버지여"라는 부름으로 시작하는 주기도문은 하나님 중심적이다. 하나님 자신이 기도의 첫 번째 내용을 이룬다. 즉, 하나님의 이름이 거룩해지고 또한 그의 나라가 임할 것을 기도한다(2절). 그처럼 간구되는 하나님의 영광은 인간의 구원을 가져온다. 주기도문의 두 번째 부분은 인간이 필요로 하는 것에 대한 간구이다. 세 가지 간구가 나온다. 첫째, 일용할 양식에 대한 간구이다. 일용할 양식은 인간의 물질적 삶에 필요한 요소이다. 둘째, 죄 용서에 대한 간구이다. 인간의 삶은 용서 없이 불가능하다. 하나님의 용서에 대한 확

유하는 전승에서도 커다란 차이가 나타난다. 기도를 구하라는 요청 단락(눅 11:9-13 // 마 7:7-11)은 거의 일치하는 반면, 주기도문의 본문에서는 차이가 크다. 이는 교리문답적 사용과 예전적 사용의 차이에서 비롯된 것이다. 누가와 마태는 저마다 갖고 있는 자료 외에도 각자가 속한 교회의 예배 관행에 따른 본문을 잘 보존한 것으로 보인다(F. Bovon, *Das Evangelium nach Lukas*, EKK II/2, 120).

신은 인간 상호 간의 용서를 가능하게 만드는 원동력이다. 셋째, 유혹에서 지켜주시기를 간구한다. 자신만 의지하는 인간은 언젠가는 흔들리고 넘어지게 마련이기 때문에 하나님의 도우심이 반드시 필요하다. 이러한 기도가 예수님을 따르는 제자들에게 요청된다(cf. 1절).

이어서 나오는 간청하는 친구의 비유(눅 11:5-8)는 누가 특수자료에서 나온 것이다. 예수님은 제자들에게 뻔뻔할 정도로 간청하는 친구의 사례를 든다. 온 가족이 이미 잠자리에 들었는데, 한 벗이 밤중에 찾아와 먹을 것을 달라는 경우 그 간청함을 인해 일어나 먹을 것을 주게 된다는 내용이다. 이로써 온 정성을 다해 절박한 심정으로 기도할 것을 권면한다. 이처럼 절박하게 구하는 기도의 자세는 아버지 되시는 하나님께서 반드시 기도를 들어 주신다는 확신에 근거한다. 이러한 시각을 담은, 기도를 구하라는 요청(눅 11:9-13)에 관한 본문은 예수어록 형태와 거의 일치하나(cf. 마 7:7-11), 예수어록에 나오는 "하나님의 선물"을 "성령"으로 대체한다(13절). 누가의 관점에 따르면, 성령은 하나님이 교회의 시간에 제자들에게 수여하시는 선물이다.

기도에 관한 단락에 이어서 바알세불 논쟁(눅 11:14-23)에 관한 단락이 나온다. 이 단락과 유사한 전승이 마가복음에도 나타나나(막 3:22-27),[20] 마가의 본문이 마태와 누가가 묘사한 이야기의 토대로 간주하기 어렵다. 누가와 마태 사이에 나타나는 일치점을 고려할 때 누가의 보도는 예수어록(Q)에서 유래한 것이 틀림없다(cf. 마 12:22-30).

---

20) (막 3:22-27) "22 예루살렘에서 내려온 서기관들은 그가 바알세불이 지폈다 하며 또 귀신의 왕을 힘입어 귀신을 쫓아낸다 하니 23 예수께서 그들을 불러다가 비유로 말씀하시되 사탄이 어찌 사탄을 쫓아낼 수 있느냐 24 또 만일 나라가 스스로 분쟁하면 그 나라가 설 수 없고 25 만일 집이 스스로 분쟁하면 그 집이 설 수 없고 26 만일 사탄이 자기를 거슬러 일어나 분쟁하면 설 수 없고 망하느니라 27 사람이 먼저 강한 자를 결박하지 않고는 그 강한 자의 집에 들어가 세간을 강탈하지 못하리니 결박한 후에야 그 집을 강탈하리라."

눅 11:14-23	Cf. 마 12:22-30
14 예수께서 한 말 못하는 귀신을 쫓아내시니 귀신이 나가매 말 못하는 사람이 말하는지라 무리들이 놀랍게 여겼으나 15 그 중에 더러는 말하기를 그가 귀신의 왕 바알세불을 힘입어 귀신을 쫓아낸다 하고 16 또 더러는 예수를 시험하여 하늘로부터 오는 표적을 구하니 17 예수께서 그들의 생각을 아시고 이르시되 스스로 분쟁하는 나라마다 황폐하여지며 스스로 분쟁하는 집은 무너지느니라 18 너희 말이 내가 바알세불을 힘입어 귀신을 쫓아낸다 하니 만일 사탄이 스스로 분쟁하면 그의 나라가 어떻게 서겠느냐 19 내가 바알세불을 힘입어 귀신을 쫓아내면 너희 아들들은 누구를 힘입어 쫓아내느냐 그러므로 그들이 너희 재판관이 되리라 20 그러나 내가 만일 <u>하나님의 손을 힘입어 귀신을 쫓아낸다면</u> 하나님의 나라가 이미 너희에게 임하였느니라 21 강한 자가 무장을 하고 자기 집을 지킬 때에는 그 소유가 안전하되 22 더 강한 자가 와서 그를 굴복시킬 때에는 그가 믿던 무장을 빼앗고 그의 재물을 나누느니라 23 나와 함께 아니하는 자는 나를 반대하는 자요 나와 함께 모으지 아니하는 자는 헤치는 자니라	22 그 때에 귀신 들려 눈 멀고 말 못하는 사람을 데리고 왔거늘 예수께서 고쳐 주시매 그 말 못하는 사람이 말하며 보게 된지라 23 무리가 다 놀라 이르되 이는 다윗의 자손이 아니냐 하니 24 바리새인들은 듣고 이르되 이가 귀신의 왕 바알세불을 힘입지 않고는 귀신을 쫓아내지 못하느니라 하거늘 25 예수께서 그들의 생각을 아시고 이르시되 스스로 분쟁하는 나라마다 황폐하여질 것이요 스스로 분쟁하는 동네나 집마다 서지 못하리라 26 사탄이 만일 사탄을 쫓아 내면 스스로 분쟁하는 것이니 그리하고야 어떻게 그의 나라가 서겠느냐 27 또 내가 바알세불을 힘입어 귀신을 쫓아내면 너희의 아들들은 누구를 힘입어 쫓아내느냐 그러므로 그들이 너희의 재판관이 되리라 28 그러나 내가 <u>하나님의 성령을 힘입어 귀신을 쫓아내는 것이면</u> 하나님의 나라가 이미 너희에게 임하였느니라 29 사람이 먼저 강한 자를 결박하지 않고서야 어떻게 그 강한 자의 집에 들어가 그 세간을 강탈하겠느냐 결박한 후에야 그 집을 강탈하리라 30 나와 함께 아니하는 자는 나를 반대하는 자요 나와 함께 모으지 아니하는 자는 헤치는 자니라

예수님의 귀신축출 행위와 그에 대한 사람들의 평가에 관한 예수님의 입장이 상세히 표명된다. 누가가 전하는 바알세불 논쟁 이야기의 핵심 구절은 "하나님의 손을 힘입어 귀신을 쫓아낸다"는 20절의 진술이다. 마태는 "(하나님의) 손" 대신 "성령"이란 표현을 사용한다(마 12:28). 성령이란 단어는 누가가 특히 좋아하는 단어이기 때문에[21] 그것을 신인동형론적인 표현인 "손"으로 대체했다고 보기 어렵다. 따라서 "하나님의 손"은 예수어록에 담긴 표현일 것이다. 그런데 우리말 번역 "손"에 해당하는 그리스어 단어 "닥튈로스(δάκτυλος)"는 사실 "손가락"을 뜻한다. 손이 권세를 가리킨다면 손가락은 활동성, 유동성, 중개를 우선적으로 떠올리는 개념이다. 하나님은 당신의 손가락으로 예수님을 선택하여 권세를 덧입히셨다. 마태는 이 단어를 하나님의 영으로 바꿨다. 누가는 예수님의 사역 가운데 하나님 나라가 사람들에게 도달했고, 사탄의 권세가 무너지기 시작했다는 사실을 분명하게 드러낸다. 귀신의 권세 상실은 하나님의 통치가 시작되었음을 나타내는 표징이다. 종말론적 구원이 예수님의 사역을 통해 현실화되고 있다. 따라서 이제는 예수님과 함께 하리라는 결단만 남아 있다(23절).

이미 예수어록에서도 연이어 나타나는 더러운 귀신의 귀환에 관한 말씀(눅 11:24-26; par 마 12:43-45)은 낱말 연결을 통해 위의 본문과 관련된다. 또한 주제의 일관성이 분명하지 않은 말씀들이 계속하여 나열된다. 즉, 예수님 어머니에 대한 복 선언(눅 11:27-28, 누가 특수 자료), 악한 세대의 표적 요구(Q눅 11:29-32; par 마 12:38-42), 빛에 관한 말씀(눅 11:33-36, 부분적으로 Q).

---

21) 이에 관해 김창선, 『21세기 신약성서 신학』, 312-326(제12장 누가의 성령 이해)을 참조하라.

▸ 바리새인들과 서기관들에 대한 화 선언(눅 11:37-54):

(눅 11:37-54) 37 예수께서 말씀하실 때에 한 바리새인이 자기와 함께 점심 잡수시기를 청하므로 들어가 앉으셨더니 38 잡수시기 전에 손 씻지 아니하심을 이 바리새인이 보고 이상히 여기는지라 39 주께서 이르시되 너희 바리새인은 지금 잔과 대접의 겉은 깨끗이 하나 너희 속에는 탐욕과 악독이 가득하도다 40 어리석은 자들아 밖을 만드신 이가 속도 만들지 아니하셨느냐 41 그러나 그 안에 있는 것으로 구제하라 그리하면 모든 것이 너희에게 깨끗하리라 42 화 있을진저 너희 바리새인이여 너희가 박하와 운향과 모든 채소의 십일조는 드리되 공의와 하나님께 대한 사랑은 버리는도다 그러나 이것도 행하고 저것도 버리지 말아야 할지니라 43 화 있을진저 너희 바리새인이여 너희가 회당의 높은 자리와 시장에서 문안 받는 것을 기뻐하는도다 44 화 있을진저 너희여 너희는 평토장한 무덤 같아서 그 위를 밟는 사람이 알지 못하느니라 45 한 율법교사가 예수께 대답하여 이르되 선생님 이렇게 말씀하시니 우리까지 모욕하심이니이다 46 이르시되 화 있을진저 또 너희 율법교사여 지기 어려운 짐을 사람에게 지우고 너희는 한 손가락도 이 짐에 대지 않는도다 47 화 있을진저 너희는 선지자들의 무덤을 만드는도다 그들을 죽인 자도 너희 조상들이로다 48 이와 같이 그들은 죽이고 너희는 무덤을 만드니 너희가 너희 조상의 행한 일에 증인이 되어 옳게 여기는도다 49 이러므로 하나님의 지혜가 일렀으되 내가 선지자와 사도들을 그들에게 보내리니 그 중에서 더러는 죽이며 또 박해하리라 하였느니라 50 창세 이후로 흘린 모든 선지자의 피를 이 세대가 담당하되 51 곧 아벨의 피로부터 제단과 성전 사이에서 죽임을 당한 사가랴의 피까지 하리라 내가 너희에게 이르노니 과연 이 세대가 담당하리라 52 화 있을진저 너희 율법교사여 너희가 지식의 열쇠를 가져가서 너희도 들어가지 않고 또 들어가고자 하는 자도 막았느니라 하시니라 53 거기서 나오실 때에 서기관과 바리새인들이 거세게 달려들어 여러 가지 일을 따져 묻고 54 그 입에서 나오는 말을 책잡고자 하여 노리고있더라

예수어록에서 유래한 바리새인들과 서기관들에 대한 화 선포(par 마 23:1-36)를 누가는 서로 분리시켜 바리새인들에 대한 3개의 화 선

포와 서기관들에 대한 3개의 화 선포로 만든다. 그런 다음 한 바리새인이 예수님을 초대한 식사장면(37-38절, 53-54절)을 통해 전체를 하나로 감싼다. 식사에 앞서 정결의 문제가 제일 먼저 거론된다(38-41절). 용기에 담긴 내용물을 구제물로 주는 자는 제의적 정결이 불필요하다. 그에게 모든 것이 정결하기 때문이다(41절). 이어서 나오는 화 선포는 십일조, 공개석상의 존경, 내적 부패를 다룬다(42-44절). 47-48절은 신명기사가적 역사관에 따른 것이다. 즉, 이스라엘은 하나님이 보내신 예언자들의 말에 귀 기울이지 않고, 오히려 그들을 박해했다는 관점이다. 이러한 시각은 다음에 나오는 지혜의 말씀에도 나타난다(49-51절). 여기에서 누가는, 예언자들을 향한 전통적인 지혜의 말씀에다가 하나님의 파송자 "사도들"의 무리를 첨가시킨다(49절). 예수님이 지혜와 동일시되는데(49절, 51절), 이러한 동일시는 예수님의 선재설로 발전된다. 예언자들에 대한 마지막 화 선포는 왜곡되게 가르치는 행태와 관련된다. 이러한 화 선포는 예수님 당시 유대교뿐만 아니라 오늘의 기독교에도 그대로 해당된다. 교회의 삶이 사랑의 실천보다 제의적 형식에만 매달리면서 화석화될 때, 또는 교회 지도자들이 겸손의 모습이 아니라 자기를 내세우기 위해 상석만을 고집하려 할 때, 또는 교회법과 교리가 사람을 살리기보다는 사람을 옥죄는 짐으로 드러날 때, 예수님의 엄중한 화 선포의 대상이 된다.

이어서 나오는 바리새인들의 외식을 경고하며 두려움 없는 신앙고백을 권면하는 말씀(눅 12:1-12)에서 누가는 예수어록(Q)에 머문다(cf. 마 16:6; 10:26-33; 12:32; 10:19-20).

> (눅 12:1-12) 1 그 동안에 무리 수만 명이 모여 서로 밟힐 만큼 되었더니 예수께서 먼저 제자들에게 말씀하여 이르시되 바리새인들의 누룩 곧 외식을 주의하라 2 감추인 것이 드러나지 않을 것이 없고 숨긴 것이 알려지지 않을 것이 없나니 3 이러므로 너희가 어두운 데서 말한 모든 것

이 광명한 데서 들리고 너희가 골방에서 귀에 대고 말한 것이 지붕 위에서 전파되리라 4 내가 내 친구 너희에게 말하노니 몸을 죽이고 그 후에는 능히 더 못하는 자들을 두려워하지 말라 5 마땅히 두려워할 자를 내가 너희에게 보이리니 곧 죽인 후에 또한 지옥에 던져 넣는 권세 있는 그를 두려워하라 내가 참으로 너희에게 이르노니 그를 두려워하라 6 참새 다섯 마리가 두 앗사리온에 팔리는 것이 아니냐 그러나 하나님 앞에는 그 하나도 잊어버리시는 바 되지 아니하는도다 7 너희에게는 심지어 머리털까지도 다 세신 바 되었나니 두려워하지 말라 너희는 많은 참새보다 더 귀하니라 8 내가 또한 너희에게 말하노니 누구든지 사람 앞에서 나를 시인하면 인자도 하나님의 사자들 앞에서 그를 시인할 것이요 9 사람 앞에서 나를 부인하는 자는 하나님의 사자들 앞에서 부인을 당하리라 10 누구든지 말로 인자를 거역하면 사하심을 받으려니와 성령을 모독하는 자는 사하심을 받지 못하리라 11 사람이 너희를 회당이나 위정자나 권세 있는 자 앞에 끌고 가거든 어떻게 무엇으로 대답하며 무엇으로 말할까 염려하지 말라 12 마땅히 할 말을 성령이 곧 그 때에 너희에게 가르치시리라 하시니라

여기에는 서로 매끄럽게 연결되지 않는 다양한 말씀들이 나온다 (바리새인들의 누룩; 감춰졌으나 결국 드러나게 되리라는 진리; 두려움을 일으키시고 돌보시는 하나님; 인자에 대한 고백과 그의 답변; 성령에 대한 모독). 이들을 하나로 묶어주는 주제는 그리스도인이 하나님 아버지와 그 아들과 성령에 대하여 가져야 하는 믿음의 태도이다.22) 이 단락은 "바리새인들의 외식"을 경고하는 1절을 통해 앞 단락과 연결된다. 어두운 데서 말한 모든 것이 광명하게 들리게 될 것을 말하는 2절은 제자 공동체의 선포상황을 반영한다. 제자들의 복음선포가 지금은 감춰진 골방에서 귀에 대고 속삭이는 가운데 이루어지나, 때가 되면 대중을 향해 선포되리라고 한다(3절). 제자들의 선포는 박해와 순교의 위험을 안고 있는데, 그런 제자들을 향한 위로

---

22) F. Bovon, *Das Evangelium nach Lukas*, III/2, 243.

의 말씀이 이어진다. 즉, 몸을 죽이는 자들을 두려워하지 말고, 죽음 후에 지옥에 던져 넣는 권세를 가진 하나님을 두려워하라는 권면이다 (4-7절). 이러한 권면은 두려움을 버리고 예수님에 대한 신앙고백을 요청하는 권면으로 연결된다(8-12절). 11절은 제자들이 현재 처해 있는 박해 상황을 사실적으로 묘사한다.

▶ **누가복음 12:13-13:21**: 여기에 나오는 본문들은(눅 12:13-21, 22-32, 33-34) 유사한 주제들로 연결되어 있다. 제일 먼저, 누가 특수자료에서 유래한 어리석은 부자의 비유(눅 12:13-21)가 나온다.

> (눅 12:13-21) 13 무리 중에 한 사람이 이르되 선생님 내 형을 명하여 유산을 나와 나누게 하소서 하니 14 이르시되 이 사람아 누가 나를 너희의 재판장이나 물건 나누는 자로 세웠느냐 하시고 15 그들에게 이르시되 삼가 모든 탐심을 물리치라 사람의 생명이 그 소유의 넉넉한 데 있지 아니하니라 하시고 16 또 <u>비유로 그들에게 말하여 이르시되</u> 한 부자가 그 밭에 소출이 풍성하매 17 심중에 생각하여 이르되 내가 곡식 쌓아 둘 곳이 없으니 어찌할까 하고 18 또 이르되 내가 이렇게 하리라 내 곳간을 헐고 더 크게 짓고 내 모든 곡식과 물건을 거기 쌓아 두리라 19 또 내가 내 영혼에게 이르되 영혼아 여러 해 쓸 물건을 많이 쌓아 두었으니 평안히 쉬고 먹고 마시고 즐거워하자 하리라 하되 20 하나님은 이르시되 어리석은 자여 오늘 밤에 네 영혼을 도로 찾으리니 그러면 네 준비한 것이 누구의 것이 되겠느냐 하셨으니 21 자기를 위하여 재물을 쌓아 두고 하나님께 대하여 부요하지 못한 자가 이와 같으니라

이 비유는 어느 누구도 자기 생명의 주인이 될 수 없으며 자신의 미래를 재물로 지키려는 노력이 얼마나 어리석은 일인지를 잘 보여준다. 인간의 그릇된 행동을 경고하고, 동시에 바르게 행동할 것을 권면한다. 여기서 바른 행동은 자기를 위해 재물을 쌓아 두지 않고 다른 사람들에게 나누어 주는 것을 뜻한다. 그럴 경우에 하나님 앞에서 부요하게 될 수 있다고 말한다(21절).

이어서 그릇된 염려와 올바른 염려에 관한 말씀(눅 12:22-32)이 나온다.

눅 12:22-32	Cf. 마 6:25-33
22 또 제자들에게 이르시되 그러므로 내가 너희에게 이르노니 너희 목숨을 위하여 무엇을 먹을까 몸을 위하여 무엇을 입을까 염려하지 말라 23 목숨이 음식보다 중하고 몸이 의복보다 중하니라 24 까마귀를 생각하라 심지도 아니하고 거두지도 아니하며 골방도 없고 창고도 없으되 하나님이 기르시나니 너희는 새보다 얼마나 더 귀하냐 25 또 너희 중에 누가 염려함으로 그 키를 한 자라도 더할 수 있느냐 26 그런즉 가장 작은 일도 하지 못하면서 어찌 다른 일들을 염려하느냐 27 백합화를 생각하여 보아라 실도 만들지 않고 짜지도 아니하느니라 그러나 내가 너희에게 말하노니 솔로몬의 모든 영광으로도 입은 것이 이 꽃 하나만큼 훌륭하지 못하였느니라 28 오늘 있다가 내일 아궁이에 던져지는 들풀도 하나님이 이렇게 입히시거든 하물며 너희일까보냐 믿음이 작은 자들아 29 너희는 무엇을 먹을까 무엇을 마실까 하여 구하지 말며 근심하지도 말라 30 이 모든 것은 세상 백성들이 구하는 것이라 너희 아버지께서는 이런 것이 너희에게 있어야 할 것을 아시느니라 31 다만(πλήν)	25 그러므로 내가 너희에게 이르노니 목숨을 위하여 무엇을 먹을까 무엇을 마실까 몸을 위하여 무엇을 입을까 염려하지 말라 목숨이 음식보다 중하지 아니하며 몸이 의복보다 중하지 아니하냐 26 공중의 새를 보라 심지도 않고 거두지도 않고 창고에 모아 들이지도 아니하되 너희 하늘 아버지께서 기르시나니 너희는 이것들보다 귀하지 아니하냐 27 너희 중에 누가 염려함으로 그 키를 한 자라도 더할 수 있겠느냐 28 또 너희가 어찌 의복을 위하여 염려하느냐 들의 백합화가 어떻게 자라는가 생각하여 보라 수고도 아니하고 길쌈도 아니하느니라 29 그러나 내가 너희에게 말하노니 솔로몬의 모든 영광으로도 입은 것이 이 꽃 하나만 같지 못하였느니라 30 오늘 있다가 내일 아궁이에 던져지는 들풀도 하나님이 이렇게 입히시거든 하물며 너희일까보냐 믿음이 작은 자들아 31 그러므로 염려하여 이르기를 무엇을 먹을까 무엇을 마실까 무엇을 입을까 하지 말라 32 이는 다 이방인들이 구하는 것이라 너희 하늘 아버지께서

<table>
<tr><td>너희는 <u>그의 나라를 구하라</u> 그리하면 이런 것들을 너희에게 더하시리라 32 적은 무리여 무서워 말라 너희 아버지께서 그 나라를 너희에게 주시기를 기뻐하시느니라</td><td>이 모든 것이 너희에게 있어야 할 줄을 아시느니라 33 <u>너희는 먼저 (πρῶτον) 그의 나라와 그의 의를 구하라</u> 그리하면 이 모든 것을 너희에게 더하시리라</td></tr>
</table>

이 말씀은 예수어록에서 가져온 것이다(par 마 6:25-33). 앞에서 다룬 어리석은 부자의 비유와 주제 면에서 잘 연결된다. 까마귀와 백합화의 사례를 통해, 먹고 마실 것을 구하지 말고 하나님 나라를 구하면 그런 것에 더하여지리라 말한다(29절, 31절). 누가는 동사 "염려하다" 대신 "구하다"라는 동사를 사용함으로써 삶의 근본적 방향성을 강조한다. 마태가 "먼저"라는 단어를 첨가하면서(6:33) 다른 대상에 대한 여지를 남겨두는 것과 달리, 누가는 하나님 나라를 위해 전적으로 헌신하는 자라야 하나님의 놀라운 돌보심을 기대할 수 있다고 말한다(31절). 이처럼 하나님 나라를 위해 전력투구하며 이 땅에서 불안한 삶을 살아가는 제자들에게 하나님 나라의 약속이 주어진다(32절). 이어서 보물을 땅에 쌓아 두지 말고 하늘에 쌓아 두라(눅 12:33-34; par 마 6:20-21)는 말씀이 나온다. 역시 예수어록에서 유래한 말씀이다. 제자들이 가져야 할 재물에 대한 바른 태도는 소유를 팔아 구제하는 것이다. 누가에게 재물 소유의 의미는 자선에 있다.

그런 다음, 깨어서 예비하라(눅 12:35-48)는 권면의 말씀이 따른다. 이 말씀은 예수님의 재림을 염두에 둔 말씀이다.

<table>
<tr><td>(눅 12:35-48) 35 허리에 띠를 띠고 등불을 켜고 서 있으라 36 너희는 마치 그 주인이 혼인 집에서 돌아와 문을 두드리면 곧 열어 주려고 기다리는 사람과 같이 되라 37 주인이 와서 깨어 있는 것을 보면 그 종들은 복이 있으리로다 내가 진실로 너희에게 이르노니 주인이 띠를 띠고 그 종</td></tr>
</table>

들을 자리에 앉히고 나아와 수종들리라 38 주인이 혹 이경에나 혹 삼경
에 이르러서도 종들이 그같이 하고 있는 것을 보면 그 종들은 복이 있으
리로다 39 너희도 아는 바니 집 주인이 만일 도둑이 어느 때에 이를 줄
알았더라면 그 집을 뚫지 못하게 하였으리라 40 그러므로 너희도 준비
하고 있으라 생각하지 않은 때에 인자가 오리라 하시니라 41 베드로가
여짜오되 주께서 이 비유를 우리에게 하심이니이까 모든 사람에게 하
심이니이까 42 주께서 이르시되 지혜 있고 진실한 청지기가 되어 주인
에게 그 집 종들을 맡아 때를 따라 양식을 나누어 줄 자가 누구냐 43 주
인이 이를 때에 그 종이 그렇게 하는 것을 보면 그 종은 복이 있으리로
다 44 내가 참으로 너희에게 이르노니 주인이 그 모든 소유를 그에게 맡
기리라 45 만일 그 종이 마음에 생각하기를 주인이 더디 오리라 하여 남
녀 종들을 때리며 먹고 마시고 취하게 되면 46 생각하지 않은 날 알지
못하는 시간에 그 종의 주인이 이르러 엄히 때리고 신실하지 아니한 자
의 받는 벌에 처하리니 47 주인의 뜻을 알고도 준비하지 아니하고 그 뜻
대로 행하지 아니한 종은 많이 맞을 것이요 48 알지 못하고 맞을 일을
행한 종은 적게 맞으리라 무릇 많이 받은 자에게는 많이 요구할 것이요
많이 맡은 자에게는 많이 달라 할 것이니라

주인을 마중하기 위해 깨어 있는 종의 비유(35-38절)은 마태복음에 나
오는 열 처녀 비유 (마 25:1-13)와 잘 어울리는 한 쌍이다. 도둑의 비유
와 진실한 청지기 비유(39-46절)는 예수어록에서 가져온 것이다(par
마 24:43-51). 반면 47절은 누가 특수자료에서 나온 것이다. 인자가 올
것을 예비하라는 진술(40절)이 핵심이다. "우리"와 "모든 사람"을 구
분하고 있는 41절은 누가의 편집에서 나온 말이다. 이는 공동체의 책
임자들과 공동체를 가리키는 것으로 이해할 수 있다. 책임을 맡은 사
람들은 "지혜 있고 진실한 청지기"(42절)가 되어야 한다. 그렇지 않고
그 책임을 남용할 경우 보다 가혹한 심판이 따를 것을 경고한다(45-48
절). 특히 오늘의 교회 지도자들이 염두에 두어야 할 말씀이다.

　그런 다음, 역시 종말론에 관한 말씀들이 뒤따른다. 먼저, 분열을 감

수해야만 하는 결단에 관한 말씀이다(눅 12:49-53 "불을 던지러, 분쟁을 일으키러 왔다"). 49-50절에서 예수님 자신이 결단을 구한다. 여기에서 예수님이 받아야만 하는 "세례"는 자신의 죽음을 암시한다. 이어서 누가복음 12:54-59에서, 예수님은 무리를 향해 심판을 목전에 두고 있는 현재의 때를 바르게 판단하라고 권면한다. 이 말씀은 누가 특수자료에서 유래한, 백성을 향해 회개할 것을 권면하는 말씀(눅 13:1-9)과 잘 어울린다. 여기에 나타나는 두 장면, 즉 제물드릴 때 살해된 갈릴리 사람들과 실로암 망대가 무너져 치여 죽은 18명의 이야기(1-5절)는 역사적 사실일 가능성이 크다. 3절과 5절에서 예수님은 세례 요한이나 신명기사가적 심판 선포자처럼 보편적인 심판 상황을 전제한다. 열매 맺지 못하는 무화과나무의 비유(6-9절)를 통해 바로 지금이 마지막 은혜의 때임을 강조한다. 예수님은 이스라엘에게 또한 오늘 우리에게 회개의 마지막 기회를 주신다.

안식일에 꼬부라진 여인 치유(눅 13:10-17)는 누가 특수자료에서 나온 것이다. 이 이야기는 위선에 관해 다룬다. 그것은 이미 누가복음 12:1(바리새인들의 위선)과 누가복음 12:56(무리의 위선)에서 언급한 것이다. 이야기의 정점은 15-16절에 있다. 안식일에 소나 나귀를 외양간에서 풀어내어 이끌고 가서 물을 먹이는 일이 안식일을 어기는 일이 아닌 것처럼, 아브라함의 딸을 사탄의 올무에서 풀어내는 것은 더 더욱 안식일을 어기는 일이 아님을 강조한다. 분을 내는 회당장과 달리(14절), 무리는 예수님이 하시는 모든 영광스러운 일을 보고 기뻐한다(17절). 예수님의 사역이 백성과 지도자들에게 각각 다른 반응을 불러일으킨다.

겨자씨와 누룩의 비유(눅 13:18-21)는 예수어록에서 가져온 것이다(par 마 13:31-33).

눅 13:18-21	Cf. 막 4:30-32
18 그러므로 예수께서 이르시되 하나님의 나라가 무엇과 같을까 내가 무엇으로 비교할까 19 마치 사람이 자기 채소밭에 갖다 심은 겨자씨 한 알 같으니 자라 나무가 되어 공중의 새들이 그 가지에 깃들였느니라 20 또 이르시되 내가 하나님의 나라를 무엇으로 비교할까 21 마치 여자가 가루 서 말 속에 갖다 넣어 전부 부풀게 한 누룩과 같으니라 하셨더라	30 또 이르시되 우리가 하나님의 나라를 어떻게 비교하며 또 무슨 비유로 나타낼까 31 겨자씨 한 알과 같으니 땅에 심길 때에는 땅 위의 모든 씨보다 작은 것이로되 32 심긴 후에는 자라서 모든 풀보다 커지며 큰 가지를 내나니 공중의 새들이 그 그늘에 깃들일 만큼 되느니라

겨자씨 비유가 마가에도 나오나(막 4:30-32), 누가는 마가의 영향은 받지 않았다. 이 비유의 특징은 작은 겨자씨와 거기에서 자라난 큰 나무(혹은, 크게 부풀어 오른 누룩) 사이에 나타나는 대조에 있다. 그와 더불어 성장의 모티브가 강조된다. 하나님 나라의 경우도 마찬가지다. 비록 지금은 보잘 것 없어 보여도 놀라운 성과가 반드시 도래할 것이다. 누가의 시각에서 볼 때, 그러한 놀라운 성장의 모습은 예수님과 교회의 선포를 통해 세상에 강력하게 퍼져나가는 하나님 나라의 모습과도 같다. 누가에게 "공중[하늘]의 새들"은 이방백성들을 가리킨다.

▶ **좁은 문에 관하여**(눅 **13:22-30**): 22절("예수께서 각 성 각 마을로 다니사 가르치시며 예루살렘으로 여행하시더니")은 예수님의 여행의 최종 목적지가 예루살렘이라는 사실을 다시 한 번 상기시킨다(cf. 눅 9:51). 이런 점에서 이 구절을 새로운 단락의 시작으로 볼 수 있다. 새 단락은 누가복음 17:10에 이르기까지 "잃은 자의 구원"이란 주제에 대해 다룬다. 어떤 사람의 질문으로 장면이 시작된다: "주여 구원을 받는 자가 적으니이까"(23절). 이어지는 예수님은 답변(24-29절)은 예수어

록에서 유래한 것이다(par 마 7:13-14, 22-23; 8:11-12).

눅 13:22-30	Cf. 마 7: 13-14, 22-23; 8:11-12
22 예수께서 각 성 각 마을로 다니사 가르치시며 예루살렘으로 여행하시더니 23 어떤 사람이 여짜오되 주여 구원을 받는 자가 적으니이까 그들에게 이르시되 24 <u>좁은 문으로 들어가기를 힘쓰라</u> 내가 너희에게 이르노니 들어가기를 구하여도 못하는 자가 많으리라 25 집 주인이 일어나 문을 한 번 닫은 후에 너희가 밖에 서서 문을 두드리며 주여 열어 주소서 하면 그가 대답하여 이르되 나는 너희가 어디에서 온 자인지 알지 못하노라 하리니 26 그 때에 너희가 말하되 우리는 주 앞에서 먹고 마셨으며 주는 또한 우리를 길거리에서 가르치셨나이다 하나 27 그가 너희에게 말하여 이르되 나는 너희가 어디에서 왔는지 알지 못하노라 행악하는 모든 자들아 나를 떠나 가라 하리라 28 너희가 아브라함과 이삭과 야곱과 모든 선지자는 하나님 나라에 있고 오직 너희는 밖에 쫓겨난 것을 볼 때에 거기서 슬피 울며 이를 갈리라 29 사람들이 동서남북으로부터 와서 하나님의 나라 잔치에 참여하리니 30 보라 나중 된 자로서 먼저 될 자도 있고 먼저 된 자로서 나중 될 자도 있느니라 하시더라	[7장] 13 좁은 문으로 들어가라 멸망으로 인도하는 문은 크고 그 길이 넓어 그리로 들어가는 자가 많고 14 생명으로 인도하는 문은 좁고 길이 협착하여 찾는 자가 적음이라 22 그 날에 많은 사람이 나더러 이르되 주여 주여 우리가 주의 이름으로 선지자 노릇 하며 주의 이름으로 귀신을 쫓아 내며 주의 이름으로 많은 권능을 행하지 아니하였나이까 하리니 23 그 때에 내가 그들에게 밝히 말하되 내가 너희를 도무지 알지 못하니 불법을 행하는 자들아 내게서 떠나가라 하리라 [8장] 11 또 너희에게 이르노니 동서로부터 많은 사람이 이르러 아브라함과 이삭과 야곱과 함께 천국에 앉으려니와 12 그 나라의 본 자손들은 바깥 어두운 데 쫓겨나 거기서 울며 이를 갈게 되리라

　　좁은 문에 관한 마태의 진술(마 7:13-14)은 두 가지 길에 관한 전통적인 교리문답적 표상과 관련된 반면, 누가는 예수님의 말씀에 담겨 있는 본래 종말론적인 성격을 드러낸다. 구원을 얻기 위한 현재의 싸움이(24절 "힘쓰리" $\dot{\alpha}\gamma\omega\nu\dot{\iota}\varsigma\epsilon\sigma\theta\epsilon$) 하늘나라에 들어가는 미래상황과 대비된다. "좁은 문"은 "작은 무리"(눅 12:32)와 내용면에서 잘 어울린다. 하늘나라에 들어가기 위해서는 동시대인으로서 예수님의 말씀을 듣는 것만으로는 부족하다(25-26절). 불의를 행함에서 벗어나 의를 행함이 관건이다(27절). 종말론적 잔치에 동참하기 위한 이방인의 순례 모티브에 앞서(29절), 유대인을 향한 심판의 위협이 나타난다(28절). 누가의 입장에서 볼 때, 이방인의 순례는 선교를 통해 이루어진다. 이런 의미에서 예수님의 말씀은 구원사적인 전망을 담고 있다.

　　마태(혹은 Q)와 달리 누가는, 사방으로부터 몰려오는 이방인 순례자의 "많음"에 대해 언급하지 않고, 단지 "(몇몇) 사람들이 … 참여하리니"(29절)라고 말하는데, 이는 23-24절을 염두에 두었기 때문이다. 하나님 나라의 잔치에 참여 여부는 어떤 특정 집단에 소속하느냐에 달려 있지 않고, 개인 각자의 결단에 달려 있다. 누가는 이 점을 마지막 30절에서 강조한다("보라 나중 된 자로서 먼저 될 자도 있고 먼저 된 자로서 나중 될 자도 있느니라 하시더라"). 이스라엘을 향해 경고하는 심판의 말씀은 오늘 우리 교회에도 해당된다. 하나님 앞에서 "행악하는 모든 자들"(27절), 즉 불의를 행하는 모든 자들을 향한 엄중한 심판의 말씀이다.

▶ **예루살렘에서 있을 예수님의 죽음(눅 13:31-35):** 누가는 자신의 특수자료에서 나온 31-33절을[23] 예수어록에서 유래한 2개의 심판의 말

---

[23] 불트만(R. Bultmann)은 눅 13:31-33을 전기적인 아포프테그마로 이해한다(『공관복음서전승사』, 허혁 역, 대한기독교서회, 1991, 41).

씀(눅 13:28-29/30; 눅 13:34-35) 사이에 배치시킨다. 헤롯 아티파스가 보낸 자로 보이는 한 바리새인이 예수님에게 헤롯에 대해 경고한다(31절). 그러나 예수님은 교활한 여우 헤롯의 위협에 위축되지 않고, "오늘과 내일 귀신을 쫓아내며 병을 고치다가 제 삼 일에 완성할 것이라"는 말씀을 하신다(32-33a절). 왜냐하면 "선지자가 예루살렘 밖에서는 죽는 법이 없기 때문이다"(33b절). 이로써 예수님은 자신의 여행 최종 목적지가 예루살렘임을 말씀하신다(cf. 눅 9:51; 13:22; 17:11; 19:28). 예루살렘에 대한 탄식(34-35절)은 마태복음 23:37-39와 거의 완벽하게 일치한다. 신명기사가적 전통을 강하게 담고 있는 이 말씀은 본래 지혜의 말씀이었으나, 35절 후반을 통해 예수님의 말씀이 된다.

▶ **식탁에서의 대화(눅 14:1-24):** 여기에서 누가는 자신의 특수자료에서 유래한 장면(눅 14:1-14)과 예수어록에서 유래한 장면(눅 14:15-24)을 예수님의 적대자로 나타나는 율법교사들과 바리새인들의 식사 모티브를 통해 서로 연결시킨다. 예수님을 "엿보는" 서기관들과 바리새인들을 향해 하시는 말씀이다.

　안식일에 병든 자 치유(눅 14:2-6)는 누가복음에 나오는 세 가지 안식일 치유 가운데(cf. 눅 6:6-11; 13:10-17) 마지막 세 번째에 해당한다. 이것들은 형식상 기적보도가 아니라 논쟁사화에 속한다. 예수님 말씀의 핵심은 5절에 나온다("너희 중에 누가 그 아들이나 소가 우물에 빠졌으면 안식일에라도 곧 끌어내지 않겠느냐"). 안식일에 병든 자를 치유함으로써 예수님은 이 땅에 오신 목적을 이루신다(cf. 눅 5:31-32). 이어서 나오는 잔칫집 상석의 비유(눅 14:7-11)는 공개석상에서 상석을 탐내는 것을 비판한다. 이는 서기관들과 바리새인들의 태도를 겨냥한 말이다. 이로써 제자들이 취하여야 할 태도는 그와 반대방향이라는 것이 드러난다. 12-14절에서 예수님은 이제 초대한 자를 향해, 친구나 친척이나 이웃을 청하는 것보다 사회적 약자에 속하는 "가난한 자들과 불구자들과 저는 자들과 맹인들"을 초대하라고 말씀하신다. 이 말씀은 평지설교의 정신과 일치한다(cf. 눅 6:20-26). 누가복음은 다름 아닌 "가난한 자들의 복음"이다.

이어서 큰 잔치 비유(눅 14:15-24; par 마 22:1-10)가 나온다.

눅 14:15-24	마 22:1-10	도마복음 로기온 64
15 함께 먹는 사람 중의 하나가 이 말을 듣고 이르되 무릇 하나님의 나라에서 떡을 먹는 자는 복되도다 하니 16 이르시되 어떤 사람이 큰 잔치를 베풀고 많은 사람을 청하였더니 17 잔치할 시각에 그 청하였던 자들에게 종을 보내어 이르되 오소서 모든 것이 준비되었나이다 하매 18 다 일치하게 사양하여 한 사람은 이르되 나는 밭을 샀으매 아무래도 나가 보아야 하겠으니 청컨대 나를 양해하도록 하라 하고 19 또 한 사람은 이르되 나는 소 다섯 겨리를 샀으매 시험하러 가니 청컨대 나를 양해하	1 예수께서 다시 비유로 대답하여 이르시되 2 천국은 마치 자기 아들을 위하여 혼인 잔치를 베푼 어떤 임금과 같으니 3 그 종들을 보내어 그 청한 사람들을 혼인 잔치에 오라 하였더니 오기를 싫어하거늘 4 다시 다른 종들을 보내며 이르되 청한 사람들에게 이르기를 내가 오찬을 준비하되 나의 소와 살진 짐승을 잡고 모든 것을 갖추었으니 혼인 잔치에 오소서 하라 하였더니 5 그들이 돌아 보지도 않고 한 사람은 자기 밭으로, 한 사람은 자기 사업하러 가고 6 그 남	예수가 말했다. 어떤 사람이 손님들을 초대하였다. 그가 잔치를 준비하였을 때 그는 그의 종을 보내 그런 손님들을 불러 오게 하였다. 그는 첫째 사람에게 가서 그에게 말했다. 나의 주인이 당신을 부르십니다 그가 대답하였다. 나는 상인들로부터 돈을 받아야 합니다. 그들은 오늘밤 내게 옵니다. 나는 가서 그들에게 주문서를 주어야 합니다. 제발 나를 그 잔치에서 제외시켜 주십시오. 그 종은 다른 손님에게 가서 말했다. 나의 주인이 당신을 부르십니다! 그는 종에게 말했다. 나는 집 한 채를 샀는데 그것을 위해

도록 하라 하고 20 또한 사람은 이르되 나는 장가 들었으니 그러므로 가지 못하겠노라 하는지라 21 종이 돌아와 주인에게 그대로 고하니 이에 집 주인이 노하여 그 종에게 이르되 빨리 시내의 거리와 골목으로 나가서 가난한 자들과 몸 불편한 자들과 맹인들과 저는 자들을 데려오라 하니라 22 종이 이르되 주인이여 명하신 대로 하였으되 아직도 자리가 있나이다 23 주인이 종에게 이르되 길과 산울타리 가로 나가서 사람을 강권하여 데려다가 내 집을 채우라 24 내가 너희에게 말하노니 전에 청하였던 그 사람들은 하나도 내 잔치를 맛보지 못하리라 하였다 하시니라

은 자들은 종들을 잡아 모욕하고 죽이니 7 임금이 노하여 군대를 보내어 그 살인한 자들을 진멸하고 그 동네를 불사르고 8 이에 종들에게 이르되 혼인 잔치는 준비되었으나 청한 사람들은 합당하지 아니하니 9 네거리 길에 가서 사람을 만나는 대로 혼인 잔치에 청하여 오라 한대 10 종들이 길에 나가 악한 자나 선한 자나 만나는 대로 모두 데려오니 혼인 잔치에 손님들이 가득한지라

하루 종일 일해야 합니다. 나는 시간이 없을 것입니다. 그는 다른 손님에게 가서 그에게 말했다. 나의 주인이 당신을 부르십니다. 그가 그에게 대답하였다. 나의 친구가 결혼하려고 합니다. 나는 그의 결혼 잔치를 준비해야 합니다. 나는 갈 수 없을 것입니다. 제발 나를 그 잔치에서 제외시켜 주십시오. 그는 다른 손님에게 가서 그에게 말했다. 나의 주인이 당신을 부르십니다. 그가 그에게 말했다. 나는 밭을 하나 샀는데 나는 아직 그것의 소작료를 받으러 가지 못했습니다. 제발 나를 그 잔치에서 제외시켜 주십시오. 그 종은 돌아가서 그의 주인에게 말했다. 당신이 잔치에 초대한 사람들이 제발 제외시켜 달라고 말했습니다. 주인의 그의 종에게 말했다. 거리로 나가서 만나는 사람마다 불러 오라. 그들이 정찬을 들 수 있도록. 장사꾼들과 상인들

| | | 은 나의 아버지의 처소에 들어가지 못할 것이다.[24) |
| | | |

이 비유는 죄인들에게 다가가시는 예수님의 행위를 정당화 하려는 역사적 예수의 말씀에서 유래한 것이다. 이른바 "도마 복음"(로기온 64)에도 유사한 형태의 말씀이 전해내려 온다.[25) 잔치에 초대 된 합당한 손님들은 누가복음 14:13에서 언급한 "가난한 자들과 몸 불편한 자들과 저는 자들과 맹인들"이다(21절). "길과 산울타리 가로 나가는"(23절) 종의 파송은 이방인 선교를 암시하는 표현이다. 마지막 24절에 나오는 경고의 말씀은 다시 율법교사들과 바리새인들을 향한 말씀이다(cf. 눅 14:3). 그럼에도 불구하고 이 비유의 말씀은 제자들을 향한 말씀으로 이해할 수 있다(cf. 눅 14:11 "무릇 자기를 높이는 자는 낮아지고 자기를 낮추는 자는 높아지리라").

▶ **제자가 되는 길(눅 14:25-35):** 이제 예수님은 다시 백성의 무리를 향해(25절) 제자 되는 길의 어려움에 대해 말한다.

(눅 14:25-35) 25 수많은 무리가 함께 갈새 예수께서 돌이키사 이르시되 26 무릇 내게 오는 자가 자기 부모와 처자와 형제와 자매와 더욱이 자기 목숨까지 미워하지 아니하면 능히 내 제자가 되지 못하고 27 누구든지 자기 십자가를 지고 나를 따르지 않는 자도 능히 내 제자가 되지 못하리라 28 너희 중의 누가 망대를 세우고자 할진대 자기의 가진 것이 준공하기까지에 족할는지 먼저 앉아 그 비용을 계산하지 아니하겠느냐 29 그렇게 아니하여 그 기초만 쌓고 능히 이루지 못하면 보는 자가 다 비웃어

---

24) 김용옥,『도마복음서 연구』, 대한기독교출판사, 1983, 215.

25) 예레미아스(J. Jeremias)와 헨헨(E. Haenchen)은 도마복음(ThEv) 로기온 64의 말씀이 누가의 본문보다 앞선 형태일 수 있다고 여긴다.

> 30 이르되 이 사람이 공사를 시작하고 능히 이루지 못하였다 하리라 31 또 어떤 임금이 다른 임금과 싸우러 갈 때에 먼저 앉아 일만 명으로써 저 이만 명을 거느리고 오는 자를 대적할 수 있을까 헤아리지 아니하겠느냐 32 만일 못할 터이면 그가 아직 멀리 있을 때에 사신을 보내어 화친을 청할지니라 33 이와 같이 너희 중의 누구든지 자기의 모든 소유를 버리지 아니하면 능히 내 제자가 되지 못하리라 34 소금이 좋은 것이나 소금도 만일 그 맛을 잃으면 무엇으로 짜게 하리요 35 땅에도, 거름에도 쓸 데 없어 내버리느니라 들을 귀가 있는 자는 들을지어다 하시니라

예수어록에서 유래한 말씀(26-27절; par 마 10:37-38)과 누가 특수자료에서 유래한 망대와 전쟁의 비유(28-30절, 31-32절)를 통해 예수님을 따르는 제자가 되는 길이 얼마나 큰 결단을 필요로 하는가를 잘 보여준다. 누가는 제자가 되는 길을 구체적으로 예수님 뒤를 따라가는 것으로 더 이상 생각하지 않고, 소유물 포기와 관련시켜 말한다(33절). 그러한 소유 포기는 가난한 자를 위한 선행과 직결된다(cf. 눅 12:33; 18:22). 신앙공동체와 관련해서도 마찬가지이다(행 2:44-45; 4:32). 자본주의 정신이 지배하는 오늘날 이러한 메시지를 교회에 적용하는 일이 어렵다고 생각할 수 있다. 그러나 잊지 말아야 할 것이 있다. 교회는 자기를 위해 소유물을 축적하는 공동체가 아니라, 사회에서 소외된 사람들과 가난한 사람들을 위해 소유물을 나누어주는 공동체라는 사실이다.

▶ **잃은 것에 대한 비유들(15:1-32):** 잃은 양의 비유(3-7절)는 예수어록에서 유래한 것이고(4-7절; par 마 18:12-14), 잃은 드라크마와 잃은 아들에 대한 비유(8-10절, 11-32절)는 누가 특수자료에서 가져온 것이다. 이 비유들은 예수님이 선포하는 하나님의 크나 큰 자비에 대해 말하면서 잃은 것을 다시 찾는 기쁨을 중심 주제로 다룬다(6, 9, 23-24,

32절). 잃은 자를 구원하시려는 예수님의 의도를 잘 엿볼 수 있다. 잃은 양의 비유에 관한 마태의 평행본문(마 18:12-14)은 길을 잃은 공동체원, 즉 교인을 다시 공동체로 데려오는 내용을 다루고 있으나(14절), 누가는 잃은 자, 곧 죄인을 구원하는 일에 대해 말한다(7절).

눅 15:4-7	Cf. 마 18:12-14
4 너희 중에 어떤 사람이 양 백 마리가 있는데 그 중의 하나를 잃으면 아흔아홉 마리를 들에 두고 그 잃은 것을 찾아내기까지 찾아다니지 아니하겠느냐 5 또 찾아낸즉 즐거워 어깨에 메고 6 집에 와서 그 벗과 이웃을 불러 모으고 말하되 나와 함께 즐기자 나의 잃은 양을 찾아내었노라 하리라 7 내가 너희에게 이르노니 <u>이와 같이 죄인 한 사람이 회개하면</u> 하늘에서는 회개할 것 없는 의인 아흔아홉으로 말미암아 기뻐하는 것보다 더하리라	12 너희 생각에는 어떠하냐 만일 어떤 사람이 양 백 마리가 있는데 그 중의 하나가 길을 잃었으면 그 아흔아홉 마리를 산에 두고 가서 길 잃은 양을 찾지 않겠느냐 13 진실로 너희에게 이르노니 만일 찾으면 길을 잃지 아니한 아흔아홉 마리보다 이것을 더 기뻐하리라 14 <u>이와 같이 이 작은 자 중의 하나라도</u> 잃는 것은 하늘에 계신 너희 아버지의 뜻이 아니니라

누가복음 15:1-2에 대립 장면이 강조된다. 즉, 모든 세리와 죄인들이 말씀을 들으러 예수님에게 가까이 나아오나, 바리새인과 서기관들은 예수님을 비판한다. 이러한 대립구도는 누가 특유의 시각에 따른 것이다. 역사적 예수의 비유가 회개에 앞서 주어되는 하나님의 자비를 전면에 내세웠다면, 누가는 오히려 회개의 중요성을 강조한다. 그래서 누가는 잃어버린 아들 비유(눅 15:11-32) 역시 회개의 모범적인 예화로 이해한다. 그리하여 죄인을 향한 조건 없는 하나님의 사랑과 자비의 메시지가 회개를 촉구하는 메시지로 변한다. 그렇다고 구원이 회개에 종속되었다고 말할 수 없다. 회개는 주의 은혜의 해가

선포되는 것을 전제하기 때문이다(눅 4:19 "주의 은혜의 해를 전파하게 하려 하심이라").

잃어버린 아들 비유(눅 15:11-32)에 대하여 좀 더 살펴보자.

(눅 15:11-32) 11 또 이르시되 어떤 사람에게 두 아들이 있는데 12 그 둘째가 아버지에게 말하되 아버지여 재산 중에서 내게 돌아올 분깃을 내게 주소서 하는지라 아버지가 그 살림을 각각 나눠 주었더니 13 그 후 며칠이 안 되어 둘째 아들이 재물을 다 모아 가지고 먼 나라에 가 거기서 허랑방탕하여 그 재산을 낭비하더니 14 다 없앤 후 그 나라에 크게 흉년이 들어 그가 비로소 궁핍한지라 15 가서 그 나라 백성 중 한 사람에게 붙여 사니 그가 그를 들로 보내어 돼지를 치게 하였는데 16 그가 돼지 먹는 쥐엄 열매로 배를 채우고자 하되 주는 자가 없는지라 17 이에 스스로 돌이켜 이르되 내 아버지에게는 양식이 풍족한 품꾼이 얼마나 많은가 나는 여기서 주려 죽는구나 18 내가 일어나 아버지께 가서 이르기를 아버지 내가 하늘과 아버지께 죄를 지었사오니 19 지금부터는 아버지의 아들이라 일컬음을 감당하지 못하겠나이다 나를 품꾼의 하나로 보소서 하리라 하고 20 이에 일어나서 아버지께로 돌아가니라 아직도 거리가 먼데 <u>아버지가 그를 보고 측은히 여겨 달려가 목을 안고 입을 맞추니</u> 21 아들이 이르되 아버지 내가 하늘과 아버지께 죄를 지었사오니 지금부터는 아버지의 아들이라 일컬음을 감당하지 못하겠나이다 하나 22 아버지는 종들에게 이르되 제일 좋은 옷을 내어다가 입히고 손에 가락지를 끼우고 발에 신을 신기라 23 그리고 살진 송아지를 끌어다가 잡으라 우리가 먹고 즐기자 24 이 내 아들은 죽었다가 다시 살아났으며 내가 잃었다가 다시 얻었노라 하니 그들이 즐거워하더라 25 맏아들은 밭에 있다가 돌아와 집에 가까이 왔을 때에 풍악과 춤추는 소리를 듣고 26 한 종을 불러 이 무슨 일인가 물은대 27 대답하되 당신의 동생이 돌아왔으매 당신의 아버지가 건강한 그를 다시 맞아 들이게 됨으로 인하여 살진 송아지를 잡았나이다 하니 28 그가 노하여 들어가고자 하지 아니하거늘 아버지가 나와서 권한대 29 아버지께 대답하여 이르되 내가 여러 해 아버지를 섬겨 명을 어김이 없거늘 내게는 염소 새끼라도 주어 나와 내 벗으로 즐기게 하신 일이 없더니 30 아버지의 살림을 창녀들

> 과 함께 삼켜 버린 이 아들이 돌아오매 이를 위하여 살진 송아지를 잡으
> 셨나이다 31 아버지가 이르되 얘 너는 항상 나와 함께 있으니 내 것이
> 다 네 것이로되 32 이 네 동생은 죽었다가 살아났으며 내가 잃었다가 얻
> 었기로 우리가 즐거워하고 기뻐하는 것이 마땅하다 하니라

둘째 아들은 아버지에게서 가져갔던 재산을 이방 지역에서 다 탕
진하고 돼지 먹는 열매조차 구하기 어려운 궁핍의 상황에서 자신의
죄를 고백한다(18-19절 "내가 하늘과 아버지께 죄를 지었사오니 지금
부터는 아버지의 아들이라 일컬음을 감당하지 못하겠나이다 나를 품
꾼의 하나로 보소서"). 그런 고백 후에 귀향하는 아들을 멀리서 본 아
버지는 "측은히 여겨 달려가 목을 안고 입을 맞춘다"(20절). 이러한
아버지의 태도는 아들의 기대와 달리 뭔가 새로운 것을 창조하리라
는 것을 미리 보여준다. 그것은 그 잃어버린 자를 다시 아들로 만드
는 것이다. 그래서 그에게 제일 좋은 옷을 입히고 손에 가락지를 끼
우고 발에 신을 신긴다(22절). 그리하여 "죽었던" 아들이 다시 살아
나게 된다(24절). 이러한 아버지의 행위는 크나 큰 사랑의 행위이다.
아들이 어떠한 처지에 있더라도, 그는 여전히 아버지의 아들이고 아
버지는 아들은 변함없이 사랑한다. 이런 시각에서 예수 비유 연구의
권위자인 요아킴 예레미야스(Joachim Jeremias)는 이 비유를 가리켜
"아버지의 사랑에 대한 비유"라고 부른다.26) 집에 남아 있던 큰 아들
은 돌아온 아들을 용서하는 아버지의 사랑의 행위를 비난한다(28-30
절). 큰 아들은 자기 역시 항상 아버지와 함께 있고 아버지의 것을 모
두 함께 소유하고 있는 사랑받고 있는 아들이란 사실을 잊고 있다(31
절). 이 비유는 더 이상 큰 아들의 반응에 대하여 말하지 않는다. 종국
에 큰 아들이야말로 실상 잃은 아들이 될 지도 모르겠다. 이 비유는

---

26) 이와 같이 J. Jeremias, *Die Gleichnisse Jesu*, 128.

결론을 마무리 짓지 않고, 각자의 역할을 어떻게 규정할 지를 독자 스스로에게 남겨 놓고 있다.

▶ **누가복음 16:1-17:10:** 이 부분은 예수어록과 누가 특수자료에서 유래한 다양한 주제를 담고 있다. 바리새인들에 대한 비판뿐만 아니라, 제자들에게 주는 가르침도 나온다. 제일 먼저 나오는 불의한 청지기 비유(눅 16:1-8a)의 중심 주제는 부의 위험에 대한 경고나 자선에 대한 권면이 아니라, 종말론적 상황에서 단호한 행동을 취할 것을 요청하는 호소이다.

(눅 16:1-9) 1 또한 제자들에게 이르시되 어떤 부자에게 청지기가 있는데 그가 주인의 소유를 낭비한다는 말이 그 주인에게 들린지라 2 주인이 그를 불러 이르되 내가 네게 대하여 들은 이 말이 어찌 됨이냐 네가 보던 일을 셈하라 청지기 직무를 계속하지 못하리라 하니 3 청지기가 속으로 이르되 주인이 내 직분을 빼앗으니 내가 무엇을 할까 땅을 파자니 힘이 없고 빌어 먹자니 부끄럽구나 4 내가 할 일을 알았도다 이렇게 하면 직분을 빼앗긴 후에 사람들이 나를 자기 집으로 영접하리라 하고 5 주인에게 빚진 자를 일일이 불러다가 먼저 온 자에게 이르되 네가 내 주인에게 얼마나 빚졌느냐 6 말하되 기름 백 말이니이다 이르되 여기 네 증서를 가지고 빨리 앉아 오십이라 쓰라 하고 7 또 다른 이에게 이르되 너는 얼마나 빚졌느냐 이르되 밀 백 석이니이다 이르되 여기 네 증서를 가지고 팔십이라 쓰라 하였는지라 8 주인이 이 옳지 않은 청지기가 일을 지혜 있게 하였으므로 칭찬하였으니 <u>이 세대의 아들들이 자기 시대에 있어서는 빛의 아들들보다 더 지혜로움이니라</u> 9 내가 너희에게 말하노니 불의의 재물로 친구를 사귀라 그리하면 그 재물이 없어질 때에 그들이 너희를 영주할 처소로 영접하리라

종말의 마지막 때를 지혜롭게 이용하라는 권면은 예수님의 선포상황과 잘 어울린다. 누가의 편집으로 보이는 8절 후반은, "지혜"와 관련시키면서 이 세대의 아들들이 빛의 아들들, 즉 그리스도인들보다 더 지혜로움에 대해 말한다. 9절은 이 비유의 적용에 대해 말하는데, 자선을 통해 친구를 만들고 하늘에 재물을 쌓으라는 지침은 누가의 시각을 반영한다(cf. 눅 12:33; 18:22).

이어서 나오는 누가복음 16:10-13은 "재물"의 측면에서 앞의 진술과 연결된다. 그런 다음, 누가복음 16:14-15는 돈을 좋아하고 스스로 의롭다 하는 바리새인들에 대해 말한다. 이들은 재물사용에 대한 반면교사의 역할을 한다. 그 다음에 나오는 누가복음 16:16-18과 누가복음 16:19-31(부자와 거지 나사로의 비유) 역시 특히 바리새인들을 향해 하시는 말씀이다. 그런데 누가복음 16:16-18에 들어 있는 말씀이 문맥과 잘 어울리지 않는다. 이미 예수어록 가운데 서로 연결된 것으로 보인다(par 마 11:12-13; 5:18, 32). 16절은 누가의 구원사적 시각을 보여준다("율법과 선지자는 요한의 때까지요 그 후부터는 하나님 나라의 복음이 전파되어 사람마다 그리로 침입하느니라").27) 17절은 16절을 율법의 폐기를 뜻하는 진술로 오해하는 것을 예방하려 한다. 18절의 재혼금지는 예수님의 가르침이 율법을 무효로 돌리지 않는다는 사례로 언급된 것이다.

다시 부자와 거지 나사로의 비유(눅 16:19-31)에 대해 살펴보자. 이

---

27) 복음서 저자 가운데 유일하게 예수님의 생애와 연결된 "사도행전"을 집필한 누가는 예수님과 교회의 역사를 구약성서의 옛 언약에서 시작된 하나님의 구원사와 연결시킨다. 콘첼만(H. Conzelmann, *Die Mitte der Zeit*, Tübingen ³1960)은, 세 단계로 구분되는 구원사에 대한 시각을 누가가 갖고 있었다고 본다(1. 이스라엘의 시대, 2. 예수님의 시대[="시대의 중심"], 3. 교회의 시대). 그러나 두 단계로 구분하는 것이 누가의 본래 의도에 가깝다고 생각된다(1. 이스라엘의 시대, 2. 성령의 시대[=예수님의 시대 + 교회의 시대]).

비유는 누가 특수자료에서 나온 것으로 "부"의 문제를 다룬다. 선한
사마리아인의 비유(눅 10:25-37)처럼 도움에 관한 어떤 보편적인 원
리를 제시하는 권면이 아니라, 구체적인 도움과 관련된 이야기다.

(눅 16:19-31) 19 한 부자가 있어 자색 옷과 고운 베옷을 입고 날마다 호
화롭게 즐기더라 20 그런데 나사로라 이름하는 한 거지가 헌데 투성이
로 그의 대문 앞에 버려진 채 21 그 부자의 상에서 떨어지는 것으로 배불
리려 하매 심지어 개들이 와서 그 헌데를 핥더라 22 이에 그 거지가 죽
어 천사들에게 받들려 아브라함의 품에 들어가고 부자도 죽어 장사되
매 23 그가 음부에서 고통중에 눈을 들어 멀리 아브라함과 그의 품에 있
는 나사로를 보고 24 불러 이르되 아버지 아브라함이여 나를 긍휼히 여
기사 나사로를 보내어 그 손가락 끝에 물을 찍어 내 혀를 서늘하게 하소
서 내가 이 불꽃 가운데서 괴로워하나이다 25 아브라함이 이르되 얘 너
는 살았을 때에 좋은 것을 받았고 나사로는 고난을 받았으니 이것을 기
억하라 이제 그는 여기서 위로를 받고 너는 괴로움을 받느니라 26 그뿐
아니라 너희와 우리 사이에 큰 구렁텅이가 놓여 있어 여기서 너희에게
건너가고자 하되 갈 수 없고 거기서 우리에게 건너올 수도 없게 하였느
니라 27 이르되 그러면 아버지여 구하노니 나사로를 내 아버지의 집에
보내소서 28 내 형제 다섯이 있으니 그들에게 증언하게 하여 그들로 이
고통 받는 곳에 오지 않게 하소서 29 아브라함이 이르되 그들에게 모세
와 선지자들이 있으니 그들에게 들을지니라 30 이르되 그렇지 아니하
니이다 아버지 아브라함이여 만일 죽은 자에게서 그들에게 가는 자가
있으면 회개하리이다 31 이르되 모세와 선지자들에게 듣지 아니하면
비록 죽은 자 가운데서 살아나는 자가 있을지라도 권함을 받지 아니하
리라 하였다 하시니라

거지 나사로는 부자의 대문 앞에 버려진 채로 있다(20절). 이 비유
를 이해하기 위해서는 부자와 나사로가 서로 바라볼 수 있는 정도 떨
어져 있다는 사실을 감지하는 것이 중요하다. 그것은 저세상에서도
마찬가지이다. 부자는 "눈을 들어 멀리 아브라함과 그의 품에 있는

나사로를 본다"(23절). 부자가 이 세상에서 음식물 찌꺼기만 갖고도 쉽게 넘어설 수 있었을 거리, 즉 집안과 대문 앞 사이의 짧은 거리(20-21절)가 저세상에서는 더 이상 넘어설 수 없는 거리로 고정된다(26절). 이어지는 27-31절은 바리새인들을 거냥한 진술이다(cf. 14절). 이들이 가난한 자를 돌보라는 지침을 담은 "모세와 선지자들"의 말을 듣지 않는다고 말한다(29절, 31절). 따라서 죽은 자 가운데서 부활한 자가 있을지라도 그들을 권면하기가 어려울 것이라 한다(31절). 비록 이 비유가 바리새인들을 거냥했을지라도, 바리새주의에 물든 오늘의 그리스도인과 교회에도 그대로 적용된다.

이 단락의 마지막 말씀으로 나오는 누가복음 17:1-10은 주로 예수어록에서 유래한 것이다. 5절에 "사도들"에 대한 언급이 나오나, 이는 부차적인 것이고 이 말씀은 제자들을 향해 주시는 말씀이다(1절). 실족하게 하지 말며(1-2절), 용서(3-4절)와 믿음(5-6절)에 대한 권면은 제자들 모두를 염두에 둔 말씀이다. 누가 특수자료에서 유래한 무익한 종의 비유(눅 17:7-10)의 경우도 마찬가지다. 자신의 업적에 근거하여 하나님으로부터 보상 받기를 기대하는 것을 경고한다.

▶ **나병 치유를 감사하는 사마리아인(눅 17:11-19):** 이 이야기 역시 누가 특수 자료에서 유래한 것이다. 누가는 이 이야기가 눅 17:5-6에 나오는 "사도들의 믿음"에 관한 말씀과 "믿음" 모티브를 통해 잘 연관된다고 생각하여 이곳에 배치한 것으로 보인다.

> (눅 17:11-19) 11 예수께서 예루살렘으로 가실 때에 사마리아와 갈릴리 사이로 지나가시다가 12 한 마을에 들어가시니 나병환자 열 명이 예수를 만나 멀리 서서 13 소리를 높여 이르되 예수 선생님이여 우리를 불쌍히 여기소서 하거늘 14 보시고 이르시되 가서 제사장들에게 너희 몸을 보이라 하셨더니 그들이 가다가 깨끗함을 받은지라 15 그 중의 한 사람이 자기가 나은 것을 보고 큰 소리로 하나님께 영광을 돌리며 돌아와 16

> 예수의 발 아래에 엎드리어 감사하니 그는 사마리아인이라 17 예수께서 대답하여 이르시되 열 사람이 다 깨끗함을 받지 아니하였느냐 그 아홉은 어디 있느냐 18 이 이방인 외에는 하나님께 영광을 돌리러 돌아온 자가 없느냐 하시고 19 그에게 이르시되 일어나 가라 네 믿음이 너를 구원하였느니라 하시더라

누가복음 9:51과 13:22에서 언급된 주제, 즉 예루살렘을 향한 예수님의 여정을 1절에서 다시 한 번 상기시킨다("예수께서 예루살렘으로 가실 때에 사마리아와 갈릴리 사이로 지나가시다가"). 그런데 "사마리아와 갈릴리 사이로 지나는" 여행길은 좀 특이하다. 이어서 나오는 사마리아인의 치유 이야기로 인해 누가가 "사마리아"란 지명을 첨가한 것으로 보인다. '하나님께 영광을 돌리러 돌아온 이방인'(18절)은 선교를 염두에 둔 표현이다. 누가복음의 문맥에 따르면, "일어나 가라 네 믿음이 너를 구원하였느니라"(19절)는 예수님의 말씀이 중요하다. 구원은 누가복음 13:22-17:10의 중심 주제이고, 여기서 다시 반복된다. "믿음"은 종말과 관련하여 가장 중요한 삶의 자세로서 인자 도래 시 핵심 규범이다(눅 18:8b "인자가 올 때에 세상에서 믿음을 보겠느냐").

▶ **하나님 나라의 도래와 인자의 날(눅 17:20-37):** 누가는 종말론과 관련된 중요한 내용을 이른바 "소(小)묵시록"(눅 17:20-37)과 "대(大)묵시록"(눅 21:5-36)에서 말한다. 첫 번째 묵시문학적 진술에 해당하는 "소묵시록"(눅 17:20-37)을 사마리아인 나병환자 치유이야기와 재판장과 과부의 비유 사이에 배치한다. 임박한 종말에 대한 기대가 누가에게서는 약화된다. 누가는 예수어록의 내용을 그대로 수용하지 않고 자신의 특수 자료에서 하나님 나라에 관한 예수님의 말씀(눅 17:20b-21)을 가져오고, 마가의 묵시문학적 진술(막 13:15-16 // 눅 17:31)

에 대한 해석으로 적합한 예수어록(Q)에서 유래한 말씀(마 10:39 // 눅 17:33)을 가지고 작업한다.[28]

(눅 17:20-37) 20 바리새인들이 하나님의 나라가 어느 때에 임하나이까 묻거늘 예수께서 대답하여 이르시되 하나님의 나라는 볼 수 있게 임하는 것이 아니요 21 또 여기 있다 저기 있다고도 못하리니 하나님의 나라는 너희 안에 있느니라 22 또 제자들에게 이르시되 때가 이르리니 너희가 인자의 날 하루를 보고자 하되 보지 못하리라 23 사람이 너희에게 말하되 보라 저기 있다 보라 여기 있다 하리라 그러나 너희는 가지도 말고 따르지도 말라 24 번개가 하늘 아래 이쪽에서 번쩍이어 하늘 아래 저쪽까지 비침같이 인자도 자기 날에 그러하리라 25 그러나 그가 먼저 많은 고난을 받으며 이 세대에게 버린 바 되어야 할지니라 26 노아의 때에 된 것과 같이 인자의 때에도 그러하리라 27 노아가 방주에 들어가던 날까지 사람들이 먹고 마시고 장가 들고 시집 가더니 홍수가 나서 그들을 다 멸망시켰으며 28 또 롯의 때와 같으리니 사람들이 먹고 마시고 사고 팔고 심고 집을 짓더니 29 롯이 소돔에서 나가던 날에 하늘로부터 불과 유황이 비오듯 하여 그들을 멸망시켰느니라 30 인자가 나타나는 날에도 이러하리라 31 그 날에 만일 사람이 지붕 위에 있고 그의 세간이 그 집 안에 있으면 그것을 가지러 내려 가지 말 것이요 밭에 있는 자도 그와 같이 뒤로 돌이키지 말 것이니라[cf. 막 13:15-16] 32 롯의 처를 생각하라 33 무릇 자기 목숨을 보전하고자 하는 자는 잃을 것이요 잃는 자는 살리리라[cf. 마 10:39] 34 내가 너희에게 이르노니 그 밤에 둘이 한 자리에 누워 있으매 하나는 데려감을 얻고 하나는 버려둠을 당할 것이요 35 두 여자가 함께 맷돌을 갈고 있으매 하나는 데려감을 얻고 하나는 버려둠을 당할 것이니라 36 (없음) 37 그들이 대답하여 이르되 주여 어디오니이까 이르시되 주검 있는 곳에는 독수리가 모이느니라 하시니라

"하나님의 나라가 어느 때에 임하나이까"하는 바리새인들의 질문(20절)은 누가가 볼 때 그릇된 질문이다. 하나님 나라는 시간적으로 고정된 것도 아니고 공간적으로 경계지울 수 있는 것도 아니다. "하나

---

28) F. Bovon, *Das Evangelium nach Lukas III*, 163.

님의 나라는 너희 안에 있기 때문이다”(21절 후반). 이때 “너희 안에”라는 표현을 장소적인 개념이 아니라 내용적인 개념으로 이해하는 것이 보다 적절해 보인다.29) 하나님 나라는 ‘너희들의 계획과 준비 가운데’ 드러나기 때문이다. 하나님 나라는 이미 예수님과 함께 도래했기 때문에 그것에 동참하느냐의 문제만 남아 있을 뿐이다. 따라서 하나님 나라를 수동적으로 그냥 기다릴 것이 아니라, 하나님 나라를 이루는 일에 적극적인 동참이 요구된다.30)

이어서 나오는 제자들을 위한 예언의 말씀(눅 17:22-37)은 더 이상 하나님 나라에 대해서가 아니라 인자의 도래에 대해 말한다. 이 말씀은 대체로 예수어록(Q)에서 유래한 것이다. 첫 번째 부분(22-25절)은 인자의 도래가 온 세상에 드러나는 사건임을 말한다(24절). 예수 재림을 어느 특정한 날에 고정시킬 수 없기 때문에, 인자의 날 하루만이라도 보고자 하는 제자들의 염원은 거부된다(22절). 누가의 편집에서 나온 25절은 인자의 고난이 예수님의 예루살렘 행의 중심 주제임을 상기시킨다(눅 9:22, 43; 12:49-50; 13:31-33). 두 번째 부분(26-30절)은 인자가 언제 올지 알 수 없다는 사실을 강조한다. 따라서 중요한 것은 항상 깨어 준비하는 것이다. 제자들은 노아와 롯 시대 사람들처럼 살아서는 안 된다고 경고한다. 세 번째 부분(31-37절)은 일종의 결론에 해당한다. 예수 재림은 갑자기 나타나는 일이고(31-32절), 그 때에 사람들 사이에 구원과 심판의 길이 갈릴 것임을 강조한다(34-35

---

29) “너희 안에”(ἐντὸς ὑμῶν)라는 표현의 해석을 두고 논란이 있다. 1. “너희 마음 가운데”로 이해하는 만연된 해석은 신앙의 영적 혹은 내적 차원을 강조한다. 2. “너희 무리 가운데” 혹은 “너희 영역 안에”로 이해하는 장소적 해석도 있다. 3. 누가의 윤리적 관심에 부흥하여 “너희들의 수중에”로 이해하는 해석도 있다.

30) H. Merklein, *Jesusgeschichte*, 173.

절). 따라서 올바른 삶의 태도가 중요하다(33절 "무릇 자기 목숨을 보전하고자 하는 자는 잃을 것이요 잃는 자는 살리라" cf. 마 10:39). 끝으로, 재림의 장소에 대한 질문도 거부된다(37절). 예수 재림은 썩은 고기가 독수리를 불러 모으듯이, 필연적으로 일어날 것임을 강조한다.

▸ **재판장과 과부의 비유(눅 18:1-8):**

(눅 18:1-8) 1 예수께서 그들에게 <u>항상 기도하고 낙심하지 말아야 할 것</u>을 비유로 말씀하여 2 이르시되 어떤 도시에 하나님을 두려워하지 않고 사람을 무시하는 한 재판장이 있는데 3 그 도시에 한 과부가 있어 자주 그에게 가서 내 원수에 대한 나의 원한을 풀어 주소서 하되 4 그가 얼마 동안 듣지 아니하다가 후에 속으로 생각하되 내가 하나님을 두려워하지 않고 사람을 무시하나 5 이 과부가 나를 번거롭게 하니 내가 그 원한을 풀어 주리라 그렇지 않으면 늘 와서 나를 괴롭게 하리라 하였느니라 6 주께서 또 이르시되 불의한 재판장이 말한 것을 들으라 7 하물며 하나님께서 그 밤낮 부르짖는 택하신 자들의 원한을 풀어 주지 아니하시겠느냐 그들에게 오래 참으시겠느냐 8 내가 너희에게 이르노니 속히 그 원한을 풀어 주시리라 <u>그러나 인자가 올 때에 세상에서 믿음을 보겠느냐 하시니라</u>

누가는 자신의 특수자료에서 가져온 이 비유를 통해 항상 깨어 준비하라는 권면을 강조한다(1절). 비유 자체(2-5절)는 구하는 자의 청을 반드시 들어주시는 하나님에 대해 말한다. 그런데 이 비유는 전승 과정에서 다르게 적용된다. 첫 번째 적용 단계는, 재판장보다 말할 나위 없이 "더 큰 분"인 하나님은 자기의 택하신 자들의 간청을 들어주신다는 확실성에 초점을 맞춘다(6-7a절). 두 번째 단계는, 오래 참음과 관련시키면서 '속히 간청을 들어주심'을 강조한다. 그러나 누가는 여기에서 멈추지 않고, 8절 후반을 첨가함으로써 질문의 관점을 돌린다. 더 이상 하나님이 공의를 이루신다는 확실성이나, 또는 그것을 이루는 시간이 관건이 아니고, 인자 도래 시 믿음을 발견하느냐가 관건이다. 종말과 관련하여 제자들이 가져야 할 가장 중요한 삶의 태도는 다름 아닌 믿음 안에서 인내함이다.

▶ 바리새인과 세리 비유(눅 18:9-14):

(눅 18:9-14) 9 또 자기를 의롭다고 믿고 다른 사람을 멸시하는 자들에게 이 비유로 말씀하시되 10 두 사람이 기도하러 성전에 올라가니 하나는 바리새인이요 하나는 세리라 11 바리새인은 서서 따로 기도하여 이르되 하나님이여 나는 다른 사람들 곧 토색, 불의, 간음을 하는 자들과 같지 아니하고 이 세리와도 같지 아니함을 감사하나이다 12 나는 이레에 두 번씩 금식하고 또 소득의 십일조를 드리나이다 하고 13 세리는 멀리 서서 감히 눈을 들어 하늘을 쳐다보지도 못하고 다만 가슴을 치며 이르되 하나님이여 불쌍히 여기소서 나는 죄인이로소이다 하였느니라 14 내가 너희에게 이르노니 이에 저 바리새인이 아니고 이 사람이 의롭다 하심을 받고 그의 집으로 내려갔느니라 무릇 자기를 높이는 자는 낮아지고 자기를 낮추는 자는 높아지리라 하시니라

자료 이용의 측면에서 볼 때, 누가 특수자료에서 유래한 이 비유로써 누가의 여행보도는 끝난다. 그런 다음 누가는 다시 마가의 순서로 돌아온다. 그러나 내용면에서 볼 때, 예루살렘을 향한 예수님의 여정은 아직 끝나지 않고, 누가복음 19:27까지 계속된다. 그런데 다시 돌아온 마가의 순서에 따른 첫 번째 단락 마가복음 10:2-12를 누가는 건너뛴다. 이혼과 관련된 유대 특유의 문제에 누가는 그다지 관심이 없었던 모양이다. 또한 이 문제는 이미 누가복음 16:18(예수어록)에서 언급한 것이기도 하다.

역사적 예수는 바리새인과 세리 비유를 통해 그릇된 경건과 올바른 경건의 사례를 제시하려한 것이 아니라, 세리와 죄인에 대한 자신의 태도를 변호하고자 했다. 바리새인과 세리에 대한 하나님의 심판

과 관련된 예수님의 판단은 당시 유대 서기관들의 판단과 정반대이다.31) 누가는 이 비유의 틀을 만들면서(9절, 14b절), 이 비유는 구원하는 믿음의 모습을 잘 드러내는 예화가 된다. 이 비유는 기도하러 성전에 가는 두 사람에 대해 이야기한다. 바리새인은 율법에 충실한 경건의 대표자이고, 세리는 하나님의 계명을 무시하는 악명 높은 죄인으로 통한다. 이 사람의 기도가 대비된다. 바리새인은 따로 서서 근엄하게 기도드린다(11-12절 "하나님이여 나는 다른 사람들 곧 토색, 불의, 간음을 하는 자들과 같지 아니하고 이 세리와도 같지 아니함을 감사하나이다 나는 이레에 두 번씩 금식하고 또 소득의 십일조를 드리나이다"). 그와 달리 하나님 앞에 아무런 자랑거리도 없는 세리는 멀리 서서 감히 눈을 들어 하늘을 쳐다보지도 못하고 후회의 표시로 단지 가슴을 치며 하나님께 자신이 죄인임을 고백하며 자비를 구한다(13절). 누가는, 의롭다하심을 받고 집으로 간 자는 바리새인이 아니라 세리라는 진술(14b)을 첨가함으로써, 하나님이 바리새인이 아니라 세리를 기뻐하는 이유를 제시한다. 겸손한 자는 높이시고 교만한 자는 낮추시는 것은 하나님의 본성에 속한다(cf. 눅 1:52). 결국, 누가는 이 비유를 그릇된 자기신뢰와 교만을 경고하는 예화로 이해했음을 알 수 있다. 그러나 이 비유를 단지 윤리적으로만 해석해서는 안 된다. 14절 전반에 나오는 "의" 개념에서 누가는 구원론적 차원을 강조한다. 구원받으려는 자는 겸손한 죄인의 모습으로 전적으로 하나님께 자비를 구하는 자가 되어야 한다.

▶ **누가복음** 18:15-43: 먼저 예수와 어린아이들(눅 18:15-17)과 관련하여, 마가와 달리(막 10:16) 누가는 특별히 어린아이들에게 관심을

---

31) Strack/Billerbeck, *Kommentar zum Neuen Testament aus Talmud und Midrasch* II, 247f.

보이는 것 같지 않다. 누가에게는 17절에 나오는 예수님의 말씀이 무엇보다 중요하다("내가 진실로 너희에게 이르노니 누구든지 하나님의 나라를 어린 아이와 같이 받아들이지 않는 자는 결단코 거기 들어가지 못하리라 하시니라"). 이 본문 역시 바로 앞의 본문처럼 올바른 믿음의 중요성을 강조한다. 그러한 믿음이 여기에서는 하나님 나라와 관련된다.

하나님 나라에 대한 올바른 태도는 수동적이지 않고 지극히 능동적임을 다음 단락 부와 제자의 길(눅 18:18-30)이 잘 보여준다.

눅 18:18-30	Cf. 막 10:17-31
18 어떤 관리가 물어 이르되 선한 선생님이여 내가 무엇을 하여야 영생을 얻으리이까 19 예수께서 이르시되 네가 어찌하여 나를 선하다 일컫느냐 하나님 한 분 외에는 선한 이가 없느니라 20 네가 계명을 아나니 간음하지 말라, 살인하지 말라, 도둑질하지 말라, 거짓 증언하지 말라, 네 부모를 공경하라 하였느니라 21 여짜오되 이것은 내가 어려서부터 다 지키었나이다 22 예수께서 이 말을 들으시고 이르시되 네게 아직도 한 가지 부족한 것이 있으니 <u>네게 있는 것을 다 팔아 가난한 자들에게 나눠 주라 그리하면 하늘에서 네게 보화가 있으리라 그리고 와서 나를 따르라</u> 하시니 23 그 사람이 큰 부자이므로 이 말씀을 듣고 심히 근심하더라 24 예수께서 그를 보시고 이르시되 재물이 있는 자는 하나님의 나라에 들어가기가 얼	17 예수께서 길에 나가실새 한 사람이 달려와서 꿇어 앉아 묻자오되 선한 선생님이여 내가 무엇을 하여야 영생을 얻으리이까 18 예수께서 이르시되 네가 어찌하여 나를 선하다 일컫느냐 하나님 한 분 외에는 선한 이가 없느니라 19 네가 계명을 아나니 살인하지 말라, 간음하지 말라, 도둑질하지 말라, 거짓 증언하지 말라, 속여 빼앗지 말라, 네 부모를 공경하라 하였느니라 20 그가 여짜오되 선생님이여 이것은 내가 어려서부터 다 지켰나이다 21 예수께서 그를 보시고 사랑하사 이르시되 네게 아직도 한 가지 부족한 것이 있으니 가서 네게 있는 것을 다 팔아 가난한 자들에게 주라 그리하면 하늘에서 보화가 네게 있으리라 그리고 와서 나를 따르라 하시니 22 그 사람은 재물이 많은 고로 이 말씀으로 인하여 슬픈 기색

마나 어려운지 25 낙타가 바늘귀로 들어가는 것이 부자가 하나님의 나라에 들어가는 것보다 쉬우니라 하시니 26 듣는 자들이 이르되 그런즉 누가 구원을 얻을 수 있나이까 27 이르시되 무릇 사람이 할 수 없는 것을 하나님은 하실 수 있느니라 28 베드로가 여짜오되 보옵소서 우리가 우리의 것을 다 버리고 주를 따랐나이다 29 이르시되 내가 진실로 너희에게 이르노니 하나님의 나라를 위하여 집이나 아내나 형제나 부모나 자녀를 버린 자는 30 현세에 여러 배를 받고 내세에 영생을 받지 못할 자가 없느니라 하시니라

을 띠고 근심하며 가니라 23 예수께서 둘러 보시고 제자들에게 이르시되 재물이 있는 자는 하나님의 나라에 들어가기가 심히 어렵도다 하시니 24 제자들이 그 말씀에 놀라는지라 예수께서 다시 대답하여 이르시되 애들아 하나님의 나라에 들어가기가 얼마나 어려운지 25 낙타가 바늘귀로 나가는 것이 부자가 하나님의 나라에 들어가는 것보다 쉬우니라 하시니 26 제자들이 매우 놀라 서로 말하되 그런즉 누가 구원을 얻을 수 있는가 하니 27 예수께서 그들을 보시며 이르시되 사람으로는 할 수 없으되 하나님으로는 그렇지 아니하니 하나님으로서는 다 하실 수 있느니라 28 베드로가 여짜와 이르되 보소서 우리가 모든 것을 버리고 주를 따랐나이다 29 예수께서 이르시되 내가 진실로 너희에게 이르노니 나와 복음을 위하여 집이나 형제나 자매나 어머니나 아버지나 자식이나 전토를 버린 자는 30 현세에 있어 집과 형제와 자매와 어머니와 자식과 전토를 백 배나 받되 박해를 겸하여 받고 내세에 영생을 받지 못할 자가 없느니라 31 그러나 먼저 된 자로서 나중 되고 나중 된 자로서 먼저 될 자가 많으니라

여기에서 누가는 대체로 마가를 따른다. 그러나 마가복음 10장 24절과 31절은 누가의 보도에는 빠져 있다. 오직 하나님을 통해 주어지

는 구원에 관한 주제가 26-27절에 나타난다. 토라 계명을 어려서부터 잘 지켜왔다는(21절) 관리가 영생을 얻기 위해 무슨 일을 해야 하는가 하고 예수님에게 묻는다(18절). 이러한 소망에 찬 전망은 예수님의 다음과 같은 요구에 의해 수그러지고 만다: "네게 있는 것을 다 팔아 가난한 자들에게 나눠 주라 그리하면 네게 보화가 있으리라 그리고 와서 나를 따르라"(22절). 소유 포기와 가난한 자를 위한 선행이 제자의 길임을 말한다. 그것이 곧 예수님이 말씀하신 영생의 길이다(18절, 30절). 베드로의 질문(28절)을 통해 이 이야기는 제자들을 위한 가르침이 된다. 그에 대해 예수님은 약속의 말씀(29-30절)을 주신다("29 이르시되 내가 진실로 너희에게 이르노니 하나님의 나라를 위하여 집이나 아내나 형제나 부모나 자녀를 버린 자는 30 현세에 여러 배를 받고 내세에 영생을 받지 못할 자가 없느니라 하시니라").

고난과 부활 예고(눅 18:31-34)는 마가복음에 나오는 세 번째 고난 예고(막 10:32-34)에 해당한다. 예루살렘에서 일어날 일을 제자들에게 준비시키는 것은 예수님의 예루살렘 여정 계획에 속한다: "우리가 예루살렘으로 올라가노니 선지자들을 통하여 기록된 모든 것이 인자에게 응하리라"(31절). 고난예고가 반복되고 있음에도 불구하고 제자들은 예수님의 말씀을 전혀 깨닫지 못한다(34절). 그들이 깨닫게 되는 것은 부활 이후의 일이다(cf. 눅 24:7-8, 25-27, 44-46). 누가는 마가복음 10:35-45에 나오는 세베대의 두 아들 야고보와 요한에 대한 이야기를 삭제하나, 마가복음 10:41-45에 해당하는 부분은 최후만찬(눅 22:14-23)에 이어서 하시는 유언의 말씀으로 나온다(눅 22:24-34). 마가복음 10:45("인자가 온 것은 섬김을 받으려 함이 아니라 도리어 섬기려 하고 자기 목숨을 많은 사람의 대속물로 주려 함이니라")에 해당하는 누가의 진술은 누가복음 19:10에 나타난다.

시각장애인 치유(눅 18:35-43)는 마가의 자료를 따른다(막 10:46-52). 그런데 이 치유이야기를 여리고 안에서 일어난 사건으로 보도하는 마가와 달리(막 10:46), 누가는 "여리고에 가까이 가셨을 때" 일어난 일로 보도한다(35절). 이러한 공간적 변화는 이어서 나오는 두 단락(눅 19:1-10과 눅 19:11-27)을 예루살렘 여정 마지막에 위치시키기 위한 누가의 의도 때문이다. "나를 불쌍히 여기소서"라는 시각장애인의 외침(눅 18:38-39)과 "네 믿음이 너를 구원하였느니라"는 예수님의 말씀(42절)에서 '믿음'의 주제가 다시 거론된다(cf. 눅 17:19; 18:8, 13-14, 17, 26-27). 마가와 달리 누가는 고침 받은 자와 백성이 모두 하나님을 찬양하는 보도로 시각장애인 치유 이야기를 끝낸다(43절).

▶ **세리장 삭개오의 집에 계신 예수님(눅 19:1-10):** 이 이야기는 누가 특수자료에서 유래한 것이다. 누가는 이 이야기를 이어서 나오는 열 므나 비유(눅 19:11-27)와 함께 의도적으로 예수님의 여행보도 마지막 장면으로 삼는다. 이 이야기는 예수님의 전체 사역을 이야기 형식으로 요약하는 가운데 누가의 구원론을 잘 보여준다.

(눅 19:1-10) 1 예수께서 여리고로 들어가 지나가시더라 2 삭개오라 이름하는 자가 있으니 세리장이요 또한 부자라 3 그가 예수께서 어떠한 사람인가 하여 보고자 하되 키가 작고 사람이 많아 할 수 없어 4 앞으로 달려가서 보기 위하여 돌무화과나무에 올라가니 이는 예수께서 그리로 지나가시게 됨이러라 5 예수께서 그 곳에 이르사 쳐다 보시고 이르시되 삭개오야 속히 내려오라 내가 오늘 네 집에 유하여야 하겠다 하시니 6 급히 내려와 즐거워하며 영접하거늘 7 뭇 사람이 보고 수군거려 이르되 저가 죄인의 집에 유하러 들어갔도다 하더라 8 삭개오가 서서 주께 여짜오되 주여 보시옵소서 내 소유의 절반을 가난한 자들에게 주겠사오며 만일 누구의 것을 속여 빼앗은 일이 있으면 네 갑절이나 갚겠나이다 9 예수께서 이르시되 오늘 구원이 이 집에 이르렀으니 이 사람도 아브라함의 자손임이로다 10 인자가 온 것은 잃어버린 자를 찾아 구원하려 함이니라

예수님은 의도적으로 세리와 죄인을 찾으신다(cf. 눅 5:27-32; 7:34, 36-50; 15:1-2). 그에 따라 예수님은 삭개오의 집에서 유하셔야만 한다(5절).32) 삭개오는 염치없고 강압적인 관세 추징으로 사욕을 채우는 세리자이면서 부자이기에 이중으로 구원의 길이 막힌 "잃어버린 자"이다. 잃어버린 자를 구원하러 오신 예수님의 파송 목적이 누가의 편집에서 비롯된 10절에 드러난다("인자가 온 것은 잃어버린 자를 찾아 구원하려 함이니라"). 10절은 동시에 누가복음 전체의 구원론을 요약하는 말이다. 이 진술로 인해 누가는 마가복음 10:45("인자가 온 것은 섬김을 받으려 함이 아니라 도리어 섬기려 하고 자기 목숨을 많은 사람의 대속물로 주려 함이니라")를 삭제한 것으로 보인다. 인자가 죄인을 구원하기 위해 찾아감은 죄인의 회개와 직결된다(cf. 눅 5:32; 15: 7, 10; 18:13). 삭개오는 회개할 준비가 되어 있다. 따라서 예수님을 만나기 위해 적극적으로 움직인다(4절 "앞으로 달려가서 보기 위하여 돌무화과 나무에 올라가니"). 그는 예수님에게 자기 "소유의 절반을 가난한 자들에게 주겠사오며 만일 누구의 것을 속여 빼앗은 일이 있으면 네 갑절이나 갚겠다"고 말한다(8절). 이러한 회개는 그가 "아브라함의 자손"(9절)임을 입증한다. 그리하여 처음에는 단지 시간적 의미로 사용된 "오늘"(5절)이 예수님 안에 현존하는 종말론적 구원의 "오늘"(9절)이 된다(cf. 눅 4:21).

▶ **맡긴 은 열 므나 비유(눅 19:11-27):** 누가의 여행 보도는 이 비유로 끝난다. 예수님이 마침내 예루살렘에 가까이 오셔서 사람들에게 이 비유의 말씀을 전한다. 이 비유는 예수어록의 마지막 부분에 속했을 것으로 보인다. 마태의 평행본문(마 25:14-30)에 나타나는 여러 차이

---

32) 그리스어 "데이(δεῖ)"는 영어 must에 해당하는 비인칭동사로서 하나님이 인도하시는 구원사를 암시하는 전형적인 단어이다(cf. 눅 2:49; 4:43; 9:22).

를 고려할 때, 마태와 누가는 서로 동일한 자료를 사용한 것으로 보기 어려우나 공통된 토대를 갖고 있다고 말할 수 있다.[33] 누가는 이 비유를 왕위 후보자 이야기와 연결시킨다(12, 14-15, 27절). 이 비유의 구조를 헤롯대왕의 아들인 아르켈라오스의 왕위계승 시도와 관련시켜 해석하기도 하나,[34] 그 보다는 당시 사회 정치적 현실을 이용한 것으로 보인다.

눅 19:11-27	Cf. 마 25:14-30
11 그들이 이 말씀을 듣고 있을 때에 비유를 더하여 말씀하시니 이는 자기가 예루살렘에 가까이 오셨고 그들은 하나님의 나라가 당장에 나타날 줄로 생각함이더라 12 이르시되 어떤 귀인이 왕위를 받아가지고 오려고 먼 나라로 갈 때에 13 그 종 열을 불러 은화 열 므나를 주며 이르되 내가 돌아올 때까지 장사하라 하니라 14 그런데 그 백성이 그를 미워하여 사자를 뒤로 보내어 이르되 우리는 이 사람이 우리의 왕 됨을 원하지 아니하나이다 하였더라 15 귀인이 왕위를 받아가지고 돌아	14 또 어떤 사람이 타국에 갈 때 그 종들을 불러 자기 소유를 맡김과 같으니 15 각각 그 재능대로 한 사람에게는 금 다섯 달란트를, 한 사람에게는 두 달란트를, 한 사람에게는 한 달란트를 주고 떠났더니 16 다섯 달란트 받은 자는 바로 가서 그것으로 장사하여 또 다섯 달란트를 남기고 17 두 달란트를 받은 자도 그같이 하여 또 두 달란트를 남겼으되 18 한 달란트 받은 자는 가서 땅을 파고 그 주인의 돈을 감추어 두었더니 19 오랜 후에 그 종들의 주인이 돌아와 그들과 결산할새 20 다

[33] 누가 특수 자료를 염두에 두는 학자는 누가와 마태 본문 간의 차이를 서로 무관한 전승에서 유래한 것에서 찾는다(T.W.Manson; A.Weiser; H.Schürmann). 그러나 예수어록(Q) 대표자들은 공통된 예수어록 전승을 나름대로 번역하는 과정에서(W.Bussmann) 또는 편집에 의한 첨가에서 비롯된 차이로 간주한다(P.Hoffmann; D.Lührmann).

[34] 아르켈라오스는 기원전 4년 로마에 가서 아우구스투스 황제에게 아버지의 나라를 물려달라고 청원했으나 유대인 사절단의 반대 의견에 접하면서 나라의 절반만 다스리는 분봉왕의 지위를 갖고 귀환한다(cf. Josephus, Ant. XVII,219-49; Bell. II,1-38,80-100).

와서 은화를 준 종들이 각각 어떻게 장사하였는지를 알고자 하여 그들을 부르니 16 그 첫째가 나아와 이르되 주인이여 당신의 한 므나로 열 므나를 남겼나이다 17 주인이 이르되 잘하였다 착한 종이여 네가 지극히 작은 것에 충성하였으니 열 고을 권세를 차지하라 하고 18 그 둘째가 와서 이르되 주인이여 당신의 한 므나로 다섯 므나를 만들었나이다 19 주인이 그에게도 이르되 너도 다섯 고을을 차지하라 하고 20 또 한 사람이 와서 이르되 주인이여 보소서 당신의 한 므나가 여기 있나이다 내가 수건으로 싸 두었었나이다 21 이는 당신이 엄한 사람인 것을 내가 무서워함이라 당신은 두지 않은 것을 취하고 심지 않은 것을 거두나이다 22 주인이 이르되 악한 종아 내가 네 말로 너를 심판하노니 너는 내가 두지 않은 것을 취하고 심지 않은 것을 거두는 엄한 사람인 줄로 알았느냐 23 그러면 어찌하여 내 돈을 은행에 맡기지 아니하였느냐 그리하였으면 내가 와서 그 이자와 함께 그 돈을 찾았으리라 하고 24 곁에 섰는 자들에게 이르되 그 한 므나를 빼앗아 열 므나 있는 자에게 주라 하니 25 그들이 이르되 주여 그에게 이미 열 므나가 있나이다 26 주인이 이르되 내가 너희에게 말하노

섯 달란트 받았던 자는 다섯 달란트를 더 가지고 와서 이르되 주인이여 내게 다섯 달란트를 주셨는데 보소서 내가 또 다섯 달란트를 남겼나이다 21 그 주인이 이르되 잘 하였도다 착하고 충성된 종아 네가 적은 일에 충성하였으매 내가 많은 것을 네게 맡기리니 네 주인의 즐거움에 참여할지어다 하고 22 두 달란트 받았던 자도 와서 이르되 주인이여 내게 두 달란트를 주셨는데 보소서 내가 또 두 달란트를 남겼나이다 23 그 주인이 이르되 잘 하였도다 착하고 충성된 종아 네가 적은 일에 충성하였으매 내가 많은 것을 네게 맡기리니 네 주인의 즐거움에 참여할지어다 하고 24 한 달란트 받았던 자는 와서 이르되 주여 당신은 굳은 사람이라 심지 않은 데서 거두고 헤치지 않은 데서 모으는 줄을 내가 알았으므로 25 두려워하여 나가서 당신의 달란트를 땅에 감추어 두었었나이다 보소서 당신의 것을 가지셨나이다 26 그 주인이 대답하여 이르되 악하고 게으른 종아 나는 심지 않은 데서 거두고 헤치지 않은 데서 모으는 줄로 네가 알았느냐 27 그러면 네가 마땅히 내 돈을 취리하는 자들에게나 맡겼다가 내가 돌아와서 내 원금과 이자를 받게 하였을 것이니라 28 그에게서 그 한 달란트를 빼앗아 열 달란트 가진 자에게 주라 29

<table>
<tr><td>니 무릇 있는 자는 받겠고 없는 자는 그 있는 것도 빼앗기리라 27 그리고 내가 왕 됨을 원하지 아니하던 저 원수들을 이리로 끌어다가 내 앞에서 죽이라 하였느니라</td><td>무릇 있는 자는 받아 풍족하게 되고 없는 자는 그 있는 것까지 빼앗기리라 30 이 무익한 종을 바깥 어두운 데로 내쫓으라 거기서 슬피 울며 이를 갈리라 하니라</td></tr>
</table>

11-12절에서 누가는 비유 이야기를 하게 된 이유를 설명한다. 듣는 사람들은 예수님이 삭개오의 집에 거하는 것을 비판했던 사람들이다(눅 19:7). 누가가 전하는 비유의 기본 구조는 마태의 것과 동일하다. "어떤 귀인"이 먼 나라로 갈 때 10명의 종을 불러 은화 열 므나를 준다. 즉, 각자에게 한 므나씩 준다. 이를 가지고 저마다 사업을 벌여야 한다. 마태의 경우, 맡긴 액수는 종의 재능에 따라 다르다. 귀인의 귀환 보도를 하기 전에 누가는 14절에서 사람들이 그를 미워하여 사자를 보내어 그가 자기들의 왕이 되는 것을 원하지 않는다고 말한다. 그러나 그 귀인은 왕위를 받아가지고 귀환하고, 원수들을 심판하기 전에 자기 종들을 불러 얼마나 장사를 잘 했는지 셈한다(15절). 열 므나를 남긴 첫 번째 종은 충성을 인정받아 열 고을을 차지할 권세를 받고(16-17절), 다섯 므나를 남긴 두 번째 종도 다섯 고을을 차지할 권세를 얻는다(18-19절). 또 다른 종은 주인의 엄함을 염려한 나머지 받은 한 므나를 조심스럽게 보관만 했지 소득을 남기지 못하고, 자기 주인을 무시무시한 독재자나 약탈자 정도로 여긴다(20-21절). 왕위를 받아 가지고 귀환한 주인은 자신의 말대로 종들을 심판한다.

　누가는 이 비유를 알레고리로 이해했다. 그리하여 예수님과 그의 삶과 역할 및 하나님 나라의 미래 종말론과 공동체의 현재 실존에 적용시킨다. 비유 첫머리에 등장하는 "어떤 귀인"(12절)은 다름 아닌 예수님을 가리킨다. 귀인에 대한 백성의 증오(14절)에서 누가는 예수님에 대한 거부를 가리키는 것으로 여긴다. 그리고 "어떤 귀인이 왕위를 받아 가지고 오려고 먼 나라로 가는" 여행은 예수님의 승천에 관한 비유가 되며, 자기 종들에게 결산을 요구하며 원수를 심판하기 위해 왕위를 받아 가지고 귀환함은 예수님의 재림을 염두에 둔 표현으로 여긴다(15절, 27절).[35] 누가가 이 비유를 통해 밝히고자 하는 것이 11절에 나타난다. 즉, 누가는 예수님이 예루살렘에 가까이 온 지금 "하나님의 나라가 당장에 나타날 줄로 생각함"을 물리치려 한다. 주님이 맡긴 것을 충직하게 수행하는 것이 관건이다(17절).

---

35) 이 비유를 역사적 예수의 차원에서 해석할 경우, 여기에 등장하는 타국으로 떠났던 주인(혹은 왕)이 돌아와서 신실하지 않은 종들을 심판하는 것은 야훼가 시온으로 돌아오는 것과 거기서 나올 무시무시한 결과를 가리키는 것으로 해석할 수 있다(라이트,『예수와 하나님의 승리』. 박문재 역, 크리스챤다이제스트, 2004, 962).

제14장 예루살렘에서 사역하시는 예수님

예루살렘 입성에 관한 이야기로 예수님의 사역은 마지막 국면에 들어선다. 여기에서 마가는 전승에서 물려받은 것으로 보이는 수난 이야기의 흐름을 따른다. 누가는 순서를 약간 바꾸는 것을 제외하고 대체로 마가와 평행하는 본문을 제시하나 여기저기 마가의 묘사에 보충을 가한다. 예수님 사역의 마지막 국면은 네 가지 주제, 즉 예루살렘에서의 사역, 종말에 관한 말씀, 수난 이야기, 부활의 메시지로 나눌 수 있다. 이 네 주제는 일련의 극적인 이야기 형태로 서로 긴밀하게 연결되면서 복음서의 마지막 본론 부분을 이룬다.

1. 마가의 묘사(막 11:1-12:44)

10:32-33에서 언급된 목적지인 예루살렘에 예수님이 드디어 도달했음을 보도하는 11:1은 마가복음 가운데 한 전환점을 이루면서, 동시에 이미 언급한 예수님의 고난예고를 염두에 두고 있다. 독자들은 예수님이 앞서 말씀하신 일이 이제 곧 일어나리라는 사실을 알고 있다. 11:1-12:44에는 예수님이 다양한 유대 그룹들과 벌이는 논쟁이 나온다. 마가는 그러한 논쟁이 예루살렘 성전 안에서 벌어지고 있음을 누차 강조한다(막 11:11, 25, 27; 12:35).

▶ **예수님의 예루살렘 입성(막 11:1-11)**: 마가는 예수님이 여리고에서 시각장애인 바디매오를 고쳐주시는 이야기(막 10:46-52)를 통해 예루살렘 입성 장면을 준비했다.

> (막 11:1-11) 1 그들이 예루살렘에 가까이 와서 감람 산 벳바게와 베다니에 이르렀을 때에 예수께서 제자 중 둘을 보내시며 2 이르시되 너희는 맞은편 마을로 가라 그리로 들어가면 곧 아직 아무도 타 보지 않은 나귀 새끼가 매여 있는 것을 보리니 풀어 끌고 오라 3 만일 누가 너희에게 왜 이렇게 하느냐 묻거든 주가 쓰시겠다 하라 그리하면 즉시 이리로 보내리라 하시니 4 제자들이 가서 본즉 나귀 새끼가 문 앞 거리에 매여 있는지라 그것을 푸니 5 거기 서 있는 사람 중 어떤 이들이 이르되 나귀 새끼를 풀어 무엇 하려느냐 하매 6 제자들이 예수께서 이르신 대로 말한대 이에 허락하는지라 7 나귀 새끼를 예수께로 끌고 와서 자기들의 겉옷을 그 위에 얹어 놓으매 예수께서 타시니 8 많은 사람들은 자기들의 겉옷을, 또 다른 이들은 들에서 벤 나뭇가지를 길에 펴며 9 앞에서 가고 뒤에서 따르는 자들이 소리 지르되 호산나 찬송하리로다 주의 이름으로 오시는 이여 10 찬송하리로다 오는 우리 조상 다윗의 나라여 가장 높은 곳에서 호산나 하더라 11 예수께서 예루살렘에 이르러 성전에 들어가사 모든 것을 둘러 보시고 때가 이미 저물매 열두 제자를 데리시고 베다니에 나가시니라

이제 예수님은 예루살렘 가까이 감람산 벳바게와 베다니에 이르렀다(1절). '무화과나무의 집'을 뜻하는 벳바게와 '가난한 자들의 집'을 뜻하는 베다니는 성지순례자들이 여리고에서 예루살렘으로 가는 길을 정확히 나타낸다. 이제 일어나는 일은 이미 앞에서 예비되었다. 시각장애인 바디매오는 예수님이 메시아이심을 눈치 채고서 "다윗의 자손 예수여" 하며 크게 소리 질렀다(막 10:48-49). 예수님은 다름 아닌 바로 메시아로서 예루살렘으로 입성하려 하신다. 예수님의 행동은 이런 상황을 염두에 둔 것이다. 그래서 예수님은 스가랴 9:9에 따라 나귀 새끼를 끌고 오라 하신다(1b-7절).[1] 또한 사람들의 겉옷을

---

1) (슥 9:9) "시온의 딸아 크게 기뻐할지어다 예루살렘의 딸아 즐거이 부를지어다 보라 네 왕이 네게 임하시나니 그는 공의로우시며 구원을 베푸시며 겸손하여서 나귀를 타시나니 나귀의 작은 것 곧 나귀새끼니라." 바벨론 탈무드 bBer 56b를 참조하라.

나귀 등 위에 걸쳐 두고, 겉옷뿐만 아니라 베어낸 나뭇가지를 길 위에 펴는 일(7절)은 왕위 즉위를 떠올린다(cf. 왕하 9:13). 사람들의 외침 "호산나 찬송하리로다 주의 이름으로 오시는 이여"(9절)는 시편 118편 25-26절에서 유래한 것이다. 본래 제사장들이 성전 문가에서 입성하던 자를 향해 외치던 말이 10절("찬송하리로다 우리 조상 다윗의 나라여 가장 높은 곳에서 호산나 하더라")에서 메시아적으로 해석된다. 이로써 사람들은 메시아 왕으로 오시는 예수님을 예루살렘 성문 가에서 성대하게 맞이하고 있음을 보여준다.

  그런데 이 이야기가 나타내고자 하는 심오한 내용은 그러한 표면적인 차원에 머물지 않는다. 마가는 예수님을 실제 예루살렘으로 입성하는 메시아 왕으로 여기나, 메시아 즉위가 사람들이 보통 생각하는 차원과 완전히 다른 모습으로 전개되고 있다. 이런 까닭에 예수님 자신은 사람들의 환호에 아무 반응도 보이시지 않고, 왕이나 메시아 칭호도 사용하지 않고 있다. 왕의 칭호가 나타나는 십자가 위에 가서야(막 15:26) 비로소 예수님의 왕위 즉위식이 거행되고 있는 셈이다. 마가는 예수님이 예루살렘에서 환대받는 이야기를 전혀 보도하지 않는다. 예루살렘에 이른 예수님은 성전을 둘러보시고는 다시 제자들과 함께 베다니로 돌아가신다(11절). 이때 성전 방문에 관한 언급은 다음 장면을 준비한다. 11절의 "때가 이미 저물매"로 시작되는 날짜의 흐름은 마가복음 11장 12절("이튿날")과 19-20절("그리고 날이 저물매", "아침에")을 넘어서 본래 수난 이야기 안으로 지속된다. 여기에서 눈에 띄는 점은, 예수님이 예루살렘에 입성하는 첫날과 그 다음 날들에도 예루살렘 안에 거하지 않고 있다는 사실이다. 마가의 관점에 따르면, 예루살렘은 적대적인 도시로서 예수님을 대적하는 자들의 거처이며 예수님을 살해하려는 무리의 소굴이다(막 3:6; 7:1).

▶ **무화과나무 저주와 성전 정화(막 11:12-33):** 마가는 전승에서 물려받은 수난 이야기의 흐름을 계속 이어간다. 예루살렘 입성에 이어서 그곳에서 이틀 머무는 동안 일어난 일에 대해 보도한다. 무화과나무 주제와 성전 주제가 마가복음 11:12-33 가운데 번갈아 가면서 나타나는 것이 특이하다(A. 무화과나무[12-14절] → B. 성전[15-19절] → A. 무화과나무[20-25절] → B. 성전[27-33절]).

> (막 11:12-14) 12 이튿날 그들이 베다니에서 나왔을 때에 예수께서 시장하신지라 13 멀리서 잎사귀 있는 한 무화과나무를 보시고 혹 그 나무에 무엇이 있을까 하여 가셨더니 가서 보신즉 잎사귀 외에 아무 것도 없더라 이는 무화과의 때가 아님이라 14 예수께서 나무에게 말씀하여 이르시되 이제부터 영원토록 사람이 네게서 열매를 따 먹지 못하리라 하시니 제자들이 이를 듣더라

무화과나무 저주(막 11:12-14)는 예루살렘에서의 예수님 사역과 관련된 유일한 기적이야기이다. 그러나 이를 저주의 기적으로 해석할 것이 아니라 예언자적 상징 행위로 이해하는 것이 옳다. 무화과나무가 열매를 맺지 못한다는 이유로 벌을 받는 것이 아니다. 그 나무를 통해 말하고자 하는 것은, 결정적인 순간에 꼭 필요한 열매를 맺지 못하는 상황을 확실하게 보여주려는 데 있다. 이러한 예수님의 상징 행위가 겨냥한 대상이 누구인지 명확하지 않으나, 마가의 문맥을 고려하면 대제사장들과 서기관들과 장로들로 보인다(cf. 막 11:18, 27). 예루살렘의 지도층을 이루는 이들은 예수님의 행위가 자신들에 대한 위협으로 느껴 예수님을 살해하려 한다(18절).

그런데 예수님의 상징 행위가 아직 저주 자체를 의미하지는 않고, 그러한 실패의 경우를 상정한 저주라는 점을 간과해서는 아니 된다. 따라서 이 장면을 이스라엘 백성 전체를 향한 예수님의 저주로 해석

하는 것은 잘못이다. 마가의 의도는 무화과나무 저주 장면을 통해, 예수님을 심판하려던 자들이 스스로 하나님의 심판에 놓이게 된다는 사실을 독자들에게 미리 밝히려는 데 있다. 이러한 사실은 다음날 일어난 말라죽은 무화과나무를 둘러싼 예수님과 제자들 사이의 대화에서 분명해진다(막 11:20-25). 그러한 잘못을 범하지 말라고 하며, 무화과나무의 말라죽음은 신앙의 결과로 이해해야 한다. 22절에 나오는 "하나님을 믿으라"는 진술은, 하나님은 무화과나무를 통한 상징적인 심판을 실제로 실현시킬 수 있는 분이라는 사실을 확신시키고 있다. 이어서 나오는 23-24절의 말씀은 공의의 심판을 기다리고 있는 신앙공동체로 하여금 신앙 가운데 그들의 기도가 반드시 하나님께 상달되리라는 점을 강조한다. 이러한 상황에 용서에 대한 요청도 잘 어울린다(25절). 심판은 신앙공동체의 역할이 아니라, 신앙공동체의 허물을 사하여 주신 하나님의 전권에 속한다.

성전 정화(막 11:15-19) 역시 마가의 문맥에서 타락한 성전 체제를 전복시키는 예언자적 상징 행위로 나타난다.

> (막 11:15-19) 15 그들이 예루살렘에 들어가니라 예수께서 성전에 들어가사 성전 안에서 매매하는 자들을 내쫓으시며 돈 바꾸는 자들의 상과 비둘기 파는 자들의 의자를 둘러 엎으시며 16 아무나 물건을 가지고 성전 안으로 지나다님을 허락하지 아니하시고 17 이에 가르쳐 이르시되 기록된 바 내 집은 만민이 기도하는 집이라 칭함을 받으리라고 하지 아니하였느냐 너희는 강도의 소굴을 만들었도다 하시매 18 대제사장들과 서기관들이 듣고 예수를 어떻게 죽일까 하고 꾀하니 이는 무리가 다 그의 교훈을 놀랍게 여기므로 그를 두려워함일러라 19 그리고 날이 저물매 그들이 성 밖으로 나가더라

마가는 "매매하는 자들을 내쫓으시며 돈 바꾸는 자들의 상과 비둘기 파는 자들의 의자를 둘러엎으시는"(15절) 예수님의 행위를 일종의

개혁으로 여기지 않고 옛 성전의 멸망을 지적하는 상징으로 여긴다. 그러한 점은 예레미야 7:11을 언급하는 데서 분명해진다(17절 "너희는 [내 집을]강도의 소굴로 만들었도다"). 성전 정화는 성전 상인들을 내어쫓는 일 자체에 달린 것이 아니라, 성전에서 일어나는 제의행위를 상징적으로 멈추게 하는 것을 나타낸다. 그것은 성전 체제에 대한 공격으로서 타락한 성전에 대한 하나님의 심판을 뜻한다. 하나님이 성전에 거하시기를 원하는 경우는 그를 경외하는 사람들이 올바른 태도로 공의를 행할 경우이다(렘 7:3-10). 마가가 생각하는 올바른 태도란 예수님의 메시지를 경청하는 태도이고, 그것은 곧 정화를 뜻한다. 사람들이 이를 따르지 않을 경우, 예수님은 상징적으로 심판을 행하신다. 예루살렘 성전멸망(기원후 70년)을 이미 돌아보고 있는 마가는 그러한 심판이 이미 실현된 것으로 여기고 있다. 그러나 마가의 관심은 여기에 머물지 않고, 예수님의 성전 정화 행위를 새 성전에 대한 비전과 연결시킨다(17절 "내 집은 만인이 기도하는 집이라").2) 이때 마가는 모든 백성이 초대 받은 신앙공동체로서의 성전을 염두에 두고 있다. 성전 정화의 비판적 기능은 예루살렘 성전에만 국한된 것이 아니라, 하나님이 거하신다고 믿고 있는 오늘날의 예배처소에도 그대로 적용된다.

예수님의 권위를 둘러싼 질문(막 11:27-33)은 본래 성전 정화와 하나로 연결된 이야기였으나, 마가의 시간 도식에 따르면 이튿날 무화과나무를 둘러싼 대화(막 11:20-25[26])에 이어서 이루어진다.

> (막 11:27-33) 27 그들이 다시 예루살렘에 들어가니라 예수께서 성전에서 거니실 때에 대제사장들과 서기관들과 장로들이 나아와 28 이르되 무슨

---

2) Cf. (사 56:7) "내가 곧 그들을 나의 성산으로 인도하여 기도하는 내 집에서 그들을 기쁘게 할 것이며 그들의 번제와 희생을 나의 제단에서 기꺼이 받게 되리니 이는 <u>내 집은 만민이 기도하는 집</u>이라 일컬음이 될 것임이라."

> 권위로 이런 일을 하느냐 누가 이런 일 할 권위를 주었느냐 29 예수께서 이르시되 나도 한 말을 너희에게 물으리니 대답하라 그리하면 나도 무슨 권위로 이런 일을 하는지 이르리라 30 요한의 세례가 하늘로부터냐 사람으로부터냐 내게 대답하라 31 그들이 서로 의논하여 이르되 만일 하늘로부터라 하면 어찌하여 그를 믿지 아니하였느냐 할 것이니 32 그러면 사람으로부터라 할까 하였으나 모든 사람이 요한을 참 선지자로 여기므로 그들이 백성을 두려워하는지라 33 이에 예수께 대답하여 이르되 우리가 알지 못하노라 하니 예수께서 이르시되 나도 무슨 권위로 이런 일을 하는지 너희에게 이르지 아니하리라 하시니라

그 전날 예수님을 제거하기로 결정한(18절) 대제사장들과 서기관들과 장로들이 예수님의 상징적인 행위로 인해 두려움에 빠진다. 그리하여 그들은 무슨 권위로 그와 같은 일을 하느냐고 예수님에게 묻는다(28절). 그에 답하는 예수님의 되받는 질문(30절)은 적대자들의 치부를 들추어낸다. 참 선지자로 온 요한을 이미 거부했던 적대자들은 당시처럼 지금도 여전히 회개하지 않고 예수님의 질문에 답하기를 거부한다(33절). 이런 시각에서 "마가복음 11:12-33은 이어지는 날들, 특히 예루살렘에서의 예수님의 수난에 대한 서곡"으로 이해할 수 있다.3) 성전 정화에 관한 상징적 장면은 기도와 예배와 같은 제의 행위가 넘치고 있는 오늘의 한국 교회에게 시사하는 바가 크다. 아무리 웅장한 예배당 안에서 제의적 기도와 예배가 넘친다 하더라도 교회가 하나님의 참 뜻이 이루어지는 공간이 아닐 경우 심지어 강도들의 소굴로 바뀔 수 있다는 사실을 우리에게 경고한다.

▶ **사악한 포도원 농부의 비유(막 12:1-12):** 이스라엘의 구원사 혹은 멸망의 역사 전체를 전망하는 비유이다. 마가는 이 장면을 통해 예수

---

3) H. Merklein, *Jesusgeschichte*, 181.

님이 날마다 공개적으로 성전에서 가르치셨으나 적대자들이 예수님을 잡지 아니하였다는 사실을 다시 보여준다(cf. 막 14:49). 이로써 마가는 소송에서 예수님이 무죄하다는 사실과 또한 무슨 일이 일어날지를 예수님이 알고 계신다(6-7절)는 사실도 분명히 한다.

> (막 12:1-12) 1 예수께서 비유로 그들에게 말씀하시되 한 사람이 포도원을 만들어 산울타리로 두르고 즙 짜는 틀을 만들고 망대를 지어서 농부들에게 세로 주고 타국에 갔더니 2 때가 이르매 농부들에게 포도원 소출 얼마를 받으려고 한 종을 보내니 3 그들이 종을 잡아 심히 때리고 거저 보내었거늘 4 다시 다른 종을 보내니 그의 머리에 상처를 내고 능욕하였거늘 5 또 다른 종을 보내니 그들이 그를 죽이고 또 그 외 많은 종들도 더러는 때리고 더러는 죽인지라 6 이제 한 사람이 남았으니 곧 그가 사랑하는 아들이라 최후로 이를 보내며 이르되 내 아들은 존대하리라 하였더니 7 그 농부들이 서로 말하되 이는 상속자니 자 죽이자 그러면 그 유산이 우리 것이 되리라 하고 8 이에 잡아 죽여 포도원 밖에 내던졌느니라 9 포도원 주인이 어떻게 하겠느냐 와서 그 농부들을 진멸하고 포도원을 다른 사람들에게 주리라 10 너희가 성경에 건축자들이 버린 돌이 모퉁이의 머릿돌이 되었나니 11 이것은 주로 말미암아 된 것이요 우리 눈에 놀랍도다 함을 읽어 보지도 못하였느냐 하시니라 12 그들이 예수의 이 비유가 자기들을 가리켜 말씀하심인 줄 알고 잡고자 하되 무리를 두려워하여 예수를 두고 가니라

한 포도원 주인이 자기 포도원을 농부들에게 소작을 주고 타국으로 갔다가[4] 때가 되어 소출을 받기 위해 한 종을 보낸다. 사악한 농부들은 그 종과 연이은 다른 종들을 때려 거저 보낸다. 마침내 주인은 마지막으로 자기 "사랑하는 아들"을 보내나, 농부들은 포도원을 차지할 속셈으로 그를 살해하여 포도원 밖에 내던진다는 이야기다. 이 이야기는 이른바 "파라벨"(Parabel)이라 부르는 장르에 속한다. 파라

---

4) 그것이 당시의 토지소유 및 소작 관계에 부응한다는 점을 헹엘이 밝혔다: M. Hengel, "Das Gleichnis von den Weingärtnern," in *ZNW* 59 (1968), 1-39.

벨이란 일반적이며 반복되는 경우를 묘사한 것이 아니라 특별하며 유일회적인 사건을 묘사하는 비유를 가리키는 전문용어이다. 이 이야기는 이사야 5:1-2("1 나는 내가 사랑하는 자를 위하여 노래하되 내가 사랑하는 자의 포도원을 노래하리라 내가 사랑하는 자에게 포도원이 있음이여 심히 기름진 산에로다 2 땅을 파서 돌을 제하고 극상품 포도나무를 심었도다 그 중에 망대를 세웠고 또 그 안에 술틀을 팠도다 좋은 포도 맺기를 바랐더니 들포도를 맺었도다")에 나오는 포도원 농장의 형상에 의존하는 가운데 구약시대 예언자들의 운명에 관한 신명기사가적 관점을 따르고 있다. 이 이야기의 역사성을 둘러싸고 학자들 사이에 논란이 많으나, 이 이야기의 기본 형태는 예수님에게서 나온 것이 틀림없다.5) 예수님의 말씀으로서 이 이야기는 예수님을 마지막 예언자로 인정하지도 않고 또한 그의 특별한 권세도 인정하지 않는 사람들을 향한 경고와 심판의 말씀이었으나, 초대교회의 편집이 담긴 최종 형태 가운데는 유대교와 초기 그리스도교 공동체 사이를 명백하게 가르고 있는 것이 드러난다(9-11절).

이 이야기는 처음부터 알레고리의 경향을 띤 것으로 보인다. 그러한 특징은 특히 6절의 "사랑하는 아들"이란 표현에서 두드러진다. 마가의 시각에 따르면(cf. 막 1:1; 9:7), 사랑하는 아들은 의심의 여지없이 예수님을 가리킨다. 7-8절에선 예수님의 고난과 죽음의 운명이 구

---

5) 예컨대, 에른스트와 베더는 이 비유의 원초적 형태가 예수에게서 비롯된 것으로 여긴다(J.Ernst, *Das Evangelium nach Markus*, Regensburg 1981, 339; H. Weder, *Die Gleichnisse Jesu als Metaphern*, 150-151). 이 비유에 알레고리화 경향이 나타나며 구원사적 전망이 예언자 파송 표상과 연결된 것을 보면 초기 교회의 선포와 직결된 것이 드러난다. 유사한 이야기를 전하는 『도마복음』 로기온 65에 알레고리적 요소가 나타나지 않는다는 이유에서 이 로기온이 전승사적으로 여러 점에서 마가보다 앞선다고 여기는 학자들이 있다 (J. Jeremias, *Gleichnisse*, 68-70; J.D. Crossan; J.A.T. Robinson). 그러나 ThEv 65 가 공관복음 전승에 의존한다고 보는 입장도 있다(W.Schrage; K.R.Snodgrass).

약의 예언자 파송의 표상에 따라 이야기 형태로 나타난다. 이어서 나오는 9-11절을 통해 이 이야기는 심판의 말씀이 된다. 하나님의 선민인 이스라엘은 하나님이 선택하신 분이신 예수 그리스도를 거절하였기 때문에 하나님으로부터 오는 약속의 유업을 빼앗기게 된 것이다. 구약 인용문 시편 118:22-23의 진술을 통해 예수님의 버림받음이 바로 그 분이 메시아로 선택된 것이라는 긍정적인 의미로 전환된다. 모퉁이의 머릿돌로서 예수님은 성전의 토대가 되신다(10절).

예수님은 이스라엘을 버리셨다는 뜻으로 이 이야기를 해석하는 것은 마가의 의도가 아니다. 마가의 문맥에 따르면 이 이야기의 수신자는 여전히 대제사장들과 서기관들과 장로들이다(1절). 12절에 나오는 그들의 반응은 마가복음 11:18-19에 나오는 반응과 유사하다. 이 이야기는 마가복음 11:12-33과 잘 어울린다. 그곳에서 예수님의 상징적인 행위가 드러났다면, 여기서는 상징적인 행위 대신 상징적인 말씀으로 나타난다. 포도원은 하나님의 사자 혹은 하나님의 아들의 말씀이 수용되는 장소이다.

▶ 예루살렘에서의 논쟁(막 12:13-37, 38-44): 앞 단락(막 11:12-33)에서 예수님은 주도권을 잡고 상징적인 말씀과 행위를 하였다면, 여기서는 적대자들이 예수님의 말씀을 책잡으려고 전면에 나선다. 여기에 나오는 논쟁들은 모두 한 날에 벌어진 것으로 나타난다. 적대자들에게 초점을 맞추고 있는 논쟁이야기들은 예수님과 적대자들 사이에 놓인 긴장감을 드러내고 있다.

가이사에게, 즉 로마 황제에게 바치는 세금에 대한 질문(막 12:13-17)이 바리새인과 헤롯 당원에 의해 제기된다(13절). 이 질문은 예수님을 정치적으로 또한 신학적으로 함정에 빠뜨리려는 의도에서 비롯된 것이다. 예수님이 세금 내는 것을 거부한다면 정치적 반란을 부추기는 것이 되고, 세금을 내어야 한다고 말한다면 우상을 섬기는 것을 선동한다고 비난하려는 의도이다. "가이사의 것은 가이사에게, 하나님의 것은 하나님께 바치라"(17절)는 예수님의 대답은 적대자들이 갖고 있던 그러한 교활한 의도를 들추어내고 있고, 동시에 하나님이 만물의 주인이라는 입장을 열어놓고 있다.

죽은 자의 부활에 대한 질문(막 12:18-27)에서 예수님은 고대 유대교에서 논란거리였던 한 신학적 질문에 직면한다. 모세 오경은 죽은 자의 부활에 대해 명백히 언급하지 않고 있기 때문에 사두개파는 부활을 부인한다. 사두개인들이 현실과 동떨어진 현학적인 질문을 제기하나(19-23절), 예수님은 이를 잘 막아내신다. "하나님은 죽은 자의 하나님이 아니요 산 자의 하나님이시라"(27절)는 약속의 말씀은 인간이 소망할 수 있는 근거이다.

첫 번째 계명에 관한 질문(막 12:28-34): 앞서 등장하여 예수님을 음해하려는 서기관들과 여기에 등장하는 서기관은 다르다. 이 서기관은 예수님을 함정에 빠뜨리려 하지 않고 오히려 예수님의 신학적 역량을 입증하는 긍정적인 기능을 수행하고 있기 때문이다. 하나님사랑과 이웃사랑의 결합에서 예수님이 지향하는 윤리적 관심이 잘 드러난다. 하나님을 사랑하라는 첫 번째 계명은 신명기 6:5-6에서 유래한 것이고, 이웃을 사랑하라는 두 번째 계명은 레위기 19:18에서 나온 것이다. 예수님의 대답이 타당하다는 사실을 강조하고 또한 이웃사랑이 제의보다 우선한다고 서기관이 지혜롭게 답한다. 그러자 예수님은 그가 하늘나라에서 멀지 않다고 말한다. 이 장면에서 이 서기관과 예수님 사이에 나름대로 소통이 이루어지고 있음을 알 수 있다. 이 서기관에게 아직 부족한 것은 마가복음 10:17-31에서 읽을 수 있다. 예수님의 대답이 신학적으로나 논리적으로 전혀 흠잡을 것이 없는 것을 보고, 어느 누구도 예수님에게 더 이상 묻는 자가 없게 된다.

다윗의 자손인 메시아(막 12:35-37a): 예수님은 이제까지의 내용적인 논쟁을 개인적 질문의 차원으로 이끈다. 예수님은 마가복음 10:47-48에서 예루살렘으로 가는 중에 "다윗의 자손"이라 찬송 받았다. 그러한 메시아로서의 위엄이 여기에서 논란의 대상이 아니다. 예수님을 통상적 의미의 메시아로 이해해서는 아니 된다는 사실이 명백해진다. 다윗의 자손으로서 메시아는 이스라엘 백성에서 태어난 한 사람에 불과하나, 메시아이신 예수님은 시편 110편 1절에서 드러나듯이 "주님"이시다(36절). 주님이신 메시아는 동시에 다윗의 주님이시다. 따라서 메시아를 단지 다윗의 자손이라 부르는 것은 충분하지 않다.

예수님의 진술에 대해 많은 사람들이 마가복음 11:18처럼 긍정적으로 반응을 보인다(막 12:37b). 그리하여 예수님은 서기관을 꾸짖는 말씀(막 12:38-40)을 통해 적대자들과의 긴장관계를 상기시킨다. 40절의 "과부"는 다음 단락(막 12:41-44)을 준비한다. 전 재산에 해당하는 두 렙돈을 기꺼이 헌금하는 가난한 과부의 행동은 제자 공동체의 본이 된다.

2. 마태의 작업(마 21:1-23:39)

여기에서 마태는 마가 자료를 수용하고 있다. 그와 동시에 마태 특수자료와 예수어록(Q)에서 나온 몇몇 전승을 이용해 마가의 자료를 보충한다. 마가와의 차이에 주목하면서 마태가 강조하는 것을 살펴보려 한다.

예수님의 예루살렘 입성(마 21:1-11)에 관한 보도는 마가(11:1-11a)와 누가(19:28-38)에도 나타난다. 근본적으로 세 보도는 같은 보도이나, 마태는 전승 자료를 상당부분 편집하여 마가의 보도와 달리 잘 짜여진 이야기로 만들면서 자기 특유의 신학적 의미를 부여한다.6)

마 21:1-11	Cf. 막 11:1-11
1 그들이 예루살렘에 가까이 가서 감람 산 벳바게에 이르렀을 때에 예수께서 두 제자를 보내시며 2 이르시되 너희는 맞은편 마을로 가라 그리하면 곧 매인 나귀와 나귀 새끼가 함께 있는 것을 보리니 풀어 내게로 끌고 오라 3 만일 누가 무슨 말을 하거든 주가 쓰시겠다 하라 그리하면 즉시 보내리라 하시니 4 이는 선지자를 통하여 하신 말씀을 이루려 하심이라 일렀으되 5 시온 딸에게 이르기를 네 왕이 네게 임하나니 그는 겸손하여 나귀, 곧 멍에 메는 짐승의 새끼를 탔도다 하라 하였느니라 6 제자들이 가서 예수께서 명하신 대로 하여 7 나귀와 나귀 새끼를 끌고 와서 자기들의 겉옷을 그 위에 얹으매 예수께서 그 위에 타시니 8 무리의 대다수는 그들의 겉옷을 길에 펴고 다른 이들은 나뭇가지를 베어 길에 펴고 9 앞에서 가고 뒤에서 따르는 무리가 소리 높여 이르되 호산나 다윗의 자손이여 찬송하리로다 주의 이름으로 오시는 이여 가장 높은 곳에서 호산나 하더라 10 예수께서 예루살렘에 들어가시니 온 성이 소동하여 이르되 이는 누구냐 하거늘 11 무리가 이르되 갈릴리 나사렛에서 나온 선지자 예수라 하니라	1 그들이 예루살렘에 가까이 와서 감람 산 벳바게와 베다니에 이르렀을 때에 예수께서 제자 중 둘을 보내시며 2 이르시되 너희 맞은편 마을로 가라 그리로 들어가면 곧 아직 아무도 타 보지 않은 나귀 새끼가 매여 있는 것을 보리니 풀어 끌고 오라 3 만일 누가 너희에게 왜 이렇게 하느냐 묻거든 주가 쓰시겠다 하라 그리하면 즉시 이리로 보내리라 하시니 4 제자들이 가서 본즉 나귀 새끼가 문 앞 거리에 매여 있는지라 그것을 푸니 5 거기 서 있는 사람 중 어떤 이들이 이르되 나귀 새끼를 풀어 무엇하려느냐 하매 6 제자들이 예수께서 이르신대로 말한대 이에 허락하는지라 7 나귀 새끼를 예수께로 끌고 와서 자기들의 겉옷을 그 위에 얹어 놓으매 예수께서 타시니 8 많은 사람들은 자기들의 겉옷을, 또 다른 이들은 들에서 벤 나뭇가지를 길에 펴며 9 앞에서 가고 뒤에서 따르는 자들이 소리 지르되 호산나 찬송하리로다 주의 이름으로 오시는 이여 10 찬송하리로다 오는 우리 조상 다윗의 나라여 가장 높은 곳에서 호산나 하더라 11 예수께서 예루살렘에 이르러 성전에 들어가사 모든 것을 둘러 보

---

6) W.Trilling, "Der Einzug in Jerusalem Mt 21,1-17," in *Neutestamentliche Aufsätze* (FS J. Schmid), Regensburg 1963, 303-309.

	시고 때가 이미 저물매 열두 제자를 데리시고 베다니에 나가시니라

여기에서 마태는 이미 마가 보도의 토대가 된 (구약)성서 구절을 이른바 "성취인용문"(Erfüllungszitat)을 통해 성서말씀이 성취되었다는 사실을 강조하고 있다(4-5절). 또한 마가가 단지 "나귀 새끼"에 대해서 언급하는 것과 달리(막 11:2), 마태는 이사야 62:11과 어울리게 "나귀와 그 새끼"(2절, 7절)를 끌고 오라고 말한다. 일어날 모든 일이 예수님의 명령대로 일어난다. 이점에 드러나듯이, 예수님은 앞으로 닥칠 일을 사전에 알고 계신다.

스가랴(9:9-10)[7] 인용문에 따라 예수님은 "겸손하여 나귀, 곧 멍에 매는 짐승의 새끼"(5절)를 타고 입성한다. 스가랴서의 메시아는 높이 말을 타고 오지 않고, 병거와 무기를 없애고 백성들에게 평화를 가져오는 왕이다. 스가랴 인용문의 중심은 형용사 "겸손하여"(πραύς)에 있다. 이 단어의 기본적인 의미는 "부드러운, 친절한, 온순한"을 나타낸다. 평화와 비무장을 연상시키는 이 단어에 잘 드러나듯이, 마태는 평화의 메시아 상을 강조한다. 또한 10-11절에서 마태는 마가에는 없는 예루살렘 시민의 반응을 첨가한다. 그러나 예수님이 "갈릴리 나사렛에서 나온 선지자"라고 말하는 무리의 반응은, 그가 참 메시아라는 사실을 인정하지 않고 그와 어느 정도 거리감이 있음을 나타낸다. 이로써 예루살렘이 예수님을 거절할 것이라는 사실이 은근히 드러난

---

7) (슥 9:9-10) "9 시온의 딸아 크게 기뻐할지어다 예루살렘의 딸아 즐거이 부를지어다 보라 네 왕이 네게 임하시나니 그는 공의로우시며 구원을 베푸시며 <u>겸손하여서</u> 나귀를 타시나니 나귀의 작은 것 곧 나귀새끼니라 10 내가 에브라임의 병거와 예루살렘의 말을 끊겠고 전쟁하는 활도 끊으리니 그가 이방 사람에게 화평을 전할 것이요 그의 통치는 바다에서 바다까지 이르고 유브라데 강에서 땅 끝까지 이르리라."

다. 이어지는 부분에서 마태는, 성전 정화 사건과 무화과나무 이야기가 뒤섞여 나오는 마가의 보도와 달리 그 둘을 분리하여 성전 정화 보도 다음에 무화과나무 이야기를 독립된 이야기로 제시한다.

성전 정화(마 21:12-17) 장면은 사복음서가 모두 전하고 있는 공통된 전승 자료에 속한다(cf. 막 11:15-19; 눅 19:45-48; 요 2:13-17). 공관복음은 이 장면을 예수님의 공사역 마지막 기간에 해당하는 장면으로 보도하나, 요한복음은 공사역 초기에 일어나는 일로 묘사한다. 마태의 보도는 요한의 보도와 가장 가깝다.

마 21:12-17	Cf. 막 11:15-19
12 예수께서 성전에 들어가사 성전 안에서 매매하는 모든 사람들을 내쫓으시며 돈 바꾸는 사람들의 상과 비둘기 파는 사람들의 의자를 둘러 엎으시고 13 그들에게 이르시되 기록된 바 내 집은 기도하는 집이라 일컬음을 받으리라 하였거늘 너희는 강도의 소굴을 만드는도다 하시니라 14 맹인과 저는 자들이 성전에서 예수께 나아오매 고쳐주시니 15 대제사장들과 서기관들이 예수께서 하시는 이상한 일과 또 성전에서 소리 질러 호산나 다윗의 자손이여 하는 어린이들을 보고 노하여 16 예수께 말하되 그들이 하는 말을 듣느냐 예수께서 이르시되 그렇다 어린 아기와 젖먹이들의 입에서 나오는 찬미를 온전하게 하셨나이다 함을 너희가 읽어 본 일이 없느냐 하시고 17 그들을 떠나 성 밖으로 베다니에 가서 거기서 유하시니라	15 그들이 예루살렘에 들어가니라 예수께서 성전에 들어가사 성전 안에서 매매하는 자들을 내쫓으시며 돈 바꾸는 자들의 상과 비둘기 파는 자들의 의자를 둘러 엎으시며 16 아무나 물건을 가지고 성전 안으로 지나감을 허락하지 아니하시고 17 이에 가르쳐 이르시되 기록된 바 내 집은 만민이 기도하는 집이라 칭함을 받으리라고 하지 아니하였느냐 너희는 강도의 소굴을 만들었도다 하시매 18 대제사장들과 서기관들이 듣고 예수를 어떻게 죽일까 하고 꾀하니 이는 무리가 다 그의 교훈을 놀랍게 여기므로 그를 두려워함일러라 19 그리고 날이 저물매 그들이 성 밖으로 나가더라

예수님이 일으킨 성전 정화 사건은 성전 제의를 비판하는 전형적인 예언자적 상징행위이다.8) 마태 역시 마가처럼(막 11:17) 예수님의 성전 정화 사건을 이사야 56:7과 예레미야 7:11을9) 근거로 정당화하고 있다(13절). 마가에 따르면 성전에 도착한 예수님은 성전 안에서 매매하는 자들과 환전상들을 내쫓으신다. 마태는 이사야 56:7을 예레미야 7:11에 대한 대립개념으로 이해했다. 따라서 마가에게 중요한 "만민을 위한(=만민이)"이란 표현을 삭제하고, 단순히 "기도하는 집"(마 21:13)으로 표현한다. 그 대신 마태는 성전에 등장한 예수님이 시각장애인과 저는 자들을 고쳐주시고 아이들로부터 호산나 찬양을 받으시는 자비로운 다윗의 자손임을 강조한다(14-15절). 이 일로 인해 대제사장들과 서기관들이 노하게 된다.

무화과나무에 대한 저주(마 21:18-22)가 마가의 경우 심판의 성격을 갖고 있으나, 여기에서는 의심하지 않는 믿음의 확실성을 보여주는 실례에 지나지 않는다(21절). 예수님의 권위를 둘러싼 질문(마 21: 23-27)은 마가의 내용을 거의 그대로 가져온 것이다. 그러나 "대제사장들과 백성의 장로들"이 예수님의 가르침(23절)을 겨냥하여 질문을 제기한다. 마가의 경우 예수님은 질문에 즉답하지 않고 역으로 예수

---

8) 요 2:19-22는 성전 말씀을 영적인 의미로 해석하여 성전을 죽임을 당할 예수님의 몸을 가리키는 뜻으로 사용한다. E. P 샌더스(『예수운동과 하나님 나라』, 한국신학연구소, 1997)는 예수님을 극단적인 종말론을 표방한 예언자로 보면서 그가 행한 3가지 상징적인 행위의 중요성을 강조한다(1. 노새를 타고 예루살렘 입성; 2. 성전 정화 사건; 3. 성만찬)

9) (사 56:7) "내가 곧 그들을 나의 성산으로 인도하여 기도하는 내 집에서 그들을 기쁘게 할 것이며 그들의 번제와 희생을 나의 제단에서 기꺼이 받게 되리니 이는 내 집은 만민이 기도하는 집이라 일컬음이 될 것임이라"; (렘 7: 11) "내 이름으로 일컬음을 받는 이 집이 너희 눈에는 도둑의 소굴로 보이느냐 보라 나 곧 내가 그것을 보았노라 여호와의 말씀이니라."

님이 질문을 제기하고 있으나, 마태의 예수님은 두 아들에 관한 비유
로써 분명히 답하고 있다.

두 아들에 관한 비유(마 21:28-32)는 마태가 구전에서 유래한 특수
자료를 활용하여 처음으로 문서화시킨 본문으로 추정된다.10)

> (마 21:28-32) 28 그러나 너희 생각에는 어떠하냐 어떤 사람에게 두 아들
> 이 있는데 맏아들에게 가서 이르되 얘 오늘 포도원에 가서 일하라 하니
> 29 대답하여 이르되 아버지 가겠나이다 하더니 가지 아니하고 30 둘째 아
> 들에게 가서 또 그와 같이 말하니 대답하여 이르되 싫소이다 하였다가 그
> 후에 뉘우치고 갔으니 31 그 둘 중의 누가 아버지의 뜻대로 하였느냐 이르
> 되 둘째 아들이니이다 예수께서 그들에게 이르시되 내가 진실로 너희에
> 게 이르노니 세리들과 창녀들이 너희보다 먼저 하나님의 나라에 들어가
> 리라 32 요한이 의의 도로 너희에게 왔거늘 너희는 그를 믿지 아니하였으
> 되 세리와 창녀는 믿었으며 너희는 이것을 보고도 끝내 뉘우쳐 믿지 아니
> 하였도다

이 비유가 강조하는 것은 "가겠나이다"라는 말에 있지 않고 행함에
있다. 이 행위는 회개를 통해 이루어진 것이다(30절). 마태는 이러한
둘째 아들의 예를 이어서 나타나는 진술에 적용시킨다. 세리들과 창
녀들은 요한(=세례 요한)을 믿었으나 대제사장들과 장로들은 뉘우
치지도 않고 믿지도 않았다(32절). 따라서 세리들과 창녀들이 그들
보다 먼저 하나님 나라에 들어가리라고 한다(31절).

▶ **사악한 포도원 농부의 비유(마 21:33-46):** 마태는 이 비유를 마가
(막 12:1-12)에게서 가져왔으나, 마가의 본문에 약간의 수정을 가한
다.

---

10) U. Luz, *Das Evangelium nach Matthäus III,* 207.

마 21:33-46	Cf. 막 12:1-12
33 다른 한 비유를 들으라 <u>한 집 주인</u>이 포도원을 만들어 산울타리로 두르고 거기에 즙 짜는 틀을 만들고 망대를 짓고 농부들에게 세로 주고 타국에 갔더니 34 열매 거둘 때가 가까우매 자기 열매를 받으려고 자기 종들을 농부들에게 보내니 35 농부들이 종들을 잡아 하나는 심히 때리고 하나는 죽이고 하나는 돌로 쳤거늘 36 다시 다른 종들을 처음보다 많이 보내니 그들에게도 그렇게 하였는지라 37 후에 자기 아들을 보내며 이르되 그들이 내 아들은 존대하리라 하였더니 38 농부들이 그 아들을 보고 서로 말하되 이는 상속자니 자 죽이고 그의 유산을 차지하자 하고 39 이에 <u>잡아 포도원 밖에 내쫓아 죽였느니라</u> 40 그러면 포도원 주인이 올 때에 그 농부들을 어떻게 하겠느냐 41 그들이 말하되 그 악한 자들을 진멸하고 포도원은 제 때에 열매를 바칠 만한 다른 농부들에게 세로 줄지니이다 42 예수께서 이르시되 너희가 성경에 건축자들이 버린 돌이 모퉁이의 머릿돌이 되었나니 이것은 주로 말미암아 된 것이요 우리 눈에 기이하도다 함을 읽어 본 일이 없느냐 43 <u>그러므로 내가 너희에게 이르노니 하나님의 나라를 너희는 빼앗기고 그 나라의</u> 열매 맺는 백성이 받으리라 44 이 돌 위에 떨어지	1 예수께서 비유로 그들에게 말씀하시되 한 사람이 포도원을 만들어 산울타리로 두르고 즙 짜는 틀을 만들고 망대를 지어서 농부들에게 세로 주고 타국에 갔더니 2 때가 이르매 농부들에게 포도원 열매[=소출] 얼마를 받으려고 <u>한 종을 보내니</u> 3 그들이 종을 잡아 심히 때리고 거저 보내었거늘 4 다시 다른 종을 보내니 그의 머리에 상처를 내고 능욕하였거늘 5 또 다른 종을 보내니 그들이 그를 죽이고 또 그 외 많은 종들도 더러는 때리고 더러는 죽인지라 6 이제 한 사람이 남았으니 곧 그가 사랑하는 아들이라 최후로 이를 보내며 이르되 내 아들은 존대하리라 하였더니 7 그 농부들이 서로 말하되 이는 상속자니 자 죽이자 그러면 그 유산이 우리 것이 되리라 하고 8 이에 <u>잡아 죽여 포도원 밖에 내던졌느니라</u> 9 포도원 주인이 어떻게 하겠느냐 와서 그 농부들을 진멸하고 포도원을 다른 사람들에게 주리라 10 너희가 성경에 건축자들이 버린 돌이 모퉁이의 머릿돌이 되었나니 11 이것은 주로 말미암아 된 것이요 우리 눈에 놀랍도다 함을 읽어 보지도 못하였느냐 하시니라 12 그들이 예수의 이 비유가 자기들을 가리켜 말씀하심인 줄 알고 잡고자 하되 무리를 두려워하여 예수를 두고 가니

는 자는 깨지겠고 이 돌이 사람 위에 떨어지면 그를 가루로 만들어 흩으리라 하시니 45 대제사장들과 바리새인들이 예수의 비유를 듣고 자기들을 가리켜 말씀하심인 줄 알고 46 잡고자 하나 무리를 무서워하니 이는 그들이 예수를 선지자로 앎이었더라	라

포도원 주인 대신 "한 집 주인"이 등장한다(33절). 종을 한 사람씩 개별적으로 보내지 아니하고 복수형태의 "종들"을 보낸다(34-36절). 이를 통해 이 비유는 신명기사가적 예언자 살해전승의 의미에서 더욱 강한 알레고리적 성격을 띠게 된다. 마가는 상속자인 아들을 "죽여 포도원 밖에 내던졌느니라"(막 12:8)고 말하나, 마태는 순서를 바꿔 "포도원 밖에 내쫓아 죽였느니라"(39절)고 수정한다. 이는 예수님이 성문 밖으로 끌려 나가 살해된 역사적 상황을 반영한 것이다(cf. 히 13:12-13). 또한 마태는 마가와 달리 "열매" 모티브(34절, 41절, 43절)를 통해 비유에 새로운 시각을 덧붙인다. 34절은 "자기(=주인의) 열매", 즉 하나님에게 속한 열매에 대해 말하고 있지,[11] 마가의 경우처럼 "포도원 열매(=소출)"(막 12:2)이라고 말하지 않는다. 그 열매는 다름 아닌 하나님이 인간에게 기대하는 행동, 즉 회개의 구체적인 표시와 선한 마음을 나타내는 선행을 상징하고 있다.[12] 41절의 내용을 더욱 분명하게 밝히고 있는 43절에서 예수님은 열매 맺는 일의 중요성을 강조하면서 결론을 이끌어낸다: "그러므로 내가 너희에게 이르

---

11) "개역(개정)성경"에는 3인칭대명사 소유격 αὐτοῦ를 번역하지 않는 대신 관사가 나온다.

12) C. 타센, 『마태오 복음서』, 325.

노니 하나님의 나라를 너희는 빼앗기고 그 나라의 열매 맺는 백성이 받으리라.”

비록 이 비유의 대상은 여전히 “대제사장들과 백성의 장로들”(마 21:23)이고, “대제사장들과 바리새인들”(45절)은 이 비유가 자기들을 향한 것이리라고 느끼고 있음에도 불구하고 이 비유는 이스라엘 백성 전체를 염두에 두고 있다. 마태는 구체적인 역사를 돌아보면서 이스라엘 대다수가 예수님의 복음선포를 영접하기 거절했다는 사실을 확정짓고 있다. 따라서 이스라엘은 하나님의 나라를 빼앗기고 그 나라의 열매 맺는 백성이 받게 된다(43절). 마태에게 열매 맺는 백성은 다름 아닌 유대인과 이방인으로 구성된 신앙공동체, 즉 교회를 가리킨다.13)

여기에서 마태가 “교회”라는 개념을 사용하지 않고 “열매 맺는 백성”에 대해 말하고 있는 점에 유의할 필요가 있다. 구원사적 시각을 갖고 있는 마태의 시각에 따르면 “열매 맺는 백성”이 이스라엘을 대체한 것이 결코 아니다. 하나님은 선민 이스라엘 백성을 저버리고 새로운 백성을 다시 선택한 것으로 여기지 않았고, 교회의 선택은 이스라엘 선택의 연속성 가운데 있다고 본 것이다. 마태가 생각하는 결정적인 규범은 다름 아닌 열매 맺는 일이다. 교회 역시 열매 맺는 백성임을 입증해야만 한다. 그렇지 못할 경우 하나님 나라는 교회로부터 떨어져나갈 것이다. 이 비유 이야기의 마지막 부분은, 대제사장들과 바리새인들이 예수님을 잡으려 하나 예수님을 선지자로 여기는 무리가 무서워 그것을 실행에 옮기지 못한다는 진술로 끝난다(45-46절).

---

13) Cf. (마 8:11-12) “11또 너희에게 이르노니 동 서로부터 많은 사람이 이르러 아브라함과 이삭과 야곱과 함께 천국에 앉으려니와 12 그 나라의 본 자손들은 바깥 어두운 데 쫓겨나 거기서 울며 이를 갈게 되리라.”

▶ 혼인잔치 비유(마 22:1-14):

(마 22:1-14) 1 예수께서 다시 비유로 대답하여 이르시되 2 천국은 마치 자기 아들을 위하여 혼인 잔치를 베푼 어떤 임금과 같으니 3 그 종들을 보내어 그 청한 사람들을 혼인 잔치에 오라 하였더니 오기를 싫어하거늘 4 다시 다른 종들을 보내며 이르되 청한 사람들에게 이르기를 내가 오찬을 준비하되 나의 소와 살진 짐승을 잡고 모든 것을 갖추었으니 혼인 잔치에 오소서 하라 하였더니 5 그들이 돌아 보지도 않고 한 사람은 자기 밭으로, 한 사람은 자기 사업하러 가고 6 그 남은 자들은 종들을 잡아 모욕하고 죽이니 7 <u>임금이 노하여 군대를 보내어 그 살인한 자들을 진멸하고 그 동네를 불사르고</u> 8 이에 종들에게 이르되 혼인 잔치는 준비되었으나 청한 사람들은 합당하지 아니하니 9 네거리 길에 가서 사람을 만나는 대로 혼인 잔치에 청하여 오라 한대 10 종들이 길에 나가 악한 자나 선한 자나 만나는 대로 모두 데려오니 혼인 잔치에 손님들이 가득한지라 11 임금이 손님들을 보러 들어올새 거기서 예복을 입지 않은 한 사람을 보고 12 이르되 친구여 어찌하여 예복을 입지 않고 여기 들어왔느냐 하니 그가 아무 말도 못하거늘 13 임금이 사환들에게 말하되 그 손발을 묶어 바깥 어두운 데에 내던지라 거기서 슬피 울며 이를 갈게 되리라 하니라 14 청함을 받은 자는 많되 택함을 입은 자는 적으니라

예수님은 다시 비유로 말씀하신다. 마태는 이 비유의 첫째 부분(1-10절)을 예수어록(Q눅 14:16-24)에서 취하고, 이어지는 부록(11-14절)은 마태 특수자료에서 가져온다.14) 마태는 예수어록에서 유래한 큰 잔치 비유 이야기에 상당 부분 수정을 가하여 알레고리적 성격을 입혀 이 비유를 천국에 관한 비유로 제시한다. 예수님은 하나님 나라에 대한 천상적 모습을 혼인잔치의 모습에 비유하고 있다. 마태가 이 비유를 예루살렘 멸망을 바라보면서 다루고 있다는 사실이 7절에서 드러난다. 예루살렘의 멸망을 신명기사가적 관점에 따라 하나님의 심판으로 해석하고 있다. 즉 예루살렘의 멸망은 파송된 예언자들뿐

---

14) H. Merklein, *Jesusgeschichte*, 186.

만 아니라 종국에는 예수님까지 거절한 연고로 내리신 하나님의 심판이라고 본 것이다.

초대받은 자들이 합당하지 않기 때문에(8절) 임금은 종들을 네거리 길로 보내 만나는 사람을 모두 데려오게 한다(9절). 종들이 "악한 자나 선한 자나" 만나는 대로 모두 데려온다는 것은 11-14절을 염두에 둔 진술이다. 11-14절은 1-10절의 비유를 이해하는데 중요하다. 혼인잔치에 어울리는 예복을 입지 않은 사람은 이미 잔치 장에 들어왔음에도 불구하고 내어던짐을 당한다(13절). 이는 교회를 죄인과 의인의 혼합체(corpus permixtum)로 묘사하는 "알곡과 가라지의 비유"(마 13:24-30, 36-43; cf. 그물 비유 마 13:47-50)와 매우 유사하다. 예수님을 따르는 제자들도 역시 예외가 아니고, 하나님의 선민으로 통하는 이스라엘 백성이 거주하던 예루살렘을 심판했던 것과 같은 계명의 지배를 받는다. 하나님의 초대에 응하는 일과 큰 잔치에 어울리는 예복을 갖추어 입는 일이 그 무엇보다도 중요하다는 사실을 강조한다. 그것은 다름 아닌 마태가 말하는 열매 맺는 일이다. 죄인들은 물론이고 열매 맺지 못하는 제자들과 교회들 역시 하나님의 엄중한 종말론적 심판에서 자유롭지 못하리라는 경고의 메시지를 들어야 한다. 마태가 연속적으로 제시하고 있는 세 가지 비유(마 21:28-32; 21: 33-46; 22:1-14)는 오늘 한국의 신앙인들과 교회들에게도 시사하는 바가 매우 크다.

▶ **예루살렘에서 벌어진 논쟁담화(마 22:15-46):** 이제 마태는 21:46 (par 막 12:12)에서 떠났던 마가의 순서로 되돌아온다.

마 21:46	Cf. 막 12:12
잡고자 하나 무리를 무서워하니 이는 그들이 예수를 선지자로 앎이었더라	그들이 예수의 이 비유가 자기들을 가리켜 말씀하심인 줄 알고 잡고자 하되 무리를 두려워하여 예수를 두고 가니라

세 가지 논쟁담화를 제시한다. 가이사에게 바치는 세금에 대한 질문(마 22:15-22)과 죽은 자의 부활에 대한질문(마 22:23-33)은 마가의 본문과 별 차이가 없다.

그러나 세 번째 질문, 즉 가장 큰 계명에 관한 질문(마 22:34-40)과 관련하여 마태는 마가의 본문에 주목할 만한 수정을 가한다.

마 22:34-40	Cf. 막 12:28-34
34 예수께서 사두개인들로 대답할 수 없게 하셨다 함을 바리새인들이 듣고 모였는데 35 그 중의 한 율법사가 예수를 시험하여 묻되 36 선생님 율법 중에서 어느 계명이 크니이까 37 예수께서 이르시되 네 마음을 다하고 목숨을 다하고 뜻을 다하여 주 너의 하나님을 사랑하라 하셨으니 38 이것이 크고 첫째 되는 계명이요 39 둘째도 그와 같으니 네 이웃을 네 자신 같이 사랑하라 하셨으니 40 이 두 계명이 온 율법과 선지자의 강령이니라	28 서기관 중 한 사람이 그들이 변론하는 것을 듣고 예수께서 잘 대답하신 줄을 알고 나아와 묻되 모든 계명 중에 첫째가 무엇이니이까 29 예수께서 대답하시되 첫째는 이것이니 이스라엘아 들으라 주 곧 우리 하나님은 유일한 주시라 30 네 마음을 다하고 목숨을 다하고 뜻을 다하고 힘을 다하여 주 너의 하나님을 사랑하라 하신 것이요 31 둘째는 이것이니 네 이웃을 네 자신과 같이 사랑하라 하신 것이라 이보다 더 큰 계명이 없느니라 32 서기관이 이르되 선생님이여 옳소이다 하나님은 한 분이시요 그 외에 다른 이가 없다 하신 말씀이 참이니이다 33 또 마음을 다하고 지혜를 다하고 힘을 다하여 하나님을 사랑하는 것과 또 이웃을 자기 자신과 같이 사랑하는 것이 전체로 드리는 모든 번제물과 기타 제물보다 나으니이다 34 예수께서 그가 지혜 있게 대답함을 보시고 이르시되 네가 하나님의 나라에서 멀지 않도다 하시니 그 후에 감히 묻는 자가 없더라

마가의 본문에 나타나는, 예수님과 서기관 사이의 소통의 분위기가 완전히 사라진다. 마태는 도입부(34-35절)를 바리새 율법사가 예수님을 공격하는 시험으로 묘사한다. 또한 마태의 본문에는 하나님 사랑

과 이웃사랑(신 6:5; 레 19:18)이 보다 강하게 결속되어 있다(37-39절). 이와 같은 사실은 둘째 계명이 첫째 계명과 같다는 진술(39절)에 잘 드러난다. 무엇보다 중요한 것은 마감하는 말이다(40절 "이 두 계명이 온 율법과 선지자의 강령이니라"). 마태복음 5:17에 따르면 예수님이 오신 것은 "율법이나 선지자를 폐하러 온 것이 아니요 완전하게 하려 함이다." 마태는 사랑의 이중계명인 하나님사랑과 이웃사랑이 곧 하나님의 계명 전체를 성취하는 것으로 간주한다. 그것은 동시에 이른바 "황금률"(마 7:12 "무엇이든지 남에게 대접을 받고자 하는 대로 너희도 남을 대접하라 이것이 율법이요 선지자니라")과 견줄만하다. 또한 마태의 시각에서 볼 때, 사랑의 이중계명을 구체적으로 실천하는 모습은 산상설교의 반대명제(마 5:21-48) 가운데 나타난다.

이어서 다윗의 자손인 메시아 단락(마 22:41-46)이 나온다.

마 22:41-46	Cf. 막 12:35-37
41 바리새인들이 모였을 때에 예수께서 그들에게 물으시되 42 너희는 그리스도에 대하여 어떻게 생각하느냐 누구의 자손이냐 대답하되 다윗의 자손이니이다 43 이르시되 그러면 다윗이 성령에 감동하여 어찌 그리스도를 주라 칭하여 말하되 44 주께서 내 주께 이르시되 내가 네 원수를 네 발 아래 둘 때까지 내 우편에 앉아 있으라 하셨도다 하였느냐 45 다윗이 그리스도를 주라 칭하였은즉 어찌 그의 자손이 되겠느냐 하시니 46 한 마디도 능히 대답하는 자가 없고 그 날부터 감히 그에게 묻는 자도 없더라	35 예수께서 성전에서 가르치실새 대답하여 이르시되 어찌하여 서기관들이 그리스도를 다윗의 자손이라 하느냐 36 다윗이 성령에 감동되어 친히 말하되 주께서 내 주께 이르시되 내가 네 원수를 네 발 아래에 둘 때까지 내 우편에 앉았으라 하셨도다 하였느니라 37 다윗이 그리스도를 주라 하였은즉 어찌 그의 자손이 되겠느냐 하시니 많은 사람들이 즐겁게 듣더라

마가의 경우(막 12:35-37) 성전 안 열린 공간 대중 앞에서 가르치시는 장면으로 나오나, 마태는 이를 바리새인들과 벌이는 논쟁 장면으로 묘사한다(41절). 부활에 관한 사두개인들의 질문을 제외하고는 모두 바리새인들과 벌이는 논쟁으로 나타난다. 이처럼 마태는 바리새인들을 예수님 적대자의 전형이요 주적으로 묘사한다. 따라서 마태는, 예수님이 서기관들을 꾸짖는 마가의 장면(막 12:38-40)을 "서기관들과 바리새인들"에 대해 자세하게 비판하는 장면(마 23:1-39)으로 만든다.

▶ **서기관들과 바리새인들에 대한 화 선포(마 23:1-39):** 이 단락은 "무리와 제자들"을 향해 말씀하시는 장면으로 시작된다(1절). 말씀의 내용은 세 부분으로 구분할 수 있다. 첫 번째 부분(2-12절)은 무리와 제자들에게 주시는 예수님의 말씀이다. 두 번째 부분(13-33절)은 서기관들과 바리새인들에 대한 화 선포의 말씀을 담고 있다. 세 번째 부분은 그들에 대한 심판의 말씀(34-36절)인데, 여기에 예루살렘을 향한 예언의 말씀(37-39절)이 덧붙는다. 이러한 구분에 상응하듯 이 단락에 사용된 자료도 다르다. 2-12절은 마가복음 12:38-39에서 비롯된 내용을 마태 특수자료를 첨가하여 확장시킨 것이다. 13-33절은 예수어록(Q)에 나오는 화 선포 자료(par 눅 11:39-48)를 취한 것이다. 그리고 마지막 심판의 말씀(34-36절) 역시 예수어록(par 눅 11:49-51)에서 유래했는데, 여기에 또 다시 예수어록에 나온 예루살렘 말씀(37-39절; par 눅 13:34-35)을 이용해 보충한다. 이를 도표로 정리하면 다음과 같다.

마태 본문	사용된 자료
마 23:2-12	막 12:38-39
마 23:13-33	Q눅 11:39-48
마 23:34-36, 37-39	Q눅 11:49-51 Q눅 13:34-35

제자들에게 주시는 가르침(마 23:2-12)은 "모세의 자리에 앉아 있는 서기관들과 바리새인들"(3절)을 비판하는 상세한 진술(2-7절)을 한 다음 본래 제자들에게 주시는 권면의 말씀(8-12절)이 나온다.

(마 23:2-12) 2 서기관들과 바리새인들이 모세의 자리에 앉았으니 3 그러므로 무엇이든지 그들이 말하는 바는 행하고 지키되 그들이 하는 행위는 본받지 말라 그들은 말만 하고 행하지 아니하며 4 또 무거운 짐을 묶어 사람의 어깨에 지우되 자기는 이것을 한 손가락으로도 움직이려 하지 아니하며 5 그들의 모든 행위를 사람에게 보이고자 하나니 곧 그 경문 띠를 넓게 하며 옷술을 길게 하고 6 잔치의 윗자리와 회당의 높은 자리와 7 시장에서 문안 받는 것과 사람에게 랍비라 칭함을 받는 것을 좋아하느니라 8 그러나 너희는 랍비라 칭함을 받지 말라 너희 선생은 하나이요 너희는 다 형제니라 9 땅에 있는 자를 아버지라 하지 말라 너희의 아버지는 한 분이시니 곧 하늘에 계신 이시니라 10 또한 지도자라 칭함을 받지 말라 너희의 지도자는 한 분이시니 곧 그리스도시니라 11 너희 중에 큰 자는 너희를 섬기는 자가 되어야 하리라 12 누구든지 자기를 높이는 자는 낮아지고 누구든지 자기를 낮추는 자는 높아지리라

3절 전반에 나오는 "그들이 말하는 모든 것을 행하고 지키라"는 첫 번째 진술은 뒤에 나오는 화 선포와 비교하면 의외로 긍정적이다. 이 진술은 바리새인과 사두개인들의 누룩, 즉 그들의 교훈에 대해 예수님이 경고하시는 말씀(마 16:11-12)과 확연히 모순된다. 이러한 모순은 산상설교의 말씀을 통해 조정될 수 있을 것 같다. 산상설교에서 서기관들의 의를 능가하는 온전한 율법준수(마 5:17-20)가 사랑의 계명에 비추어 해석되고 있기 때문이다(마 5:21-48; 7:12; cf. 마 22:40). 특히 5-7절("5 그들의 모든 행위를 사람에게 보이고자 하나니 곧 그 경문 띠를 넓게 하며 옷술을 길게 하고 6 잔치의 윗자리와 회당의 높은 자리와 7 시장에서 문안 받는 것과 사람에게 랍비라 칭함을 받는 것을 좋아하느니라")은 마 6:1-18을 연상시킨다.

마태가 첫 번째 부분(2-12절)에서 강조하는 핵심은 가르침에 있지 않고 행함에 있다. 제자들로부터 기대하는 행함은 서기관들과 바리새인들의 외식적인 행함과 대립된다(8-12절). 이때 제자들 가운데에는 랍비나 선생이나 지도자가 존재하지 않는다는 점을 강조한다. 그 이유를 교회론적으로 말한다. 신앙공동체 곧 교회는 형제자매의 공동체이기 때문이다.15) 신앙인들은 모두 서로 형제자매이기 때문에 신분고하를 나타내는 칭호는 필요하지 않다. 오늘 우리 교회의 현실은 이러한 교회론적 시각과 너무 동떨어져 있는 것 같다. 교회가 마치 목사를 정점으로 장로와 집사와 평신도라는 계급조직처럼 보이기 때문이다.

화 선포(마 23:13-33)는 모두 일곱 쌍으로 이루어져 있다.16)

(마 23: 13-33) 13 화 있을진저 외식하는 서기관들과 바리새인들이여 너희는 천국 문을 사람들 앞에서 닫고 너희도 들어가지 않고 들어가려 하는 자도 들어가지 못하게 하는도다 14 (없음) 15 화 있을진저 외식하는 서기관들과 바리새인들이여 너희는 교인 한 사람을 얻기 위하여 바다와 육지를 두루 다니다가 생기면 너희보다 배나 더 지옥 자식이 되게 하는도다 16 화 있을진저 눈 먼 인도자여 너희가 말하되 누구든지 성전으로 맹세하면 아무 일 없거니와 성전의 금으로 맹세하면 지킬지라 하는도다 17 어리석은 맹인들이여 어느 것이 크냐 그 금이냐 그 금을 거룩하게 하는 성전이냐 18 너희가 또 이르되 누구든지 제단으로 맹세하면 아무 일 없거니와 그 위에 있는 예물로 맹세하면 지킬지라 하는도다 19 맹인들이여 어느 것이 크냐 그 예물이냐 그 예물을 거룩하게 하는 제단이냐 20 그러므로 제단으로 맹세하는 자는 제단과 그 위에 있는 모든 것으로 맹세함이요 21 또 성전으로 맹세하는 자는 성전과 그 안에 계신 이로

---

15) 마태는 마태 공동체 구성원들을 가리킬 때 "형제"라는 개념을 선호한다 (마 5:22, 23, 24).

16) 마 23:14가 우리말 성서에 공백으로 나온다. 14절은 본문비평적으로 볼 때 막 12:40에서 유래한 것으로 후대에 누군가가 첨가한 것이다.

맹세함이요 22 또 하늘로 맹세하는 자는 하나님의 보좌와 그 위에 앉으신 이로 맹세함이니라 23 화 있을진저 외식하는 서기관들과 바리새인들이여 너희가 박하와 회향과 근채의 십일조는 드리되 율법의 더 중한 바 정의와 긍휼과 믿음은 버렸도다 그러나 이것도 행하고 저것도 버리지 말아야 할지니라 24 맹인 된 인도자여 하루살이는 걸러 내고 낙타는 삼키는도다 25 화 있을진저 외식하는 서기관들과 바리새인들이여 잔과 대접의 겉은 깨끗이 하되 그 안에는 탐욕과 방탕으로 가득하게 하는도다 26 눈 먼 바리새인이여 너는 먼저 안을 깨끗이 하라 그리하면 겉도 깨끗하리라 27 화 있을진저 외식하는 서기관들과 바리새인들이여 회칠한 무덤 같으니 겉으로는 아름답게 보이나 그 안에는 죽은 사람의 뼈와 모든 더러운 것이 가득하도다 28 이와같이 너희도 겉으로는 사람에게 옳게 보이되 안으로는 외식과 불법이 가득하도다 29 화 있을진저 외식하는 서기관들과 바리새인들이여 너희는 선지자들의 무덤을 만들고 의인들의 비석을 꾸미며 이르되 30 만일 우리가 조상 때에 있었더라면 우리는 그들이 선지자의 피를 흘리는데 참여하지 아니하였으리라 하니 31 그러면 너희가 선지자를 죽인 자의 자손임을 스스로 증명함이로다 32 너희가 너희 조상의 분량을 채우라 33 뱀들아 독사의 새끼들아 너희가 어떻게 지옥의 판결을 피하겠느냐

저마다 "화 있을진저 외식하는 서기관들과 바리새인들이여"라는 정형화된 말로 시작한다. 여기서 말하는 외식은 말과 행동의 불일치와 관련된 표현이다. 이들 일련의 화 선포는 마태의 문맥에서 보면, 예수님과 그 적대자들 사이에 놓인 긴장이 점차 고조되고 있다는 사실을 보여준다. 또한 이 화 선포의 본래 수신자는 1절에서 언급한 "무리와 제자들"이라는 점을 간과해서는 아니 된다. 화 선포는 제자들을 향해 그러한 외식자가 되어서는 아니 된다는 경고와 권면의 말이다. 이 경고의 말씀은 오늘 우리 신앙인과 교회를 향한 말이기도 하다. 특히, 권위와 허세와 명예를 따라가기 즐기는 교회 지도자들에게 주시는 말씀이다. 화 선포를 마감하는 33절은 마태의 편집에서 나온

말로서 세례 요한의 심판선포와 직결되어 있다(마 3:7 "요한이 많은 바리새인들과 사두개인들이 세례 베푸는 데로 오는 것을 보고 이르되 독사의 자식들아 누가 너희를 가르쳐 임박한 진노를 피하라 하더냐"). 지옥의 심판을 피하는 길은 그의 메시지를 받아들여 회개하고 의로운 행함을 실천하는 데 있다.

이어서 이스라엘을 향한 심판의 말씀(마 23:34-39; par 눅 11:47-51; 13:34-35)이 나온다.

> (마 23:34-39) 34 그러므로 내가 너희에게 선지자들과 지혜 있는 자들과 서기관들을 보내매 너희가 그 중에서 더러는 죽이거나 십자가에 못 박고 그 중에서 더러는 너희 회당에서 채찍질하고 이 동네에서 저 동네로 따라다니며 박해하리라 35 그러므로 의인 아벨의 피로부터 성전과 제단 사이에서 너희가 죽인 바라갸의 아들 사가랴의 피까지 땅 위에서 흘린 의로운 피가 다 너희에게 돌아가리라 36 내가 진실로 너희에게 이르노니 이것이 다 이 세대에게 돌아가리라 37 예루살렘아 예루살렘아 선지자들을 죽이고 네게 파송된 자들을 돌로 치는 자여 암탉이 그 새끼를 날개 아래에 모음같이 내가 네 자녀를 모으려 한 일이 몇 번이더냐 그러나 너희가 원하지 아니하였도다 38 보라 너희 집이 황폐하여 버려진 바 되리라 39 내가 너희에게 이르노니 이제부터 너희는 찬송하리로다 주의 이름으로 오시는 이여 할 때까지 나를 보지 못하리라 하시니라

예수님은 자신의 사자들을 보내신다(현재형 $\dot{\alpha}\pi о\sigma\tau\dot{\epsilon}\lambda\lambda\omega$). 마태에 나오는 세 그룹, 즉 선지자들과 지혜 있는 자들과 서기관들은 그리스도교 선교사를 뜻한다. 이들 중 일부는 이스라엘에서 참혹한 체험을 하면서 예수님의 고난의 운명에 동참한다. 34절의 진술은 당시 박해받고 있던 마태 공동체의 체험을 반영한 것으로 볼 수 있다. 35-36절의 심판 선포는 신명기사가적 심판의 말을 연상시킨다. 장엄한 "아멘"(=진실로) 말씀으로 시작하는 36절에 "이 세대"라는 표현이 나오는데, 다름 아닌 서기관들과 바리새인들로 대표되는 지금 살아 있는 이스라

엘의 세대를 가리킨다. 이 심판은 곧 들이닥칠 것이며 생존하는 모든 백성에게 해당된다. "이 세대"를 향한 심판은 돌이킬 수 없이 결정적이고 종언적인 성격을 나타낸다. 이 표현은 이어서 나오는 예루살렘에 대한 심판의 말씀(37-39절)과 자연스럽게 연결된다("37 예루살렘아 예루살렘아 선지자들을 죽이고 네게 파송된 자들을 돌로 치는 자여 암탉이 그 새끼를 날개 아래에 모음 같이 내가 네 자녀를 모으려 한 일이 몇 번이더냐 그러나 너희가 원하지 아니하였도다 38 보라 너희 집이 황폐하여 버려진 바 되리라 39 내가 너희에게 이르노니 이제부터 너희는 찬송하리로다 주의 이름으로 오시는 이여 할 때까지 나를 보지 못하리라 하시니라"). 마태의 관점에서 볼 때, 이 심판의 말씀은 예루살렘 성전 멸망과 더불어 이미 진리로 드러난 것이다.[17]

3. 누가의 작업(눅 19:28-21:4)

앞에서 살폈듯이 마태는 예수어록(Q)과 마태 특수자료를 사용하여 마가 자료의 내용을 상당 부분 확대시킨 것과 달리, 예루살렘 입성으로 시작하고 있는 이 부분에서 누가는 세미한 차이점들을 제한다면 대체로 대본인 마가의 묘사를 충실하게 따르고 있다. 누가가 첨가한 유일한 단락은 예루살렘의 멸망을 생각하며 예수님이 우시는 장면이다(눅 19:41-44). 이 단락은 누가 특수자료에서 나온 것이다. 누가는 이미 누가복음 19:37("이미 감람 산 내리막길에 가까이 오시매 ...")을 통해 누가복음 19:41-44의 첨가를 예비해놓았다. 예루살렘 입성 시 예수님을 향한 환호성(38절)과 슬픔(41-44절)이 강하게 대조된다. 마가는 예루살렘 입성 장면을 "그들이 예루살렘에 가까이 와서"(막 11:1; cf. 마 21:1)라는 말로 시작하나, 누가는 예루살렘을 향해 중단 없이 나아

---

17) 마태복음은 예루살렘 성전 멸망(기원후 70년)이 이미 지나간 시점인 80년대에 기록된 문서이기 때문이다.

가는 예수님의 모습을 강조하려는 자신의 구상에 따라18) "예수께서 ... 예루살렘을 향하여 앞서서 가시더라"(눅 19:28)는 독립된 문장으로 시작한다.

누가의 본문에 나오는 제자들은 입성하시는 예수님을 향해 단지 "오시는 왕이여"(눅 19:38)라고 환고하고 있지, 마가처럼 "우리 조상 다윗"(막 11:10)이란 말로 부르지 않는다. 이는 예수님이 "하나님의 나라가 당장에 나타날 줄로 생각함"을 물리치는 장면(눅 19:11)과 잘 어울린다. 누가는 마가에 나오는 무화과나무 이야기(막 11:12-14, 20-25)를 삭제하고 그 대신 누가복음 19:41-44(성전멸망을 생각하며 예수님이 우시는 장면)를 첨가한다.

마가의 경우 예수님의 성전정화 사건(막 11:15-17)과 그로 인한 예루살렘 지도층의 살해 의도(막 11:18a)가 밀접하게 연결되어 있는 것과 달리, 누가는 그러한 연결고리를 삭제한다. 그 대신 예수님이 성전에서 날마다 가르치신다는 내용을 끼워 넣는다(눅 19:47). 다시 말하면 성전정화 사건(눅 19:45-46)은 예수님이 날마다 성전에서 가르치시는 장면(눅 19:47a)의 도입부 역할을 할 뿐이다. 그리하여 누가는 예루살렘 지도층의 살해 의도가 예수님의 가르침에서 비롯된 것으로 묘사한다(47-48절 "예수께서 날마다 성전에서 가르치시니 대제사장들과 서기관들과 백성의 지도자들이 그를 죽이려고 꾀하되 백성이 다 그에게 귀를 기울여 들으므로 어찌할 방도를 찾지 못하였더라").

예수님의 권세에 대한 논쟁(눅 20:1-8)의 경우에서도 예수님의 가르침으로 인해 문제가 촉발된다(1절). 누가의 경우 "권세"는 성전정

---

18) 예루살렘을 향한 예수님의 여정을 묘사하는 누가복음 부분을 가리켜 흔히 "여행 보도"(눅 9:51-19:27)라 부른다. 이는 누가가 마가자료를 수용한 부분이 아니고 누가 특수자료와 예수어록(Q)을 이용하여 예수님의 사역이 죽음과 부활의 장소인 예루살렘을 향하고 있다는 사실을 특히 강조하려는 구상에 따라 기술한 부분이다.

화를 행하는 권세를 뜻하지 않고 가르침과 선포의 권세를 가리킨다 (cf. 눅 4:32 "그들이 그 가르치심에 놀라니 이는 그 말씀이 권위가 있음이러라"). 사악한 포도원 농부 비유(눅 20:9-19)는 백성들에게 하시는 말씀이나(9절), 서기관들과 대제사장들은 이 비유가 자기들을 가리킨 것으로 알고(19절) 예수님의 말을 책잡기 위해 그를 엿보고 정탐들을 보낸다(20절). 가이사에게 바치는 세금에 대한 질문(눅 20:20-26)은 예수님의 말을 책잡으려는 시도의 본보기로 나타난다. 그러나 백성들 앞에서 예수님의 말을 결국 책잡지 못하고 만다는 사실을 밝힌다(26절). 부활에 관한 사두개인들의 질문(눅 20:27-40)과 관련하여 누가는 역시 마가를 대본으로 삼는다. 마가는 부활신앙의 근거로 "성경과 하나님의 능력"을 언급하나(막 12:24), 누가는 예수의 가르침을 제시한다(34-36절). 성서는 단지 참조 사항으로 언급할 뿐이다(37절).

마가에 나오는 첫 번째 계명에 관한 질문(막 12:28-34)은 누가가 다루지 않고 건너뛴다. 그 내용을 이미 선한 사마리아 사람 이야기 문맥에서 다루었기 때문이다(눅 10:25-37). 메시아 질문(눅 20:4-44)과 관련해서는 마가의 경우 메시아가 다윗의 자손이어야 한다는 내용이 서기관의 주장으로 나오나(막 12:35 "어찌하여 서기관들이 그리스도를 다윗의 자손이라 하느냐"), 누가는 이를 일반적인 가르침으로 다룬다(눅 20:41 "사람들이 어찌하여 그리스도를 다윗의 자손이라 하느냐"). 세 가지 칭호(다윗의 자손, 메시아, 주님) 사이의 관계에 대해 누가는 명확히 밝힌다. 예수님은, 하나님이 주님과 메시아로 부활시키신 다윗의 자손이다(cf. 눅 3:23-38; 행 2:34-36). 서기관들에 대한 비판(눅 20:45-47)에서 누가는 대본인 마가 자료를 거의 글자 그대로 취하나 제자들을 향한 경고의 말로 만든다(45절). 누가는 이 단락을 가난한 과부의 헌금(눅 21:1-4)과 연결시킨다. 그리하여 가난한 과부의 헌금 장면은 제자들에게 모범이 되는 이야기로 소개한다.

제15장 종말에 관한 예수님의 말씀

마가는 14장부터 시작되는 본격적인 수난 이야기를 보도하기 직전 13장에서 종말에 관해 예수님이 말씀하시는 비교적 긴 장면을 묘사한다. 마태와 누가도 이러한 마가의 구조를 따르고 있으나, 동시에 마가 자료를 수정하면서도 상당 부분 확대시킨다.

1. 마가복음 13장에 따른 종말의 말씀

종말에 관한 말씀을 다루는 마가복음 13장은 해당 본문의 길이만 보도라도 마가복음 안에서 두드러진다. 예수님의 비유 말씀이 집결된 4장과 비견할 만하다. 그런데 4장에 나오는 각 비유는 앞뒤 비유들을 연결시켜 주는 중간 설명을 통해 서로 연결된 것과 달리, 마가복음 13:1-37의 종말에 관한 예수님 말씀은 도입부를 제하면 중간에 끊어지지 않고 연속적으로 이루어진 가장 긴 말씀이다. 이 말씀은 조용히 가르침을 받고 있는 네 명의 제자들(3절)을 넘어 전체 기독교 세계를 향해(37절 "내가 너희에게 하는 이 말은 모든 사람에게 하는 말이니라") 주시는 일종의 유언이다.[19]

▶ **도입부(막 13:1-4):** 성전 멸망에 대한 예수님의 예언과 종말에 관한 제자들의 질문이 나온다.

> (막 13:1-4) 1 예수께서 성전에서 나가실 때에 제자 중 하나가 이르되 선생님이여 보소서 이 돌들이 어떠하며 이 건물들이 어떠하니이까 2 예수께서 이르시되 네가 이 큰 건물들을 보느냐 돌 하나도 돌 위에 남지 않고 다 무너뜨려지리라 하시니라 3 예수께서 감람 산에서 성전을 마주 대하

---

19) R.Pesch, *Das Markusevangelium*, 264.

> 여 앉으셨을 때에 베드로와 야고보와 요한과 안드레가 조용히 묻되 4 우
> 리에게 이르소서 어느 때에 이런 일이 있겠사오며 이 모든 일이 이루어
> 지려 할 때에 무슨 징조가 있사오리이까

도입부를 유심히 살펴보면 내용이 뒤섞여 있는 부자연스러운 현상이 드러난다. 바로 앞 단락 마가복음 12:41-44에 나오는 장면에 연이어 "제자 중 하나"가 놀라울 정도로 잘 지은 예루살렘 성전을 보며 예수님에게 말을 건넨다(1절). 그러자 예수님은 성전이 멸망할 것을 예언하신다(2절). 그런 다음 동행하고 있던 네 명의 제자, 베드로와 야고보와 요한과 안드레가 감람산에서 성전을 마주 대하고 앉아 계신 예수님에게 묻는다: "우리에게 이르소서 어느 때 이런 일이 있겠사오며 이 모든 일이 이루어지려 할 때에 무슨 징조가 있사오리까"(4절). 먼저 언급된 "이런 일"은 2절에서 예고된 성전 멸망과 관련된 말이다. 그 다음에 나오는 "이 모든 일"은 성전멸망사건에 국한되지 않고 종말에 일어날 모든 사건들을 가리킨다. 이처럼 뒤섞여 나타나는 현상이 어찌된 영문인가 하는 질문이 생긴다.

다음과 같은 대답이 가장 유력해 보인다. 마가는 예루살렘 성전이 멸망할 무렵 혹은 성전 멸망 직후 기원후 70년경에 자신의 복음서를 기록했다. 성전 멸망으로 인해 당시 묵시주의에 빠져 있던 유대교 내의 무리는 머지않아 종말론적인 하나님의 개입이 일어나리라고 확신했다. 이러한 묵시적 대망에 유대 그리스도교뿐만 아니라 이방 그리스도교까지 휩싸인다. 그리하여 결국 예수님의 재림을 더욱 강렬하게 대망하게 된다. 이런 시각에서 보면 성전 멸망은 "이 모든 일"이 성취되는 시점으로 간주된다. 바로 이와 관련해 예수님이 말씀하신다.

본문 가운데 나사렛 예수가 실제 하신 말씀의 핵이 들어 있으리라 생각되나, 오늘날 우리가 갖고 있는 본문은 중첩된 본문 다시 읽기에

서 나온 혼성물이다.[20) 여기에는 복음서 저자 마가와 당시 독자들이 갖고 있던 두려움이 유대 묵시문학이나 그리스도교 묵시문학에서 나온 전승들과 혼합되어 있다고 말할 수 있다. 마가복음 13:2b(“돌 하나도 돌 위에 남지 않고 다 무너뜨려지리라”)는 예수님이 심판받을 때 하신 이른바 “성전 로기온”(cf. 막 14:58; 15:29 par; 요 2:19)을 다르게 표현한 것으로 보인다.

막 14:58	막 15:29 par	요 2:19
우리가 그의 말을 들으니 손으로 지은 이 성전을 내가 헐고 손으로 짓지 아니한 다른 성전을 사흘 동안에 지으리라 하더라 하되	지나가는 자들은 자기 머리를 흔들며 예수를 모욕하여 이르되 아하 성전을 헐고 사흘에 짓는다는 자여	예수께서 대답하여 이르시되 너희가 이 성전을 헐라 내가 사흘 동안에 일으키리라

▸ **인자가 도래하기까지의 시간(막 13:5-23):** 권면과 경고와 위로 및 설명조의 예언이 교차되면서 묵시문학적 가르침에 관한 주제가 나온다. 예수님의 종말에 관한 말씀은 깨어 있으라는 경고로 시작한다. 전개되는 사건들의 과정은 시기별로 구분된다.

(막 13:5-23) 5 예수께서 이르시되 너희가 사람의 미혹을 받지 않도록 주의하라 6 많은 사람이 내 이름으로 와서 이르되 내가 그라 하여 많은 사람을 미혹하리라 7 난리와 난리의 소문을 들을 때에 두려워하지 말라 이런 일이 있어야 하되 <u>아직 끝은 아니니라</u> 8 민족이 민족을, 나라가 나라를 대적하여 일어나겠고 곳곳에 지진이 있으며 기근이 있으리니 이는 <u>재난의 시작이니라</u> 9 너희는 스스로 조심하라 사람들이 너희를 공회에 넘겨 주겠고 너희를 회당에서 매질하겠으며 나로 말미암아 너희가 권력자들과 임금들 앞에 서리니 이는 그들에게 증거가 되려 함이라 10 또 복음

---

20) H. Merklein, *Jesusgeschichte*, 191.

이 먼저 만국에 전파되어야 할 것이니라 11 사람들이 너희를 끌어다가 넘겨 줄 때에 무슨 말을 할까 미리 염려하지 말고 무엇이든지 그 때에 너희에게 주시는 그 말을 하라 말하는 이는 너희가 아니요 성령이시니라 12 형제가 형제를, 아버지가 자식을 죽는 데에 내주며 자식들이 부모를 대적하여 죽게 하리라 13 또 너희가 내 이름으로 말미암아 모든 사람에게 미움을 받을 것이나 끝까지 견디는 자는 구원을 받으리라 14 멸망의 가증한 것이 서지 못할 곳에 선 것을 보거든 (읽는 자는 깨달을진저) 그 때에 유대에 있는 자들은 산으로 도망할지어다 15 지붕 위에 있는 자는 내려가지도 말고 집에 있는 무엇을 가지러 들어가지도 말며 16 밭에 있는 자는 겉옷을 가지러 뒤로 돌이키지 말지어다 17 그 날에는 아이 밴 자들과 젖먹이는 자들에게 화가 있으리로다 18 이 일이 겨울에 일어나지 않도록 기도하라 19 이는 그 날들이 환난의 날이 되겠음이라 하나님께서 창조하신 시초부터 지금까지 이런 환난이 없었고 후에도 없으리라 20 만일 주께서 그 날들을 감하지 아니하셨더라면 모든 육체가 구원을 얻지 못할 것이거늘 자기가 택하신 자들을 위하여 그 날들을 감하셨느니라 21 그 때에 어떤 사람이 너희에게 말하되 보라 그리스도가 여기 있다 보라 저기 있다 하여도 믿지 말라 22 거짓 그리스도들과 거짓 선지자들이 일어나서 이적과 기사를 행하여 할 수만 있으면 택하신 자들을 미혹하려 하리라 23 너희는 삼가라 내가 모든 일을 너희에게 미리 말하였노라

시간과 관련된 개념들이 이 단락의 주된 흐름을 이루고 있다. "아직 끝은 아니니라"(7절), "재난의 시작"(8절), "먼저"(10절), "끝까지"(13절), "그 날에는"(17절), "그 날들이 ... 하나님께서 창조하신 시초부터 지금까지"(19절), "그 날들을"(20절), "그 때에"(21절). 이러한 시간의 개념들이 중요한 까닭은 그것들이 종말이 시작된 징조가 되기 때문이다. 종말의 때는 하나님 나라 선포와 더불어 충만하게 된다(막 1:15). 아직 남이 있는 일은 뿌려진 씨앗이 열매 맺는 일이다(막 4장). 현재 일어나고 있는 일은, 혼돈에 싸인 옛 세상 시간은 지나가고 하나님 나라의 시작을 알리는 일이다.

종말이 가까울수록 혼돈의 세력들이 더욱 날뛰게 되는 상황은 널

리 알려진 묵시문학적 모티브이다. 난리와 지진과 기근으로 묘사된 재난 상황은 묵시문학이 즐겨 사용하는 전형적인 위기 상황이다.[21] 마가는 이러한 모티브를 자기 시대에 일어난 사건들과 관련하여 이해했다. 즉, 기원후 70년의 성전 멸망을 정점으로 하는 유대 전쟁의 소용돌이가 이러한 종말론적 상황의 구체적인 배경으로 작용했을 것이다. 여기에서 중요한 것은, 이러한 일이 하나님 나라의 도래를 위한 전조로서 반드시 일어나야만 하리라는 것이다. 그러나 이러한 일들이 일어난다고 하여 최후 종말이 곧장 도래하는 것은 아니다. 그러한 재난 상황은 단지 종말의 시작에 불과하다(8절). 분명히 말할 수 있는 것은 인자의 재림 때 최후 종말이 일어나리라는 사실이다.

9-13절은 제자 공동체, 즉 교회를 염두에 둔 진술이다. 마태복음 10:17-21(par)에 나오는 문맥이 이 구절의 본래 문맥일 가능성이 크다. 온갖 박해에도 불구하고 염려하지 말라는 권면의 문맥에 사용되었을 것이다. 세상을 뒤흔드는 혼돈의 세력들이(5-8절) 제자 공동체를 가만히 내버려 두지 않고 죽음의 공포로 위협한다. 제자들이 처한 환란에 가정불화까지 겹친다.[22] 그러나 예수의 이름으로 끝까지 견디는 자는 구원을 받으리라 약속한다(13절). 마가의 시각에서 보면 특히 10절("복음이 먼저 만국에 전파되어야 할 것이니라")이 중요하다. 만백성을 향한 복음선포는 마가가 복음의 시작과 토대로 묘사하는 예수 이야기의 결과이다. 복음선포는 예수님과 함께 시작된 것이다(막 1:14-15). 복음선포가 "먼저" 이루어진다고 하여 종말의 때를 계산해낼 수 있는 것은 아니다. 최후 종말의 시와 때는 어느 누구도

---

21) 에녹1서 99:4; 바룩2서(syr Bar) 48:30ff; 70:2ff; Sib III 153ff; Sanh 97a 등.

22) Cf. LXX 미가 7:6("아들이 아비를 우습게 보고 딸이 어미에게 거역하며 며느리가 시어머니와 맞서는 세상, 한 남자의 원수는 그의 가족에 속한 남자들이네").

산정할 수 없다. 그것은 하나님의 전권에 속한다(cf. 막 13:32).

14-23절은 마지막에 일어날 대환란을 묘사한다. 이 단락은 문맥에서 벗어난 것처럼 보인다. 갑자기 유대 지방에서 일어난 일이 거론되고 있기 때문이다. 여기에는 전승사적인 이유가 있다. 이 본문은 특히 구약성서의 두 구절, 즉 에스겔 7:12-16과 다니엘 12:11에 대한 성찰을 담고 있다.

에스겔 7:12-16	다니엘 12:11
12 때가 이르렀고 날이 가까웠으니 사는 자도 기뻐하지 말고 파는 자도 근심하지 말 것은 진노가 그 모든 무리에게 임함이로다 13 파는 자가 살아 있다 할지라도 다시 돌아가서 그 판 것을 얻지 못하리니 이는 묵시가 그 모든 무리에게 돌아오지 아니하고, 사람이 그 죄악으로 말미암아 자기의 목숨을 유지할 수 없으리라 하였음이로다 14 그들이 나팔을 불어 온갖 것을 준비하였을지라도 전쟁에 나갈 사람이 없나니 이는 내 진노가 그 모든 무리에게 이르렀음이라 15 밖에는 칼이 있고 안에는 전염병과 기근이 있어서 밭에 있는 자는 칼에 죽을 것이요 성읍에 있는 자는 기근과 전염병에 망할 것이며 16 도망하는 자는 산 위로 피하여 다 각기 자기 죄악 때문에 골짜기의 비둘기들처럼 슬피 울 것이며	매일 드리는 제사를 폐하며 멸망하게 할 가증한 것을 세울 때부터 천이백구십 일을 지낼 것이요

"멸망의 가증한 것"(막 13:14)이 칼리굴라 황제가 기원후 40년경 성전 안에 자신의 초상을 세우려 했던 사실을 반영한다고 해석할 수 있으나, 오히려 지성소를 범했던 티투스 황제에 의한 성전 멸망을 반영한다는 해석이 더욱 적절하리라 생각된다. 이렇게 보면 14-20절에는 성전 멸망을 최후 환난의 날에 일어날 사건들의 시작으로 이해한 유대 그리스도교적 성찰이 담겨 있다. 그러나 마가의 문맥에서 "멸망

의 가증한 것"은 더 이상 종말의 직접적인 전조가 아니고, "그 날들"에 일어날 환난의 한 가지 예에 불과하다. 20절에서 마가는, 하나님이 자기가 택하신 자들을 위하여 그 환난의 날들을 감하시리라는 소망을 표현한다. 21-23절에는 미혹자들에 대한 경고와 더불어 5-6절의 내용이 다시 나온다. 앞에서는 현재에 대해 경고하였으나 여기서는 미래에 대해 경고한다. 많은 사람들이 예수의 이름으로 혹은 거짓 그리스도로(6절, 21-22절) 나타나 미혹하리라고 경고한다. 이러한 진술의 배경에는 성전 멸망을 예수 그리스도의 재림이 시작한 것으로 해석하여 신앙공동체를 뒤 흔들어놓은 거짓 예언자들이 있다(22절). 거짓 예언자들은 사이비 종말론으로 오늘 우리 신앙인들도 미혹하고 있다. 우리의 삶이 너무도 각박하고 여유가 없어 그러한 미혹에 쉽게 빠져드는 경향이 있다. 예수의 이름으로 끝까지 견디는 자는 구원을 받으리라 약속(13절)이 우리의 소망이다.

▶ 인자의 도래(막 13:24-27):

(막 13:24-27) 24 그 때에[=그 날에] 그 환난 후 해가 어두워지며 달이 빛을 내지 아니하며 25 별들이 하늘에서 떨어지며 하늘에 있는 권능들이 흔들리리라 26 그 때에 인자가 구름을 타고 큰 권능과 영광으로 오는 것을 사람들이 보리라 27 또 그 때에 그가 천사들을 보내어 자기가 택하신 자들을 땅 끝으로부터 하늘 끝까지 사방에서 모으리라

때에 관한 두 가지 표현이 나온다("그 때에[="그 날에"] 그 환난 후" 24절). 이로써 앞 단락과 연결되면서 동시에 구분된다. "그 때에"라는 표현은 종말을 가리키는 보편적인 양식으로서 형식상 17절과 연결된다. 그렇다고 24-27절의 내용이 14-23절에서 언급한 "환난의 날"과 같은 때를 가리키는 것으로 볼 수 없다. 인자가 도래 하는 때는 "그 환난 후"에 일어날 사건이라고 분명하게 말하고 있기 때문이다. 인자

의 도래는 종말의 시간을 종결짓는 사건이지 종말에 연속적으로 일어나는 하나의 사건이 아니다. 해와 달이 빛을 잃고 별이 하늘에서 떨어지는 놀라운 변화에 관해 말하는 24-25절은 이사야 13:10과 34:4에 의존한 것이다. 이러한 현상은 하나님의 분노의 심판 때나 야훼의 날에 수반되는 현상이다. 이런 배경에서 보면 그것은 악인들에게 내릴 하나님의 무서운 심판을 묘사한다고 말할 수도 있으나, 심판의 차원보다는 하나님 나라가 이 세상에 뚫고 들어오는 차원을 묘사한 것이다. 하나님 나라의 도래는 세상의 근본을 뒤흔든다. 따라서 인자의 도래는 여기저기에서 기다릴 수 있는 것이 아니고 온 세상을 뒤흔들고 변화시키며 온 천하에 확연히 드러나는 대사건이다.

26-27절은 종말 드라마의 절정을 이루는 인자의 도래에 대해 말한다. 인자가 예수님을 뜻하는 것은 자명하다. 그런데 의외로 이 구절의 내용이 예수님 자신의 말로 이루어져 있지 않고 거의 전적으로 성서 구절의 조합으로 이루어져 있다(단 7:13; 슥 2:6, 10; 신 30:4). 이 말씀을 전한 공동체는 이에 관한 예수님의 말씀 전승을 알지 못했던 것 같다. 따라서 구약성서의 말씀을 예수 정신으로 새롭게 읽은 것이다.

고대 유대교에 알려진 인자 전승은 심판자로서의 인자의 기능을 강조하는 것과 달리,[23] 마가는 종말론 묘사 때 심판의 기능을 강조하지 않는다. 비록 마가복음 8:38에서 인자가 최후 심판 때 결정적인 역할을 하나, 심판 자체는 하나님의 일로 보인다. 또한 마가복음 14:42의 경우 역시 심판이 그 배경을 이루나, 심판 자체에 대한 구체적인 진술은 하지 않는다. 그런데 마가에게 하나님 나라는 예수님의 등장과 더불어 이미 가까이 와 있다(막 1:14-15). 따라서 예수님의 재림은 근

---

23) 예컨대, 에녹1서 62:3, 10: "그 날에 모든 왕들과 권세자들과 고관들과 다른 영주들이 일어날 것이다. 그리고 그들은 그[=인자]가 그의 영광의 보좌에 앉은 것을 보고 알게 될 것이다 … 그들의 얼굴은 수치로 가득차고 어둠이 그들 위에 덮일 것이다."

본적으로 새로운 것을 가져오는 것이 아니고 예수님이 오심으로 이루어진 일의 우주적 확장을 가져온다고 말할 수 있다. 바로 이 점을 마가는 강조하고 있다. 종말의 혼돈이 결코 제자들을 뒤흔들지 못할 것이고, 또한 그에 대한 해석으로 인해 제자들이 동요할 이유도 없다. 제자들은 예수님이 행하신 하나님 나라 선포와 인자 재림 때 일어날 일 사이의 긴장 가운데 예수님이 앞서 가신 길, 곧 고난과 십자가로 통하는 섬김의 길을 가야 한다. 인자가 재림하면 택하신 자들을 우주 사방에서 모을 것이다(27절). 범 우주적인 차원에서 이루어지는 하나님 백성의 집결은 하나님 나라가 우주적인 차원에서 드러나는 것과 일치한다. 그야 말로 "이 모든 일"(4절)이 이루어지는 진정한 징조이다.

▶ **무화과나무 비유에서 배울 교훈(막 13:28-37):** 종말에 관한 말씀을 마감하는 단락은 제자들에게 깨어 있으라는 권면의 내용을 담고 있다. 이 부분은 다양한 전승 자료로 이루어져 있다. 먼저, 인자 도래의 징조를 알라고 권면하는 무화과나무 비유가 나온다("28 무화과나무의 비유를 배우라 그 가지가 연하여지고 잎사귀를 내면 여름이 가까운 줄 아나니 29 이와 같이 너희가 이런 일이 일어나는 것을 보거든 인자가 가까이 곧 문 앞에 이른 줄 알라"). 무화과나무의 잎사귀가 자라는 것을 보고 여름이 가까이 이른 줄 알듯이, 제자들은 앞에서 언급한 종말의 사건들(5-23절)이 일어나면 인자의 재림이, 즉 예수 그리스도의 재림이 임박했음을 알아야 한다. 아직 최후 종말의 때가 남아 있다는 사실이 하나님 나라가 가까이 왔다는 사실과 모순되는 것은 아니다. 종말의 시간은 어느 한 시점을 가리키는 개념이 아니라 예수님의 초림과 재림 사이에 걸친 시간 전체를 뜻한다. 제자들은 종말이 가까이 온 징조를 단순히 물리적 시간의 흐름을 통해서가 아니라 종말에 일어나는 사건들을 통해 알아야 한다는 점을 강조한다.

30-31절의 진술은 마태복음 5:18에 보다 온전한 형태로 보존된 예수님의 말씀을 달리 표현한 것으로 보인다. 또한 마가복음 9:1에서 영향을 받았을 것으로 보인다.

막 13:30-31	Cf. 마 5:18	Cf. 막 9:1
30 내가 진실로 너희에게 말하노니 이 세대가 지나가기 전에 이 일이 다 일어나리라 31 천지는 없어지겠으나 내 말은 없어지지 아니하리라	진실로 너희에게 이르노니 천지가 없어지기 전에는 율법의 일점 일획도 결코 없어지지 아니하고 다 이루리라	내가 진실로 너희에게 이르노니 여기 서 있는 사람 중에는 죽기 전에 하나님의 나라가 권능으로 임하는 것을 볼 자들도 있느니라

30-31절의 진술이 마가복음 9:1에 비해 다소 약화된 감이 있으나, 마가는 인자의 재림이 가까이 왔음을 견지하고 있을 뿐만 아니라 그것을 이 세대에 기다리고 있다. 31절은 30절의 말씀을 확정짓고 있으나, 그와 관련된 것만이 아니고 예수의 선포 전체와 관련된 말이기도 하다. 32절은("그러나 그 날과 그 때는 아무도 모르나니 하늘에 있는 천사들도, 아들도 모르고 아버지만 아시느니라") 종말 도래의 시간을 정확히 계산할 수 없다는 사실을 분명히 한다. "하늘에 있는 천사들"은 인자의 재림 시 함께 나타날 천사들을 가리킨다(cf. 막 8:38; 13:27). "아들"도 종말의 때를 모른다는 사실로 미루어 종말 도래의 때에 관한 예수님의 말씀 전승이 존재하지 않는다는 사실이 드러난다. 이런 시각에서 32절은 절박한 재림 기대의 상황에서 재림의 정확한 시와 때를 알려고 하는 그릇된 종말론을 교정할 목적에서 생겨난 구절로 간주된다.

이처럼 종말의 시점과 기간을 상대화시키면서 인자의 재림이 가까이 왔음을 강조하는 상황에서 기대할 수 있는 말은 "깨어 있으라"(33

절, 35절, 37절)는 권면의 말이다. 33-37절에 나오는 비유도 깨어 있으라는 점을 강조한다. 이 비유는 예수어록(Q)에서 나온 말씀을 연상시킨다(눅 19:12-13 par; 12:38-40 par).

막 13:34, 36	Cf. 눅 9:12-13	Cf. 눅 12:38-40
33 주의하라 깨어 있으라 그때가 언제인지 알지 못함이라 34 가령 사람이 집을 떠나 타국으로 갈 때에 그 종들에게 **권한**을 주어 각각 사무를 맡기며 문지기에게 깨어 있으라 명함과 같으니 35 그러므로 깨어 있으라 집 주인이 언제 올는지 혹 저물 때일는지, 밤중일는지, 닭 울 때일는지, 새벽일는지 너희가 알지 못함이라 36 그가 홀연히 와서 너희가 자는 것을 보지 않도록 하라 37 깨어 있으라 내가 너희에게 하는 이 말은 모든 사람에게 하는 말이니라 하시니라	어떤 귀인이 왕위를 받아가지고 오려고 먼 나라로 갈 때에 그 종 열을 불러 은화 열 므나를 주며 이르되 내가 돌아올 때까지 장사하라 하니라	38 주인이 혹 이경에나 혹 삼경에 이르러서도 종들이 이같이 하고 있는 것을 보면 그 종들은 복이 있으리로다 39 너희도 아는 바니 집 주인이 만일 도둑이 어느 때에 이를 줄 알았더라면 그 집을 뚫지 못하게 하였으리라 40 이러므로 너희도 준비하고 있으라 생각하지 않은 때에 인자가 오리라 하시니라

깨어 있어야만 하는 이유가 두 번 나온다. 최후 종말의 때가 언제인지, 주인이신 인자가 언제 올 지 알 수 없기 때문이다(33, 35절). 어떠한 준비를 하고 있어야 하는가에 대해서는 구체적으로 말하지 않으나 문맥에서 드러난다. 종말의 때에 제자들이 준비해야 할 일은 인자가 심판할 때 기준이 되는 영원한 예수님의 말씀(31절)을 지키는 것으로 이해할 수 있다. 다른 말로 표현하면, 종말의 날을 계산하는 대신 주님이 위임한 권한(34절)을 행사하고 그에 대한 책임의식을 갖고 살아가는 것으로 이해할 수 있다. 마가복음의 문맥에서 예수님의 권

한(= 권세)은 귀신을 쫓아내는 일과 관련된다(막 3:15; 6:7).[24] 하나님 나라가 임하는 곳에 모든 혼돈의 세력은 물러갈 수밖에 없다. 제자들은 예수님에게서 위임받은 권위로 그의 사역을 지속해야할 의무가 있다.

2. 마태복음 24-25장에 따른 종말의 말씀

종말에 관한 말씀을 담고 있는 이 부분은 마태복음에 나오는 예수님의 다섯 개의 긴 설교말씀 가운데 마지막 다섯 번째 말씀에 해당한다. 마태는 마가복음 13장의 토대 위에서 예수어록(Q)과 마태 특수자료를 첨가하여 이 부분을 기록한다.

▶ **마가 자료에 대한 마태의 작업(마 24:1-44):** 도입장면(*마 24:1-3*)에서 제자들이 예수님에게 질문을 제기한다. 마가의 경우와 달리(막 13:1-4) 마태에게는 성전멸망이 과연 종말의 시작인지에 관한 질문이 더 이상 중요하지 않다. 질문의 초점은 "당신의[=주의] 임하심과 세상 끝"에 일어날 징조에 맞춰져 있다(3b절). 마태만이 "임하심"에 해당하는 그리스어 "파루시아"(παρουσία)라는 개념을 사용한다. 이는 예수님의 "재림"을 뜻하는 전문 용어이다. 주로 심판의 문맥에서 사용되는 "세상 끝"은 세상의 멸망을 뜻하는 것으로 묵시문학에서 유래한 개념이다(단 9:27; 12:13; cf. 단 12:4, 7).

인자가 오기까지의 시간(마 24:4-28)은 세 단락으로 구분할 수 있다. 첫 번째 단락(4-8절)은 종말에 필연적으로 일어날 전쟁과 환난에 대해 말한다. 그런데 아직 끝이 아니고(6절) 단지 재난의 시작에 불과하

---

24) 막 13:34의 "권한"과 막 3:15; 6:7에 나오는 "권세"는 그리스어로는 동일한 개념(ἐξουσία)이다.

다(8절). 두 번째 단락(9-14절)은 마가복음 13:9-13에 상응한 것이나, 마가 자료와 차이가 많이 난다. 마태가 이 부분을 비교적 자유롭게 서술한 것은 파송의 말씀(마 10:17-21)에서 해당 마가 자료를 이미 사용한 것과 관련이 있다.

마 24:9-14	Cf. 막 13:9-13	Cf. 마 10:17-21
9 그 때에 사람들이 너희를 환난에 넘겨 주겠으며 너희를 죽이리니 너희가 내 이름 때문에 모든 민족에게 미움을 받으리라 10 그 때에 많은 사람이 실족하게 되어 서로 잡아 주고 서로 미워하겠으며 11 거짓 선지자가 많이 일어나 많은 사람을 미혹하겠으며 12 불법이 성하므로 많은 사람의 사랑이 식어지리라 13 그러나 끝까지 견디는 자는 구원을 얻으리라 14 이 천국 복음이 모든 민족에게 증언되기 위하여 온 세상에 전파되리니 그제야 끝이 오리라	9 너희는 스스로 조심하라 사람들이 너희를 공회에 넘겨 주겠고 너희를 회당에서 매질하겠으며 나로 말미암아 너희가 권력자들과 임금들 앞에 서리니 이는 그들에게 증거가 되려 함이라 10 또 복음이 먼저 만국에 전파되어야 할 것이니라 11 사람들이 너희를 끌어다가 넘겨 줄 때에 무슨 말을 할까 미리 염려하지 말고 무엇이든지 그 때에 너희에게 주시는 그 말을 하라 말하는 이는 너희가 아니요 성령이시니라 12 형제가 형제를, 아버지가 자식을 죽는 데에 내주며 자식들이 부모를 대적하여 죽게 하리라 13 또 너희가 내 이름으로 말미암아 모든 사람에게 미움을 받을 것이나 끝까지 견디는 자는 구원을 받으리라	17 사람들을 삼가라 그들이 너희를 공회에 넘겨 주겠고 그들의 회당에서 채찍질하리라 18 또 너희가 나로 말미암아 총독들과 임금들 앞에 끌려 가리니 이는 그들과 이방인들에게 증거가 되게 하려 하심이라 19 너희를 넘겨 줄 때에 어떻게 또는 무엇을 말할까 염려하지 말라 그 때에 너희에게 할 말을 주시리니 20 말하는 이는 너희가 아니라 너희 속에서 말씀하시는 이 곧 너희 아버지의 성령이시니라 21 장차 형제가 형제를, 아버지가 자식을 죽는 데에 내주며 자식들이 부모를 대적하여 죽게 하리라

마태에게 중요한 "환난"이란 단어가 처음으로 언급된다. 이는 구체적으로 어떤 어려운 특정 상황을 묘사하는 개념이 아니라 종말에 새 시대가 열리기에 앞서 일어날 최후의 대환난을 뜻한다. 신앙공동체, 즉 교회가 모든 민족에게 미움을 받게 되고 많은 사람들이 실족하게 된다(9-10절). 마태 공동체가 당면한 위협은 거짓 선지자로부터 오는 공격이다(11절). "불법"(12절)이란 단어는 공동체가 위험에 처한 상태를 나타내는 마태 특유의 표현이다.

세 번째 단락(15-28절)은 마지막 세 절을 제하면 마가의 진술(막 13:14-23)과 대체로 일치한다.

마 24:15-28	Cf. 막 13:14-23
15 그러므로 너희가 선지자 다니엘이 말한 바 멸망의 가증한 것이 거룩한 곳에 선 것을 보거든 (읽는 자는 깨달을진저) 16 그 때에 유대에 있는 자들은 산으로 도망할지어다 17 지붕 위에 있는 자는 집 안에 있는 물건을 가지러 내려 가지 말며 18 밭에 있는 자는 겉옷을 가지러 뒤로 돌이키지 말지어다 19 그 날에는 아이 밴 자들과 젖 먹이는 자들에게 화가 있으리로다 20 너희가 도망하는 일이 겨울에나 안식일에 되지 않도록 기도하라 21 이는 그 때에 큰 환난이 있겠음이라 창세로부터 지금까지 이런 환난이 없었고 후에도 없으리라 22 그 날들을 감하지 아니하면 모든 육체가 구원을 얻지 못할 것이나 그러나 택하신 자들을 위하여 그 날들을 감	14 멸망의 가증한 것이 서지 못할 곳에 선 것을 보거든 (읽는 자는 깨달을진저) 그 때에 유대에 있는 자들은 산으로 도망할지어다 15 지붕 위에 있는 자는 내려가지도 말고 집에 있는 무엇을 가지러 들어가지도 말며 16 밭에 있는 자는 겉옷을 가지러 뒤로 돌이키지 말지어다 17 그 날에는 아이 밴 자들과 젖먹이는 자들에게 화가 있으리로다 18 이 일이 겨울에 일어나지 않도록 기도하라 19 이는 그 날들이 환난의 날이 되겠음이라 하나님께서 창조하신 시초부터 지금까지 이런 환난이 없었고 후에도 없으리라 20 만일 주께서 그 날들을 감하지 아니하셨더라면 모든 육체가 구원을 얻지 못할 것이거늘 자기가 택하신 자들을 위하여 그 날들을 감

<table>
<tr><td>

하시리라 23 그 때에 사람이 너희에게 말하되 보라 그리스도가 여기 있다 혹은 저기 있다 하여도 믿지 말라 24 거짓 그리스도들과 거짓 선지자들이 일어나 큰 표적과 기사를 보여 할 수만 있으면 택하신 자들도 미혹하리라 25 보라 내가 너희에게 미리 말하였노라 26 그러면 사람들이 너희에게 말하되 보라 그리스도가 광야에 있다 하여도 나가지 말고 보라 골방에 있다 하여도 믿지 말라 27 번개가 동편에서 나서 서편까지 번쩍임 같이 인자의 임함도 그러하리라 28 주검이 있는 곳에는 독수리들이 모일 것이니라

</td><td>

하셨느니라 21 그 때에 어떤 사람이 너희에게 말하되 보라 그리스도가 여기 있다 보라 저기 있다 하여도 믿지 말라 22 거짓 그리스도들과 거짓 선지자들이 일어나서 이적과 기사를 행하여 할 수만 있으면 택하신 자들을 미혹하려 하리라 23 너희는 삼가라 내가 모든 일을 너희에게 미리 말하였노라

</td></tr>
</table>

마태복음 24:15는 다니엘서에 나오는 묵시적 대참사의 증거를 언급한다(단 9:27; 11:31; 12:11).[25] "멸망의 가증한 것"은 보통 하나님 보시기에 참담한 어떤 대상을 가리킨다. 그러나 마태의 경우, 그것은 하나님 보시기에 합당한 성전 예배 대신 이방 신을 위한 제단을 세움으로써 성전을 더럽힌 사건을 뜻한다. 마가에게서 전해 받은(막 13: 21-23) 거짓 선지자들에 대한 경고(23-25절)는 예수어록 자료를 사용해 한층 강화된다(26-28절). 거짓 선지자들의 미혹과 그런 미혹의 말

---

25) (단 9:27) "그가 장차 많은 사람들과 더불어 한 이레 동안의 언약을 굳게 맺고 그가 그 이레의 절반에 제사와 예물을 금지할 것이며 또 포악하여 가증한 것이 날개를 의지하여 설 것이며 또 이미 정한 종말까지 진노가 황폐하게 하는 자에게 쏟아지리라 하였느니라 하니라"; (단 11:31) "군대는 그의 편에 서서 성소 곧 견고한 곳을 더럽히며 매일 드리는 제사를 폐하며 멸망하게 하는 가증한 것을 세울 것이며"; (단 12:11) "11 매일 드리는 제사를 폐하며 멸망하게 할 가증한 것을 세울 때부터 천이백구십 일을 지낼 것이요."

을 "믿지 말라"(23절, 26절)는 경고가 좋은 대조를 이룬다. 번갯불 비유와 주검이 있는 곳에 모이는 독수리에 대한 언급(27-28절)은 그리스도의 재림이 만천하에 드러나는 사건임을 말한다.

인자의 도래에 관한 묘사(29-31절)를 마가의 본문과 비교하면, 30절의 진술이 확대되었다는 점이 두드러진다.

마 24:29–31	Cf. 막 13:25–28
29 그 날 환난 후에 즉시 해가 어두워지며 달이 빛을 내지 아니하며 별들이 하늘에서 떨어지며 하늘의 권능들이 흔들리리라 30 그 때에 인자의 <u>징조가 하늘에서 보이겠고</u> 그 때에 땅의 모든 족속들이 통곡하며 그들이 인자가 구름을 타고 능력과 큰 영광으로 오는 것을 보리라 31 그가 큰 나팔소리와 함께 천사들을 보내리니 그들이 <u>그의 택하신 자들을 하늘 이 끝에서 저 끝까지 사방에서 모으리라</u>	25 별들이 하늘에서 떨어지며 하늘에 있는 권능들이 흔들리리라 26 그 때에 인자가 구름을 타고 큰 권능과 영광으로 오는 것을 사람들이 보리라 27 또 그 때에 그가 천사들을 보내어 자기가 택하신 자들을 땅 끝으로부터 하늘 끝까지 사방에서 모으리라 28 무화과나무의 비유를 배우라 그 가지가 연하여지고 잎사귀를 내면 여름이 가까운 줄 아나니

마가와 마찬가지로 마태 역시, 인자의 도래는 시간 흐름의 한 결과에 불과한 것이 아니라, 인자 도래 사건 자체가 종말의 증거이며 완성의 증거이다. "하늘에서 보이는 인자의 징조"(30절)에 대한 말이 마가에는 없는 새로운 대목이다. 이때 인자의 징조란 다름 아닌 인자 자신을 가리킨다. 이로써 제자들이 제기한 "징조"(3절)에 대한 질문에 답한다. "땅의 모든 족속들이 통곡함"은(30절, cf. 슥 12:10-14) 물론 심판을 상기시키고 있으나, 인자의 도래가 궁극적인 목표로 삼고 있는 것은 "그의 택하신 자들"을 모으는 일이다(31절).

이어서 신앙공동체를 향한 마지막 권면이 나온다(마 24:32-44).

(마 24:32-44) 32 무화과나무의 비유를 배우라 그 가지가 연하여지고 잎사귀를 내면 여름이 가까운 줄을 아나니 33 이와 같이 너희도 이 모든 일을 보거든 인자가 가까이 곧 문 앞에 이른 줄 알라 34 내가 진실로 너희에게 말하노니 이 세대가 지나가기 전에 이 일이 다 일어나리라 35 천지는 없어질지언정 내 말은 없어지지 아니하리라 36 그러나 그 날과 그 때는 아무도 모르나니 하늘의 천사들도, 아들도 모르고 오직 아버지만 아시느니라
37 노아의 때와 같이 인자의 임함도 그러하리라 38 홍수 전에 노아가 방주에 들어가던 날까지 사람들이 먹고 마시고 장가 들고 시집 가고 있으면서 39 홍수가 나서 그들을 다 멸하기까지 깨닫지 못하였으니 인자의 임함도 이와 같으리라 40 그 때에 두 사람이 밭에 있으매 한 사람은 데려감을 당하고 한 사람은 버려둠을 당할 것이요 41 두 여자가 맷돌질을 하고 있으매 한 사람은 데려감을 당하고 한 사람은 버려둠을 당할 것이니라
42 그러므로 깨어 있으라 어느 날에 너희 주가 임할는지 너희가 알지 못함이니라 43 너희도 아는 바니 만일 집 주인이 도둑이 어느 시각에 올 줄을 알았더라면 깨어 있어 그 집을 뚫지 못하게 하였으리라 44 이러므로 너희도 준비하고 있으라 생각하지 않은 때에 인자가 오리라

마태는 32-36절에서는 대본인 마가 자료를 충실히 따른다(cf. 막 13:32-36). 그리하여 마가와 마찬가지로 임박한 재림 대망을 강조하면서도(34절) 그 날짜를 고정시키는 것은 거부한다(36절 "그러나 그 날과 그 때는 아무도 모르나니 하늘의 천사들도, 아들도 모르고 오직 아버지만 아시느니라"). 그런데 마가복음에 나오는 문지기 비유(cf. 막 13:33-37)는 받아들이지 않고 건너뛴다. 예수어록에서 나온 유사한 자료를 머지않아 다룰 것이기 때문이다(마 25:14-15 cf. 막 13:33-34; 마 24:42 cf. 막 13:34-35; 마 25:13 cf. 막 13:35). 마태는 마가복음 13:33-37 대신 그 자리에 예수어록에서 나온 두 개의 종말론적 진술을 배치한다(마 24:37-39, 40-41; par 눅 17:26-27, 34-35). 이를 통해 인자가 재림할 때

가져야 할 바람직한 태도를 말한다. 여기에서 중요한 표현은 "깨닫지 못하고 있다"는 점이다(39절). 따라서 다음과 같은 결론이 나온다: "그러므로 깨어 있으라 어느 날에 너희 주가 임할는지 너희가 알지 못함이라"(42절). 이를 예수어록에서 유래한 밤의 도둑 비유(마 24:43-44; par 눅 12:39-40)에서 더욱 분명히 한다(cf. 살전 5:2, 4; 벧후 3:10; 계 3:3; 16:15).

▶ **권면과 경고(마 24:45-25:46):** 밤의 도둑 비유에 이어서 마태는 4개의 종말론적 이야기들을 나열한다. 각 이야기마다 긍정적인 태도와 부정적인 태도를 대조시키고 있다. 이때 긍정적인 것이 먼저 언급되고 부정적인 것이 나중에 언급되는 것으로 미루어 이 부분 전체가 경고의 성격을 강조하고 있음이 드러난다. 이와 같은 점이 제일 먼저 나오는 충성된 종과 악한 종의 비유(마 24:45-51)에 잘 나타난다.

> (마 24:45-51) 45 충성되고 지혜 있는 종이 되어 주인에게 그 집 사람들을 맡아 때를 따라 양식을 나눠 줄 자가 누구냐 46 주인이 올 때에 그 종의 이렇게 하는 것을 보면 그 종이 복이 있으리로다 47 내가 진실로 너희에게 이르노니 주인이 그의 모든 소유를 그에게 맡기리라 48 만일 그 악한 종이 마음에 생각하기를 주인이 더디 오리라 하여 49 동무들을 때리며 술 친구들과 더불어 먹고 마시게 되면 50 생각하지 않은 날 알지 못하는 시간에 그 종의 주인이 이르러 51 엄히 때리고 외식하는 자가 받는 벌에 처하리니 거기서 슬피 울며 이를 갈리라

이 비유는 예수어록(Q)에서 유래한 것으로 거기서 이미 밤의 도둑 비유와 연결되어 있었다(마 24:43-44, 45-51; par 눅 12:39-40, 42-46). 대체로 마태가 누가보다 본래 형태를 더 잘 보존한 것으로 간주된다.[26] 문맥을 고려하면 여기에 등장하는 주인은 인자와 동일시 할 수 있다

---

26) S. Schulz, *Q – Die Spruchquelle der Evangelisten*, Zürich 1972, 271-272.

(cf. 44절). 이 비유를 이해하는 데 결정적으로 중요한 것은 (그 악한 종이 마음에 생각하기를) "주인이 더디 오리라"는 48절의 진술이다. 여기에 마태 교회가 당면한 어려움이 담겨있다. 예수님의 재림이 늦어지고 있음으로 인해 신앙의 열정이 식어가고 있는 교회 상황이 반영된 것으로 보인다(cf. 벧후 3:3-4). 그 악한 종이 "슬피 울며 이를 가는" 운명을 강조함으로 종말에 받게 될 엄청난 심판을 부각시킨다. 누가복음 12:41-46의 영향으로 인해 이 본문을 교회 직분자들에게 적용하여 해석하는 경향이 있으나, 직분자와 평신도로 구분하는 것은 마태의 의도와 다르다. 예수님은 종말의 말씀 전체를 모든 제자들에게 말씀하신다(cf. 24:3).

이어서 열 처녀의 비유(마 25:1-13)가 나온다. 이 비유는 마태 특수 자료에서 가져온 것이다.[27]

> (마 25:1-13) 1 그 때에 <u>천국은</u> 마치 등을 들고 신랑을 맞으러 나간 열 처녀와 같다 하리니 2 그 중에 다섯은 미련하고 다섯은 슬기 있는 자라 3 미련한 자들은 등을 가지되 기름을 가지지 아니하고 4 슬기 있는 자들은 그릇에 기름을 담아 등과 함께 가져갔더니 5 신랑이 더디 오므로 다 졸며 잘새 6 밤중에 소리가 나되 보라 신랑이로다 맞으러 나오라 하매 7 이에 그 처녀들이 다 일어나 등을 준비할 새 8 미련한 자들이 슬기 있는 자들에게 이르되 우리 등불이 꺼져가니 너희 기름을 좀 나눠 달라 하거늘 9 슬기 있는 자들이 대답하여 이르되 우리와 너희가 쓰기에 다 부족할까 하노니 차라리 파는 자들에게 가서 너희 쓸 것을 사라 하니 10 그들이 사러 간 사이에 신랑이 오므로 준비하였던 자들은 함께 혼인 잔치에 들어가고 문은 닫힌지라 11 그 후에 남은 처녀들이 와서 이르되 주여 주여 우리에게 열어 주소서 12 대답하여 이르되 진실로 너희에게 이르노니 내가 너희를 알지 못하노라 하였느니라 13 그런즉 깨어 있으라 너희는 그 날과 그 때를 알지 못하느니라

---

27) 유사한 진술이 막 13:33-37과 눅 12:35-38에도 나온다(cf. 마 25:10-12와 눅 13:25).

이 비유는 본래 인자 재림에 관한 비유가 아니라, 예수님과 함께 하는 구원의 시대에 동참하는 것과 관련된 비유이다(cf. 막 2:18-19). 준비되지 않은 자는 기쁨의 시간을 놓치리라는 경고의 성격을 강조한다. 예수님을 따르며 하나님 나라의 잔치에 참여하려는 자는 그에 합당한 준비를 해야 한다는 사실을 가르친다. 그런데 마태에게 이 비유는 인자의 도래와 관련된 것이 아니라 천국과 관련된다(1절). 마태의 문맥에 따르면 신랑은 인자를 가리킨다. 신랑을 맞으러 나가는 일은 천국에 들어가는 조건을 이루는 일이다(cf. 마 5:20). 따라서 등 안에 담겨있는 기름은 산상설교가 요청하는 의를 행함과 같다. 신앙고백만으로 아무 소용이 없고, 행함에 달려 있다. 다시 부정적인 예를 강조한다. 어리석은 다섯 처녀가 먼저 언급되고(2절), 그들이 처할 운명과 함께 비유가 끝난다(11-12절). 마태의 편집에서 나온 마감 진술은 마태복음 24:42의 권면을 반복한다(13절 "그런즉 깨어 있으라 너희는 그 날과 그 때를 알지 못하느니라").

　이러한 권면은 다음에 나오는 달란트의 비유(마 25:14-30)에서도 강조된다. 이 비유는 예수어록(Q)에서 유래한 것이다. 누가의 평행 본문 19:12-27은 마태본문과 비교할 때 여러 세부 사항 외에도 왕위 계승자 이야기로 이루어져 있다는 점에서 차이가 있으나, 마태와 누가의 이야기 구조는 전체적으로 동일하다(1. 어떤 사람이 타국으로 간다. 2. 그가 자기 소유를 종들에게 나눈다. 3. 그가 돌아와서 결산을 한다. 4. 결론의 말).

마 25:14-30	Cf. 눅 19:12-27
14 또 어떤 사람이 타국에 갈 때 그 종들을 불러 자기 소유를 맡김과 같으니 15 각각 그 재능대로 한 사람에게는 금 다섯 달란트를, 한 사람에게는 두 달란	12 이르시되 어떤 귀인이 왕위를 받아가지고 오려고 먼 나라로 갈 때에 13 그 종 열을 불러 은화 열 므나를 주며 이르되 내가 돌아올 때까지

트를, 한 사람에게는 한 달란트를 주고 떠났더니 16 다섯 달란트 받은 자는 바로 가서 그것으로 장사하여 또 다섯 달란트를 남기고 17 두 달란트 받은 자도 그같이 하여 또 두 달란트를 남겼으되 18 한 달란트 받은 자는 가서 땅을 파고 그 주인의 돈을 감추어 두었더니 19 오랜 후에 그 종들의 주인이 돌아와 그들과 결산할새 20 다섯 달란트 받았던 자는 다섯 달란트를 더 가지고 와서 이르되 주인이여 내게 다섯 달란트를 주셨는데 보소서 내가 또 다섯 달란트를 남겼나이다 21 그 주인이 이르되 잘하였도다 착하고 충성된 종아 네가 적은 일에 충성하였으매 내가 많은 것을 네게 맡기리니 네 주인의 즐거움에 참여할지어다 하고 22 두 달란트 받았던 자도 와서 이르되 주인이여 내게 두 달란트를 주셨는데 보소서 내가 또 두 달란트를 남겼나이다 23 그 주인이 이르되 잘하였도다 착하고 충성된 종아 네가 적은 일에 충성하였으매 내가 많은 것을 네게 맡기리니 네 주인의 즐거움에 참여할지어다 하고 24 한 달란트 받았던 자는 와서 이르되 주인이여 당신은 굳은 사람이라 심지 않은 데서 거두고 헤치지 않은 데서 모으는 줄을 내가 알았으므로 25 두려워하여 나가서 당신의 달란트를 땅에 감추어 두었었나이다 보소서 당신의 것을 가지셨나이다 26 그 주인이 대답하여 이르되 악하고 게으른 종아 나는 심지 않은 데서 거두고

장사하라 하니라 14 그런데 그 백성이 그를 미워하여 사자를 뒤로 보내어 이르되 우리는 이 사람이 우리의 왕 됨을 원하지 아니하나이다 하였더라 15 귀인이 왕위를 받아가지고 돌아와서 은화를 준 종들이 각각 어떻게 장사하였는지를 알고자 하여 그들을 부르니 16 그 첫째가 나아와 이르되 주인이여 당신의 한 므나로 열 므나를 남겼나이다 17 주인이 이르되 잘하였다 착한 종이여 네가 지극히 작은 것에 충성하였으니 열 고을 권세를 차지하라 하고 18 그 둘째가 와서 이르되 주인이여 당신의 한 므나로 다섯 므나를 만들었나이다 19 주인이 그에게도 이르되 너도 다섯 고을을 차지하라 하고 20 또 한 사람이 와서 이르되 주인이여 보소서 당신의 한 므나가 여기 있나이다 내가 수건으로 싸 두었었나이다 21 이는 당신이 엄한 사람인 것을 내가 무서워함이라 당신은 두지 않은 것을 취하고 심지 않은 것을 거두나이다 22 주인이 이르되 악한 종아 내가 네 말로 너를 심판하노니 너는 내가 두지 않은 것을 취하고 심지 않은 것을 거두는 엄한 사람인 줄로 알았느냐 23 그러면 어찌하여 내 돈을 은행에 맡기지 아니하였느냐 그리하였으면 내가 와서 그 이자와 함께 그 돈을 찾았으리라 하고 24 곁에 섰는 자들에게

헤치지 않은 데서 모으는 줄로 네가 알았느냐 27 그러면 네가 마땅히 내 돈을 취리하는 자들에게나 맡겼다가 내가 돌아와서 내 원금과 이자를 받게 하였을 것이니라 28 그에게서 그 한 달란트를 빼앗아 열 달란트 가진 자에게 주라 29 무릇 있는 자는 받아 풍족하게 되고 없는 자는 그 있는 것까지 빼앗기리라 30 이 무익한 종을 바깥 어두운 데로 내쫓으라 거기서 슬피 울며 이를 갈리라 하니라

이르되 그 한 므나를 빼앗아 열 므나 있는 자에게 주라 하니 25 그들이 이르되 주여 그에게 이미 열 므나가 있나이다 26 주인이 이르되 내가 너희에게 말하노니 무릇 있는 자는 받겠고 없는 자는 그 있는 것도 빼앗기리라 27 그리고 내가 왕 됨을 원하지 아니하던 저 원수들을 이리로 끌어다가 내 앞에서 죽이라 하였느니라

마태는 "므나"를 "달란트"(1 달란트 = 60 므나)로 바꿔 맡겨진 금액의 액수를 높인다. 다섯 달란트를 맡은 종과 두 달란트를 맡은 종에 관한 이야기를 거쳐 마지막으로 한 달란트를 맡은, "악하고 게으른 종"(24-30절)을 심판하는 이야기에서 비유는 정점에 이른다. 먼저 언급된 두 선한 종들에게 동일한 약속이 주어진다("잘하였도다 착하고 충성된 종아 네가 적은 일에 충성하였으매 내가 많은 것을 네게 맡기리니 네 주인의 즐거움에 참여할지어다" 21, 23절). 이로써 마태는 비유에 나오는 이야기 차원에서 신학적 차원으로 넘어간다. 이러한 긍정적인 결과에 인자의 심판을 언급하는 30절의 진술이 대조된다("이 무익한 종을 바깥 어두운 데로 내쫓으라 거기서 슬피 울며 이를 갈리라"). 최후 심판은 남은 달란트의 양에 따른다는 시각을 업적 보상의 관점에서 해석하면 아니 된다. 맡겨진 달란트를 얼마나 책임 있게 다루었느냐가 관건이다. 마태에게는 생각함이 아니라 행함이 결정적으로 중요하다. 그에 걸맞게 달란트란 인간에 내재된 어떤 재능이나 성향이 아니라, 예수님의 말씀과 가르침을 통해 주어진 '의'를 가리킨다. 제자들은 그것을 행하고 지킬 의무가 있다(cf. 마 7:24, 26; 28:20).

3. 누가복음 21:5-36에 따른 종말의 말씀

마가복음과 마태복음의 경우와 마찬가지로 여기서도 종말에 관한 예수님의 말씀이 수난 이야기에 앞서 나온다. 마태가 마가복음 13장의 종말 말씀과 예수어록(Q)의 종말 말씀을 잘 조합하여 하나로 통일된 구조로 만든 것과 달리, 누가는 이 두 자료를 대본으로 삼아 서로 분리된 종말에 관한 두 단락으로 만든다. 그 중 하나는 예수어록에서 유래한 것으로 "소(小)묵시록"(눅 17:20-37)이라 부르고, 다른 하나는 마가복음 13:1-37을 토대로 했으나 마가의 진술과는 차이가 많이 나는 내용으로 "대(大)묵시록"(눅 21:5-36)이라 부른다. 대묵시록에 나타나는 차이는 누가의 편집에서 비롯된 결과로 보인다. 소묵시록은 인자 재림이 예측할 수 없이 갑자기 닥칠 것을 강조하고 있으나, 대묵시록은 재림에 선행하는 여러 사건들을 언급하는 가운데 재림 사건이 확실히 도래할 것을 부각시킨다.

누가의 도입장면(눅 21:5-6 "어떤 사람들이 성전을 가리켜 그 아름다운 돌과 헌물로 꾸민 것을 말하매 예수께서 이르시되 너희 보는 이것들이 날이 이르면 돌 하나도 돌 위에 남지 않고 다 무너뜨려지리라")은 마가의 경우("예수께서 성전에서 나가실 때에" 막 13:1, cf. 마 24:1)와 달리 성전 안에서 벌어진다. 마가의 경우 "제자 중 하나"가 예수님을 향해 "선생님이여" 하고 부르면서 묻고 있으나, 누가의 경우 "어떤 사람들"이 예수께 말한다. 성전멸망에 관한 예수님의 말씀이 "날이 이르면"이란 표현을 통해 예언의 성격을 더욱 강조한다.

인자가 도래하기까지의 시간(눅 21:7-24)은, 재림을 이끄는 사건들이 전개되는 실제 시간으로 간주된다.

(눅 21:7-24) 7 그들이 물어 이르되 선생님이여 그러면 어느 때에 이런 일이 있겠사오며 이런 일이 일어나려 할 때에 무슨 징조가 있사오리이까 8 이르시되 미혹을 받지 않도록 주의하라 많은 사람이 내 이름으로 와서 이르되 내가 그라 하며 때가 가까이 왔다 하겠으나 그들을 따르지 말라 9 난리와 소요의 소문을 들을 때에 두려워하지 말라 이 일이 먼저 있어야 하되 끝은 곧 되지 아니하리라 10 또 이르시되 민족이 민족을, 나라가 나라를 대적하여 일어나겠고 11 곳곳에 큰 지진과 기근과 전염병이 있겠고 또 무서운 일과 하늘로부터 큰 징조들이 있으리라 12 이 모든 일 전에 내 이름으로 말미암아 너희에게 손을 대어 박해하며 회당과 옥에 넘겨 주며 임금들과 집권자들 앞에 끌어 가려니와 13 이 일이 도리어 너희에게 증거가 되리라 14 그러므로 너희는 변명할 것을 미리 궁리하지 않도록 명심하라 15 내가 너희의 모든 대적이 능히 대항하거나 변박할 수 없는 구변과 지혜를 너희에게 주리라 16 심지어 부모와 형제와 친척과 벗이 너희를 넘겨 주어 너희 중의 몇을 죽이게 하겠고 17 또 너희가 내 이름으로 말미암아 모든 사람에게 미움을 받을 것이나 18 너희 머리털 하나도 상하지 아니하리라 19 너희의 인내로 너희 영혼을 얻으리라 20 너희가 예루살렘이 군대들에게 에워싸이는 것을 보거든 그 멸망이 가까운 줄을 알라 21 그 때에 유대에 있는 자들은 산으로 도망갈 것이며 성내에 있는 자들은 나갈 것이며 촌에 있는 자들은 그리로 들어가지 말지어다 22 이 날들은 기록된 모든 것을 이루는 징벌의 날이니라 23 그 날에는 아이 밴 자들과 젖먹이는 자들에게 화가 있으리니 이는 땅에 큰 환난과 이 백성에게 진노가 있겠음이로다 24 그들이 칼날에 죽임을 당하며 모든 이방에 사로잡혀 가겠고 예루살렘은 이방인의 때가 차기까지 이방인들에게 밟히리라

마가의 경우 장소 변경에 관한 말이 나타나는 것과 달리(막 13:3 "예수께서 감람산에서 성전을 마주 대하여 앉으셨을 때에"), 누가에게서는 7절에 나오는 종말의 때("어느 때")가 성전 멸망과 직결되어 있다. 그러나 이러한 연결이 즉시 강하게 거부된다(8절 "미혹을 받지 않도록 주의하라 많은 사람이 내 이름으로 와서 이르되 내가 그라 하며 때가 가까이 왔다 하겠으나 그들을 따르지 말라"). 마가복음 13:7-8에 종

말에 일어나는 사건들이 나열되면서 연속적으로 나타나는 것과 달리, 누가는 새로운 도입어를 사용하여("또 이르시되" 10절) 앞뒤 진술을 단절시키면서 10-11절의 사건들을 9절의 내용("난리와 소요의 소문")을 한층 강화시키는 본래적인 종말 사건으로 묘사한다. "무서운 일과 하늘로부터 큰 징조들"(11절)은 최후재림의 시작을 알리는 사건(25-26절)을 예고하고 있다.

11-25절 사이에 언급된 모든 사건은 역사적으로 일어나는 사건들로 나타난다. 12-19절은 복음으로 인해 신앙공동체가 받게 되는 박해 상황에 대해 말한다. 누가는 이러한 박해를 그리스도를 증거하는 기회로 여긴다(13절).28) 12-13절의 예언이 제자들과 관련된 것이라면, 14-15절은 그들이 박해 시 가져야 할 태도에 대해 말한다. "지혜"에 대한 예언은 예컨대 사도행전 6장에 나오는 스데반 이야기에서 성취되었다(행 6:10). 따라서 누가는 "머리털 하나도 상하지 않게" 돌보아 주시는 하나님의 사랑에 대해 확신할 수 있다(18절).29) 마가복음 13:13에 나오는 약속의 말씀을("나중까지[=인자 재림 시까지] 견디는 자는 구원을 얻으리라") 누가는 인내를 권면하는 약속으로 대신한다("너희의 인내로 너희 영혼을 얻으리라" 19절).30) 예루살렘에 대한 심판의 말씀인 20-24절은 대본인 마가복음 13:14-20과 많이 다르다. 누가는 예루살렘 멸망을 묵시문학적인 상징이 아니라 역사에서

---

28) 역시 누가의 작품인 사도행전은 박해로 인해 복음이 세상 속으로 증거되는 상황을 잘 묘사한다(예컨대, 스데반[행 7:54-8:1], 야고보[행 12:1-2], 또한 바울의 선교 상황).

29) 예수어록(Q)에서 유래한 눅 12:7을 참조하라("너희에게는 심지어 머리털까지도 다 세신 바 되었나니 두려워하지 말라 너희는 많은 참새보다 더 귀하니라").

30) Cf. 눅 17:33 "무릇 자기 목숨을 보전하고자 하는 자는 잃을 것이요 잃는 자는 살리리라."

일어나는 실제 사건으로 묘사한다. "멸망의 가증한 것"(막 13:34) 대신 임박한 예루살렘의 멸망에 대해 언급한다(20절). 누가에 나오는 예수님의 예언은 독자가 볼 때 이미 일어난 사건이라 재림을 연상시키는 점을 드러내지 않는다. 누가는 예루살렘의 멸망을 칠십인경 스가랴 12:3에 의거하여 "이 백성"에 대한 역사적인 심판으로 해석하고 있다(23절). 예루살렘에 대한 이방인의 지배가 끝나는 때를 "이방인의 때가 차기까지"라고 말하면서 의도적으로 확정짓지 않는다(24절). 예루살렘의 운명은 과거지사에 속하지 최후 종말의 날짜와 직결되지 않는다.

인자의 재림에 관한 진술(눅 21:25-28)은 종말에 관한 말씀의 정점을 이룬다. 이 단락도 대본인 마가복음 13:24-27과 상당히 다른 편이다.

눅 21:25-28	Cf. 막 13:24-27
25 일월 성신에는 징조가 있겠고 땅에서는 민족들이 바다와 파도의 성난 소리로 인하여 혼란한 중에 곤고하리라 26 사람들이 세상에 임할 일을 생각하고 무서워하므로 기절하리니 이는 하늘의 권능들이 흔들리겠음이라 27 그 때에 사람들이 인자가 구름을 타고 능력과 큰 영광으로 오는 것을 보리라 28 <u>이런 일이 되기를 시작하거든 일어나 머리를 들라 너희 속량이 가까웠느니라</u> 하시더라	24 <u>그 때에 그 환난 후 해가 어두워지며 달이 빛을 내지 아니하며 25 별들이 하늘에서 떨어지며 하늘에 있는 권능들이 흔들리리라</u> 26 그 때에 인자가 구름을 타고 큰 권능과 영광으로 오는 것을 사람들이 보리라 27 또 그 때에 그가 천사들을 보내어 자기가 택하신 자들을 땅 끝으로부터 하늘 끝까지 사방에서 모으리라

인자 재림은 '하늘로부터 나타나는 큰 징조'(11절)와 연결되고 있다. 그런데 누가는 인자의 재림을 예루살렘 멸망을 곧장 뒤따라 나타나

는 징조로 이해하지 않는다. 누가는 마가복음 13:24에 나오는 때에 관한 언급("그 때에 그 환난 후")을 삭제한다. 그리하여 마가(또한 마태)와 달리 인자 재림의 도래가 사전에 일어나는 징조를 통해 예비되지 않는다. 오히려 재림 자체가 종말 도래의 증거가 된다. 인자의 도래가 마가복음 13:26을 따라 묘사되고 있으나(26절), 구원의 차원이 강조된다(28절 "이런 일이 되기를 시작하거든 일어나 머리를 들라 너희 구속이 가까이 왔느니라"). 이처럼 제자들을 (또한 누가의 독자들을) 향한 직접화법("너희")은 예수님과 더불어 시작된 구속의 역사가 성취되고 있다는 사실을 강조한다. 여기서 "구속" 혹은 "구원"(ἀπο-λύτρωσις)31)은 환난과 박해로부터 해방됨을 의미한다. 28절의 소망의 말씀을 통해 누가는 아직 일어나지 않은 예수님의 약속이 반드시 성취되리라는 확신을 드러낸다.

깨어있으라는 권면(눅 21:29-36)은 무화과나무 비유(29-30절)와 그것의 적용(31절) 그리고 확증의 말씀(32-33절)으로 되어 있다. 이 단락은 마가복음 13:28-31을 대본으로 삼은 것이다. 여기서 누가는 무화과나무 비유를 25-28절에 언급된 재림의 징조와 연관시킨다. 거기서 언급된 "구속"(28절)이 여기에 와서는 가까이 다가온 "하나님의 나라"(31절)로 묘사된다. 32절("내가 진실로 너희에게 말하노니 이 세대가 지나가기 전에 모든 일이 다 이루어지리라")을 임박한 재림을 뜻하는 것으로 해석하는 것은 누가의 의도와 어울리지 않는다. 오히려 33절("천지는 없어지겠으나 내 말은 없어지지 아니하리라")이 누가의 신학과 잘 어울린다. 누가는 여기서 예수님 말씀의 신뢰성을 강조한다. 천지의 멸망을 예언하는 것이 아니라 예수님의 약속은 반드시 성취되리

---

31) 롬 8:23과 엡 4:30의 경우에서도 '아포뤼트로시스'(ἀπολύτρωσις)는 가까이 다가오는 구속/구원과 관련되어 있다. Cf. 에녹1서 51:2("그는 의인들과 성인들을 그들 가운데서 선택하리니 그들의 구원의 날이 가까왔음이니라").

라는 사실을 힘주어 말한다. 누가는 마가복음 13:32("그러나 그 날과 그 때는 아무도 모르나니 하늘에 있는 천사들도, 아들도 모르고 아버지만 아시느니라")를 기독론적인 이유에서 삭제한다. 즉, 하나님의 아들이신 예수님이 종말의 정확한 시점을 모른다는 것을 굳이 드러내기 꺼려했기 때문에 삭제한 것이다. 마가복음 13:33-37 대신 누가는 대본인 마가에 들어있지 않은 독립된 권면의 말씀(34-36절)을 포함시킨다.32) 마지막 경고의 말은 "그 날", 즉 재림의 날이 뜻밖에 모두에게 임하리라는 점을 강조한다. 따라서 "항상 기도하며 깨어 있으라"고 권면한다. 깨어 기도하는 제자들만이 세상에 임할 모든 혼돈과 파국에서 벗어나(25-26절) 인자 앞에 설 수 있게 된다(36절). 인자와 함께 구원 혹은 하나님 나라가 나타나기 때문이다(28, 31절). 이처럼 긍정적인 전망을 하면서 누가의 예수님은 종말에 관한 말씀을 마친다. 소망에 찬 확신이 누가가 전하는 종말 말씀의 기조를 이룬다.

예수님의 종말 말씀 단락에서 특히 누가가 강조하는 두 가지 의도를 강조할 필요가 있다. 첫째, 누가는 예루살렘 멸망을 포함하여 기타 묵시문학적으로 해석이 가능한 사건들로부터 인자 재림에 관한 질문을 의도적으로 분리시킨다. 누가는 시간의 흐름 속에 일어나는 사건들을 본래적인 종말 사건과 구분되는 역사로 이해하였다. 그렇다고 역사적 사건들이 무의미한 것은 아니다. 역사적 사건들은 예수님이 예언하신 모든 일이 반드시 성취되리라는 사실을 증거한다. 따

---

32) (눅 21: 34-36) "34 너희는 스스로 조심하라 그렇지 않으면 방탕함과 술 취함과 생활의 염려로 마음이 둔하여지고 뜻밖에 그 날이 덫과 같이 너희에게 임하리라 35 이 날은 온 지구상에 거하는 모든 사람에게 임하리라 36 이러므로 너희는 장차 올 이 모든 일을 능히 피하고 인자 앞에 서도록 항상 기도하며 깨어 있으라 하시니라." 이 구절이 바울의 어법과 상당히 유사하다고 여긴 불트만(R. Bultmann)은 상실된 바울서신에서 유래한 부분을 누가가 이용했을 것으로 추측한다(『공관복음서전승사』, 147).

라서 역사적 사건들은 구원사적인 의미를 갖는다. 구원은 역사에서 자동적으로 발생하는 것이 아니다. 구원의 도래는 하나님에게 혹은 인자에게 달려 있다. 이러한 시각에서 누가는 "구원사의 신학자"로 통한다.33) 누가는 역사에 대한 구원사적 해석을 통해 당시 사람들이 품었던 인자 재림 지연의 문제를 나름대로 해결하고 있다. 누가는 역사를 예수님의 말씀이 성취되는 구원의 역사로 해석함으로써, 이미 예수님과 더불어 시작된 현재적 구원과 인자 재림과 함께 나타날 미래적 구원을 동시에 조망할 수 있는 좋은 모델을 제시한다. 이러한 누가의 해석은 오늘날 사이비 종말론 혹은 시한부 종말론으로 인해 흔들리곤 하는 한국의 신앙인들에게 시사하는 바가 크다.

---

33) 누가신학의 대가로 통하는 콘첼만(H. Conzelmann)에 따르면, 마가복음이 "케리그마에 관한 주석"(ein Kommentar zum Kerygma)을 제시하고, 마태는 "약속과 성취의 신학적 원리"(das theologischje Prinzip von Verheißung und Erfüllung)를 발전시킨 반면, 누가는 "구원사의 연속성"(Kontinuität der Heilsgeschichte)을 추적한다(『신약성서신학』, 한국신학연구소, 2004, 235-261).

제16장 수난 이야기와 예수님의 죽음

복음서의 수난이야기는 중립적인 법정보고서나 제삼자적 외부인의 시각에서 묘사한 보도가 아니라 예수님의 수난과 죽음에 대해 신앙인의 관점에서 이야기체로 묘사한 신학적 해석이라는 사실을 먼저 염두에 둘 필요가 있다.

1. 수난 이야기의 역사성

평범한 독자가 복음서에 나오는 예수님의 수난 이야기를 읽을 경우 보통 그 이야기가 실제로 그처럼 일어났을 것으로 받아들인다. 그러나 학자들 사이에는 수난 이야기의 역사성을 둘러싸고 논란이 많다. 논란에도 불구하고 의심의 여지없이 역사적으로 확정지을 수 있는 것이 있다. 그것은 예수님이 메시아 죄목으로 로마인들에 의해 십자가형에 처해졌다는 사실이다. 로마인들은 예수님이 정치적 권력을 행사할 목적으로 자신을 유대인의 왕으로 내세웠거나 그와 같은 의도를 가졌다고 생각했다. 따라서 "유대인의 왕"(막 15:26)이라는 십자가 죄패는 역사적 사실을 반영한 것이다. 유대 역사가 요세푸스는, 기원후 1세기에 유대인의 왕을 자처하면서 메시아 운동을 일으킨 자들을 로마인들이 체포하여 약식 재판을 거쳐 십자가형에 처했다는 보도를 한다.[1]

마가의 수난 이야기에 따르면, 유대 공회가 공식 재판을 열어 메시아 주장에 대한 죄목으로 예수님을 정죄한 것으로 나온다(막 14:61-64). 이 보도의 역사성을 두고 논란이 적지 않다. 이와 관련된 초기 그

---

1) Ant. XVII,10,6-7; Bell. II,4,2-3.

리스도교 전승조차 분명하지 않다. 요한복음은 예수님에 대한 유대인들의 재판에 대하여 전혀 언급하지 않고, 단지 대제사장들이 예수님께 묻는 장면만 보도할 뿐이다(요 18:19-24). 또한 유대교의 최초 율법모음집인 미쉬나(Mishinah)의 관점에서도 복음서에 나오는 예수 재판의 역사성이 의심 받고 있다. 미쉬나 산헤드린(mSanh IV, 1b)에 따르면 형사사건은 민사사건과 달리 낮에 심리하고 결정을 내려야만 한다. 또한 증거 제시와 판결 사이에 적어도 하루 동안의 간격을 두어야 한다. 안식일의 예비일이나 축제일에는 심리하는 것을 근본적으로 금한다. 이러한 난관을 극복하기 위해 블린츨러는, 예수님은 미쉬나·바리새파 법에 따라서가 아니라 사두개파 법에 따라 선고받은 것이라고 주장했으나, 스트로벨은 근간이 되는 종교적 위법행위인 경우 바리새파와 사두개파 사이의 법 해석에 차이가 없다고 반박했다.2) 하나님에 대한 반역과 거짓 예언자와 미혹자로 인한 우상숭배의 유혹이 일어났을 경우, 밤에 심리하여 즉시 판결을 내릴 수가 있고(tSanh X,11), 심지어 대순례일에도 사형을 집행할 수 있다(tSanh XI,3.7). 아무튼 예수님을 거짓 예언자나 미혹자로 고발하는 것이 역사적으로 얼마나 확실한지 밝히기 어렵다. 역사적으로 신뢰할만한 예수 선포 가운데 그러한 고발의 근거를 발견할 수 없기 때문이다. 이러한 시각에서 보면 예수님에 대한 유대인의 공식 재판이 실제로 열렸는지 여전히 의문으로 남는다. 공식 재판의 가능성보다 예수님이 단지 사두개파 대제사장들에게서만 심리를 받은 다음 빌라도에게 넘겨졌을 가능성이 더 크다.3)

또한 예수님이 어떠한 이유에서 유대 지도층에게서 유죄 판결을

---

2) J. Blinzler, *Der Prozeß Jesu*, Regensburg ⁴1969; A. Strobel, *Die Stunde der Wahrheit*, Tübingen 1980.

3) H. Merklein, *Jesusgeschichte*, 206.

받고 로마 총독에게 넘겨지게 되었는가 하는 질문 역시 쉽게 답하기 어렵다. 마가에 따르면, "네가 찬송 받을 이의 아들 그리스도[=메시아]냐"는 대제사장의 질문에 대해 예수님이 "내가 그니라 인자가 권능자의 우편에 앉은 것과 하늘 구름을 타고 오는 것을 너희가 보리라"고 대답하시자, 이를 신성모독으로 여겨 유대 공회가 예수님을 사형에 해당한 자로 정죄한다(막 14:61-64). 이러한 예수님의 답변에는 초기 교회의 신앙고백이 반영되어 있다. 한 유대인이 자신을 메시아로 주장한다는 이유만으로 당시 유대 사회가 그 사람을 정죄하고 이방인에게 넘겨줄 만한 충분한 이유가 되는지 의심스럽다.[4]

예수님에게 유죄를 선고한 또 다른 이유로 예수님이 율법과 갈등 관계에 있었다는 점을 거론한다. 물론 산상설교에 모세의 율법과 대립된 이른바 반대명제([모세의 율법을 통해] … 한 것을 너희가 들었으나, 나는 너희에게 이르노니 …)를 고려하면(마 5:21-48), 예수님의 율법이해가 바리새파나 사두개파의 율법이해와 분명 차이가 있다. 그러나 전체적으로 보면 예수님의 가르침은 당시 유대교가 허용하는 범주 안에 속한다고 말할 수 있다. 그렇다고 예수님의 가르침과 행위가 원수를 만들었다는 사실을 배제하지는 않는다. 아무튼 율법 해석의 차이가 예수님을 살해할 만한 충분한 이유가 될 수는 없다.

예수님에게 유죄 판결을 내린 주된 이유는 다름 아닌 예수님이 행하신 이른바 "성전 정화 사건"(막 11:15-19, 27-33 par)과 관련되었다. 제의적으로 흠 없는 동물들을 판매하고 성전에서 통용되는 화폐로 환전하는 행위는 성전 제의 체계를 유지하는 데 기여했다. 성전 정화 사건은 성전에서 일어나는 이러한 단순 상업 행위를 훼방하는 것 이상을 뜻했다. 그것은 당시 타락한 유대교 제의 체계의 근간을 흔들어

---

4) 타이쎈/메르츠에 따르면, 예수님에게 메시아적 자기 이해는 있었지만 메시아 호칭은 없었고, 그분께 메시아 호칭을 붙이는 일은 부활 이후에 비로소 시작된 것으로 여긴다(『역사적 예수』, 762, 764).

놓은 예언자적인 상징 행위였다. 제의를 행하는 자들이 예수님의 메시지에 담겨 있는 종말론적 요청에 부응하지 않을 경우 성전과 제의도 아무런 소용이 없고 하나님으로부터 버림받을 것이라는 사실을 나타내려 한 것이다. "손으로 지은 이 성전을 내가 헐고 손으로 짓지 아니한 다른 성전을 사흘 동안에 지으리라"(막 14:58)는 예수님의 말씀도 이러한 문맥에서 나온 것이다. 사두개파 제사장 그룹이 그러한 유의 말과 행위에 알레르기 반응을 보였다는 사실을 요세푸스의 보도에서 확인할 수 있다.5) 성전을 비판하는 예수님의 말씀과 행위는 성전 기득권층인 사두개파 사람들의 의심을 사기에 충분했다. 그것은 그들의 경제적 실존에 대한 위협에 그치지 않고 제의를 통해 보장된다는 이스라엘의 구원체계에 맞선 실로 심각한 도전이었다.6)

2. 수난 이야기의 전승 과정

마태와 누가 모두 마가의 수난 이야기를 이용했기 때문에 공관복음에 나오는 수난 이야기의 흐름은 큰 틀에서 보면 유사하다고 말할 수 있다. 단지 누가가 전하는 수난 이야기의 경우 일부 단락들이 다른 순서로 배열되어 있고 또는 확대되어 있는 것을 엿볼 수 있다.7) 요

---

5) Josephus, Bell. VI,300-305.

6) 이와 관련하여 메르클라인은 멋진 표현을 말한다. "신정정치와 종말론이 화해할 수 없는 대립의 형태로 서로 충돌했다."(H.Merklein, *Jesusgeschichte*, 207). 즉, 사두개파의 신정정치와 예수님의 종말론적 메시지가 서로 충돌했다는 뜻이다.

7) 이런 이유에서 누가가 독자적인 자료를 토대로 하여 마가의 전승 일부를 끼워 넣었을 것으로 여기는 학자도 있다: F.Rehkopf, *Die lukanische Sonderquelle. Ihr Umfang und Sprachgebrauch*, Tübingen 1959; V.Taylor, *The Passion Narrative of St. Luke*, Cambridge 1972.

한복음에도 줄거리가 비슷한 수난 이야기가 나오나 공관복음과 비교할 때 크게 차이가 난다. 그런데 최초의 복음서 저자로 통하는 마가가 수난 이야기를 맨 처음 기록한 것은 아니다. 마가 역시 수난 이야기에 대한 자료를 전승에서 물려받았다.[8) 결국, 마가 이전 시대에서 유래한 수난 이야기와 요한 이전 시대에서 유래한 수난 이야기가 하나의 공통된 전승에서 비롯된 것으로 볼 수 있다. 수난 이야기는 당시 고정된 형태가 아니라 유동적인 형태로 전해내려 왔고 여러 단계의 성장 과정을 겪었을 것으로 보인다. 수난 이야기의 성장 과정을 다음과 같이 5단계로 정리할 수 있다.[9)

① 맨 처음, 유대인의 고소를 뒤이은 로마의 사형 선고에 따라 예수님이 십자가에 처형되었다는 역사적 사실이 있었다. 예루살렘 초대교회는 단순히 역사적인 사실을 이야기하고 이를 문서로 고정시키는 데는 별로 관심이 없었고, 그 사건의 해석에 관심을 집중시켰다.

② 예수님의 수난의 문맥에 속한 가장 이른 시기의 전승은 마가복음 15:20b-41이다. 당시 교회는 예수님의 참혹한 운명을 성서의 도움으로 해석하여 사람들에게 전했다. 예수님의 십자가형과 죽음을 보도하는 이 이야기는 수난 이야기 전승 전체의 시발점이자 정점을 이룬다.

---

8) 불트만, 『공관복음서전승사』, 348면; R. Pesch, *Das Markusevangelium II*, 1-27; R.E. Brown, *The Death of the Messiah*, New York 1993/1994, 53-57; P. Pokorny/U. Heckel, *Einleitung in das Neue Testament*, Tübingen 2007, 378-381. 그러나 버튼 맥(Burton L. Mack)은 무죄한 자의 대속의 죽음이라는 바울의 구상을 이야기체로 뒷받침할 목적에서 복음서 저자가 고안해낸 작품으로 수난 이야기를 이해한다(*The Myth of Innocence: Mark and Christian Origins*, Philadelphia: Fortress, 1988, 262ff).

9) Cf. H. Merklein, *Jesusgeschichte*, 209-210.

③ 이 핵심 이야기를 중심으로 다른 내용이 덧붙여진다. 이때 역사화의 경향이 일어난다. 십자가 처형이 어찌 일어났으며, 처형 이후에는 무슨 일이 벌어졌는가에 대해 묘사하고자 했다. 그리하여 빌라도의 재판과 유대 공회의 심리, 또한 예수님의 장례 등에 관한 이야기가 첨가된다. 이때 당시 교회가 갖고 있던, 부활 이후의 신앙고백이 예수님의 재판 이야기에 유입된다.

④ 역사화의 경향이 다음 단계에서 더욱 발전하여 세부사항에 대한 관심이 자란다. 이때 세부사항들이 전설의 형태로 장식된다. 바라바 장면(막 15:6-15)과 예수님을 희롱하는 장면(막 15:16-20a)이 케리그마적 관심을 보인다면, 겟세마네 장면(막 14:32-42)과 베드로의 부인 장면(막 14:54-62)은 권면의 성격이 강하다. 베드로나 제자들의 부정적인 태도를 통해 교회가 나아가야 할 바람직한 태도를 가르친다.

⑤ 이처럼 신앙을 북돋는 장면들이 전승사적으로 서로 구분되는 층위를 이루나, 하나의 주제로 연결된 수난 이야기로 발전한다. 여기에 유다의 배반을 예언하는 장면(막 14:17-21)과 베드로의 배신을 예언하는 장면(막 14:26-31)이 속한다. 겟세마네 이야기(막 14:32-42)가 이러한 장면들을 서로 이어주는 연결고리의 역할을 한다.

3. 수난 이야기가 강조하는 핵심 메시지

1) 가장 오래된 십자가 처형 보도(막 15:20b-41)

예수님의 십자가형과 죽음을 보도하는 이 본문은 여러 역사적인 흔적을 담고 있다.[10] 구레네 사람 시몬과 그의 두 아들인 알렉산더와 루포가 그러한 흔적에 속한다(21절). 알렉산더와 루포는 이 본문을

---

10) H. Merklein, *Jesusgeschichte*, 210-213.

전한 사람에게 잘 알려진 인물이었을 것이다. 또한 "시골로부터 와서 지나가는" 행인 시몬에 관한 내용은 아주 세밀한 정보에 해당한다. 이것은 예수님의 십자가를 대신 진 사람에 대한 역사적 보도임에 틀림없다. 또한 훗날 번역되어야 했던 "골고다"라는 지역명과(22절) "유대인의 왕"이란 죄패(26절) 역시 역사적 사실에 근거한 것이다. 게다가 예수님이 두 명의 강도와 함께 십자가형에 처해졌다는 내용도 마찬가지이다(27절). 그 뿐만 아니라 예수님의 죽음을 먼발치서 바라보던 여성 제자들도 역사적 사실에 속한다.11) 장면 구분에 도움을 주는 3시간 단위의 구분(삼시, 육시, 구시)은 나중에 첨가되었을 가능성이 크다(25절, 33절).

이 본문에 나타나는 가장 주목할 만한 특징은, 일어난 사건들이 순전히 역사적 관심에서 조서를 작성하듯 기록된 것이 아니라 해석된 사건이라는 것이다. 일어난 사건을 해석하기 위해 이른바 "고난의 시편", 특히 시편 22편과 69편이 사용되었다. 이때 성서인용을 알리는 도입어가 나타나지 않고, 언제나 간접인용의 형식이거나 혹은 암시를 통한 방식이 사용되었다. 24절의 "그 옷을 나눌새 누가 어느 것을 가질까 하여 제비를 뽑더라"는 진술은 시편 22편 18절에서 유래한 것이다. 또한 "지나가는 자들은 자기 머리를 흔들며 예수를 모욕하여 이르되"(29절 전반)는 시편 22편 7절을 암시한 진술이다. 예수님을 희롱하는 내용도 '성전 로기온'을 통해 구체적으로 밝히고(29절 후반) 또한 확대된다(30절). 대제사장들과 서기관들이 대표적인 희롱하는 자들로 나오는 것도(31절) 나중에 첨가된 것으로 보인다.

---

11) 그런데 예수님의 죽음을 목격한 여자들의 목록이 일정하지 않다. (막 15:40) "멀리서 바라보는 여자들도 있었는데 그 중에 막달라 마리아와 또 작은 야고보와 요세의 어머니 마리아와 또 살로메가 있었으니"; (막 15:47) "막달라 마리아와 요세의 어머니 마리아가 예수 둔 곳을 보더라"; (막 16:1) "안식일이 지나매 막달라 마리아와 야고보의 어머니 마리아와 또 살로메가 가서 예수께 바르기 위하여 향품을 사다 두었다가".

또한 "엘리 엘리 라마 사박다니 하시니 이를 번역하면 나의 하나님, 나의 하나님 어찌하여 나를 버리셨나이까 하는 뜻이라"는 구절(34절)은 시편 22:1의 표현이다. 그리고 본문의 흐름을 방해하고 있는 34절 후반의 설명부분은 시편 69:22를 암시하는 진술로 확대된다(35절). 결국, '고난당하는 종' 모티브에서 유래한 내용이 예수님에게 전이되고 있음을 알 수 있다. 구약성서에 나오는 모티브를 사용해서 도저히 이해할 수 없는 예수님의 운명, 즉 참혹한 십자가 죽음을 당할 수밖에 없는 예수님의 운명을 해석하고 있다. 한마디로, 예수님의 운명은 성서말씀과 일치하는 메시아 운명이었다는 사실을 보여준다. 메시아 예수님의 운명을 고난당하는 종 모티브로 설명하고 있다.

이 이야기는 두 가지 측면에서 예수님의 독특성을 부각시킨다. 첫 번째 측면은, 십자가형을 받은 예수님은 다름 아닌 "유대인의 왕"(26절) 내지는 "이스라엘의 왕 메시아"(32절)라는 사실이다. 메시아로서의 예수님의 운명이 고난당하는 종 모티브로 해석되고 있다는 점이다. 이런 관점에서, 백부장의 진술(39절 "이 사람은 진실로 하나님의 아들이었도다")12)은 예수님이 단지 의인에 불과하지 않고 하나님의 아들이 틀림없음을 강조하는 기독론적 차원을 담고 있다. 예수님의 독특성을 나타내는 두 번째 측면은, 그 분의 운명이 유일회적인 종말론적 사건이라는 점이다. 33절에 나오는 묵시문학적 표현("제육시가 되매 온 땅에 어둠이 임하여 제 구시까지 계속하더니")이 바로 그 점을 드러낸다.13) 여기서 "어둠"은 천문학적인 현상을 나타내지 않고

---

12) 성전을 경비하던 이방인 백부장의 진술(39절)은 기원전 1세기 후반에 기록된 것으로 간주되는 『솔로몬의 지혜서』 2:12-20과 5:1-7을 연상시킨다. 여기서 의인은 하나님을 자기 아버지라 부른다는 이유에서 조롱당한다.

13) 막 15:33은 아모스 8:9-10을 연상시킨다("9 주 여호와의 말씀이니라 그 날에 내가 해를 대낮에 지게 하여 백주에 땅을 캄캄하게 하며 10 너희 절기를 애통으로, 너희 모든 노래를 애곡으로 변하게 하며 모든 사람에게 굵은 베로 허리를 동이게 하며 모든 머리를 대머리가 되게 하며 독자의 죽음으로

우주적 차원에서 전개되는 종말론적 현상을 뜻한다. 예수님의 죽음은 지금까지의 세상과 역사를 마감한다. 성소 휘장이 찢어져 지성소가 드러남으로써(38절) 성전 제의는 그 의미를 상실하고 만다.14) 이와 같은 해석은 예수님의 죽음을 속죄의 죽음으로 이해했다는 사실을 전제한다. 이러한 이해는 특히 그리스어를 모국어로 사용하던 유대 그리스도인들, 즉 "헬라파 유대인들"(행 6:1) 사이에서 생겨났을 가능성이 크다. 그렇다면 38절은 헬라파 유대인들 그룹에서 유래했을 것으로 간주된다. 이 이야기를 통해 교회는 십자가형을 당한 예수님을 종말론적 메시아로 고백하고 그러한 신앙고백이 성서에 합당하다는 사실을 고난당하는 종 모티브의 도움을 받아 확신할 수 있다.

2) 마가의 수난 이야기와 그 특징(막 14-15장)

마가복음 10:33-34에서 예수님은 예루살렘에서 대제사장들과 서기관들에게 넘겨져 죽임을 당하고 삼일 만에 다시 부활하리라는 것을 예고하셨다. 수난 이야기는 바로 이에 대한 이야기다. 대제사장이 의장직을 맡는 유대 최고 법적 기구인 산헤드린이 예수님을 살해하기로 결정하는 심각한 장면으로 수난이야기가 시작된다(막 14:1 "이틀이 지나면 유월절과 무교절이라 대제사장들과 서기관들이 예수를 흉계로 잡아 죽일 방도를 구하며"). 이것이 처음이 아니다. 이미 마가복음 3:6에서 바리새인들과 헤롯당이 예수님을 살해하려는 음모를 꾸민다("바리새인들이 나가서 곧 헤롯당과 함께 어떻게 하여 예수를 죽

말미암아 애통하듯 하게 하며 결국은 곤고한 날과 같게 하리라").

14) 신약 외경에 속하는 『에비온인의 복음』(Eb. ev. 6): "나는 제의를 파괴하러 왔다. 너희가 제사지내는 것을 멈추지 않는다면 진노가 너희에게서 떠나지 않을 것이다." 예수 사망 시 일어나는 사건이 후대로 가면서 불가사의한 차원이 더욱 강조된다. 『나사렛인의 복음』(Naz. ev. 21)에 따르면, 성전의 거대한 상부 문지방이 무너지고, 수천 명의 유대인이 회개한다.

일까 의논하니라”). 또한 예루살렘 성전 정화 사건 직후에도 유사한 내용이 나온다(막 11:18 “대제사장들과 서기관들이 듣고 예수를 어떻게 죽일까 하고 꾀하니 이는 무리가 다 그의 교훈을 놀랍게 여기므로 그를 두려워함일러라”). 마가복음 12:12 역시 유대 권력자들의 음모에 대해 언급한다. 이들은 사악한 포도원 농부에 관한 예수님의 비유가 자기들을 가리켜 말한 것임을 알았기 때문이다. 이처럼 마가는 복음서 초반부터 예수님의 길이 폭력에 의한 죽음의 길이라는 사실을 분명히 했다. 오래 전에 독일 신학자인 마르틴 켈러는 복음서들을 가리켜 “긴 서문을 가진 수난 이야기들”이라 불렀는데, 15) 이러한 진술은 특히 마가복음에 잘 해당된다.

마가의 수난 이야기는 다음과 같이 계속된다. 예수님이 베다니 나병환자 시몬의 집에서 식사하실 때, 한 여인이 예수님의 장례를 미리 준비하듯 예수님의 머리에 값진 향유를 붓는 이야기를 전한다(막 14:3-9).16) 여인의 이러한 행위를 가리켜 예수님은 자신의 장례를 미리 준비한 것이라고 말하신다. 이로써 적대자들처럼 예수님 자신도 자신의 죽음을 예비하고 있다는 사실이 수난 이야기 초두에 드러난다. 이 시점에서 벌써 수난 이야기의 마지막을 전망하고 있는 셈이다. 그런 다음 마가는 예수님의 최후의 만찬을 유월절 식사로 소개하면서 그에 대한 준비를 묘사한다(막 14:12-17). 그러나 구체적인 식사 과정에 대한

---

15) M. Kähler, *Der sog. historische Christus und der geschichtliche biblische Christus*, München 1892.

16) 누가는 마가의 이 보도가 살해음모 장면을 중단시키는 것으로 여겨 제거한다. 그 대신 눅 7:36-50에서 죄 지은 여인이 예수께 향유를 붓는 이야기를 전한다. 마태의 평행단락(마 26:6-13) 외에도 요 12:1-8에 평행보도가 나온다. 마가와 요한은 상당부분 일치하는 내용을 전하나(낭비, 예수님의 장례를 위한 모티브), 누가의 본문은 완전히 다른 강조점(감사와 용서)을 갖고 있다. 이로 미루어 향유 부음에 관한 이야기는 수난 주제 문맥에 이차적으로 연결되었다는 사실이 드러난다.

묘사는 하지 않고, 잔치 장소가 놀랍게 마련되는 과정을 부각시킨다.

　예수님은 자신을 배반할 자가 있다는 사실을 예고하신 뒤(막 14:18-21), 제자들과 함께 마지막 유월절 만찬을 하신다(막 14:22-25).[17] 이 성만찬은 14장의 핵심장면이다.

> (막 14:22-25) 22 그들이 먹을 때에 예수께서 떡을 가지사 축복하시고 떼어 제자들에게 주시며 이르시되 받으라 이것은 내 몸이니라 하시고 23 또 잔을 가지사 감사 기도 하시고 그들에게 주시니 다 이를 마시매 24 이르시되 이것은 많은 사람을 위하여 흘리는 나의 피 곧 언약의 피니라 25 진실로 너희에게 이르노니 내가 포도나무에서 난 것을 하나님 나라에서 새 것으로 마시는 날까지 다시 마시지 아니하리라 하시니라

이 마지막 식사자리에서 예수님은 성만찬 제정의 말씀을 통해 자신의 임박한 죽음이 "많은 사람을 위한" 속죄제물이며 하나님과 인간 사이에 맺는 새 언약이라고 선언하시고(22b-24절), 자신의 죽음과 하나님 나라의 완성을 예언자적인 장엄한 어투로 전망한다(25절).

　예수님이 당하시는 고난은 의인의 순교가 아니라 하나님을 향한 절대 순종의 결과라는 사실이 겟세마네의 기도에서 드러난다(32-42절, 특히 36절 "아빠 아버지여 아버지께는 모든 것이 가능하오니 이 잔을 내게서 옮기시옵소서 그러나 나의 원대로 마옵시고 아버지의 원대로 하옵소서"). 이를 통해 마가는 예수님이 겪으시는 수난의 내면을

---

17) 마가의 본문이 성만찬 제정과 관련된 것이라는 사실은 고전 11:23b-25에 나오는 전승과 비교할 때 드러난다. 마태의 평행본문(마 26:26-29)은 마가의 본문을 기본으로 삼았으나, 성례전의 영향을 받아 떡의 말씀과 잔의 말씀이 보다 분명한 평행을 이룬다. 누가는 유월절 만찬의 성격을 강조하는 본문을 전한다(눅 22:15-20). 두 가지 해석의 가능성이 있다. 하나는, 누가의 본문을 마가나 바울의 본문과 무관한 것으로 여기면서 원형에 가장 근접한 형태로 여기는 해석이다(특히 J. Jeremias, *Abendmahlsworte Jesu*, 91-94). 다른 하나는, 누가의 본문은 바울 전승의 영향 하에 마가 본문을 변형시킨 것으로 보는 해석이다. 후자의 해석이 보다 폭넓은 지지를 받고 있다.

드러낸다. 유다를 따라 온 무리에 의해 드디어 예수님이 체포되시고 산헤드린을 구성하는 대제사장들18)과 서기관들과 장로들에게 끌려가 심문을 받으신다(43-65절). 심문 중 "네가 찬송 받을 이의 아들 그리스도냐"라고 묻는 대제사장의 질문에(61절) 예수님은 이제야 비로소 자신이 메시아이며 하늘 구름을 타고 올 인자라고 대답하신다("내가 그니라 인자가 권능자의 우편에 앉은 것과 하늘 구름을 타고 오는 것을 너희가 보리라" 62절). 그러자 대제사장은 예수님이 신성모독죄를 지었다고 선언하고 산헤드린 공회원들은 예수님에게 사형을 선고한다(63-65절). 그런 다음 베드로가 예수님을 세 번에 걸쳐 부인함으로써 예수님의 예언(14:30)이 성취되는 장면으로 이어진다(66-72절).

15장은 로마 총독 빌라도가 예수님을 심문한 후, 예수님이 자신을 왕이라 주장한다는 죄목으로 십자가형을 내리는 과정(1-15절)과, 이어서 군인들에 의해 희롱 당하고(16-20절) 숨지시며 매장되는 장면을 다룬다. 십자가상에서 예수님은 하나님에게서도 버림받았다는 사실이 죽는 순간에 부각된다. 예수님은 골고다의 침울한 어둠 속에서 울부짖듯 크게 소리 지르며 숨을 거두신다(33-34절).

> (막 15:33-37) 33 제육시가 되매 온 땅에 어둠이 임하여 제구시까지 계속하더니 34 제구시에 예수께서 크게 소리 지르시되 엘리 엘리 라마 사박다니 하시니 이를 번역하면 <u>나의 하나님, 나의 하나님 어찌하여 나를 버리셨나이까</u> 하는 뜻이라 35 곁에 섰던 자 중 어떤 이들이 듣고 이르되 보라 엘리야를 부른다 하고 36 한 사람이 달려가서 해면에 신 포도주를 적시어 갈대에 꿰어 마시게 하고 이르되 가만 두라 엘리야가 와서 그를 내려 주나 보자 하더라 37 예수께서 큰 소리를 지르시고 숨지시니라 38 이에 <u>성소 휘장이 위로부터 아래까지 찢어져 둘이 되니라</u> 39 예수를 향하여 섰던 <u>백부장이 그렇게 숨지심을 보고 이르되 이 사람은 진실로 하나님의 아들이었도다 하더라</u>

---

18) 마태와 요한은 대제사장의 이름이 "가야바"임을 밝힌다.

예수님이 숨을 거두시자 비로소 하나님이 반응을 보이신다. 하나님의 응답으로 성소 휘장이 위에서 아래로 둘로 찢어진다(38절). 이는 성전 파괴를 암시하며 성전 의식의 중단을 뜻한다. 사형을 집행하던 로마 백부장은 예수님을 하나님의 아들로 고백하는 첫 번째 증인이 된다(39절). 존경받는 산헤드린 회원인 아리마데 요셉이 돌아가신 예수님의 시신을 무덤에 안치함으로써 수난 이야기가 끝난다(42-47절).

마가는 앞선 시대에서 유래한 전승을 사용하여 자신의 신학적·문학적 구상에 따른 수난 이야기를 만들면서 다음과 같은 몇 가지 특징을 부각시킨다. 첫째, 마가는 예수님의 수난 운명을 성서에 따른 것으로 강조한다(막 14:21 "인자는 자기에 대하여 기록된 대로 가거니와"; 14:27 "예수께서 제자들에게 이르시되 너희가 다 나를 버리리라 이는 기록된 바 내가 목자를 치리니 양들이 흩어지리라 하였음이니라"). 물론 이 모티브는 앞선 전승에서 물려받은 것이나, 이를 자신의 수난 이야기에서 더욱 강조한다. 그리하여 수난 이야기에 앞서 세 번에 걸친 예수님의 고난 예고를 언급하면서(막 8:31-34; 9:31-35; 10:32-45), 그러한 고난의 운명이 구원사적 차원에서 불가피한 것임을 부각시킨다(막 8:31 "인자가 많은 고난을 받고 장로들과 대제사장들과 서기관들에게 버린 바 되어 죽임을 당하고 사흘 만에 살아나야만 할 것을 비로소 그들에게 가르치시되").[19]

둘째, 마가는 14:12-25의 내용을 통해 수난 전승을 확대시키면서 새로운 강조점을 만든다. 즉, 미리 보낸 두 제자에 의해서 준비된 유월

---

19) 구원사적 차원의 불가피성은 그리스어 비인칭동사 "데이"($\delta\epsilon\hat{\imath}$ = must)에 잘 드러난다. 가톨릭 『성경』 막 8:31의 번역을 참조하라: "예수님께서는 그 뒤에, 사람의 아들이 반드시 많은 고난을 겪으시고 원로들과 수석 사제들과 율법 학자들에게 배척을 받아 죽임을 당하셨다가 사흘 만에 다시 살아나셔야 한다는 것을 제자들에게 가르치기 시작하셨다."

절 만찬은 고난의 식사로서 수난에 담긴 구원의 의미를 암시하며, 또한 신실한 제자들 가운데 거행되는 것이 아니라 곧 배반하게 될 제자들 가운데 거행된다는 사실을 부각시킨다.

셋째, 마가는 예수님이 부활 하신 후 갈릴리로 먼저 가리라는 예고를 강조한다(막 14:28; 16:7). 이를 통해 제자들이 처절한 실패에도 불구하고 부활하신 주님을 따라가야만 한다는 사실을 강조한다. 수난에 직면하여 "제자들이 다 예수를 버리고 도망하니라"(막 14:50)는 보도는 예수님을 이해하지 못하는 제자들의 실패의 모습을 나타내는 절정을 이룬다. 베드로의 부인하는 태도(막 14:66-72)도 같은 선상에 있다. 제자들에 대한 이와 같은 부정적인 모습을 통해 마가는 신앙공동체를 향해 긍정적인 메시지를 보낸다. 즉, 실패에도 불구하고 다시 일어나 갈릴리에서 시작된 예수님의 길을 따르라는 권면을 하고 있다. 십자가에 돌아가시고 영광의 모습으로 부활하신 예수님의 길은 제자들이 가야할 길을 보여준 것이다. 십자가의 길은 하나님의 아들이 부활에 앞서 반드시 거쳐야 할 길이며, 제자들 역시 따라야 할 길이라는 점을 마가는 힘주어 강조한다(막 8:34-35 "34 누구든지 나를 따라오려거든 자기를 부인하고 자기 십자가를 지고 나를 따를 것이니라 35 누구든지 자기 목숨을 구원하고자 하면 잃을 것이요 누구든지 나와 복음을 위하여 자기 목숨을 잃으면 구원하리라").

넷째, 마가는 예수님을 심문하는 장면(막 14:61-64)과 십자가 밑에서 백부장이 하는 고백(막 15:39)을 통해 기독론을 명시적으로 드러낸다.

> (막 14:61-62) "대제사장이 다시 물어 이르되 네가 찬송 받을 이의 아들 그리스도냐 62 예수께서 이르시되 내가 그니라 인자가 권능자의 우편에 앉은 것과 하늘 구름을 타고 오는 것을 너희가 보리라."
> (막 15:39) "예수를 향하여 섰던 백부장이 그렇게 숨지심을 보고 이르되 이 사람은 진실로 하나님의 아들이었도다 하더라."

이 두 장면은 마가복음에 나타나는 신앙고백의 절정을 이룬다. 심문 장면에서 마가에게 중요한 세 가지 기독론적 칭호, 즉 "메시아/그리스도", "찬송 받을 이의 아들", "인자"가 나온다. 두 번째 장면에 나오는 로마 백부장의 신앙고백("이 사람은 진실로 하나님의 아들이었도다")은 마가복음 전체에 걸쳐 처음으로 인간의 입에서 나온 신앙고백이다. 이 신앙고백은 마가복음의 전체 구성에 비추어 볼 때 심오한 의미를 담고 있다. 이 신앙고백을 통해 마가는 어떤 의미에서 예수님이 진정 하나님의 아들인지 입증하고 있다. 백부장의 신앙고백은 놀라운 권세를 지닌 인자의 모습을 드러내는 순간이 아니라, 역으로 모두에게 버려지고 철저히 무기력한 절망의 순간에 나온 것임을 마가는 강조한다. 바로 그 절망과 버려짐 가운데 구원하시는 하나님의 사랑이 계시된다.

마가는 인자의 권세를 갖고 활동하시는 예수님의 모습(막 2:10, 28)을 수난 이야기에서도 감추지 않는다. 일어날 일을 미리 아실뿐만 아니라(막 14:12-16), 자신을 팔 배반자를 아시고(막 14:17-21), 베드로와 제자들이 부인할 것도 예고하시고(막 14:26-31), 자신의 운명에 담대히 마주하신다(막 14:41-42). 또한 인자가 하늘 구름을 타고 권능 가운데 다시 오리라는 선포(막 14:62)에서 인자 예수님의 놀라운 권세를 드러낸다. 그러나 마가에게 인자 예수님의 참된 권세는 고난의 길을 회피함으로써가 아니라, 그와 정반대로 고난의 길을 가심으로써 완성된다는 역설에서 온전히 나타난다. 한마디로, 마가가 묘사하는 수난 이야기는 많은 사람을 위한 대속물로 자신의 생명을 바친 인자의 이야기이다.(cf. 막 10:45 "인자가 온 것은 섬김을 받으려 함이 아니라 도리어 섬기려 하고 자기 목숨을 많은 사람의 대속물로 주려 함이니라").[20]

---

20) 이 말씀은 수난 이야기 중 최후의 만찬 장면에 들어 있는, 예수님의 죽

3) 마태 수난 이야기의 특징 (마 26-27장)

마태의 수난 이야기에는 마가의 수난 이야기 거의 전체가 담겨 있다. 마태는 마가의 수난 이야기에 자신의 특수자료에서 유래한 내용을 첨가한다. 다음과 같은 내용이 이에 속한다.

> 마 26:52-54 (무력 사용을 금함)
> 마 27:3-10 (유다의 죽음)
> 마 27:19 (빌라도의 아내의 꿈)
> 마 27:21-22 (빌라도와 백성 간의 대화)
> 마 27:24b-25 (무죄함을 나타내는 빌라도의 손 씻음)
> 마 27:51b-54a (예수님 임종 시 일어나는 징조)
> 마 27:62-66 (무덤을 지키는 경비병)

마태의 수난 이야기는 수많은 셈어적 표현을 담고 있고, 마가보다 구약성서와 더욱 밀접하게 연결되어 있다. 마태 수난 이야기의 특징은 대본으로 사용한 마가와 다른 전승에서 유래한 수난 이야기를 마태가 재구성하는 것을 통해 드러난다. 마가와 마찬가지로 마태 역시 수난 이야기를 본격적으로 보도하기에 앞서 이를 예비하는 내용들을 복음서 전반에 걸쳐 배치시켜 놓는다. 이미 예수님의 유아시절 이야기에서 아기 예수를 살해하려는 헤롯 안티파스 왕의 음모(마 2장)가 수난을 향해 있고, 마귀가 예수님을 시험하는 장면(마 4:1-11)도 수난 이야기와 관련된다(cf. 마 26:53; 27:40, 43). 또한 세 번에 걸친 고난예고의 경우(마 16:21-23; 17:22-23; 20:17-19) 수난 이야기를 염두에 둔 문체와 단어가 나타난다.

마태 수난 이야기에 담겨 있는 신학적 특성으로서 다음의 세 가지가 두드러진다. 첫째, 마태는 예수님의 전체 삶을 포함하여 수난의

음이 가져오는 대속의 성격을 강조하는 말씀과 잘 어울린다(막 14:24 "이것은 많은 사람을 위하여 흘리는 나의 피 곧 언약의 피니라").

운명이 하나님의 구원 계획에 따른 것임을 강조한다. 따라서 임의의 순간이 아니라 성서에 기록된 "때"에 수난 사건이 일어날 것을 부각시킨다(마 16:21-23; 17:22-23; 26:2, 16, 18, 34, 45-46, 54, 56). 또한 마태는 수난사의 개별적 사건들을 성서 말씀이 성취된 것으로 부각시킨다(마 26:54, 56).[21]

둘째, 마태는 기독론적 진술을 보다 강화시킨다. 즉, 예수님은 이스라엘의 메시아로서 성서의 예언을 성취한 분이고 하나님의 뜻에 전적으로 순종한 하나님의 아들이라는 점을 강조한다(마 26:39, 42, 53-56). 이것은 마태의 시험 이야기(마 4:1-11)를 연상시키는 말로서 예수님을 조롱하는 마가에 나오는 한 행인과 관련된 진술(막 14:47)을 확대시킨 데서 잘 드러난다. 예수님은 죄 없이 고난당한 의인으로서 자신의 생명을 사람들을 위해 주신다(마 26:28; 27:4, 19, 24-25). 하나님은 아들의 죽음 안에서도 그 권세를 나타내신다. 이 점은 백부장과 이방인들이 예수님을 진정한 하나님의 아들로 고백하는 장면에 잘 드러난다(마 27:54). 이방인의 고백과 달리 이스라엘은 자기들의 메시아를 오히려 버린다. 결국, 예수님이 십자가에서 실패한 것이 아니라 이스라엘이 실패한 것이다.

셋째, 마태는 수난 이야기에서 교회론을 강조한다. 이는 부활한 예수님이 말씀하시는 온 세상을 향한 선교명령(마 28:16-20)에 명백히 드러나나, 수난 이야기에서도 부각된다. 베드로의 부인, 유다의 배

---

21) 유다가 예수님 배반의 대가로 받게 된 "은 삼십"(마 26:15; 27:9-10)은 스가랴 11:12에 따른 것이고, 십자가에 매달리기에 앞서 예수께 준 "쓸개 탄 포도주"(마 27:34)는 시편 69:22에 따른 것이고, 또한 하나님이 어디 구해주나 보자는 유대 지도자들의 조롱은(마 27:42-43) 시편 22:9(cf. 시 18:20; 지혜서 2:18)를 염두에 둔 것이다. 『성경전서 개역(개정)판』 시편 22의 편집에 따르면 시 22:8("그가 여호와께 의탁하니 구원하실 걸, 그를 기뻐하니 건지실 걸 하나이다")에 해당한다. Cf. 가톨릭 『성경』 시편 22:9("주님께 맡겼으니 그분께서 그자를 구하시겠지. 그분 마음에 드니 그분께서 구해 내시겠지.").

반, 12제자의 실패는 교회를 향한 강력한 권면의 메시지를 던진다. 반면, 예수님의 머리에 향유를 붓는 여자(마 26:6-13)와 십자가 밑에 있는 이방 군인들(마 27:54), 또한 예수님의 사망 후에도 제자의 길을 가는 여인들(마 27:55-56)과 같은 예를 통해 마태는 교회가 나아갈 길을 긍정적으로 제시한다.

이제, 마가의 십자가 보도와 평행하는 마태복음 27:31b-56을 대상으로 마태 수난 이야기의 특징을 좀 더 구체적으로 살펴보려 한다. 마태의 본문이 마가의 본문과 차이나는 부분에 초점을 맞추려 한다. 범죄자의 마취를 유도하는 "몰약 탄 포도주"(막 15:23) 대신 마태는 시편 69:21을[22] 연상시키는 진술을 전한다(cf. 마 27:34 "쓸개 탄 포도주를 예수께 주어 마시게 하려 하였더니 예수께서 맛보시고 마시고자 하지 아니하시더라"). 고난의 시편과 접목되면서 예수님에게 주어진 음료는 의인이 받는 조롱거리가 된다. 또한 예수님의 머리에 붙여 놓은 죄패는 마가의 경우와 달리 예수님의 왕 되심을 선포하는 것처럼 들린다(37절 "그 머리 위에 이는 유대인의 왕 예수라 쓴 죄패를 붙였더라"). 지나가는 자들이 던지는 모욕은 더 이상 마가처럼 성전 로기온에 국한되지 않고 기독론적인 강세를 갖고 있다(40절 "이르되 성전을 헐고 사흘에 짓는 자여 네가 만일 하나님의 아들이어든 자기를 구원하고 십자가에서 내려오라 하며"). 이는 대제사장들과 서기관들 그리고 장로들도 가담한 유대 지도자들의 조롱에서도 마찬가지이다(42-43절 "42 그가 남은 구원하였으되 자기는 구원할 수 없도다 그가 이스라엘의 왕이로다 지금 십자가에서 내려올지어다 그리하면 우리가 믿겠노라 43 그가 하나님을 신뢰하니 하나님이 원하시면 이제 그를

---

22) (시 69:21) "그들이 쓸개를 나의 음식물로 주며 목마를 때에는 초를 마시게 하였사오니"

구원하실지라 그의 말이 나는 하나님의 아들이라 하였도다 하며”). 유대 지도자들이 예수님을 거부하는 이유가 기독론과 직결되어 있음이 명백히 드러난다.

예수님이 큰 소리로 부르짖는 시편 22:1/2의 인용문 가운데 나타나는 하나님을 부르는 아람어 “엘로이”를 마태는 히브리어 “엘리 엘리”로 바꾼다(마 27:46).[23] 이로 인해 예수님이 엘리야를 부른다는 오해가 생겨난다(47절). 마가는 “성소 휘장이 위로부터 아래까지 찢어져 둘이 되니라”(막 15:38)는 사실만을 말하는 것과 달리, 마태는 이 구절을 가지고 드라마틱한 장면으로 확대시킨다(51-53절 “51 이에 성소 휘장이 위로부터 아래까지 찢어져 둘이 되고 땅이 진동하며 바위가 터지고 52 무덤들이 열리며 자던 성도의 몸이 많이 일어나되 53 예수의 부활 후에 그들이 무덤에서 나와서 거룩한 성에 들어가 많은 사람에게 보이니라”). 그리하여 예수님의 죽음을 온 세상을 뒤흔드는, 즉 세상의 역사를 마감하는 최후 종말론적 사건으로 해석하고 있다. 예수님의 죽음이 갖고 있는 종말론적 성격이 마가의 본문에서보다 한층 더 강조된다. 그런데 죽은 성도들이 부활하는 종말 사건은 “예수의 부활 후에”(53절) 일어나고 있다는 점이 부각된다. 예수님의 죽음이 아니라 그 분의 부활이 종말에 일어나는 죽은 자의 부활의 시작을 알린다. 마태는 이러한 묵시문학적 장면을 통해 하나님의 아들로서의 예수님의 권세를 내세운다. 이미 십자가에서 “하늘과 땅에 있는 모든 권세”(마 28:18)가 예수님에게 주어진다.

4) 누가 수난 이야기의 특징(눅 22-23장)

누가의 수난 이야기는 앞에서 언급했듯이 마가의 수난 이야기와

---

23) 그리스어 원문 막 15:34에는 아람어식 발음에 따라 “ελωι ελωι(엘로이 엘로이)로 나타나지만, 마태는 이를 히브리어식 발음에 따라 “ηλι ηλι”(엘리 엘리)로 표기한다.

상당히 다르다. 수난 이야기를 묘사할 때 누가는 마가 자료 외에도 누가만이 갖고 있는 특수자료를 폭넓게 활용했기 때문에 그런 차이가 생긴 것이다. 심지어 이 특수자료가 중심 자료이고 마가 자료는 보충 자료일 가능성을 제기하는 사람도 있다. 그러나 그보다는 누가는 자신만이 접할 수 있었던 자료들을 사용해 대본으로 삼은 마가의 수난 이야기를 자신의 구상에 따라 대폭 재구성했다고 보는 것이 보다 적절하다.24) 누가의 특수자료에서 비롯된 본문들은 다음과 같다.

> 눅 22:15-18 (최후만찬 보도)
> 눅 22:24-30 (제자들의 자리다툼과 예수 따름의 보상에 관한 말씀)
> 눅 22:31-32 (시몬에게 주는 말씀)
> 눅 22:35-38 (두 개의 검에 관한 이야기)
> 눅 22:43-44 (겟세마네에 천사가 나타남)
> 눅 23:6-12 (헤롯 안티파스 앞에 선 예수님)
> 눅 23:13-16 (예수님의 무죄함에 대한 빌라도의 설명)
> 눅 23:27-31 (십자가 길에 있는 예수님을 보고 우는 여자들)
> 눅 23:39b-43 (십자가에 매달린 두 명의 행악자)

누가는 마가 수난 이야기에 들어 있는 다음과 같은 중요한 부분들을 자신의 수난 이야기에 포함시키지 않고 건너뛴다.

> 막 14:3-9 (베다니에서 예수께 향유를 붓는 여인)
> 막 14:33-34 (겟세마네 이야기에 나오는 예수님의 근심)
> 막 14:38b-42 (두 번째 및 세 번째 기도 장면)
> 막 14:49b-52 (도망치는 제자들)
> 막 14:55-61a (유대 공회의 심문과 대제사장이 예수께 묻는 장면)

---

24) 이에 관한 연구사를 위해서 다음을 참조하라. J.M.Harrington, *The Lukan Passion Narrative. The Markan Material in Luke 22,54-23,25. A Historical Survey: 1891-1997* (NTTS 30), Leiden 2000.

막 15:4-5 (빌라도 앞에서 침묵하는 예수님)
막 15:16-20a (로마 병사들이 예수님을 조롱함)
막 15:29-30 (성전 로기온으로 십자가에 달린 예수님을 조롱함)
막 15:34-35 (엘로이 외침과 엘리야를 부른다는 오해)
막 15:44-45 (예수님의 죽음을 빌라도가 이상히 여김)

그 밖에도 누가는 비교적 짧은 마가의 구절들을 여러 차례 삭제한다(막 14:27, 44, 46, 64; 15:23, 25; 16:3, 8). 이처럼 누가는 자신만의 특수자료는 대거 활용하는 반면 마가 자료는 대폭 삭제함으로써 마가와는 강조점이 다른 수난 이야기를 묘사한다. 누가는 9:51부터 시작되는 예수님의 "여행"이 고난의 도시 예루살렘을 향한 것임을 반복하여 강조했는데(눅 9:31; 13:33), 여행의 종착지 예루살렘에서 겪게 될 예수님의 수난은 영광의 길로 들어가기 위해 반드시 거쳐야 되는 관문이다(눅 17:25; 24:26).

누가는 십자가상에서의 예수님의 죽음에 대해 분명하게 언급하고 있음에도 불구하고 우리의 예상과 달리 어디서도 예수님의 죽음과 관련된 구원의 의미에 대해 말하지 않는다. 다시 말하면, 누가는 예수님의 죽음이 우리의 죄를 속죄하기 위한 대속의 죽음이라는 사실을 전혀 언급하지 않는다. 그것은 심지어 이사야 53장에서 나온 하나님의 종의 대속의 죽음에 관한 본문을 인용할 때조차도 그러하다(눅 22:37; cf. 행 8:32-33). 누가는 지상의 예수님이 특별히 죄인을 받아들였고 그들에게 하나님의 용서를 선사했다는 점을 여러 차례 강조하고 있고(눅 5:32; 7:47-49; 15; 19:8-10; 23:41-43) 또한 부활하신 분이 회개와 죄 용서를 만백성에게 선포하는 장면에서도(눅 24:47), 회개와 죄 용서가 예수님의 죽음과 연결되어 있다는 점을 전혀 언급하지 않는다. 이러한 상황은 마가복음 10:45의 말씀("자기 목숨을 많은 사람의 대속물로 주려함이니라")을 누가가 제거하고 다른 전승에서 나온 말씀(눅 22:27 "나는 섬기는 자로 너희 중에 있노라")으로 대체한 것과도 잘 부합한다.

누가가 예수님의 고난 예고 구절에서 뿐만 아니라 수난 이야기 어디에서도 예수님의 대속의 죽음에 관해 일체 언급하지 않는 것과 달리,25) 죽음의 길로 들어가시는 예수님은 죄 없는 의인이라는 사실을 특별히 강조한다(눅 23:41 "우리는 우리가 행한 일에 상당한 보응을 받는 것이니 이에 당연하거니와 이 사람이 행한 것은 옳지 않은 것이 없느니라 하고"; 눅 23:47 "백부장이 그 된 일을 보고 하나님께 영광을 돌려 이르되 이 사람은 정녕 의인이었도다 하고"). 고난의 길에서 평지설교의 메시지를 실현시키시는 예수님은 원수사랑(눅 6:27-36)을 실천하는 의인의 모범으로 나타난다.26) 따라서 누가는 예수님이 결백하다는 사실을 애써 부각시킨다. 유대 지도자들이 빌라도 앞에서 예수님을 비난하나, 빌라도는 그가 아무 죄가 없다는 사실을 세 번에 걸쳐 선언한다.

유대 지도자들의 비난	빌라도의 선언
(눅 23:1-2) 1 무리가 다 일어나 예수를 빌라도에게 끌고 가서 2 고발하여 이르되 우리가 이 사람을 보매 우리 백성을 미혹하고 가이사에게 세금 바치는 것을 금하며 자칭 왕 그리스도라 하더이다 하니	(눅 23:4) 빌라도가 대제사장들과 무리에게 이르되 내가 보니 이 사람에게 죄가 없도다 (눅 23:14) 너희가 이 사람이 백성을 미혹하는 자라 하여 내게 끌고 왔도다 보라 내가 너희 앞에서 심문하였으되 너희가 고발하는 일에 대하여 이 사람에게서 죄를 찾지 못하였고

---

25) 이 점은 사도행전의 경우도 마찬가지이다. 사도행전은 예수 이름에 대한 믿음과 세례 수여에서 죄 용서가 일어난다고 말한다(행 2:38; 10:43; 13:38; 26:18).

26) 이에 걸맞게 사도행전은 초대 교회의 메시아 개념인 "의인"을 예수에게 적용시킨다(행 3:14; 7:52; 22:14).

<table>
<tr><td></td><td>(눅 23:22) 빌라도가 세 번째 말하되 이 사람이 무슨 악한 일을 하였느냐 나는 그에게서 죽일 죄를 찾지 못하였나니 때려서 놓으리라</td></tr>
</table>

빌라도뿐만 아니라 헤롯 안티파스도 사실상 예수님의 무죄를 인정한다(눅 23:8-12). 또한 예수님과 함께 십자가에 매달린 한 행악자도 예수님의 무죄를 말한다(눅 23:41 "우리는 우리가 행한 일에 상당한 보응을 받는 것이니 이에 당연하거니와 이 사람이 행한 것은 옳지 않은 것이 없느니라"). 따라서 마가나 마태처럼 이방인 백부장이 예수님을 "하나님의 아들"로 고백하는 것이 아니라 죄 없는 "의인"으로 고백한다(눅 23:47 "백부장이 그 된 일을 보고 하나님께 영광을 돌려 이르되 이 사람은 정녕 의인이었도다 하고"). 예수님이 죄 없는 의인으로 돌아가셨다는 사실은 사람들의 후회와 회개를 낳는다(눅 23:41; 23:48 "이를 구경하러 모인 무리도 그 된 일을 보고 다 가슴을 치며 돌아가고").

예수님의 무죄함은 예수님이 자발적으로 고난의 길을 가셨다는 사실과 직결되어 있다. 따라서 예수님은 고난의 길 중에서도 치유자이며 위로자가 되신다. 예수님의 한 제자가 대제사장의 종을 쳐 그 오른편 귀를 떨어뜨리자 그 귀를 다시 치유해 주신다(눅 22:49-51). 또한 십자가를 지고 가실 때 우는 여자들을 향해 위로의 말씀을 건네신다(눅 23:27-31). 또한 예수님은 고난의 길 중에서도 죄를 용서해 주시는 분이시다. 자신을 십자가에 못 박은 사람들을 향해 "아버지 저들을 사하여 주옵소서 자기들이 하는 것을 알지 못함이니이다"라고 기도하신다(눅 23:34).[27] 또한 회개하는 오른편 행악자에게 "예수께

____

27) 눅 23:34에 나오는 "이에 예수께서 이르시되 아버지 저들을 사하여 주옵소서 자기들이 하는 것을 알지 못함이니이다"라는 구절이 빠져 있는 고

서 이르시되 내가 진실로 네게 이르노니 오늘 네가 나와 함께 낙원에 있으리라"(눅 23:43)고 말씀하신다. 이런 모습을 통해 예수님은 그리스도인이 어떤 태도로 타인을 대해야 하는가를 보여주시고, 또한 고난의 길을 가야만 하는 제자들에게도 모범이 되신다(cf. 행 14:22 "제자들의 마음을 굳게 하여 이 믿음에 머물러 있으라 권하고 또 우리가 하나님의 나라에 들어가려면 많은 환난을 겪어야 할 것이라 하고").

마가의 경우처럼 누가에게서도 예수님은 여러 차례 자신이 당하실 고난을 예고하신다. 십자가를 향한 예수님의 길은 하나님의 길이기 때문에 반드시 가야만 하는 길이다(눅 9:22; 13:33; 17:25; 22:37; 24:7, 26). 예수님처럼 하나님의 뜻에 자신을 온전히 맡긴 사람은 하나님의 위로를 받는다. 겟세마네 정원에서 기도하시는 예수님에게 하늘에서 천사가 나타나 다가올 고난을 넉넉히 감당할 힘을 준다(눅 22:43). 예수님은 전적으로 자신을 하나님께 맡기면서 숨을 거두신다(눅 23:46 "예수께서 큰 소리로 불러 이르시되 아버지 내 영혼을 아버지 손에 부탁하나이다 하고 이 말씀을 하신 후 숨지시니라").[28] 마가나 마태의 경우처럼 시편 22:2를 사용하여 하나님을 향한 탄원의 외침을 보도하지 않고, 누가는 창조주의 손에 자신을 전적으로 의탁하면서 자기 영혼을 맡기는 시편 31:6의 외침으로 예수님의 마지막 기도 장면을 대신한다.

누가가 묘사하는 고난당하는 구세주 예수님의 모습은 악한 세력들

대 필사본들이 적지 않다(B D W θ syr^s P^{75} 등). 이런 이유에서 이 구절이 후대에 첨가되었을 가능성을 제기하나, 누가의 신학에 잘 어울리는 진술이기 때문에 본래 본문에 속했을 것으로 보는 것이 무난하다. 유대교와의 대결양상이 더욱 심각하게 전개되는 바람에 훗날 삭제되었을 수 있다(J. Ernst, *Das Evangelium nach Lukas*, Regensburg 1977, 634).

28) 예수님의 최후 기도는 죽어가는 스데반의 기도와 유사하다(행 7:59 "그들이 돌로 스데반을 치니 스데반이 부르짖어 이르되 주 예수여 내 영혼을 받으시옵소서 하고").

에게 고난을 받으면서도 죄 없이 죽음의 길로 나아가는 의인으로 나타나기 때문에 순교자 보도의 특징을 갖고 있다. 그러나 예수님은 순교자 이상 되시는 분이다. 예수님의 고난의 운명은 고난당하는 의인의 순교와는 차이가 있다. 토라를 향한 신뢰를 증거하기 위해 죽는 순교자와 달리 예수님의 운명은 하나님에 의해 정해진 길을 따라 전개되고 있는 고난의 운명이기 때문이다. 누가가 생각하는 구원은 예수님의 십자가 죽음에만 연결된 것이 아니라, 예수님의 삶과 죽음과 그리고 그의 부활이 사람들에게 구원을 가져온 것으로 이해한다. 한마디로 예수님의 생애 전체가 섬김의 삶이고(눅 22:27), 그 섬김의 목적은 잃어버린 자를 찾아 구원하는 데 있다(눅 19:10).

제17장 부활의 메시지

십자가의 죽음과 더불어 예수님의 지상적 삶은 끝난다. 그러나 공관복음의 세 저자, 마가와 마태와 누가는 모두 예수님의 이야기를 그분의 죽음이 아니라 그분의 부활로 마감한다. 복음서의 부활 이야기를 읽을 때 독자들이 반드시 기억해야 할 사항이 있다. 그것은 복음서의 부활 이야기는 역사적 관심이나 자연과학적 관심에서가 아니라 부활 신앙의 관점에서 서술된 이야기라는 사실이다. 부활 신앙의 빛에서 비로소 예수님의 역사에 남아 있던 모든 역사적 의혹이 사라지고 예수님의 역사는 진정 하나님의 아들로서의 역사이며 신앙인들을 위한 구원의 역사로 완성된다. 그리하여 예수님에 관한 전체 역사가 온 세상을 위한 복음이 된다(막 1:1). 예수님의 부활은 실로 그가 전한 메시지를 지속적으로 선포하기 위해서, 또한 그 메시지를 기독론적으로 해석하기 위해 더 없이 중요한 결정적 동인이다.[1] 십자가와 부활을 구원사건으로 선포하는 케리그마(cf. 고전 15:3b-5)[2]가 부활 이후 비교적 이른 시기에 고정된 형태를 띤 것과 달리, 예수님에 관한 부활 이야기는 보다 긴 전승 과정을 거치면서 다양한 형태로 발전한다.

복음서에 나오는 부활 이야기는 두 가지 사건을 담고 있다. 하나는,

---

1) Cf. F. 한, 『신약성서신학 I』, 188.

2) 고전 5:3b-5("성경대로 그리스도께서 우리 죄를 위하여 죽으시고 4 장사 지낸 바 되셨다가 성경대로 사흘 만에 다시 살아나사 5 게바에게 보이시고 후에 열두 제자에게와")는 가장 오래된 케리그마에 속한다. 바울은 그리스도교 신앙 선배들로부터 이를 전수받았다. "믿음 양식문"(Pistis-Formel)이라 불리는 이 전승은 예수님의 십자가와 부활 사건을 케리그마의 핵심 내용으로 선포한다.

안식일 후 첫날 여자들이 빈 무덤을 발견한 것에 대한 보도이다(막 16:1-8; 마 28:1-8; 눅 24:1-10; 요 20:1-13). 다른 하나는, 예수님이 제자들에게 나타난 것에 대한 보도인데(마 28:16-20), 이것은 단편적이나마 누가복음 24:36-43과 요한복음 20:19-23(cf. 요 20:24-29)에도 전해 내려온다. 게다가 부활하신 분이 엠마오의 제자들과 만나는 이야기(눅 24:13-35)는 다른 어디에도 나타나지 않는 독특한 전승에 속한다.

1. 마가복음의 부활선포(막 16:1-8)

마가는 수난 이야기를 본격적으로 시작하기에 앞서 세 번에 걸친 고난예고를 통해(막 8:31; 9:31; 10:34) 또한 고난당하는 의인 모티브를 통해 예수님의 부활 이야기를 준비하였다. 예수님의 무덤에 관한 보도로써 예수님 이야기가 끝난 것처럼 보인다. 그러나 무덤은 죽음에서 나오는 마지막 결과이고 단지 죽었다는 사실을 확인할 뿐이다. 그런데 예수님을 무덤에 안치한 곳을 바라보는 여자들과 더불어 새로운 이야기가 시작된다(막 15:47 “막달라 마리아와 요세의 어머니 마리아가 예수 둔 곳을 보더라”).

여자들은 그 주 첫날 매우 일찍 해 돋을 때에 예수님의 시신에 향품을 바를 목적으로 무덤으로 간다(막 16:2). 가는 도중에 그들은 무덤 입구를 막은 무거운 돌을 누가 굴려줄 가에 대해 염려한다(3절). 그런데 그 염려가 괜한 것이었음이 드러난다. 눈을 들어 본 즉 벌써 돌이 굴려져 있는 것을 보았기 때문이다(4절). 예수님을 장례 지냄으로 예수 이야기가 모두 끝나리라는 독자의 생각이 완전히 잘못된 것으로 드러난다. 막혔던 입구가 활짝 열린 무덤은 예수님의 이야기가 계속되리라는 사실을 독자들에게 알린다. 무덤이 비어있다는 사실은 이야기 가운데 단지 전제되어 있을 뿐이지, 그에 대해 명백히 언급하지는 않는다.

열린 무덤에 관한 이야기는 부활이 일어난 구체적인 정황에 대해 일체 관심이 없다. 무덤 안으로 들어간 여자들은 "흰 옷을 입은 한 청년"을 보고 놀란다(5절). 마태(28:2, 5)나 요한(20:12)과 달리, 마가는 "천사"에 대해 말하지 않는다. 그러나 청년이 입은 "흰 옷"은 그가 천상적 존재임을 암시한다(cf. 막 9:3; 계 6:11; 7:9, 13). 놀라는 여자들을 향해 천상적 존재가 말을 건넨다: "놀라지 말라 너희가 십자가에 못 박히신 나사렛 예수를 찾는구나 그가 살아나셨고 여기 계시지 아니하니라 보라 그를 두었던 곳이니라"(6절). "십자가에 못 박히신 나사렛 예수"라는 표현은 예수님의 지상적 삶을 돌아보는 표현이다. 바로 그 나사렛 예수가 살아났다는 부활의 메시지는 이 단락에서 중심이 되는 진술일 뿐만 아니라 마가복음 전체를 종결짓는 정점이다. 이로써 예수님의 시신에 향품을 바르려는 여자들의 의도가 얼마나 부질없는 일인지 드러난다. 하나님이 개입하여 십자가에 죽은 분의 운명을 바꾸어 놓았기 때문이다.

"그가 살아나셨다"는 우리말 번역은 그리스어 원문에 충실하게 "(하나님에 의해) 그가 일으켜졌다"로 직역할 수 있다. 이에 해당하는 그리스어 '에게르테'(ἠγέρθη)는 단순과거 수동태형이다. 즉, 일으키는 행위의 주체가 하나님임을 에둘러 표현한 것이다.3) 천상적 존재가 선포하는 부활의 메시지는 예수님 이야기가 끝나지 않았음을 선언한다. 독자들로 하여금 예수님 이야기는 지속되고 있고, 케리그마의 미래적 전망을 바라보라고 말한다. 부활의 메시지를 통해 예수님 이야기가 새로 시작되고 있음을 알린다. 이제 여자들은 "가서 그의 제자

---

3) 막 14:28("그러나 내가 살아난 후에 너희보다 먼저 갈릴리로 가리라")의 경우 역시 수동태(ἠγερθῆναι)이다. 즉, 직역하면 "내가 일으켜진 후에"라는 뜻이다.

들과 베드로에게 이르기를 예수님께서 너희보다 먼저 갈릴리로 가
시나니 전에 너희에게 말씀하신 대로 너희가 거기서 뵈오리라"(7절)
는 천상적 존재의 명령을 듣고 무덤을 떠난다. 이 구절은 성만찬 때
제자들에게 주신 예수님의 약속과 관련되어 있다(cf. 막 14:27-28).[4]
이를 통해 두려움과 어리석음으로 인해 예수님을 버리고 부인한 제
자들이 여자들을 통해 예수님이 전에 불렀던 그 길로 다시 부름을 받
고 있는 것이다.

마가복음 16:8("여자들이 몹시 놀라 떨며 나와 무덤에서 도망하고 무
서워하여 아무에게 아무 말도 하지 못하더라")이 본래 마가복음의 마
지막 문장이다. 이 구절을 그리스어 원문에 충실하게 다음과 같이 번
역할 수 있다: "그리하여 그들은 무덤에서 나와 도망쳤다. 왜냐하면 떨
림과 공포가 그들을 엄습했기 때문이다. 그래서 그들은 아무에게 아무
말도 하지 못했다. 왜냐하면 그들은 두려워했기 때문이다." 이처럼 마
가복음의 마지막 문장이 여자들의 침묵에 대한 이유를 언급하는 문
장으로 끝나는 사실이 부자연스럽게 보일 수 있다. 그리하여 마가복
음의 본래 종결 단락이 8절 이후에 있었다가 전승과정에서 상실된
것이 아닌가 하는 의혹을 낳았다(W. Schmithals). 그러나 사본전승의
측면에서 볼 때, 본래의 마감복음은 막 16:8로 끝난다는 사실이 명백
하다(K. Aland).[5]

가장 신뢰할만한 고대 필사본들(B[=바티칸사본], ℵ[=시내 사본])에

---

4) (막 14:27-28) "27 예수께서 제자들에게 이르시되 너희가 다 나를 버리리
라 이는 기록된 바 내가 목자를 치리니 양들이 흩어지리라 하였음이니라 28
그러나 내가 살아난 후에 너희보다 먼저 갈릴리로 가리라."

5) W. Schmithals, "Der Markusschluß, die Verklärungsgeschichte und die Aus-
sendung der Zwölf", in *ZThK* 69 (1972), 379ff; K. Aland, "Der Schluß des Markus-
evangeliums", in *L'Evangile selon Marc*, ed., M. Sabbe, 1974, 435ff.

담겨 있는 마가복음은 16장 8절로 끝난다. 여자들이 놀라고 두려워하는 장면으로 마치고 있는 것을 어색하게 여긴 후대의 필사자가 종결부분에 새로운 내용을 첨가한다. 두 종류의 첨가문이 존재한다. 하나는 이미 2세기에 생성된 것으로 보이는 이른바 "짧은 첨가문"으로 다음과 같다: "그들은 명령받은 모든 것을 베드로 주변 사람들에게 장광설 없이 전했다. 그 후 예수는 친히 해 뜨는 곳에서 해 지는 곳에 이르기까지 그들을 통해서 영원한 구원에 관한 거룩한 불멸의 선포를 전하게 했다. 아멘"(고대 라틴어 필사본 Codex Bobbiensis). 보다 긴 내용을 담은 다른 하나는 오늘날의 마가복음 16:9-20에 해당한다.

여자들이 놀라 무덤에서 도망치는 것은 신적 현현 이야기의 모티브에 속하고, 또한 여자들의 침묵 역시 신적 계시를 받는 사람들이 보이는 반응이다. 마가복음이 여자들의 침묵으로 끝나고 있는 것은 마가의 의도에 따른 것이다. 그것은 여자들이 영접한 부활 선포의 신비를 강조하며 독자를 염두에 둔 열린 결론을 만들어낸다. 이 열린 결론은 갈릴리에서 제자들을 모으는 마가복음의 처음 장면(막 1:16-20)을 암시한다. 이로써 예수님의 수난 이야기뿐만 아니라 마가복음 전체를 읽는 독자들을 향해 질문을 던지고 있다. 즉, 십자가에 못 박힌 나사렛 예수의 부활 메시지를 살아계신 하나님의 메시지로 받아들일 수 있는가 하고 묻고 있다. 여자들의 침묵은 예수 이야기를 이해하기 위한 열쇠로서 케리그마, 즉 복음 선포를 지향하고 있다. 케리그마는 입술로 외우는 신앙고백에 의해서가 아니라, 예수님의 삶을 따르는 십자가의 삶을 살아갈 때 비로소 나를 위한 구원의 메시지가 된다.

부활 사건은 이 세상에 속한 사건이 아니다. 따라서 세상적 관점에서 부활을 반박하거나 입증할 수 없다. 부활은 종말론적 사건이기 때문이다. 부활은 죽은 자가 다시 옛 지상적 삶으로 되돌아오는 것이 아니라, 변화된 세계에서 일어나는 전적으로 새로운 역사의 시작을 뜻한다. 부활의 삶은 새로운 피조물로서의 삶이다. 그렇기 때문에 부활은 인간의 감각으로 결코 감지할 수 없고, 오직 하나님의 상징 세계에 대한 신앙을 통해서만 받아들일 수 있는 것이다. 바로 여기에 예수님의 죽음을 구원사건으로 선포하는 케리그마의 역설이 놓여 있다.

2. 마태복음의 부활선포(마 28:1-20)

▶ **부활선포 그리고 예수님이 여자들에게 나타남(마 28:1-10):** 공관복음이 보도하는 세 가지 부활 이야기 중에 마가의 보도와 마태의 보도가 가장 유사하다. 마태는 마가복음 16:1-8을 대본으로 삼았으나, 이야기 흐름과 신학적 강조점의 측면에서 마가의 보도와 차이가 많다.

마 28:1-10	Cf. 막 16:1-8
1 안식일이 다 지나고 안식 후 첫날이 되려는 새벽에 막달라 마리아와 다른 마리아가 <u>무덤을 보려고</u> 갔더니 2 큰 지진이 나며 주의 천사가 하늘로부터 내려와 돌을 굴려 내고 그 위에 앉았는데 <u>3 그 형상이 번개 같고 그 옷은 눈 같이 희거늘 4 지키던 자들이 그를 무서워하여 떨며 죽은 사람과 같이 되었더라 5 천사가 여자들에게 말하여 이르되 너희는 무서워하지 말라 십자가에 못 박히신 예수를 너희가 찾는 줄을 내가 아노라</u> 6 그가 여기 계시지 않고 그가 말씀하시던 대로 살아나셨느니라 와서 그가	1 안식일이 지나매 막달라 마리아와 야고보의 어머니 마리아와 또 살로메가 가서 <u>예수께 바르기 위하여</u> 향품을 사다 두었다가 2 안식 후 첫날 매우 일찍이 해 돋을 때에 그 무덤으로 가며 3 서로 말하되 누가 우리를 위하여 무덤 문에서 돌을 굴려 주리요 하더니 4 눈을 들어본즉 벌써 돌이 굴려져 있는데 그 돌이 심히 크더라 5 무덤에 들어가서 흰 옷을 입은 한 청년이 우편에 앉은 것을 보고 놀라매 6 청년이 이르되 놀라지 말라 너희

<table>
<tr><td>

누우셨던 곳을 보라 7 또 빨리 가서 그의 제자들에게 이르되 그가 죽은 자 가운데서 살아나셨고 너희보다 먼저 갈릴리로 가시나니 거기서 너희가 뵈오리라 하라 보라 내가 너희에게 일렀느니라 하거늘 8 그 여자들이 무서움과 큰 기쁨으로 빨리 무덤을 떠나 제자들에게 알리려고 달음질할새 9 예수께서 그들을 만나 이르시되 평안하냐 하시거늘 여자들이 나아가 그 발을 붙잡고 경배하니 10 이에 예수께서 이르시되 무서워하지 말라 가서 내 형제들에게 갈릴리로 가라 하라 거기서 나를 보리라 하시니라

</td><td>

가 십자가에 못 박히신 나사렛 예수를 찾는구나 <u>그가 살아나셨고</u> 여기 계시지 아니하니라 보라 그를 두었던 곳이니라 7 가서 그의 제자들과 베드로에게 이르기를 예수께서 너희보다 먼저 갈릴리로 가시나니 전에 너희에게 말씀하신 대로 너희가 거기서 뵈오리라 하라 하는지라 8 여자들이 몹시 놀라 떨며 나와 무덤에서 도망하고 무서워하여 아무에게 아무 말도 하지 못하더라

</td></tr>
</table>

마가복음 16:1에 언급된 세 여자, 즉 막달라 마리아와 야고보의 어머니 마리아와 살로메(cf. 막 15:40, 47) 대신 마태는 "막달라 마리아와 다른 마리아"만 언급한다(마 16:1). 여기서 다른 마리아는 야고보의 어머니와 동일한 인물을 가리킨다. 무덤 방문의 목적이 향품을 바르기 위함이 아니고(cf. 막 16:1), 단순히 무덤을 보기 위함이라고 말한다. 마태는 죽은 자에게 향품을 바르는 것이 유대교에서 통상적인 일이 아니라는 사실을 잘 알고 있었기 때문이다. 또한 향품을 바르는 일이 마태의 이야기 흐름에도 어울리지 않는다. 바로 앞 단락에 나오는 무덤을 지키는 경비병(마 27:62-66)이 그러한 시도를 허용할 리가 없기 때문이다. 마가의 경우, 여자들이 무덤 안으로 들어가는 결정적인 이유는 부활의 메시지가 선포되는 데 있다(cf. 막 16:6 "그가 살아나셨다"). 그러나 그와 같은 이유가 마태에게서는 나타나지 않는다.

마태의 본문은 두 단락으로 나눌 수 있다. 하나는 천사의 나타남이고(3-8절), 다른 하나는 예수 그리스도의 나타남이다(9-10절). 마가의

보도와 비교할 때 전적으로 새로운 것은 3-5절의 내용이다. 마가복음 16:3-4에 따르면 여자들은 무덤으로부터 이미 굴려진 돌을 발견하게 되나, 마태는 그 일이 일어난 과정 자체를 이야기한다(마 28:2-4). 이러한 묘사는 십자가 장면에 나오는 묵시문학적 첨가와 같은 선상에 있다(마 27:51-53). 다시 말하면 예수님의 죽음에 담긴 우주적 차원이 그의 부활의 경우에서도 강조되고 있다. 이로써 마태는 죽음의 세력이 완전히 극복되는 과정을 묘사한다. 두 개의 모티브, 즉 천사의 나타남과 굴려진 돌이 마가의 경우와 달리 마태에게는 하나로 연결되어 있다. 해방의 기적을 묘사하는 모티브인 지진(cf. 출 19:16-25; 사 29:5-9; 렘 4:19-31 등)은 예수님의 해방을 직접적으로 묘사하지는 않고 단지 암시하고 있을 뿐이다. 마태는 부활의 과정을 묘사하는 데 관심이 없다. ‘하늘에서 내려온 주의 천사’가 돌을 굴렸다는 보도(2절)를 통해 마태는 부활 사건이 이 세상에 속한 사건이 아님을 드러낸다. 부활은 옛 세상을 뒤흔드는 사건으로 새로운 세상을 세우는 하나님의 역사이다. ‘번개 같은 형상과 눈 같이 흰 옷’(3절)을 입은 천사의 모습은 천사가 이 세상에 속한 존재가 아님을 나타낸다. 또한 하늘에서 내려온 천사는 경비병을 죽음의 공포에 떨게 함으로써(4절) 여자들이 무덤가에서 부활의 메시지를 듣게 되고, 결국 무덤 안으로 들어갈 수 있도록 만든다. 여기에서 하나의 상징을 읽어낼 수 있다. 즉 하나님의 새 창조가 시작되는 곳에서는 하나님을 대적하는 옛 세상은 죽음의 공포에 빠지게 된다는 대조를 상징적으로 나타낸다. 여자들이 무덤 안으로 들어가기 전에 천사가 말한다(5b-6a절 “너희는 무서워하지 말라 십자가에 못 박히신 예수를 너희가 찾는 줄을 내가 아노라 그가 여기 계시지 않고 그가 말씀 하시던 대로 살아나셨느니라”). 무덤 경비병의 태도와 달리 여자들은 두려워말라는 천사의 말을 듣는다. 여자들이 예수님을 찾으러 왔다고 하는 천사의 말은 1절에서 언급되지 않은 것으로 천사의 해석이다. 천사는 예수님의 시신을 찾으려 하는 여자들을 부활의 메시지로 이끈다. 더 이상 과거의 일에 집착하지 말고 미래의 과제를 향해 시선을 돌리도록 인도한다. 마가의 경우 천사는 먼저 갈릴리로 가리라는 예수님의 말씀을 성만찬 때 주신 약속과 연결시키고 있으나(막 16:7b; cf. 막 14:27-28), 마태의 경우 천사는 예수님의 부활을 그가 전에 말한 것과 연결시킨다(7절 "내가 너희에게 일렀느니라").

이제 천사는 여자들에게 무덤 안으로 들어오라고 청한다(6b절 "와서 그가 누우셨던 곳을 보라"). 계시 사건의 결과 한 명령이 여자들에게 주어진다. 즉 예수님이 살아나셨다는 사실을 어서 제자들에게 알리라는 명령이다(7a절). 제자들이 예루살렘을 떠나려 하기 때문에 속히 알리라는 것이다. 제자들에게 주어진 메시지는 '그가 죽은 자 가운데서 살아나셨다'는 것이다. 마가에게서 여자들은 침묵을 하고 있기 때문에 이러한 명령이 불가능하게 보인다. 그러나 마태에게서는 여자들은 부활 메시지를 제일 먼저 들은 사람들이며 또한 그것을 전하는 사람이 된다. 마태복음 28:16에서 제자들은 실제로 갈릴리로 가게 되는데, 이는 여자들이 받은 명령을 충실히 이행한 결과에 따른 것이다. 천사의 마지막 말("보라 내가 너희에게 일렀느니라")은 여자들이 부여 받은 명령에 담겨 있는 천상적 권위를 강조한다(cf. 막 16:7). 이에 걸맞게 마가의 경우와 달리 여자들은 제자들에게 부활선포의 메시지를 알리려고 무서움과 "큰 기쁨으로" 무덤을 빨리 떠난다(8절). 여인들은 이해할 수 없는 사건으로 인해 무서워했으나, 다른 한편 부활선포의 메시지로 인해 기뻐했던 것이다.

9-10절은 부활한 예수님이 여자들에게 나타나 말씀을 주시는 것으로 마가에는 없는 장면이다. 내용상 새로운 것은 없고 이미 말한 것을 반복하고 있다. 그러나 두 가지 특징을 찾아볼 수 있다. 하나는 명령

을 주시는 분이 예수님으로 나온다는 것이다. 다른 하나는 부활한 예수님이 여자들을 만나고 있다는 것이다. 9-10절의 장면은 요한복음 20:14-18을 연상시킨다. 마태는 요한복음에 흘러들어간 것과 같은 전승을 사용하여 이 장면을 묘사했을 것으로 보인다. 예수님의 간단한 인사말이 있자, 여자들은 놀라 엎드려 그의 발에 입을 맞춘다. 엎드려 입을 맞추는 정중한 인사법(Proskynese)은 마태복음에 종종 나오는 인사법으로 사람들이 예수님을 향해 드리는 태도이다(마 2:2, 8, 11; 8:2; 9:18; 14:33; 15:25; 20:20; 28:17). 부활한 예수님이 여자들에게 주시는 말씀은 천사가 준 명령의 내용과 차이가 없다. 하지만 그리스도가 나타나셨다는 사실 자체가 중요하다. 부활 메시지의 첫 번째 청취자이며 담지자인 여자들이 그리스도 현현의 첫 번째 증인이다.

▶ **대제사장들과 장로들의 사기행각(마 28:11-15):** 이 부분은 마태 특수자료에서 유래한 것으로 변증적 경향을 띠고 있다. 이 이야기는 예수님의 무덤을 지키는 경비병 이야기(마 27:62-66)와 연결되어 있다.

> (마 28:11-15) 11 여자들이 갈 때 경비병 중 몇이 성에 들어가 모든 된 일을 대제사장들에게 알리니 12 그들이 장로들과 함께 모여 의논하고 군인들에게 돈을 많이 주며 13 이르되 너희는 말하기를 그의 제자들이 밤에 와서 우리가 잘 때에 그를 도둑질하여 갔다 하라 14 만일 이 말이 총독에게 들리면 우리가 권하여 너희로 근심하지 않게 하리라 하니 15 군인들이 돈을 받고 가르친 대로 하였으니 이 말이 오늘날까지 유대인 가운데 두루 퍼지니라

부활은 역사 내적인 사건이 아니기 때문에 빈 무덤을 통해 입증될 수 없는 것처럼, 무덤 안의 시신을 통해 거짓으로 드러날 수도 없다. 빈 무덤을 부활의 증거로 삼으려는 시도는 마태의 의도와 거리가 멀다. 예수님의 부활에 대한 외부의 의심, 즉 제자들이 예수님의 시신

을 무덤에서 몰래 훔쳐내었다는 의심(13절, cf. 마 27:64)에 대응하려는 것이 마태의 관심사다. 적대자들이나 예수님의 부활을 인정하는 사람들이 모두 빈 무덤을 객관적 사실로 인정했다는 것이 그러한 의심에 전제되어 있다. 문제의 초점은 빈 무덤이 아니라 그에 대한 해석에 달려 있다. 빈 무덤 자체를 둘러싸고 두 가지 상반된 해석이 가능하다. 어떤 사람은 빈 무덤을 부활의 증거로 삼을 수 있으나, 다른 사람은 그것을 사기행각의 결과로 설명한다.

15절에 나오는 사기설("이 말이 오늘날까지 유대인가운데 두루 퍼지니라")은 부활 사건에 대한 유대적 해석이다. 이와 같은 사기설은 마태 당시뿐만 아니라 그 이후에도 지속적으로 영향을 끼친다.6) 이는 부활의 메시지를 거짓으로 이끌려는 의도를 갖고 있다. 마태의 부활 이야기에는 일종의 아이러니가 나타난다. 예수님을 사기꾼으로 규정하고 제자들의 사기행각을 막겠다고 나서는 대제사장들과 바리새인들이(마 27:63-64) 이야기 마지막 부분에 와서 다름 아닌 자신들이 실제 사기꾼으로 드러난다. 즉, 그들은 예수님의 무덤을 지키는 경비병을 매수하여 자신들의 사기설을 퍼뜨리는 사기꾼으로 밝혀진다(마 28:12-15). 예수 부활에 대한 신앙은 사기설로 인해 흔들릴 이유가 전혀 없다. 역사적으로 입증할 수 없는 사실을 찾아내어 부활 신앙을 보장하려는 것은 적절한 태도가 아니다. 부활의 메시지 혹은 부활 신앙이 먼저이다. 부활 신앙을 가진 사람에게 예수님의 부활 사건은 종말론적인 구원 사건으로 드러난다.

---

6) 예를 들면, 순교자 저스틴(Justinus, 165년경 사망)의 작품『유대인 트뤼폰과의 대화』(JustDial 108,2), 또한 라이마루스(H.S.Reimarus, 1694-1768년)의 사기설은 렛싱(G.E.Lessing)에 의해 출간된 단편 "예수와 제자들의 목적에 대하여"에 나온다. 예수 부활 신앙을 "주관적 환상 이론"으로 설명하는 경우도 있다(D.F.Strauß, *Das Leben Jesu, kritisch bearbeitet*, 2 Vols., Tübingen 1835/36; G.Lüdemann, *Die Auferstehung Jesu*, Göttingen 1994).

▶ **부활하신 분의 선교 명령(마 28:16-20):** 마태복음의 마지막을 장식하는 이 본문은 열한 제자들이 보는 중에 산 위에 현현하신 예수에 관한 이야기다. "마태의 신학적 프로그램"(J. Blank)을 담고 있는 이 부분은 마태 특수자료에서 나온 것이다. 그러나 내용과 언어 사용법이 마태의 의도에 잘 부합되기 때문에 전승과 편집의 정도를 가늠하기가 어렵다.[7] 19절의 세례 양식은 제의에서 유래한 것이 분명하다.

> (마 28:16-20) 16 열한 제자가 갈릴리에 가서 예수께서 지시하신 산에 이르러 17 예수를 뵈옵고 경배하나 아직도 의심하는 사람들이 있더라 18 예수께서 나아와 말씀하여 이르시되 하늘과 땅의 모든 권세를 내게 주셨으니 19 그러므로 너희는 가서 모든 민족을 제자로 삼아 아버지와 아들과 성령의 이름으로 세례를 베풀고 20 내가 너희에게 분부한 모든 것을 가르쳐 지키게 하라 볼지어다 내가 세상 끝날까지 너희와 항상 함께 있으리라 하시니라

부활하신 예수님의 명에 따라 제자들은 갈릴리로 간다. 예수님이 갈릴리에서 공적 사역을 시작하신 것처럼(마 4:12-17), 제자들도 그 곳에서부터 시작해야 한다. 이스라엘을 향한 12제자 파송의 틀에서 마태에게 중요한 상징수인 "12"가 "11"로 바뀐다. 예수님을 배반한 유다를 제외한(마 27:3-10) 열한 명의 제자들이 등장한다. "예수께서 지시하신 산"(16절)은 지리적 정보라기보다 신학적 정보에 해당한다. 산은 예수님이 산상설교의 메시아적 가르침을 선포하신 계시의 장소이며(마 5:1; 8:1), 동시에 메시아적인 치유 행위를 베푸셨던 장소이다(마 15:29 이하). 17절("예수를 뵈옵고 경배하나 아직도 의심

---

7) 마 28:18b-20의 문학적 형태 규명을 둘러싸고 논란이 많다. 불트만은 "일종의 제의 전설(Kultuslegende)"이라 부르고, 프랑케묄레(Frankemölle)는 "언약 양식문(Bundesformular)"이라 부른다. 루츠는 가통 규명의 어려움을 말하면서, 마태가 작업한 "주님 안에서의 로기온(Logion im Herrn)"이라 부른다(U. Luz, *Das Evangelium nach Matthäus IV*, 436).

하는 사람들이 있더라”)은 예수님의 나타나심으로 인해 제자들이 놀라는 모습을 강조한다.

마태복음 28:18b-20에 나오는 부활하신 예수님이 주시는 이른바 “대(大)위임령”은 히브리어 성서를 마감하는 역대하 36:23에 나오는 페르시아 왕 고레스(Kyros)의 칙령을 연상시킨다(“페르시아의 고레스 왕은 다음과 같이 선포한다. 주 하늘의 하나님께서 나에게 이 땅 위의 모든 나라를 주셔서 다스리게 하시고, 유다의 예루살렘에 그의 성전을 지으라고 명하셨다. 이 나라 사람 가운데, 하나님을 섬기는 모든 백성에게, 하나님께서 함께 계시기를 빈다. 그들을 모두 올라가게 하여라”『새번역』). 마태는 의도적으로 히브리어 성서의 마지막 말씀을 연상시키는 내용을 부활하신 예수님의 명령에 담은 것으로 보인다. 예수님의 말씀은 세 부분으로 나눌 수 있다.

① **자기소개의 말씀**(18b절 “하늘과 땅의 모든 권세를 내게 주셨으니”):

이 말씀은 전통적인 메시아적 범주를 넘어서는 것으로 다니엘서에 나오는, 세상 왕국을 멸망시키고 하나님 나라의 대표자로서 모든 백성을 다스리시는 “인자”를 연상시킨다(『칠십인경』단 7:13-14; cf. 마 9:6; 11:27). 이 진술은 예수님의 권세가 하나님에게서 비롯된 우주적 차원의 권세임을 말한다. 인자 예수께 양도된 권세는 우주적 심판의 기능을 갖는다(cf. 마 25:31-36). 마태에게 전형적인 주제에 속하는 심판과 구원의 주제가 여기에 간접적이나마 나타난다. 하나님 나라의 복음은 심판의 규범이고(마 7:24-27), 그에 근거하여 부활하신 분이 세상을 통치하신다.

② **선교명령**(19-20a절 "19 그러므로 너희는 가서 모든 민족을 제자로 삼아 아버지와 아들과 성령의 이름으로 세례를 베풀고 20 내가 너희에게 분부한 모든 것을 가르쳐 지키게 하라"):

우주적 권세자로부터 이제 새로운 파송명령이 나온다. 지상적 예수님의 파송은 전적으로 "이스라엘 중에 잃어버린 양"에게만 해당하였다면(마 10:5b-6), 이제 "모든 백성"으로 확대된다(cf. 마 24:14; 26:13). 모든 민족을 "제자로 삼으라"[8]는 부활하신 분의 선교명령은 마태복음을 이해하는 열쇠라고 말할 수 있다.[9] 모든 민족을 제자로 삼으라는 명령은 두 가지로 설명된다. 첫째는 "세례를 베풀라"는 것이고, 둘째는 "가르쳐 지키게 하라"는 것이다. 마태는, 이스라엘이 메시아 예수님을 거부했기 때문에 하나님이 이방인을 받아들이신 것으로 이해했다(cf. 마 21:43). 그러나 이스라엘의 거부를 최종적이라고 여긴 것 같지는 않다. 선교명령은 나라와 제의와 종교의 경계선을 넘어선다. 물론 "모든 백성"은 유대적 언어 사용법에 따르면 이방인들을 가리키는 표현이나, 이스라엘을 배제시킨 보편주의를 뜻하는 것은 아니다. 모든 백성을 제자 삼으라는 부활하신 예수님의 선교명령은 이스라엘에게도 해당된다. 여기에 다시 제자도의 주제가 언급된다(마 13:52; 27:57). "아버지와 아들과 성령의 이름으로 세례를 베풀라"(19절)는 명령은 신약성서 어디에도 평행구절이 나타나지 않는다. 단지 예수님의 이름으로 세례를 주라고 되어 있다(고전 6:11; 롬 6:3; 행 2:38; 10:48 등). 선교명령이 예수님의 말씀만을 강조하는 것으로 끝나지 않고 그것을 가르쳐 "지키게 하라"(20a절)는 말로 끝난다. 예수

---

8) "제자로 삼다"를 뜻하는 동사 "마태튜오($\mu\alpha\theta\eta\tau\epsilon\acute{u}\omega$)"는 행 14:21을 제하면 신약성서 가운데 오직 마태에게만 4번 나타난다(마 13:52; 27:57; 28:19).

9) G. 스탠턴, 『복음서와 예수』, 95.

님의 말씀을 행함으로 지킬 때 비로소 제자들은 예수님과 함께 있음을 체험할 수 있게 된다(cf. 마 7:21 "나더러 주여 주여 하는 자마다 다 천국에 들어갈 것이 아니요 다만 하늘에 계신 내 아버지의 뜻대로 행하는 자라야 들어가리라"; 마 7:24 "누구든지 나의 이 말을 듣고 행하는 자는 그 집을 반석 위에 지은 지혜로운 사람 같으리니").

③ **약속의 말씀**(20b절 "볼지어다 내가 세상 끝날까지 너희와 항상 함께 있으리라 하시니라"):

마태복음은 하나님이 우리와 함께 하신다는 뜻을 나타내는 "임마누엘"이란 이름을 가진 아기 예수에 대한 약속으로 시작했다. 마태는 예수님의 약속을 부활 이야기의 마감어로 또한 복음서 전체의 마감어로 삼고 있다. 이제 예수님이 제자들 가운데 더 이상 육신의 몸으로 머물 수 없는 시점에서 보면, 하나님이 우리와 함께 하신다는 약속의 말씀은 빈 말에 불과한 것이 아닌가 하는 질문이 나올 수 있다. 예수님의 약속은 이에 답하고 있다. 죽음과 부활은 예수님을 제자들로부터 떼어놓지 못한다. 더 이상 그 무엇도 방해할 수 없는 전적인 새로운 모습으로 부활하신 예수님은 "세상 끝날까지"(마 13:39, 40, 49; 24:3), 즉 그의 재림 때까지 제자들과 함께 있으리라고 약속하신다. 이 약속은 제자들이 선교명령의 과업을 완성할 때까지 동행하시겠다는 위로의 메시지이다.

3. 누가복음의 부활·승천 이야기(눅 24:1-53)

▶ **빈 무덤과 부활선포**(눅 24:1-12): 누가의 빈 무덤 이야기는 마가복음 16:1-8을 대본으로 하였으나, 전승 자료와 자신의 신학적 입장을

통해 마가의 이야기를 한층 더 발전시킨다. 마가에게 없는 9-11절과 12절에 나오는 확대된 내용은 누가에게서 비롯된 것으로 보인다.

(눅 24:1-12) 1 안식 후 첫날 새벽에 이 여자들이 그 준비한 향품을 가지고 무덤에 가서 2 돌이 무덤에서 굴려 옮겨진 것을 보고 3 들어가니 주 예수의 시체가 보이지 아니하더라 4 이로 인하여 근심할 때에 문득 찬란한 옷을 입은 두 사람이 곁에 섰는지라 5 여자들이 두려워 얼굴을 땅에 대니 두 사람이 이르되 어찌하여 살아 있는 자를 죽은 자 가운데서 찾느냐 6 여기 계시지 않고 살아나셨느니라 갈릴리에 계실 때에 너희에게 어떻게 말씀하셨는지를 기억하라 7 이르시기를 인자가 죄인의 손에 넘겨져 십자가에 못 박히고 제삼일에 다시 살아나야 하리라 하셨느니라 한대 8 그들이 예수의 말씀을 기억하고 9 무덤에서 돌아가 이 모든 것을 열한 사도와 다른 모든 이에게 알리니 10 (이 여자들은 막달라 마리아와 요안나와 야고보의 모친 마리아라 또 그들과 함께 한 다른 여자들도 이것을 사도들에게 알리니라) 11 사도들은 그들의 말이 허탄한 듯이 들려 믿지 아니하나 12 베드로는 일어나 무덤에 달려가서 구부려 들여다 보니 세마포만 보이는지라 그 된 일을 놀랍게 여기며 집으로 돌아가니라

안식 후 첫날 새벽에 여자들이 예수님의 무덤에 온다(1절). 누가복음 23:55-56에 따르면 이 여자들은 "갈릴리에서 예수와 함께 온 여자들"이다. 누가는 마가에 나오는 이 여자들의 질문("누가 우리를 위하여 무덤 문에서 돌을 굴려 주리요" 막 16:3)을 거론하지 않고 넘어가나, 돌이 이미 무덤에서 옮겨진 것을 여자들이 발견한다는 보도는 전한다(2절). 무덤 안에서 여자들은 "찬란한 옷을 입은 두 사람"과 대면한다(4절). 두려워 얼굴을 땅에 대는 여자들의 반응에서 이 두 사람은 천사임이 드러난다(5a절). '두 명의 천사' 모티브는 요한복음 20:11-13과 관련된 구전 전승에서 비롯된 것으로 보인다. 두 천사는 여자들에게 질문을 던진다: "어찌하여 살아 있는 자를 죽은 자 가운데서 찾느냐"(5b절). 이 질문에 이어서 부활의 메시지(6a절 "여기 계시지 않고

살아나셨느니라”)가 나온다. 마태처럼 누가도 마가의 진술 순서(막 16:6 “그가 살아나셨고 여기 계시지 아니하니라”)를 바꾼다. 이때 누가는 예수님의 시신이 안치된 장소가 비어있다는 사실을 언급하지 않고 예수님의 예언을 상기시킨다(6b절 “갈릴리에 계실 때에 너희에게 어떻게 말씀하셨는지를 기억하라”).

다른 복음서 저자와 달리 누가는 부활을 통해 예수님의 예언이 성취되었다는 사실을 특별히 강조한다. 예루살렘을 향한 예수님의 여정(눅 9:51-19:27)을 의도적으로 부각시키려는 누가의 의도가 여기서도 드러난다. 예루살렘은 누가가 묘사하는 구원사의 정점이다. 그곳은 예수님의 여정이 끝나는 장소이며, 동시에 예수님의 부활 이후 온 세상을 향한 복음 증거가 시작되는 장소이다(행 1:8). 예수님은 갈릴리에서 자신의 죽음과 부활을 예언하셨다(눅 9:22, 44)는 점은 마가의 보도와 같다. 그런데 누가는 마가복음 16:7b의 진술(“예수께서 너희보다 먼저 갈릴리로 가시나니 전에 너희에게 말씀하신 대로 너희가 거기서 뵈오리라”)을 변경시킨다. 그리하여 사도들은 예루살렘에 그대로 머물고 그곳에서 부활하신 예수님을 만나게 된다(눅 24:13-53). 예수님이 갈릴리에서 말씀하신 내용을 천사들이 언급하고(“인자가 죄인의 손에 넘겨져 십자가에 못 박히고 제삼일에 다시 살아나야 하리라 하셨느니라” 7절), 또한 여자들이 그와 같은 예수님을 기억했다는 사실을 누가가 강조한다. 이로써 누가의 구원사적 전망이 잘 드러난다. 부활의 메시지가 고난예고와 밀접하게 연결된다.

마가는 신앙고백과 십자가의 길을 따르는 삶 사이의 긴밀한 관계를 깨닫지 못하는 제자들의 어리석은 모습을 특별히 부각시켰다. 그러나 누가의 경우 예수님의 죽음을 목격한 여자들은 빈 무덤에서 예수님의 부활을 확신하고, 고난과 죽음 그리고 부활에 대한 예수님의 예언을 정확하게 기억해내며, 마침내 부활신앙의 의미를 깨닫는다. 즉, 고난은 영광에 이르기 위해 반드시 거쳐야만 하는 관문이라는 사실을 깨닫는다(cf. 눅 24:26). 그런 다음 여자들은 무덤에서 돌아가 "이 모든 것을 열한 사도와 다른 모든 이에게 알린다"(9절). 마가의 보도와 달리 여자들은 자신들이 체험한 것에 대해 전혀 침묵하지 않고 또한 그로 인해 공포에 떨지도 않는다. 여자들은 부활의 메시지를 전하는 첫 번째 사람이 된다.

그런데 여자들의 증언에 대해 사도들은 냉소와 불신으로 반응한다("사도들은 그들의 말이 허탄한 듯이 들려 믿지 아니하나" 11절). 여자들의 증언을 허탄한 말로 받아들이는 사도들의 반응은 누가의 의도와 관련이 있다. 즉, 누가는 부활의 메시지가 빈 무덤의 결과라는 인상을 독자들에게 주지 않으려는 의도를 갖고 있고, 다른 한편 예수님 시대와 교회 시대 사이의 연속성을 보장해 주는 증인이 바로 사도들이라는 신학적 구상을 갖고 있다. 사도들은 지상의 예수님을 보았을 뿐만 아니라 부활하신 주님을 체험한 사람들이기 때문에 신뢰할만한 부활의 증인이다(행 1:21-22). 그러나 누가의 시각에 따르면 여자들은 "열두 사도"와 같은 전승의 보증인이 될 수 없다. 이러한 누가의 시각은 여자들의 말을 증언으로 인정하지 않는 남성 중심적 사회상을 반영한 것이다.[10] 따라서 여자들의 증언은 허탄한 말로 나타난다. 이는 베드로가 빈 무덤을 확인하고 있는 12절의 진술과도 연결되어 있다. 무덤에 달려 들어간 베드로가 단지 "세마포"만 발견하는데, 이로 인해 단지 놀라 뿐이지 아직 부활신앙에 이르지는 못한다. 사도들이 부활신앙에 이르는 길은 결코 간단한 일이 아니다(cf. 눅 24:24).

▶ **엠마오로 가는 중에 부활하신 예수님을 만남(눅 24:13-35):** 이 이야기는 누가복음에만 나온다. 누가는 이 이야기를 자신만이 접한 전승에서 물려받아 상당부분 편집을 가한다. 그 결과 전승과 편집을 구분하기가 어렵다. 이 이야기는 두 명의 제자가 부활신앙에 이르게 되

---

10) 슈낙켄부르크, 『복음서의 예수 그리스도』, 348.

는 과정을 보여준다.

(눅 24:13-35) 13 그 날에 그들 중 둘이 예루살렘에서 이십오 리 되는 엠마오라 하는 마을로 가면서 14 이 모든 된 일을 서로 이야기하더라 15 그들이 서로 이야기하며 문의할 때에 예수께서 가까이 이르러 그들과 동행하시나 16 그들의 눈이 가리어져서 그인 줄 알아보지 못하거늘 17 예수께서 이르시되 너희가 길 가면서 서로 주고받고 하는 이야기가 무엇이냐 하시니 두 사람이 슬픈 빛을 띠고 머물러 서더라 18 그 한 사람인 글로바라 하는 자가 대답하여 이르되 당신이 예루살렘에 체류하면서도 요즘 거기서 된 일을 혼자만 알지 못하느냐 19 이르시되 무슨 일이냐 이르되 나사렛 예수의 일이니 그는 하나님과 모든 백성 앞에서 말과 일에 능하신 선지자이거늘 20 우리 대제사장들과 관리들이 사형 판결에 넘겨 주어 십자가에 못 박았느니라 21 우리는 이 사람이 이스라엘을 속량할 자라고 바랐노라 이뿐 아니라 이 일이 일어난 지가 사흘째요 22 또한 우리 중에 어떤 여자들이 우리로 놀라게 하였으니 이는 그들이 새벽에 무덤에 갔다가 23 그의 시체는 보지 못하고 와서 그가 살아나셨다 하는 천사들의 나타남을 보았다 함이라 24 또 우리와 함께 한 자 중에 두어 사람이 무덤에 가 과연 여자들이 말한 바와 같음을 보았으나 예수는 보지 못하였느니라 하거늘 25 이르시되 미련하고 선지자들이 말한 모든 것을 마음에 더디 믿는 자들이여 26 그리스도가 이런 고난을 받고 자기의 영광에 들어가야 할 것이 아니냐 하시고 27 이에 모세와 모든 선지자의 글로 시작하여 모든 성경에 쓴 바 자기에 관한 것을 자세히 설명하시니라 28 그들이 가는 마을에 가까이 가매 예수는 더 가려 하는 것 같이 하시니 29 그들이 강권하여 이르되 우리와 함께 유하사이다 때가 저물어가고 날이 이미 기울었나이다 하니 이에 그들과 함께 유하러 들어가시니라 30 그들과 함께 음식 잡수실 때에 떡을 가지사 축사하시고 떼어 그들에게 주시니 31 그들의 눈이 밝아져 그인 줄 알아 보더니 예수는 그들에게 보이지 아니하시는지라 32 그들이 서로 말하되 길에서 우리에게 말씀하시고 우리에게 성경을 풀어 주실 때에 우리 속에서 마음이 뜨겁지 아니하더냐 하고 33 곧 그 때로 일어나 예루살렘에 돌아가 보니 열한 제자 및 그들과 함께 한 자들이 모여 있어 34 말하기를 <u>주께서 과연 살아나시고 시몬에게 보이셨다</u> 하는지라 35 두 사람도 길에서 된 일과 예수께서 떡을 떼심으로 자기들에게 알려지신 것을 말하더라

이 이야기는 다음과 같이 네 부분으로 구분할 수 있다.

　① 엠마오로 가는 두 제자가 미지의 동행자를 만난다(13-16절).
　② 미지의 동행자가 두 제자에게 성서의 기독론적 의미와 메시아 고난의 불가피성을 설명해주는 대화를 길 위에서 벌인다(17-27절).
　③ 식사 중에 제자들의 눈이 열리면서 예수님을 알아차린다(28-32절).
　④ 두 제자는 예루살렘 공동체로 돌아간다(33-35절).

　예루살렘에서 대략 12km 정도 떨어져 있는 엠마오로 가는 길 위에서 두 제자는 "모든 된 일"에 대해 서로 이야기를 나누고 있다(13-14절). 그때 부활하신 예수님이 다가가서 그들과 동행하나 예수님임을 전혀 눈치 채지 못한다(15-16절). 두 제자는 구체적인 목적지로 향하고 있으나, 실상 인생의 방향 길을 찾지 못한 채 헤매고 있는 셈이다. 그래서 예수님이 동행하고 있음에도 불구하고 전혀 깨닫지 못하고 있다. 여자들이 열린 무덤에서 돌아와 소식을 전했고, 심지어 여자들의 보도를 확인하고자 한 사람들이 돌아온 뒤에도 두 제자는 예루살렘에 있을 부활한 주님의 계시를 기다리지 못해 절망에 빠졌고, 그리하여 예수님을 알아차리지 못하는 상태에 있다. 이처럼 그들의 눈이 가려진 상태는 예수님의 질문을 유발시킨다: "너희가 길 가면서 서로 주고받고 하는 이야기가 무엇이냐"(17a절). 두 제자 중 한 사람인 글로바라 하는 사람이 예수님의 수난 사건을 둘러싼 예루살렘의 일을 예수께 질문하듯 주지시킨다(18절). "무슨 일이냐"는 예수님의 반응에 두 제자는 "하나님과 모든 백성 앞에서 말과 일에 능하신 선지자"(19절)로 여기는 나사렛 예수에 대해 간단히 보도한다(20-24절).

　예수님이 십자가에 처형됨으로 인해 두 제자는 그가 이스라엘을 구원할 자라는 소망을 완전히 버리고 그 일이 일어난 지 사흘 째 되는 날 예루살렘을 떠나가고 있었던 것이다(21절). 여기에서 두 제자가 가졌던 소망이 현실 정치적 소망이었음이 명백히 드러난다. 삶의 방향을 상실한 두 제자는 메시아 예수님과 그의 고난의 운명을 예수님의 예언처럼 함께 생각할 수가 없었다(cf. 눅 9:22; 13:31-33; 18:31-33). 예수님의 대답(25-27절)은 성서의 의미를 밝히는 가운데 메시아가 고난을 받고 영광에 들어가야만 한다는 사실을 말한다. 이 구절은 예수님은 단순히 모세와 같은 "하나님과 모든 백성 앞에서 말과 일에 능하신 선지자"(24:19)가 아니라 성서가 예언한 고난 받는 예언자라는 사실을 강조한다. 여기에는 약속과 성취라는 누가의 구원사적 도식이 전제되어 있다. 이제 두 제자는 메시아가 고난을 받아야만 한다는 사실을 깨달았을 법도 한데 여전히 예수님을 알아차리지 못한다.

　이어지는 장면(28-32절)에서 그와 같은 일이 일어난다. 두 제자는 목적지에 가까이 왔으나 더 가려는 예수님을 보고 "우리와 함께 유하사이다 때가 저물어가고 날이 이미 기울었나이다"라고 말한다(29절). 이 진술은 단순히 손님 접대의 차원을 넘어 부활 사건 이후 신앙공동체의 입장을 담고 있다. 즉, 부활 이후에도 주님이 함께 하신다는 메시지가 포함되어 있다. 예수님은 두 제자와 함께 유하러 들어가신다. 그런 다음 "그들과 함께 음식 잡수실 때에 떡을 가지고 축복하시고 떼어 그들에게 주신다"(30절). 예수님 자신이 손님을 대접하는 주인 역할을 하고 있다. 그 순간 제자들의 눈이 밝아져 예수님인 줄 알아본다(31a절). 그러한 깨달음이 구체적으로 떡을 떼는 순간에 일어났다고 35절이 밝힌다. 그 순간 두 제자가 예수님의 최후만찬을 기억했다고 말하기 어렵다. 최후만찬 장에는 열두 사도만 참여했기 때문이다. 30절은 식사 시작 장면만 강조하고 있기 때문에 예수님임을 깨닫게 된 것은 그의 주인 역할에서 비롯된 것으로 보인다. 제자들의 눈이 밝아지자 예수님은 그들에게 더 이상 보이지 않게 된다(31절). 예수님과의 만남의 목적이 드디어 이루어진 것이다. 눈이 밝아진 신앙

공동체는 성서해석과 떡을 뗌에서 부활하신 주님의 현존을 확신할 수 있다. 그것을 통해 부활하신 주님은 오늘의 독자에게도 현존하는 주님이 되시고, 이 이야기는 우리 자신의 체험 이야기가 된다.

예수님이 사라지시자, 두 제자는 서로 이야기를 나누는 가운데 수사적 질문을 한다: "우리에게 말씀하시고 우리에게 성경을 풀어 주실 때에 우리 속에서 마음이 뜨겁지 아니하더냐"(32절). 여기에 다시 누가의 구원사적 전망이 드러난다. 두 제자는 "그 때로" 일어나 예루살렘으로 돌아간다(33a절). 이제야 그들은 진정 가야 할 길을 찾았고 부활의 메시지가 시작되는 장소로 발걸음을 돌린다. 예루살렘에서 "열한 제자 및 그들과 함께 한 자들"을 만난다(33b절). 엠마오로 가는 길에서 체험했던 사건을 보도하기 전에 "주께서 과연 살아나시고 시몬에게 보이셨다"고 말한다(34절). 이 진술은 가장 원초적인 부활 신앙 고백이다(cf. 고전 15:3-5). 따라서 두 제자의 체험보다 우선한다. "과연"("진정")이란 단어는 부활이 틀림없이 일어났다는 사실을 강조한다. 이 진술을 통해 여자들의 부활 보도에 남아 있던 불확실성(눅 24:11)이 완전히 사라진다. 시몬에게 모습을 보이신 부활하신 분의 현현을 통해 예수님의 부활이 의심의 여지없이 분명히 일어났다는 사실이 강조된다.

▶ **부활하신 예수님의 예루살렘 현현(눅 24:36-49):** 이 부분은 동일한 시간 및 장소와 관련된 두 장면이 연결되어 있다. 첫 번째 장면(36-43절)에서 예수님은 죽은 자 가운데서 부활하신 분으로서 자신을 드러내신다.

> (눅 24:36-49) 36 이 말을 할 때에 예수께서 친히 그들 가운데 서서 이르시되 너희에게 평강이 있을지어다 하시니 37 그들이 놀라고 무서워하여 그 보는 것을 영으로 생각하는지라 38 예수께서 이르시되 어찌하여

두려워하며 어찌하여 마음에 의심이 일어나느냐 39 내 손과 발을 보고 나인 줄 알라 또 나를 만져 보라 영은 살과 뼈가 없으되 너희 보는 바와 같이 나는 있느니라 40 이 말씀을 하시고 손과 발을 보이시나 41 그들이 너무 기쁘므로 아직도 믿지 못하고 놀랍게 여길 때에 이르시되 여기 무슨 먹을 것이 있느냐 하시니 42 이에 구운 생선 한 토막을 드리니 43 받으사 그 앞에서 잡수시더라

이 장면은 부활의 육체성과 증인의 신뢰성을 강조한다. 전체 제자단이 부활 저녁 예루살렘에 모였는데, 예수님이 돌연 나타나 평화의 인사를 건네신다(36절). 그러자 제자들은 영을 보고 있다고 생각하여 놀라며 무서워한다(37절). 그들의 의심은 두 단계에 걸쳐 사라진다. 예수님은 먼저 자신의 손과 발을 보이며[11] 제자들에게 만져보라고 하신다(39절). 그러나 제자들은 "너무 기쁘므로" 여전히 믿지 못한다(41절). 그러자 예수님은 육체적 부활의 또 다른 증거를 보여주신다. 예수님은 잡수실 것을 찾고 구은 생선 한 토막을 받아 제자들의 면전에서 잡수신다(41b-43절). 그때 비로소 제자들이 믿게 되었다는 진술은 나오지 않으나 전제되어 있다. 여기에서 제자들이 믿기를 주저하였다는 점을 유의할 필요가 있다. 이러한 주저함은 우리에게 복음선포의 증인은 결코 값싼 믿음의 소유자가 아니라는 사실을 암시한다.

누가가 여기에서 예수님의 육체적 부활에 대해 이야기하는 방식이 신학적인 차원에서 보면 문제로 비쳐질 수 있다. 부활은 이전 생으로의 복귀가 아니라 변화된 세계에서 일어나는 새로운 역사의 시작, 즉 새 창조를 뜻하기 때문이다(cf. 고전 15:42-49).[12] 아마도 누가는 육과

---

11) 그러나 요한복음(20:20, 25, 27)에 따르면 부활하신 예수님은 손의 못 자국과 옆구리 상흔을 보여주신다.

12) (고전 15:42-49) "42 죽은 자의 부활도 그와 같으니 썩을 것으로 심고 썩

혼(영)으로 구성된 이분법적 인간론 표상을 갖고 있던 헬레니즘 시대의 독자를 염두에 두었을 것이고, 그들에게 구원의 완성된 모습을 보여주기 위해 그러한 이야기를 하고 있다고 생각된다.

두 번째 장면(44-49절)에서 부활하신 예수님은 제자들에게 마지막 말씀을 하신다.

> (눅 24:44-49) 44 또 이르시되 내가 너희와 함께 있을 때에 너희에게 말한 바 곧 모세의 율법과 선지자의 글과 시편에 나를 가리켜 기록된 모든 것이 이루어져야 하리라 한 말이 이것이라 하시고 45 이에 그들의 마음을 열어 성경을 깨닫게 하시고 46 또 이르시되 이같이 그리스도가 고난을 받고 제삼일에 죽은 자 가운데서 살아날 것과 47 또 그의 이름으로 죄 사함을 받게 하는 회개가 예루살렘에서 시작하여 모든 족속에게 전파될 것이 기록되었으니 48 너희는 이 모든 일의 증인이라 49 볼지어다 내가 내 아버지께서 약속하신 것을 너희에게 보내리니 너희는 위로부터 능력으로 입혀질 때까지 이 성에 머물라 하시니라

이 말씀은 그가 살아 계실 때 하신 말씀과 같다(44a절). 그것은 예수님에 대한 성서적 예언에 관한 말씀이다(44b절). 구약성서의 약속이 성취되어야 한다는 사실을 말한다. "모세의 율법과 선지자의 글과 시편"은 구약성서를 구성하는 세 부분(율법서, 예언서, 성문서)을 가

지 아니할 것으로 다시 살아나며 43 욕된 것으로 심고 영광스러운 것으로 다시 살아나며 약한 것으로 심고 강한 것으로 다시 살아나며 44 육의 몸으로 심고 신령한 몸으로 다시 살아나나니 육의 몸이 있은즉 또 영의 몸도 있느니라 45 기록된 바 첫 사람 아담은 생령이 되었다 함과 같이 마지막 아담은 살려 주는 영이 되었나니 46 그러나 먼저는 신령한 사람이 아니요 육의 사람이요 그 다음에 신령한 사람이니라 47 첫 사람은 땅에서 났으니 흙에 속한 자이거니와 둘째 사람은 하늘에서 나셨느니라 48 무릇 흙에 속한 자들은 저 흙에 속한 자와 같고 무릇 하늘에 속한 자들은 저 하늘에 속한 이와 같으니 49 우리가 흙에 속한 자의 형상을 입은 것 같이 또한 하늘에 속한 이의 형상을 입으리라."

리킨다. 예수님은 제자들의 마음 문을 열어 깨닫게 하시고는 성서의 세 가지 주제를 말씀하신다(45-47절): 1. 메시아의 고난, 2. 그의 부활, 3. 예루살렘에서 시작하여 만백성에게 전파될 죄 사함의 회개 설교. 앞의 두 주제는 이미 다루었고, 세 번째 주제에 대해 누가는 사도행전에서 다룬다. 만백성을 향한 회개의 설교가 취할 모습에 대해 누가는 사도행전에서 다음과 같이 말한다: "너희가 회개하여 각각 예수 그리스도의 이름으로 세례를 받고 죄 사함을 받으라"(행 2:38).

　제자들을 향해 "너희는 이 모든 일의 증인이라"(48절)고 선언하시는 예수님의 말씀은 사명을 부여하는 말씀이면서 동시에 약속의 말씀이다. 제자들은 예수님의 죽음과 부활 그리고 그의 이름으로 주어지는 죄 사함을 선포하는 증인이다(행 2:32; 3:15; 4:33; 5:32; 10:39-43). 이 사명을 제자들이 넉넉히 감당할 수 있도록 예수님은 "위로부터의 능력", 즉 하나님 아버지로부터 오는 성령의 은사를 보내리라 약속하신다(49절). 이 약속은 성령강림절에 증인들에게 내려오는 성령의 은사를 통해 성취된다(행 2:1-36). 누가복음의 역사적 문맥에서 보면 증인들은 이미 과거의 인물에 속한다. 그러나 이 성취 사건은 오늘날에도 계속 이루어지고 있다는 관점에서 보면 모든 그리스도인들은 증인으로 부름 받은 사람들이다.

▶ **예수님의 승천(눅 24:50-53):** 누가는 자신의 복음서를 다른 복음서처럼 부활 이야기로 끝맺지 않고 예수님의 승천 이야기로 마감한다. 예수님의 승천 이야기는 오직 누가만이 언급한다.[13] 여기에서 누가는 자신만의 특수자료를 사용하여 그리스도의 부활과 구원사가 서로 긴밀하게 연결되어 있다는 사실을 더욱 강화시키고 있다.[14] 누가

---

13) 막 16:19-20도 예수님의 승천에 관해 언급하나, 이 본문은 후대에 확대된 본문이다.

는 예수님의 승천을 사도행전 1장에서도 언급하나(행 1:2, 6-11) 누가복음의 보도와 차이가 있다. 사도행전에 따르면 부활하신 예수님은 40일 동안 제자들과 함께 계시면서 하나님 나라의 일을 말씀하신 다음에야 비로소 승천하시나(행 1:3),15) 누가복음은 예수님의 현현과 승천이 같은 날에 일어난 것처럼 전한다. 누가가 승천 이야기를 중요한 사건으로 전하는 것은 그가 갖고 있는 구원사 이해와 관련이 있다. 즉, 누가는 승천 이야기를 통해 예수님의 시대가 끝났고 교회의 시대가 시작되었음을 알리려는 의도를 갖고 있다. 또한 예언자와 하나님의 종이라는 구약성서적 개념으로 이해된 예수님의 생애가 승천 이야기를 통해 주님의 생애로 명백히 드러났음을 강조하려 한다. 그리하여 하나님의 종으로 고난을 당하신 예수님은 영존하시는 분이시며, 신앙공동체에 의해 영광의 주님으로 경배 받는 승천하신 분이라는 점을 부각시킨다.

누가는 예수님의 승천이야기를 다음과 같이 묘사하면서 자신의 복음서를 마감한다.

> (눅 24:50-53) 50 예수께서 그들을 데리고 베다니 앞까지 나가사 손을 들어 그들에게 축복하시더니 51 축복하실 때에 그들을 떠나 [하늘로 올려지시니]16) 52 그들이 [그에게 경배하고] 큰 기쁨으로 예루살렘에 돌아가 53 늘 성전에서 하나님을 찬송하니라

---

14) F. Bovon, *Das Evangelium nach Lukas(Lk 19,28-24,53)*, EKK III/4, 2009, 631-632. Cf. G. Lohfink, *Die Himmelfahrt Jesu*, München 1971, 242-283. 여기서 로핑크는 누가를 눈으로는 볼 수 없고 믿음 안에서만 실재하는 예수님 부활의 영광을 최초로 역사화 시킨 사람임을 강조한다.

15) 40이란 수치는 성서적인 범례에 상응하는 수치로서 거룩한 시간의 기간으로 사용된다(창 8:6; 출 24:18; 34:28; 왕상 19:8). 대체로 예비하는 기간으로 나타난다.

　예수님은 제자들을 데리고 예루살렘에서 대략 2.8km 떨어진 감람
산에 위치한 베다니 앞까지 나아가신다(50절). 그런 다음 마치 대제
사장이 하는 모습처럼(레 9:22-24) 두 손을 들어 제자들을 축복하신
다.17) 이때 제자들은 축복을 받기 위해 엎드린다. 이러한 엎드림의
자세(Proskynese)는 본래 하나님께 드리는 경배의 자세이다. 그러한
경배를 예수님께 드리고 있다. 제자들은 큰 기쁨 가운데 예루살렘으
로 돌아가 성전에서 하나님을 찬송한다. 모든 의심과 두려움이 떠나
고 신앙과 기쁨이 제자들의 마음을 사로잡는다. 이제 성전에서부터
케리그마에 대한 장엄한 선포가 제자들에 의해 만백성을 향해 울려
퍼질 것이다. 메시아를 기다리던 대망의 시대는 지나가고 "예루살렘
에서 땅 끝까지"(행 1:8) 울려 퍼지는 복음선포의 시대가 열린 것이다.

---

16) 꺾쇠묶음에 들어 있는 "하늘로 올려 지시니"(51절)와 "그에게 경배하
고"(52절)라는 표현이 몇몇 중요한 고대 사본들(ℵ, D) 가운데 빠져 있는 경우
도 있으나, 더 오래된(3 세기 초) 파피루스 사본(P 75)에는 나타난다.

17) (레 9:22-24) "22 아론이 백성을 향하여 손을 들어 축복함으로 속죄제와
번제와 화목제를 마치고 내려오니라 23 모세와 아론이 회막에 들어갔다가
나와서 백성에게 축복하매 여호와의 영광이 온 백성에게 나타나며 24 불이
여호와 앞에서 나와 제단 위의 번제물과 기름을 사른지라 온 백성이 이를
보고 소리 지르며 엎드렸더라." 또한 (집회서[=시락서] 50:20-21) "20 그 후
에 시몬은 제단에서 내려와 팔을 들어 그 곳에 모인 이스라엘 자손들에게
큰 소리로 주님의 축복을 빌어 주었다. 이렇듯이 그는 주님의 이름을 부르
는 영광을 누렸다. 21 그래서 사람들은 다시 엎드려, 지극히 높으신 분의 축
복을 받았다."

참고문헌

가울러, D. B. 『최근 역사적 예수 연구 동향』. 김병모 역, 서울: 기독교문서
　　선교회, 2009.

권종선. 『복음서 이야기와 신학』. 서울: 엘도론, 2010.

그닐카. J. 『나사렛 예수: 말씀과 역사』. 정한교 역, 왜관: 분도출판사, 2002.

김용옥. 『도마복음서 연구』. 서울: 대한기독교출판사, 1983.

김창선. "신약성서가 선포하는 *복음*," 『장신논단』 23, 2005, 73-97

김창선. 『21세기 신약성서 신학』. 서울: 예영커뮤니케이션, 2004.

김창선. 『유대교와 헬레니즘』. 서울: 한국성서학연구소, 2011.

김창선. 『쿰란문서와 유대교』. 서울: 한국성서학연구소, 2007(개정증보판).

김창선. 『한국교회를 위한 21세기 신약성서 해설』. 서울: 시유시, 2007.

김형동. 『공관복음』. 서울: 한국장로교출판사, 2010.

니클, K. F. 『공관복음서 이해: 차이점과 공통점』. 이형의 역, 서울: 대한기독
　　교출판사, 1994.

던, J. D. G. 『예수와 기독교의 기원 (상/하)』. 차정식 역, 서울: 새물결플러스,
　　2010/2012.

드레버만, E. 『교회가 지우는 구원의 진실들』. 김현천 역, 광명시: 피피엔,
　　2010.

드레버만, E. 『예수를 그린 사람들: 명화를 통해 느끼는 기독교의 진실』. 도
　　복선/김현천 역, 광명시: 피피엔, 2010.

드롭너, H. R. 『교부학』. 하성수 역, 한님성서연구소, 왜관: 분도출판사,
　　2003.

라워리, D. K./박, D. L. 『공관복음서 신학』. 류근상 역, 고양: 크리스챤출판
　　사, 2011.

라이트, N. T. 『신약성서와 하나님의 백성』. 박문재 역, 크리스챤다이제스
　　트, 2003.

라이트, N. T. 『예수와 하나님의 승리』. 박문재 역, 크리스챤다이제스트,

2004.

라이트, N. T.『하나님의 아들의 부활』. 박문재 역, 크리스챤다이제스트, 2005.

로빈슨, 제임스 M.『예수의 복음』. 소기천/송일 역, 서울: 대한기독교서회, 2009.

루츠, U.『마태공동체의 예수 이야기』. 박정수 역, 서울: 대한기독교서회, 2002.

린데만, A.『공관복음서 연구의 새로운 동향』. 박경미 역, 병천: 한국신학연구소, 1987.

마샬, I. H.『누가행전』. 이한수 역, 서울: 도서출판 엠마오, 1997.

마샬, I. H.『신약성서 기독론의 기원』. 신성수 역, 서울: 한국기독교교육연구원, 1986.

마샬, I. H.『신약성서 신학』. 박문재/정용신 역, 고양: 크리스챤다이제스트, 2006.

메르켈, H.『신약성서 연구입문』. 박창건 역, 병천: 한국신학연구소, 1999.

민경식,『신약성서 우리에게 오기까지』. 서울: 대한기독교서회, 2010.

버미스, G.『유대인 예수의 종교』. 노진준 역, 서울: 도서출판 은성, 1995.

보그, M.『기독교의 심장』. 김준우 역, 고양시: 한국기독교연구소, 2010.

보그, M./라이트, T.『예수의 의미: 역사적 예수에 대한 두 신학자의 논쟁』. 김준우 역, 고양시: 한국기독교연구소, 2001.

불트만, R.『공관복음서전승사』. 허혁 역, 서울: 대한기독교서회, 1991.

브라운, 레이먼드 E.『신약성서 그리스도론 입문』. 김광식 역, 왜관: 분도출판사, 1999.

블룸버그, 크레이그 L.『예수와 복음서』. 김경식 역, 서울: 기독교문서선교회, 2008.

샌더스, E. P./데이비스, M.『공관복음서 연구』. 이광훈 역, 서울: 대한기독교서회, 1999.

샌더스, E. P.『예수운동과 하나님나라』. 이정희 역, 병천: 한국신학연구소, 1997.

성종현.『공관복음서 대조연구』. 서울: 장로회신학대학교출판부, 1998.

소기천.『역사적 예수에 대한 새로운 탐구』. 소기천 역, 파주시, 살림, 2008.

소기천.『예수말씀 복음서 Q 개론』. 서울: 대한기독교서회, 2004.

송혜경(역주).『신약 외경. 상권: 복음서』. 의정부: 한님성서연구소, 2009.

슈낙켄부르크, R.『복음서의 예수 그리스도』. 김병학 역, 왜관: 분도출판사,
　　2009.

슈낙켄부르크, R.『하느님의 다스림과 하느님 나라』. 조규만/조규홍 역, 가
　　톨릭출판사, 2002.

슈트레커, G.『산상설교』. 전경연/강한표 역, 대한기독교서회, 1992.

스위틀리, W. M.『이스라엘의 성경전승과 공관복음서』. 류호영 역, 도서출
　　판 대서, 2010.

스타인, R.『공관복음서 문제』. 김철 역, 서울: 솔로몬, 1995.

스탠턴, G.『복음서와 예수』. 김동건 역, 서울: 대한기독교서회, 1997.

신현우.『공관복음으로의 여행: 최초의 복음서를 찾아서』. 서울: 이레서원,
　　2005.

악트마이어, P. J./그린, J. B./톰슨, M. M.『새로운 신약성서개론』. 소기천/윤
　　철원/이달 역, 서울: 대한기독교서회, 2004.

예레미아스. J.『신약신학』. 정충하 역, 고양시: 크리스챤 다이제스트, 2009.

오그래디, 존 F.『네 복음서와 예수 전승』. 서울: 바오로딸, 2003.

오덕호,『산상설교를 읽습니다』. 병천: 한국신학연구소, 2002.

웬함, D./월튼, St.『복음서와 사도행전』. 서울: 성서유니온선교회, 2007.

유태엽.『복음서 이해』. 서울: 감리교신학대학교출판부, 2009.

융겔, E.『바울과 예수』. 허혁 역, 이화여자대학교출판부, 1982.

장흥길.『가서 제자 삼으라』. 서울: 한국성서학연구소, 2009(개정증보판).

장흥길.『산상설교』. 장로회신학대학교출판부, 2010.

장흥길.『신약성경윤리』. 서울: 장로회신학대학교출판부, 2002.

정훈택.『새로 번역한 공관복음 대조성경』. 민영사, 2008.

조경철.『신약성서가 한눈에 보인다』. 서울: 땅에쓰신글씨, 2007.

좁스, K. H./실바, M.『70인역 성경으로의 초대』. 김구원 역, 서울: 기독교문
　　서선교회, 2007.

쳉어, E.『구약성경 개론』, 이종한 역, 왜관: 분도출판사, 2012.

콘첼만, H./린데만, A.『신약성서신학』. 박두환 역, 병천: 한국신학연구소,
　　2004.

쿨만, O.『신약의 기독론』. 김근수 역, 서울: 도서출판 나단, 1990.

큄멜, W. G.『약속과 성취』. 김명용 역, 서울: 한국장로교출판사, 1993.

크로산, J. D.『역사적 예수』. 김준우 역, 서울: 한국기독교연구소, 2000.

크로산, J. D.『하나님과 제국』. 이종욱 역, 서울: 포이에마, 2009,

크리거, K. S.『큐 복음서: 예수는 실제로 무슨 말씀을 하셨을까?』. 김명수
　　역, 피피엔, 2010.

킹스베리, J. D.『마가의 세계』. 김근수 역, 서울: 기독교문서선교회, 2003.

킹스베리, J. D.『이야기 마태복음』. 권종선 역, 서울: 요단출판사, 2009.

타셍, C.『마태오 복음서』. 백운철/김남철 역, 서울: 성서와함께, 2001.

타이센, G.『복음서의 교회정치학』. 류호성/김학철 역, 서울: 대한기독교서
　　회, 2011.

타이쎈, G./메르츠, A.『역사적 예수』. 손성현 역, 서울: 다산글방, 2002.

터킷, C. M.『누가복음』. 김경진 역, 서울: 이레서원, 2008.

펑크, R. W.『예수에게 솔직히』. 김준우 역, 서울: 한국기독교연구소, 1999.

페로, Ch.『예수와 역사』. 박상래 역, 가톨릭출판사, 2012(개정판).

페로, Ch.『초대 교회의 예수, 그리스도, 주님: 주석학적 그리스도론』. 백운
　　철 역, 가톨릭대학교출판부, 2001.

페린, N.『예수의 가르침 속에 나타난 하나님의 나라』. 이훈영/조호연 역, 서
　　울: 솔로몬, 1999.

포웰, M. A.『누가복음 신학』. 배용덕 역, 서울: 기독교문서선교회, 2002.

한, F.『신약성서신학 I/II』. 김문경 등 역, 서울: 대한기독교서회, 2007/2010.

한, F.『역사적 예수 연구와 신약성서 신앙』. 최재덕 역, 서울: 한국장로교출
　　판사, 1996.

허타도, 래리 W.『주 예수 그리스도: 초기 기독교의 예수 신앙에 대한 역사

적 탐구』. 박규태 역, 서울: 새물결플러스, 2010.

헤이스, R. B. 『신약의 윤리적 비전』. 유승원 역, 한국기독학생회출판부, 2002.

헹겔, M. 『고대의 역사기술과 사도행전』. 전경연 역, 서울: 대한기독교서회, 1993.

화이트, R. E. O. 『누가신학연구』. 김경진 역, 서울: 한국로고스연구원, 1995.

Aland, K. "Der Schluß des Markusevangeliums", M. Sabbe(ed.), *L'Evangile selon Marc*, Louvain 1974, 435-470.

Aland, K. *Synopsis of the Four Gospels: GreekEnglish edition of the Synopsis Quattuor Evangeliorum*, Stuttgart 2001.

Bauer, W. *Wörterbuch zum Neuen Testament*, Berlin-New York [6]1988.

Becker, J. *Die Auferstehung Jesu Christi nach dem Neuen Testament*, Tübingen 2007.

Becker, J. *Jesus von Nazaret*, Berlin/New York 1996.

Betz, H. D. *The Semon on the Mount, including the sermon on the Plain (Matthew 5:3-7:27 and Luke 6:20-49)*, Minneapolis 1995.

Blinzler, J. *Der Prozeß Jesu*, Regensburg, Regensburg [4]1969.

Bovon, F. *Das Evangelium nach Lukas,* 4 Vols., Neukirchen-Vluyn 1989/1996/ 2001/2009.

Bovon, F. *Luke the Theologian*. Waco, Texas 2006.

Brown, R. E. *The Death of the Messiah: From Gethsemane to the Grave: A Commentary on the Passion Narratives in the Four Gospels I-II*, New York 1993/1994.

Bultmann, R. *Jesus*, Tübingen [3]1977.

Christ, F. *Jesus Sophia*, Zürich 1970.

Collins, A. Y. *Mark. A Commentary*, Minneapolis 2007.

Conzelmann, H. *Die Mitte der Zeit: Studien zur Theologie des Lukas*, Tübingen [5]1964.

Dibelius, M. *Die Formgeschichte des Evangeliums*, Tübingen [3]1959.

Ebner, M. *Jesus von Nazaret: Was wir von ihm wissen können*, Stuttgart [2]2012.

Ebner, M./Schreiber, St. *Einleitung in das Neue Testament*, Stuttgart 2008.

Ernst, J. *Das Evangelium nach Lukas,* Regensburg 1977.

Ernst, J. *Das Evangelium nach Markus,* Regensburg 1981.

Fuchs, E. *Marburger Hermeneutik*, Tübingen 1968.

Gnilka, J. *Das Evangelium nach Markus,* 2 Vols., Neukirchen-Vluyn [3]1989 (그 닐카, 『마르코 복음』, 한국신학연구소, 1986).

Gnilka, J. *Das Matthäusevangelium*, 2 Vols., Freiburg I. Br. 1986/1988.

Gnilka, J. *Die Verstockung Israels*, München 1961.

Grundmann, W. *Das Evangelium nach Markus*, Berlin 1984.

Grundmann, W. *Das Evangelium nach Matthäus*, Berlin [5]1981.

Hampel, V. *Menschensohn und historischer Jesus*, Neukirchen-Vluyn 1990.

Harrington, J. M. *The Lukan Passion Narrative. The Markan Material in Luke 22,54-23,25. A Historical Survey: 1891-1997*, Leiden 2000.

Hengel, M. *Die vier Evangelie und das eine Evangelium von Jesus Christus*, Tübingen 2008.

Hoffmann, P./Hieke, T./Bauer, U. *Synoptic Concordance. A Greek Concordance to the First Three Gospels in Synoptic Arrangement, Statistically Evaluated, Including Occurrences in Acts. Griechische Konkordanz zu den ersten drei Evangelien in synoptischer Darstellung, statistisch ausgewertet, mit Berücksichtigung der Apostelgeschichte*, Bd. 1-4, Berlin 1999/2000.

Jeremias, J. *Abendmahlsworte Jesu*, Göttingen [4]1967.

Jeremias, J. *Die Sprache des Lukasevangeliums*, Göttingen 1980.

Jonge, Marius de, *Christology in Context: The Earliest Christian Response to Jesus*, Philadelphia 1988.

Jülicher, A. *Die Geichnisreden Jesu*, Tübingen 1888/1898([2]1910).

Kähler, M. *Der sog. historische Christus und der geschichtliche biblische Christus*, München 1892.

Karrer, M. *Jesus Christus im Neuen Testament*, Göttingen 1998.

Kraus, W./Karrer, M. *Septuaginta Deutsch. Das griechische Alte Testament in deutscher Übersetzung*, Stuttgart 2009.

Kremer, J. *Lukasevangelium*, Würzburg 1988.

Kuhn, H.-W. *Ältere Sammlungen im Markusevangelium*, Göttinen 1971.

Lohfink, G. *Die Himmelfahrt Jesu. Untersuchungen zu den Himmelfahrts- und Erhöhungstexten bei Lukas*, München 1971.

Lohfink, G. *Jesus von Nazaret −Was er wollte, wer er war*, Freiburg/Basel/Wien ²2012.

Lohmeyer, E. *Das Evangelium des Markus*, Göttingen 1957.

Lüdemann, G. *Die Auferstehung Jesu*, Göttingen 1994.

Lührmann, D. *Das Markusevangelium*, Tübingen 1987.

Luz, U. *Das Evangelium nach Matthäus*, 4 Vols., Neukirchen-Vluyn 1985/1990/ 1997/2002.

Mack, Burton L. *The Myth of Innocence: Mark and Christian Origins*, Philadelphia 1988.

Marshall, I. H. *The Gospel of Luke: A Commentary on the Greek Text*, Exeter 1978 (마샬,『루가복음』2권, 한국신학연구소, 1983).

Meier, John P. *A Marginal Jew*, 4 Vols., New York 1991/1994/2001/2009.

Merklein, H. *Die Jesusgeschichte - synoptisch gelesen*, Stuttgart 1994.

Morgenthaler, R. *Die lukanische Geschichtsschreibung als Zeugnis, Gehalt und Gestalt der Kunst des Lukas I*, Zürich 1948.

Nestle/Aland. *Novum Testamentum Graece*, Stuttgart ²⁷1995.

Pesch, R. *Das Markusevangelium*, 2 Vols., Freiburg/Basel/Wien ³1984.

Pokorny, P. *Die Entstehung der Christologie: Voraussetzungen einer Theologie des Neuen Testaments*, Stuttgart 1984.

Pokorny, P. *Theologie der lukanischen Schriften*, Göttingen 1998.

Pokorny, P./Heckel, U. *Einleitung in das Neue Testament: Seine Literatur und Theologie im Überblick*, Tübingen 2007.

Prieur, A. *Die Verkündigung der Gottesherrschaft: Exegetische Studien zum lukanischen Verständnis von βασιλεία τοῦ θεοῦ*, Tübingen 1996.

Rehkopf, F. *Die lukanische Sonderquelle. Ihr Umfang und Sprachgebrauch*, Tübingen 1959.

Resch, A. *Agrapha. Ausserkanonische Schriftfragmente*, Darmstadt 1974.

Robinson, J. M./Hoffmann, P./Kloppenborg, J. S. *The Critical Edition of Q: A Synopsis Including the Gospels of Matthew and Luke, Mark and Thomas with English, German and French Translation of Q and Thomas*, Leuven: Peeters Press, 2000.

Roloff, J. *Jesu Gleichnisse um Matthäusevangelium. Ein Kommentar zu Mt 13,1-52*, Neukirchen-Vluyn 2005.

Roloff, J. *Jesus*, München [3]2004

Sand, A. *Das Evangelium nach Matthäus*, Leipzig 1989.

Schmithals, W. "Der Markusschluß, die Verklärungsgeschichte und die Aussendung der Zwölf", *ZThK* 69 (1972), 379-414.

Schneider, G. *Das Evangelium nach Lukas*, 2 Vols., Würzburg 1977.

Schnelle, U. *Einleitung in das Neue Testament*, Göttingen [3]1999.

Schnelle, U. *Theologie des Neuen Testaments*, Göttingen 2007.

Schniewind, J. *Das Evangelium nach Matthäus*, Göttingen [9]1960.

Schröter, J. *Erinnerung an Jesu Worte: Studien zur Rezeption der Logienüberlieferung in Markus, Q und Thomas*, Neukirchen-Vluyn 1997.

Schröter, J. *Jesus von Nazaret: Jude aus Galiläa-Retter der Welt*, Leipzig [3]2010.

Schulz, S. *Q -Die Spruchquelle der Evangelisten*, Zürich 1972

Schürmann, H. *Das Lukasevangelium*, 2 Vols., Freiburg I. Br. 1984/1993.

Schweizer, E. *Das Evangelium nach Lukas*, Göttingen [3]1993.

Schweizer, E. *Das Evangelium nach Markus*, Göttingen 1978.

Schweizer, E. *Das Evangelium nach Matthäus*, Göttingen 1973 (슈바이처, 『마태오복음』, 한국신학연구소, 1982).

Stegemann, E. *Das Markusevangelium als Ruf in die Nachfolge*, Diss. Heidelberg

1974.

Stendahl, K. *The School of St. Matthew and its Use of the Old Testament*, Uppsala 1954.

Strauß, D. F. *Das Leben Jesu, kritisch bearbeitet*, 2 Vols., Tübingen 1835/36.

Strecker, G. *Der Weg der Gerechtigkeit*, Göttingen 1971.

Strobel, A. *Die Stunde der Wahrheit*, Tübingen 1980.

Strotmann, A. *Der historische Jesus: eine Einführung*, Paderborn 2012.

Taylor, V. *The Gospel According to St. Mark*, London 1955
Taylor, V. *The Passion Narrative of St. Luke*, Cambridge 1972.

Weder, H. *Die Gleichnisse Jesu als Methaphern*, Göttingen 1978.

Weiser, A. *Theologie des Neuen Testaments II. Die Theologie der Evangelien*, Stuttgart 1993.

Windisch, H. *Der Sinn der Bergpredigt*, Leipzig 1929.

Wolter, M. *Das Lukasevangelium*, Tübingen 2008.

Wrede, W. *Das Messiasgeheimnis in den Evangelien*, Göttingen 1901.

Wrege, H.-Th. *Das Sondergut des Matthäus-Evangelium*, Zürich 1991.

Zahn, Th. *Das Evangelium des Matthäus* (KNT 1), [4]1922.
Zeller, D. "Jesus als vollmächtiger Lehrer (Mt 5-7) und der hellenistische Gesetzgeber," in L. Schenke(ed.), *Studien zum Matthäusevangelium*, Stuttgart 1988, 301-317.

Zeller, D. *Kommentar zur Logienquelle*, Stuttgart 1984.

공관복음서의 예수

2012. 9. 15 초판 1쇄 발행

지은이 김 창 선

발행인 이 두 경

발행처 비블리카 아카데미아

등록 1997년 8월 8일, 제10-1477호

주소 서울시 광진구 광장동 114번지
크레스코 빌딩 102호

전화 (02) 456-3123

팩스 (02) 456-3174

홈페이지 www.biblica.net

전자우편 biblica@biblica.net

값은 표지에 기재되어 있음
ISBN : 978-89-88015-27-8 93230